CYSTADLEUAETH LLYFR Y FLWYDDYN 2001

(Hanf

MAWL A'I GYFEILLION

(Hanfod y Traddodiad Llenyddol Cymraeg)

R. M. JONES

Cyfrol 1
Adeiladu Mawl

Cyhoeddiadau Barddas

ⓗ R. M. Jones

Argraffiad cyntaf: 2000

ISBN 1 900437 44 9

Y mae Cyhoeddiadau Barddas yn gweithio gyda
chefnogaethariannol Cyngor Celfyddydau Cymru,
a chyhoeddwyd y gyfrol hon gyda
chymorth y Cyngor.

Cyhoeddwyd gan Gyhoeddiadau Barddas
Argraffwyd gan Wasg Dinefwr, Llandybïe

I

ALAN LLWYD

molwr gwraig a phlant,
molwr bro a gwlad,
molwr cyfaill a chydweithiwr (taw ble y byddant),
molwr Duw a'i Gread

Cynnwys

Rhagair	9
Byrfoddau	15
1. Rhagymadrodd	17
2. Y Cynfeirdd a'r Gogynfeirdd	67
3. Dafydd ap Gwilym	106
4. Beirdd yr Uchelwyr	138
5. Y Diwygiad Protestannaidd a'r Dadeni	164
6. Pantycelyn	214
Mynegai	253

Rhagair

Nid hanes Mawl yw hyn. Nid hanes dim. Myfyrdod yn hytrach yw ynghylch ateb i'r cwestiwn pam llenydda o gwbl. Pe bawn i'n hanesydda byddwn wedi gorfod rhoi mwy o sylw i orchest ryfeddol y Gogynfeirdd a hefyd o bosibl i ryddieithwyr y Dadeni Dysg ym maes Mawl. Ond i gyfeiriad hollol arall yr af, a hynny er mwyn ymdroi o gylch testun cwbl wahanol, pwnc sy'n ymwneud ag un wedd ar y broses o lenydda ei hun ac yn sgil hynny â gwedd ar adeiladwaith mewnol llên. Wrth wneud hynny fe'm gorfodir i geisio esbonio ym mha le yn y broses gyflawn ac ym mha ffordd y mae Cymhelliad yn ffitio a beth yw ei arwyddocâd yn strwythur y meddwl wrth iddo lenydda.

Ffenomen chwithig yw Mawl heddiw. Mae'n ymddwyn mor rhyfedd o fewn y cyd-destun cyfoes nes ei bod yn weddus i'r meddwl effro fod yn wyliadwrus ynglŷn ag ef. Ar yr wyneb ymddengys yn fodd i ennill rhywbeth. Ambell bunt efallai. Ond o ystyried yn ddwysach, y mae ei amodau'n awgrymu seiliau llydanach o lawer.

Adeiladwyd Mawl yn helaethach helaethach dros y canrifoedd. Ac yng Nghymru ymledodd ar hyd yr amser hwnnw o ran swyddogaeth, rhychwant ac arddull. Nid yw'r gyfrol gyntaf hon namyn amlinelliad bras yn trafod yr adeiladu eang ac araf hwnnw. Ond ymgais yw hefyd i fyfyrio ychydig am natur unol ei amrywiaeth. Er mwyn diriaethu'r myfyrdod, ceisir drwy enghreifftiau cynyddol olrhain cymeriad cadarnhaol canolog y Mawl hwnnw. Ac fe'i gwelir yn fwy na dweud pethau neis. Yn wir, ceisir sylwi sut y mae mewn gwirionedd yn wedd ar fodolaeth ei hun. Y mae'n bod o fewn y greadigaeth megis disgyrchiant.

Canlyniad a Mynegiant yw Mawl i gyd-drawiad triol anochel yn y meddwl dynol. A dyma'r tair elfen ynddo: yr ysfa orfodol i gydnabod gwerth (ni ellir gweithredu heb hynny), gwth cynhenid i ddarganfod trefn (ni fynnir meddwl heb hynny), a gogwydd rheidiol i gyflawni pwrpas (ni pharheir i fodoli heb hynny). Ffurfia'r cyd-drawiad unol hwn (o dri) fath o gyfundrefn Cymhelliad. Triawd ydynt fel y tair ffurf ar fater – soled, hylif a nwy; ac eto'n berthynol ddeinamig fel y berthynas rhwng y proton, electron a'r newtron yn yr atom.

Yn yr ail gyfrol sy'n dilyn hon, bwriedir dadlau fod yna wrthwynebiad ymosodol i ragdybiau Mawl, megis i fodolaeth ei hun, wedi codi i'r amlwg. Yng Nghymru dechreuodd y bygythiad hwnnw gael ei draed dano o ganol y bedwaredd ganrif ar bymtheg ymlaen. Yn wir, nid yw ambell fygythiad arall a geir i fywyd, yn amlycach ac yn gyfoes bellach, megis yr un i ecoleg, namyn amlygiad symbolaidd o'r bygythiad anymwybodol i feinwe ysbrydol y ddaear. Yn y Gymraeg, er cydnabod y traddodiad Mawl, ni ddadansoddwyd eto y gwrthdrawiad anochel yn ein llenyddiaeth rhwng y ddwy ochr hyn, Mawl a'i wrthwynebwyr. Ac yn yr ail gyfrol ceisir olrhain yr ymateb i'r her gyfoes honno i Fawl, a'r modd y mae'r traddodiad Mawl yn dal o hyd i fod yn amddiffynfa yng Nghymru yn erbyn gwacâd.

Allan o'r traddodiad Mawl Cymraeg y tardda beirniadaeth lenyddol sy'n Gymreig. Dyma ein her i'r trefedigaethu beirniadol cyfoes.

Ceisio dadlau y mae'r rhan gyntaf hon i'r astudiaeth, wrth archwilio math o ddiffiniad, fod yna gysylltiad rhwng Mawl a'r pwerau cadarnhaol sydd yn y greadigaeth. Dod o hyd i nodweddion Mawl yn yr ystyr gydgysylltiol honno a wneir, fel mynegiant llafar o'r wedd gadarnhaol ddofn sydd ar waith ym mhobman. Ceisir ystyried beth yw ei gyfraniad i fywyd oll a'i berthynas â'r ymwybod treiddgar o bwrpas, gwerth a threfn. Yn wir, ymddengys fel petai'r osgo cadarnhaol yna'n ganolog gynhenid i ddeddfau'r greadigaeth. Credaf, a hynny'n bur ecsentrig mae'n siŵr (os caf ei fynegi'n drosiadol) fod yna bethau go amhersonol megis y mynyddoedd a'r moroedd oll yn moli ac yn curo dwylo. Ymateb cyflawn yw'r ffenomen hon: Salm 98.8, 'Cured y llifeiriaint eu dwylo; a chydganed y mynyddoedd'; Eseia 55. 12, 'Y mynyddoedd a'r bryniau a floeddiant ganu o'ch blaen, a holl goed y maes a gurant ddwylo'; Salm 19. 1, 'Y nefoedd sydd yn datgan gogoniant Duw; a'r ffurfafen sydd yn mynegi gwaith ei ddwylo ef'.

Salm 148, i'm bryd i, yw uchafbwynt yr athrawiaeth drosiadol a rhyfedd hon.

Dyna sylwadau digon chwiwus ym mryd rhai. Ond credaf i mai Mawl yw'r term mwyaf addas i gyfleu'r math hwn o duedd sy'n anochel bresennol ym mhobman. Mae hyn yn arbennig o amlwg wrth gwrs yn y natur ddynol. Er gwaethaf ymdrech artiffisial ar ran dynion i ddifrïo materion megis y triawd diben, gwerth a threfn, ymwthia pawb, yn annisgwyl anymwybodol yn fynych, o fewn gorfodaeth y fath ragdybiau. A chredaf fod yr osgo hollol gadarnhaol hwnnw yn wedd ar oroesiad a chreadigedd rheidiol yr amgylchfyd benbwygilydd.

Y triawd hwn sy'n darparu ar gyfer beirniadaeth Gymraeg begynau'r adeiladwaith yng Nghymhelliad y llenor.

Gall Mawl ymhlith ein llenorion – o bosib yn ddiymwybod – roi delwedd inni o'r byd hwn fel y bu cyn y cwymp neu yn ei ffurf adferedig, yn ogystal ag o Ras Cyffredin. Arddengys yr harmoni sydd rhwng pethau yn ôl delfryd sydd eisoes yn gynhenid ynddynt. Dyfynnaf mewn cyfieithiad ddiffiniad rhagorol gan A.M. Allchin: (*Resurrection's Children*, 1998, 81): 'Drwy godi pethau a'u hoffrymu i Dduw, o'r lle y daeth eu tarddiad, gwelwn bethau yn ôl eu daioni gwreiddiol, yn ôl persbectif y Duw sy'n gweld popeth a wnaeth, ac a wêl mai da yw. Felly y bwriedir i gerddi moliant gryfhau a chadarnhau popeth sy'n dda ac yn hardd yn y person neu'r anifail neu'r gwrthrych a folir'.

Dyma fynegiant o ysbryd a synhwyrodd dynoliaeth er yn gynnar yn ei hanes. Presenoldeb gras cyffredinol yw.

Eto, bydd pawb profiadol a sylwgar bellach – hynny yw, pawb a synfyfyriodd yn ddwys am y ffenomen ryfedd hon – yn gorfod gwneud y gwaith llesol hwn o fewn cyd-destun y Cwymp ac Uffern. Ni wedir y wedd negyddol hon gan y traddodiad Cymraeg mewn modd yn y byd. Eithr na adawer i'r fath 'realaeth' ein dallu i bresenoldeb clodforus a gobeithiol y Crëwr a'r Gwaredwr yr un pryd.

Ffurf a swyddogaeth Mawl yw'r hyn sydd gennyf yn bennaf mewn golwg. Er fy mod yn rhoi sylw helaeth i enghreifftiau penodol, yr hyn a geisiaf yn bennaf yw eu defnyddio oll i ddiffinio beth y mae Mawl yn ei wneud yn ôl ei adeiledd yn gyffredinol. Nid dyna wrth gwrs a fydd yn unol â rhai o ddisgwyliadau fy narllenwyr. Ac eto, nid Mawl penodol grefyddol sydd gennyf mewn golwg. Nid canmol Mawl a wnaf chwaith. Ac nid archwilio'i gynnwys yn ddihysbyddol fel y cyfryw. Nid rhyfeddod na synwyrusrwydd na chariad na dim o ddeunydd Mawl a fydd yn cael amlygrwydd canolog, er y byddant yn dod i'r fei yn achlysurol bid siŵr. Rhan o brosiect estynedig yw'r drafodaeth hon ynghylch gwneuthuriad llenyddiaeth. Rhan o ymgais amlochrog yw i ddiffinio natur hanfodol llenyddiaeth, ac yn sgil hynny feirniadaeth lenyddol ei hun.

Fe all y diffiniad o Fawl yn y gyfrol hon ymddangos braidd yn ddieithr i'r sawl sydd heb fod yn gyfarwydd â'r meddwl Cristnogol hanesyddol Cymraeg. Bydd yn fwy dieithr byth efallai i'n Hôl-fodernwyr neu'n materolwyr. Yn y traddodiad hirfaith Cristnogol Cymraeg, gallwn synied am osgo Mawl, yn gyffredinol, fel y weithred o feddwl, dweud ac ymddwyn *o blaid* rhywbeth neu rywun drwy'i fawrygu. Mae mynegi unrhyw Fawl fel yna yn dyrchafu rhywbeth neu rywun drwy ddatgan detholiad o'i rinweddau. A gall y mynegiant gymryd sawl ffurf. Yn wir, yn y Gymraeg o hyd, gellir clywed y priod-ddull fod gwaith hwn a hwn a hon a hon yn 'glod' i'w rhieni neu i'w hathrawon. Hynny yw, y mae llwyddiant yn gallu moli rhywun sy'n uniongyrchol neu'n anuniongyrchol gysylltiedig ag ef, bron heb ddweud yr un frawddeg ganmoliaethus unigol. Trosglwyddir ewyllys adeiladol. Dyna'r math o waith sydd yn hanfod ystyr bywyd tragwyddol yn ôl y traddodiad Cristnogol. Mae'n crynhoi'r rheidrwydd sydd mewn bodolaeth i fod yn gadarnhaol o ran cyflwr a gweithred gan hyrwyddo gwasanaeth ffrwythlondeb, drwy fynegiant o blaid bywyd.

Wrth gwrs, ynglŷn â'r hyn sy'n 'greadigol' (neu hyd yn oed yn 'greedig') y mae bod yn adeiladol ac yn gadarnhaol rywsut yn ddisgwyliedig yn ôl natur y gair ei hun, beth bynnag fo athrawiaeth neu athrawiaeth dybiedig y person creadigol ei hunan. Yr ydym yn disgwyl wrth gwrs i'r hyn a folir fod yn sylfaenol adeiladol ynddo'i hun hyd yn oed os yw'n ymddangos yn amddiffynnol negyddol. Mae'r ffaith seml fod yna foliant ar waith o gwbl yn datgan fod yna rinwedd wedi'i chanfod. Ond wrth archwilio peth o amlochredd a datblygiad hanesyddol y traddodiad Mawl hwn yn y Gymraeg, sylwir bod yr arweddau gwahanol ar y ffenomen hon yn dra amrywiol. A dyry'r amlochredd hwnnw y cyfle i archwilio anian amryddawn Mawl mewn sawl amgylchfyd.

Eto, ni fwriadwyd yr astudiaeth fel adwaith yn erbyn Ôl-foderniaeth ddiweddar. Er ei fod yn ymddangos fel pe bai'n wrthddywediad go benderfynol i dueddiadau Ôl-fodernaidd, dechreuwyd pendroni am bwnc y ddwy gyfrol hyn tua'r un pryd ag y dôi Ôl-foderniaeth ar lun dadadeiladu yn ffasiynol benodol. Hynny yw, cyfredol oedd â'r osgo yna; ac yn hynny o beth, mae'n dwyn olion ymwybod â'r symudiad hwnnw. Ond mae wedi'i seilio yn anfwriadus ar y rhagdybiaeth fod y traddodiad Mawl Cymraeg yn wrth-heintydd 'digymell' a naturiol fel petai i'r hyn a ystyrir bellach yn Ôl-foderniaeth.

Yn y gyfrol hon a'r gyfrol nesaf, y mae a wnelom â'r casgliad y daeth myfyrdod y traddodiad Cymraeg iddo ynghylch pwrpas bywyd. Dyma'r 'esboniad Cymraeg' ynghylch canol bodolaeth, a hynny drwy gydol mil o flynyddoedd. Pery'r esboniad hwnnw ei hun yn fyw tan heddiw.

Esboniad pur ryfedd ac annisgwyliedig yw bellach. Yn ein sefyllfa drefedigaethol, yn fy marn i, y mae'n esboniad hynod o ddwfn a threiddgar. Ar y naill law, y mae'n gwbl gymhleth. Ond ar y llaw arall, go brin y gallai dim fod yn symlach.

Cyfyd peth o'r cymhelliad i'w wrthod oddi ar rwystrau seicolegol, y rhagdybiau bondigrybwyll, a gafwyd am resymau diwinyddol yn benodol. Ond o fynd ati i geisio cyd-deimlo a chyd-edrych ar yr esboniad hwn, daw goleuni pur lachar.

Cyn gynted ag y cafwyd dyn, cafwyd molwr. Cynneddf ddynol oedd addoli. Ond yr oedd darganfod hyn yn bersonol, a dirnad ei ystyr yn ganfyddiad beirniadol pellach – yn ddatguddiad sylfaenol ac amlochrog. Darn o feirniadaeth lenyddol oedd. Sylwyd mai pegwn bodolaeth dyn oedd y weithred ryfedd hon o addoli. Dyna oedd uchafbwynt pwrpas bywyd. Ond beth am yr holl bwrpasau llai a gyd-adeiladai bwrpas mewn bodolaeth ei hun o ddydd i ddydd?

Sut y daethpwyd yn y Traddodiad Cymraeg i amgyffred canologrwydd Mawl?

O'r neilltu ryw ddiwrnod o bosib, drwy ras dadlennwyd i fardd-offeiriad y cydlyniad. Galwn hwnnw'n Einion Offeiriad. Sylwodd yn gyntaf fod yna ddimensiwn anweledig i fywyd. (Nid anodd.) Sylwodd wedyn fod ei fywyd ei hun wedi'i drwytho mewn pwrpas, gwerth a threfn. Yr oedd pob dim yn perthyn i'w gilydd. Ni wneid dim heb bwrpas. Nid oedd dim yn bod ar wahân i werth. Ac eto, yr oedd yna ganolbwynt. Yr oedd yna blethwaith a gyd-weai tuag at un nod. Nid hawdd ar y dechrau oedd sylweddoli natur yr hyn a gynhaliai undod yr amrywiaeth hwn. Ond fe dderbyniodd y weledigaeth. Gweledigaeth ydoedd a gyffyrddai â phob swydd a phob gweithgaredd.

Mynd i mewn i'w etifeddiaeth ef a wnawn ninnau.

Gyda'r astudiaeth ddwy-gyfrol hon ar Fawl, yr wyf yn cwpla prosiect ar ddisgrifio adeiledd llenddull 'beirniadaeth lenyddol' ei hun fel ffenomen ddiwylliannol, prosiect y dechreuwyd cyhoeddi rhannau ohono ym 1974. Cyhoeddwyd eisoes gyfrolau ar Ffurf (1974, 1984-8), Deunydd (1994, 1998), a Chymhelliad (1977, a'r astudiaeth bresennol), gan geisio rhoi sylw yn y rheini i Dafod yn bennaf. Cyhoeddwyd hefyd gyfrolau ar Fynegiant (1975, 1987). Cafwyd cyfrol fechan arall ym 1998 yn arolygu Ffurf, Deunydd a Chymhelliad gyda'i gilydd (Tafod a Mynegiant), a hynny drwy astudio un gwaith canoloesol estynedig, yn rhyw fath o 'Gasgliad' cryno i'r cwbl. Gellid cyfrif, felly, fod yr astudiaeth bresennol ar Fawl yn fath o faen-clo mewn ymgais i ddiffinio beirniadaeth lenyddol. Nid oes gennyf ddim i'w ychwanegu at y disgrifiad o'r llenddull hwn ar wahân i gyfrol gryno atodol, sef *Beirniadaeth Gyfansawdd* sydd wedi'i chwpla eisoes ac sy'n grynodeb neu'n arolwg 'cyflawn' a gais dynnu'r holl weddau hyn – *Tafod, Cymhelliad* a *Mynegiant* (*mewn* Deunydd *a* Ffurf) – at ei gilydd. Cymhares fydd honno i gyfrol 1998 ar yr 'enghraifft' gyfansawddt, *Y Tair Rhamant.*

Yr wyf yn ddyledus i'r Athrawon Joseph Clancy ac A. M. Allchin am sgyrsiau buddiol o helpfawr ar y pwnc hwn, i'm cefnder y Parch. Geoff

Thomas ac i'm gweinidogion y Parch. Gordon Macdonald a'r Parch. Ifan Mason Davies ynghyd â Dr Gwyn Davies am lawer arweiniad, ac yn anad neb i'r Athro R. Geraint Gruffydd am fwrw golwg yn garedig iawn dros yr ymdriniaeth hon, ac yn dra diolchgar iddo y tro hwn fel llawer tro o'r blaen, am ei gefnogaeth a'i gynhaliaeth, er nad ef sy'n gyfrifol am ddim o'r diffygion a erys yn y gyfrol. Heblaw'r rheini, mawr yw fy nyled i Wasg Dinefwr, ac i'r un y cyflwynaf y gyfrol hon iddo, gyda gwrogaeth. Ond ni allaf ymatal rhag diolch i'm gwraig Beti, oherwydd heb ei dyfalbarhad cariadus hi ni byddwn am resymau personol byth wedi gallu gorffen y gyfrol.

Byrfoddau

BBGCC *Blodeugerdd Barddas o Ganu Crefyddol Cynnar*, Marged Haycock, Barddas, 1994.

CBT *Cyfres Beirdd y Tywysogion*, golygydd cyffredinol R. Geraint Gruffydd, saith gyfrol, Aberystwyth a Chaerdydd, 1991 ymlaen.

DGG *Cywyddau Dafydd ap Gwilym a'i Gyfoeswyr*, gol. Ifor Williams a Thomas Roberts, ail arg., Caerdydd, 1935.

Efr. Athron. *Efrydiau Athronyddol.*

GDG *Gwaith Dafydd ap Gwilym*, Thomas Parry, Caerdydd, 1952.

GIG *Gwaith Iolo Goch*, D. R. Johnston, Caerdydd, 1988.

GP *Gramadegau'r Penceirddiaid*, gol. G. J. Williams ac E. J. Jones, Caerdydd, 1934.

GPC *Geiriadur Prifysgol Cymru*, Caerdydd, 1950 yml.

HGC *Hen Gerddi Crefyddol*, gol. Henry Lewis, Caerdydd, 1931.

IGE2 *Iolo Goch ac Eraill*, gol. Henry Lewis et al., Caerdydd, 1937.

SB *Seiliau Beirniadaeth*, R. M. Jones, pedair cyfrol, Aberystwyth, 1984 yml.

THSC *Transactions of the Honourable Society of the Cymmrodorion.*

YB *Ysgrifau Beirniadol*, gol. J. E. Caerwyn Williams, Dinbych, 1965 yml.

Rhagymadrodd[1]

NID SEBON YN HOLLOL

Tipyn yn annifyr mewn llenyddiaeth bellach yw cadw sŵn cadarnhaol. Ar ôl canrif pryd y bu nihiliaeth, dadadeiladu ac anghrediniaeth yn Ewrob yn rhan o'r awyr a anedlid, gallai ymddangos mai ffordd orhwylus o gofleidio gwreiddioldeb fyddai bod yn adeiladol. Does ar neb eisiau bod yn wrthryfelwr rhad.

A dyna ichi Fawl fel gweithgaredd cymdeithasol wedyn. Mae'r hen beth yn ymddangos mor naïf, mor anweddus o unplyg, a ninnau bellach yn bobl mor gymysg luosaidd, mor gymhleth, mor ymwybodol o wrthddywediad a choegi. Ymwrthodir yn reddfol â Mawl mewn amgylchiadau normal am ei fod yn wlyb.

Yn y traddodiad Cristnogol hefyd awn yn ymwybodol iawn wrth glywed neb meidrol yn cael ei ganmol yn anfeirniadol. Yr ŷm yn cymryd yn ganiataol mai ymwadiad ac edifeirwch yw ein priod osgo oll. A defnyddiwn dermau megis 'anghytbwys' a 'diniwed' i ymwared â'r anesmwythyd a brofir wrth glustymwrando ar y fath ffiloreg.

Onid anachronistig yw Mawl mwyach?

Dweud rhywbeth neis am rywun neu rywbeth, dyna i gyd fu ei foli gynt, yn ôl rhai. Seboni amrwd, diegwyddor. Yn achos tywysog neu uchelwr, ymddengys mai mwynhau gweniaith yr oedd pobl o'r fath yn lwth ddiderfyn, ac yn wir parod oeddent i dalu'n hael amdani. Ond o'r braidd y bydd pobl sy'n darllen yn ein dyddiau goleuedig ni yn gallu dygymod â'r fath ddiniweidrwydd mwyach.

Dyna Dduw wedyn. Fel yr haerai Robbie Burns, eisteddai Duw yn ei nefoedd yn wên o glust i glust wrth glywed y taeogion gwirion yn goglais Ei deimladau.

Ond – a derbyn bod unrhywun yn gallu credu yn Nuw Burns, yn ôl bron unrhyw 'ddiffiniad' cyffredin – sut y gellid dweud rhywbeth *digon* da amdano, tybed? Wrth gwrs, byddai dweud llai o lawer am rywun bob amser yn sarhad, oni fyddai? Ac yn achos tywysog neu uchelwr, tybed nad chwerthinllyd i bawb a oedd yn bresennol oedd gwybod mai moli yr oedd y bardd bob amser er mwyn cael ei dalu, ac nid oherwydd ei fod yn credu dim oll o'r hyn a ddywedai? Tybed nad gwas dall a thwp gerbron defod ac ariangarwch oedd y creadur odlgar hwnnw? A'r uchelwr yntau druan yn waeth nag ef. Oni fyddai'r fath fframwaith agweddol at Fawl yn ei wrthddywedyd ei hun? Neu tybed – ai nyni sydd yn dwp? Yn achos Duw felly, ac yn ôl unrhyw 'ddiffiniad' call, gan mai perffaith yw Duw, rhaid synied bod a wnelom â ffenomen lai naïf na Mawl methedig. Nid gweniaith a fynnai Ef ac ni allai fod ar ei ennill mewn unrhyw ffordd o dderbyn Mawl.

Ac wedyn, Natur druan. A fyddai honno o bosib yn ymbincio ychydig wrth glywed ei chlod ei hun? A fyddai hi ambell waith yn barod i atalu drwy ddarparu tywydd gwyliau?

Beth wedyn am arwyr y gorffennol pell o safbwynt bardd y presennol? Beth am y lleoedd a'r bobl hynny y tu hwnt i glyw yn ofodol neu'n amseryddol na allent wybod eu bod yn derbyn unrhyw glod, neu na hidient? Tybed a oedd y rheini yn colli rhywbeth? Callineb o bosib.

Ynteu a oedd y beirdd, a'r rhyddieithwyr yn eu sgil, mor anfeidrol arwynebol neu anneallus fel na allent ddod o hyd i ddim gwell i'w wneud i fwrw'r amser? A oeddent – yn wahanol i ni – wedi colli pob synnwyr?

Beth yw natur yr holl Fawl yma?

Cwestiynau rhethregol yw'r rheina i gyd, mae'n debyg. Ac ymgais yw'r astudiaeth anffasiynol hon i ymholi'n llai na rhethregol tybed a oedd y tu ôl i'r traddodiad Mawl helaeth ac estynedig yng Nghymru, ac yn wir y tu ôl i'r weithred ryfedd o foliant ei hun, ryw athroniaeth groyw ac ymarferol hyd yn oed, neu ryw arwyddocâd arall nas amgyffredwn heb ychydig mwy o ystyriaeth nag atblygiad pen-lin? A gaed hyd yn oed fath o wyddor? Tybed yn wir a oedd a wnelo'r ffenomen wedi'r cwbl â hanfod a dechreuadau llenyddiaeth ac yn wir â'r awydd sylfaenol i fyw'n ystyrlon o gwbl?

Bid a fo am hynny, diau fod a wnelo Mawl yn y Gymraeg â sefyll rywle'n agos i ganol y traddodiad llenyddol. Fe'i cyfrifir yn un o'n priodoleddau mwyaf ystyfnig barhaol, ac yn nodwedd – o'i hefrydu'n feddylgar – a all adlewyrchu cyfraniad Cymru i ddiwylliant cyfoes. Beirniadaeth graff a threiddgar ydyw heddiw ar y diwylliant adfeiliol a negyddol a aeth yn ffasiynol yn sgil distryw'r dystiolaeth Gristnogol. Ddoe bu'n gynhaliaeth amlwg i fywyd. Ac ni phallodd y swyddogaeth honno. O'r herwydd, heddiw y mae'n haeddu archwiliad i ystyr ei natur a'i ddiben parhaol.

Mentraf awgrymu nad dweud pethau neis am rywun, nad dyna'r unig ystyr i'r gair 'Mawl'. Fe'i defnyddir felly bid siŵr. Ond hyd yn oed yn y ddirnadaeth wahaniaethol neu'r gyfundrefn 'Mawl/Dychan', sy'n ymddangos yng Ngramadegau'r Penceirddiaid, y mae iddo ystyr fwy dethol

a disgybledig, fel pe bai'n tarddu o egwyddor neu o draddodiad sefydlog
llai chwiwus. Mae'n cyferbynnu â Dychan, ac eto y mae'n fwy cynhwys-
fawr o lawer na hynny. Yn ei gyferbyniad fe dybiwn yn gyntaf ei fod yn
fath o lenddull strwythurol fel y ceir Comedi/Trasiedi. Ond wedyn, wrth
ddarllen Gramadegau'r Penceirddiaid ymhellach, fe'n denir i ystyried
ystyr amgenach. Drwy ddarllen rhwng y llinellau, hoff ymarferiad pawb
normal, down i ymdeimlo ag arwyddocâd mwy grymus o lawer. Yn wir,
gellir honni ymhellach mai swydd neilltuedig gyflawn ydyw a berthyn i
Brydydd, tra neilltuir y gwaith o Ddychan i *Glerwr*. Gall Mawl fod yn feirn-
iadol ddethol, ni raid iddo fod yn naïf, a golygai hynny y gallai maes o
law gynnwys *hyd yn oed* elfen o Ddychan eithr heb fynd o dan ei ormes
bywydol. Ar y naill law, y mae'n llenddull: ar y llall, y mae'n ffordd o fyw.
Yn wir, dichon y bydd yn rhaid casglu mai hanfod byw yw.

Ni buasai derbyn ond swyddogaeth gyferbyniol lenddulliol i Fawl, a
hynny mewn math o gategori symleiddiol (fel pe na bai ond yn un llen-
ddull ymhlith llawer), ond yn cydredeg â'n syniad arferol amdano fel un
gweithgaredd ymhlith amryw ffurfiau ym myd llenyddiaeth. Ond y mae'r
myfyrdod arno a geir yng Ngramadeg Einion[2] ac yng Ngramadeg Dafydd
Ddu[3] yn peri inni oedi i ystyried ffordd arall o synied am Fawl neu Glod
sy'n ei gyfrif yn fwy sylfaenol o lawer na llenddull cyferbyniol. Calon llen-
yddiaeth yw.

Diweddaraf yr orgraff:

> *Ni pherthyn ar Brydydd ymyrru ar Glerwriaeth, er arfer ohoni, canys
> gwrthwyneb yw i grefftau Prydydd. Canys ar Glerwr y perthyn goganu, ac
> anghlodfori, a gwneuthur cywilydd a gwaradwydd, ac ar Brydydd y perthyn
> canmol, a chlodfori, a gwneuthur clod, a llawenydd, a gogoniant. A chyda
> hynny, ni ellir dosbarth ar Glerwriaeth, canys cerdd annosbarthus* [h.y.
> heb ei chyfundrefnu] *yw, ac am hynny, nac ymyrred Prydydd ynddi. Ef
> a berthyn, hagen, ar Brydydd ymyrru ar Deuluwriaeth, a barnu arni,
> canys cerdd ddosbarthus yw, a disgyblaeth i Brydyddiaeth. Yn y lle y pryto
> Prydydd ni pherthyn credu gogan Clerwr, canys trech y dyly fod molian-
> gerdd Prydydd na gogangerdd Clerwr. Swynoglau, a dewindabaeth, a
> chwarae hudoliaeth, ni rwy berthyn ar Brydydd ymyrru ynddynt, nac arfer
> ohonynt. Hengerdd, ac ystorïau ysgrifenedig, a gofynnau o anrhyfedd a
> godidog atebion herwydd celfyddyd a gwirionedd, da yw i Brydydd eu
> gwybod wrth ymddiddan â doethion, a diddanhau rhianedd, a digrifhau
> gwyrda a gwragedd da. Canys cyfran o ddoethineb anianol yw Prydydd-
> iaeth, ac o'r Ysbryd Glân y pan henyw, a'i hawen a geffir o athrylith a*

chelfyddyd arfer. A llyma y nerthoedd ysbrydolion a berthynant ar Brydydd, nid amgen, ufudd-dod, a haelioni deddfol, a diweirdeb, ac ysbrydol gariad, a chymedrolder bwyd a llyn, a hynawster, a dilesgrwydd dwyfol, y rhai sydd wrthwyneb i'r saith bechod marwol, nid amgen balchder, a chynghorfaint trahaus, a chybyddiaeth, a godineb, a glythineb, a llid, a llesgedd, y rhai a lesgânt y corff, ac a laddant yr enaid, ac a lygrant awen Prydyddiaeth, ac a bylant y synhwyrau.

Druan o'r Prydydd. Ar yr olwg gyntaf ymddengys mai gan y Clerwr yr oedd y sbort i gyd. Yn ei rengoedd ef y carem oll fod yn hytrach nag ym myddin barchus y Prydydd propor. Ond dichon y gellid synhwyro rhwng y llinellau hyn fod yna ateb yma i'r hyn a geid o'r tu allan i rengoedd y Prydydd, hyd yn oed yn nechrau'r bedwaredd ganrif ar ddeg. Eisoes, o bosib, caed ymosodiad gwacsaw digon ysgeler gan y 'twpeiddio' bythol-bresennol ar fodolaeth celfyddyd o gwbl. A chododd angen effro i sylweddoli swyddogaeth y Prydydd.

Diau mai 'canu gŵr' sydd yn bennaf mewn golwg wrth synied am y Traddodiad Mawl Cymraeg. Ond yn ôl pob tebyg, fe'i gwreiddiwyd yn gyntaf mewn Mawl i Dduw. Dyna hwnnw wedyn yn troi'n Fawl i frenin, ac wedyn yn Fawl i ferch, ac yna i wrthrychau byd natur. A hyd yn oed yn ystod y canrifoedd wedi i Fawl i ddyn amlhau o ran swmp, ni wadai neb nad moli Duw a gâi flaenoriaeth o ran pwysigrwydd.

Mentraf awgrymu fod moli natur, yn ddelfrydus 'baradwysaidd', hefyd wrth reswm yn fwy na gwenieithu. A phan awgrymodd Saunders Lewis fod a wnelo'r patrwm a roddwyd i'r Traddodiad Mawr gan Daliesin rywbeth â datganiad o ddelfryd, diau fod yna yn y fan honno egin myfyrdod am swyddogaeth Mawl yn gyffredinol. Daeth Mawl (neu bu erioed) yn ffordd o ymagweddu at fywyd, ac yn fwy na dull o ennill ceiniog. Dathlu rhinwedd a wnâi. Porthai foesoldeb a harddwch cymeriad a haelioni ysbryd. Yn rhyfedd iawn, diben uchaf y bywyd Cristnogol a brofai.

Fe'i cysylltid yn swyddogaethol gan rywrai â phropaganda wrth gwrs. Ond os cofiwn eto am foli natur, dichon mai cyd-drawiad cyfleus oedd propaganda. Nid oedd dyrchafu rhywun neu rywbeth mwy na dyrchafu elfen naturiol ond yn fodd i roi bri defnyddiol arnynt. Ond pe bai pawb yn y llys yn synied nad oedd y Mawl yn ddim ond ffordd od o ennill bywoliaeth, ac mai dealledig oedd bod y cwbl yn gelwyddau rhonc, ni byddai'r gweithgaredd yn werth ei gyflawni o safbwynt na'r gymdeithas na'r gwrthrych.

Pan folid natur, yr hyn a wnâi'r bardd er mwyn ei bobl oedd dethol gwerthoedd neu enwi rhinweddau gwir. Cyfleai hefyd deimladau, a dichon ei fod, yn anymwybodol, yn clodfori ac yn addoli Duw. Adeiladai, neu fe gydnabyddai adeiladwaith *psyche*. Yr oedd gan y gymdeithas safonau moesol ac esthetig, ac fe wrthrychid y rheini gan y Mawl. O ganlyniad ceid ym meddyliau a theimladau pawb adeiledd o werthoedd a âi'n fwy cyffredinol wrth eu datgan.

Mewn gwirionedd, yr ŷm yn symud yng Ngramadegau'r Penceirddiaid tuag at ddiffiniad amgen o Fawl neu Glod na'r un arferol. Disgrifiad yw, nid yn unig o lenddull syml y gellir canfod y gwahaniaeth rhyngddo a Dychan. Yn y Gramadegau hyn yn hytrach ceir rhai o feirniaid cynharaf Cymru yn myfyrio ynghylch natur adeiladol a bodolaeth llenyddiaeth ei hun, ac yn dod o hyd i hynny yng nghanol priffordd y traddodiad, yn y weithred hynod o glodfori. Yng nghnewyllyn y weithred honno yr ymglywir â'r hyn yr oedd llenyddiaeth ei hun yn amcanu ato.

Gall hyn swnio'n rhyfedd. Ond y mae fel pe bai yna ryw riniau, rhyw hadau mewn Mawl, sy'n hanfod amlwg i oroesiad llenyddiaeth ei hun. Mawl yw'r cynnwys mwyaf cyffredinol – o bob pwnc a gwrthrych, o bob rhyw ddeunydd – sy'n angenrheidiol i lenyddiaeth. Dim ond oherwydd cymhelliad cadarnhaol Mawl y gwneir llenyddiaeth yn bosibl.

Yr ydym fel pe baem yn synied yn y fan hon am ffordd o feddwl, hyd yn oed am osgo sefydlog at fywyd. Y mae fel pe bai'r proses o greadigrwydd yn gorfodi agwedd gadarnhaol, a bywyd ei hun yn gorfodi bod yn adeiladol.

Mae'r ddadl gyntaf hon gan Einion Offeiriad yn dechrau drwy ddiffinio a mawrygu statws Prydydd. A gellir synied nad yw hyn ond yn wedd hanesyddol ar yr atrefniad galwedigaethol yn y bedwaredd ganrif ar ddeg. Diffinnir felly, yn gyferbyniol â'r Prydydd coeth a chall ar y naill ochr, y Clerwr iselfryd a dirmygus ar y llall. Nid ymddengys ond mai gwahaniaethu cymdeithasol o ran llenddulliau a wneir, Mawl a Dychan, Uchel ac Isel, ac mai dyna'r prif bwyslais a roddir yn y fan hon. Dyna'r penodoli cychwynnol. Ond nid dyna'r uchafbwynt i'r paragraff yng Ngramadeg Einion. Nid gwahaniaethu swydd yn unig a wneir, eithr gwahaniaethu rhwng celfyddyd werth chweil a sothach, rhwng yr esthetig foddhaol a'r hyn sydd yn bwdr. Priodoli gwerthoedd gwir fyw a seiliol a wneir.

Gellid cymharu Plato yn y *Wladwriaeth*:[4] 'nid swydd y dyn cyfiawn, Polemarchos, ydyw niweidio na chyfaill na gelyn ddim, eithr swydd yr hyn sydd gyferbyniol, sef y dyn anghyfiawn'. Hynny yw, nid dosbarthu mathau o farddoniaeth annerbyniol a wna Einion, mwy nag y dosberthir mathau o ddynion annerbyniol gan Blato. Diffinio celfyddyd ddilys ei hun yw nod Einion.

Ceir yr un ergyd gan Ddafydd Ddu:[5] 'trech y dyly fod moliangerdd y Prydydd na gogangerdd y Clerwr croesan, megis y mae trech y da na'r drwg'.

Wedi gwneud y gwahaniad hwn y mae'r gramadegydd yn mynd ati i ddiffinio ymhellach natur y gelfyddyd farddonol. A phwysleisia'r ansoddair 'dosbarthus'. Yng ngolygiad Pen. 20[6] dywedir: 'dosbarthus yw y gerdd, a barnu a ellir arni'. Ystyr 'dosbarthus' yn y fan yma yw 'yn perthyn i drefn, peth y gellir ei athronyddu yn ôl deddfau rhesymeg, yn dwyn yr un hanfod â chyfundrefn'. Mae modd ymateb i'r gerdd, felly, â dirnadaeth wareiddiedig.

Yr ydym yn symud tuag at y gwerth rhyfedd hwnnw a fawrygwyd bellach yn y cyfnod diweddar, sef aeddfedrwydd: rhinwedd yr oedolyn, sy'n gysylltiedig â deallusrwydd a chyflwr teimladol cyflawn ddatblygedig.

Ond y mae'r Gramadeg yn mynd yn ei flaen: 'cyfran o ddoethineb anianol yw prydyddiaeth'.[7] Yn y fan hon, dyma bwysleisio drachefn ddefnydd y meddwl aeddfed, gan roi sylw i darddiad yr Awen, presenoldeb ysbrydoliaeth, ond hefyd i ffynhonnell gwerthoedd. Ac eir ati yn niwedd y paragraff i benodoli'r gwerthoedd hynny. Moesol ydynt. A deuwn wyneb yn wyneb â pherthynas ddirgel, oesol, ond diamheuol Moesoldeb ac Estheteg. Dyma wrthdrawiad hynafol y cafwyd ar hyd y canrifoedd lawer o ddatganiadau pur naïf i'w hyrwyddo. Y mae a wnelo'r person moesol, yn y berthynas honno, â mynegiant y gellir ei barchu'n ieithyddol. Nid ymdrybaeddu mewn hiliaeth na phornograffiaeth i ennill na chlod nac arian a wna. Nid oes a wnelom felly â'r ddadl Ramantaidd ynghylch 'rhyddid' a 'gwrthbarchusrwydd' a 'beiddgarwch'. Mae'r ddadl honno yn gyfan gwbl ar wahân i'r fath ystyriaeth, o leiaf fel y mae Pechod (fel cyflwr cyffredinol, egwyddorol a threiddgar) ar wahân i bechodau achlysurol neu enghreifftiol. Sôn y mae Dafydd Ddu yma am rym cadarnhaol bywyd. Trafod y mae yr hyn sy'n caniatáu'r creadigol barhaol ei hun i'r person mewn oed. Gall y tipyn beiddgarwch a'r ymdriniaeth ag anlladrwydd oll gael eu lle mewn sbectrwm felly, ond 'fe'u bernir hwy'.

Os oedd yna fygythiad i Fawl o du'r adain isddeallol yn y gynulleidfa, yr un mor real ar dro (er nad mor boblogaidd o bell ffordd) oedd y bygythiad o'r tu arall, sef gan yr adain orddeallol. Hyn, er gwanned ei awen ac er cynifer o bynciau eraill a fynnai'i sylw (fel y dangosodd yr Athro Gruffydd Aled Williams), a ganfu Wiliam Cynwal yn ei ddadl ag Edmwnd Prys. Yr oedd Prys am ymyrryd ag anrhydedd y traddodiad Mawl drwy wyro'r awen i ymhel â gwyddoniaeth ac ysgolheictod y prifysgolion.

Dyna'r ffasiwn seithug a geid ymhlith dyneiddwyr 'yn enwedig yn Ffrainc', fel y nododd yr Athro Geraint Gruffydd.[8] Ond anesmwythai Cynwal:

Ofer yw dysc, afraid aeth,
Wyrth nod taer, wrth naturiaeth.[9]

Mae Cynwal fel pe bai'n synhwyro nad oedd Prys wedi gwerthfawrogi anrhydedd y traddodiad na chylch arbenigol swydd. ('Canv yn iawn' yw term Cynwal am Fawl.)[10] Llithrai Prys tua dychan wrth fychanu Mawl.[11] Dadl Cynwal oedd bod gan Fawl ei ddysg ei hun:

O eigion dysc bvm gan dant,
Wawd fêl, yn hav dy foliant.
Ni fynyd fawl gwrawl gwych;
Gan na fynyd, gwna a fynych.[12]
Bardd wyf, hardd beraidd fowrddysc,
Yffeiriad wyd, coffr y dysc.[13]

TAIR GWEDD SYLFAENOL LLENYDDIAETH

Sut y mae Mawl, felly, yn dod o hyd i'w swyddogaeth o fewn holl batrwm mawr llenyddiaeth?

Wrth geisio disgrifio adeiledd canolog llenyddiaeth, mae yna un hen ddeuoliaeth yn cael ei defnyddio gan feirniaid sy'n mynd yn ôl i'r cyfnod clasurol, sef Cynnwys a Ffurf. Bu'r Rhamantwyr diweddar yn bur anfodlon ar y fath gyferbyniad ffug â hwn. Taerent, wrth edrych ar ddarn o lenyddiaeth, mai hollol amhosibl fuasai tynnu llinell wahaniaeth yn dwt fel yna rhwng ei Chynnwys a'i Ffurf. Ble mae'r naill yn dechrau a'r llall yn gorffen? Wedi'r cwbl, onid undod yw pob gair a phob llenydda?

Ond fel sy'n digwydd mewn achosion o'r fath, am un sefyllfa yr oedd y Clasurwyr yn sôn, a'r Rhamantwyr yn sôn am sefyllfa gwbl arall. Sôn yr oedd y Clasurwyr am yr hyn a alwn bellach yn Dafod tra oedd y Rhamantwyr yn aros gyda Mynegiant.

Ac yr oedd yna drydedd elfen a oedd yn gyfrifol am yr asio rhwng Tafod a Mynegiant. Cymhelliad diymwybod oedd Mawl a ymroddai i gynnal ac asio daioni Ffurf a Chynnwys yn ei gilydd.

Mae'n amlwg i'r sawl sy'n meddu ar hanner llygad fod Odl fel egwyddor (mewn Tafod) yn bodoli ar wahân i unrhyw enghreifftiau unigol ohoni.

Ac mae'r un peth yn wir am Fydr. Wedi gweld Ffurf ar waith fel yna, yn gyfundrefn ar wahân fel petai i'r achlysuron mewn Mynegiant, y mae'r sawl sy'n olrhain holl ymhlygiadau Ffurf yn sylwi fod a wnelo yn y fan yna â ffenomen eithriadol lydan sy'n ymestyn nid yn unig drwy wahanol gyfundrefnau seiniol, eithr drwy gyfundrefnau ystyrol, a'r llenddulliau (*genres*).

I'r bardd yn yr achos hwn yr oedd cynnal Ffurf mor ddaionus â chynnal Cynnwys. Ond ni byddai'r naill na'r llall ar waith heb Gymhelliad. Ni allai Cynnwys feddiannu Ffurf heb Gymhelliad. Cymhelliad felly a drôi drwy'r meddwl deublyg: o Dafod i Fynegiant, ac o Gynnwys i Ffurf.

Ond ynghyd â'r *ffurfiau* hynny o drafod mydr a throsiad a llenddull ceid *deunydd* patrymog hefyd: themâu a mythau a chysyniadau ar gerdded yn y gymdeithas yn gefndir i'r pwnc achlysurol. Hynny yw, ceid yn y meddwl (cyn llenydda) yn ogystal â phatrymau synhwyrus seiniol, batrymau thematig neu fythau. Pethau o'r math cynhwysol hwnnw a ddarganfu'r Clasurwyr, pethau a oedd fel petaent uwchlaw'r enghreifftiau llenyddol unigol yn ogystal ag ynddynt.

Gyrrir Deunydd i geisio Ffurf gan ryw awydd. A chalon Cymhelliad, y strwythur sy'n ei adeiladu'n greadigol, yw Mawl.

Gellid dadlau'n deg mai ymddangosiadol 'sefydlog' a 'llonydd' yw nodweddion hanfodol Ffurf. Mae'n ymwneud ag egwyddor neu â phatrwm cyson. Mae'n ymwneud â chyferbyniad, ailadrodd, cydlyniad, acen, cytsain, llafariad, siâp trosiad, cyfeiriad amser mewn llenddull (*genre*), ac yn y blaen. Egwyddorion adeileddol cydblethog o'r fath. Cyflwr trefnus ydyw yn hyn o beth. Cynllun ar gyfer gweithio. Ac nid annhebyg iawn yw cyflwr Cynnwys neu Ddeunydd. Testunau sydd yna: Defnydd yn disgwyl am gael ei ddefnyddio. Syniad y nofelydd am ei gredoau ef ei hun, teimladau cynhyrfus at gariadferch, gweledigaeth am berthnasoldeb esthetig neu ddefnyddioldebol neu symbolig byd natur, perthynas cyd-ddynion, profiad o'r goruwchnaturiol, dyna'r math o ddefnyddiau sydd ar gael.

Dyna i chi ddau gyflwr hanfodol, felly. Rhaid i rywbeth ddigwydd i roi'r Cynnwys hwnnw ar gerdded drwy'r Ffurf. Yn adeiledd canolog llenyddiaeth, rhwng y Cynnwys a'r Ffurf ceir y Cymhelliad asiol i ddathlu Pwrpas, Gwerth a'r ysfa gynhwynol i ddarganfod neu i arosod Trefn. Dyma sy'n gwrthrychu'r Tafod mewn Mynegiant. Dyma a rydd gyfeiriad i'r Cynnwys. A mentraf awgrymu mai dyma'r lle i chwilio am wreiddiau Mawl. Yng nghalon Cymhelliad. Ni cheir llenyddiaeth hebddo.

Sylwer felly: Cymhelliad yw'r bont rhwng Cynnwys a Ffurf, megis rhwng Tafod a Mynegiant.

Ond sut y daw Mawl, yntau, i mewn i'r symudiad hwn? Yn awr, gweithred achlysurol a phenodol hyglyw yw moli, yn ôl yr ystyr arferol. Digwyddiad ydyw. Gellir hefyd gyferbynnu Mawl â Dychan fel ffurf o feddwl a theimlo – ac o ryfeddu. Ond y tu ôl i'r weithred allanol unigol ac achlysurol, ac yn wir y tu ôl i'r ffurf fewnol sefydlog o Fawl sy'n fodd sylfaenol iawn ar ymddwyn, mentraf awgrymu fod y gwreiddiau'n ddyfnach o lawer. Maent yn dathlu gwerth bodolaeth. Y mae a wnelont â rhyw reidrwydd cadarnhaol y tu ôl i'r ffaith fod llenydda'n digwydd o gwbl. Maent yn cyfrannu'n angenrheidiol i barhad bodolaeth. Yn waelodol i lenyddiaeth, ceir ymagweddu adeiladol orfodol. Gogwydd cynhenid llywodraethol. Ni all llenyddiaeth fodoli heb y rheini. A'm dadl i yw bod cynhwysion y rheidrwydd hwnnw yn bur agos i'r cynhwysion cymelliadol sy'n cyd-wneuthur Mawl. Y mae'r creu bychan dynol yn wedd ar y Creu mawr dwyfol.

Cymeradwyo bywyd a wna Mawl. Ac fe'i llunnir pan ymlunia Cymhelliad llenyddiaeth ei hun. Digwydd yn baradocsaidd hyd yn oed pan ymddengys y syniadau'n negyddol. Nid oes modd i hyd yn oed nihilwyr ffasiynol ei osgoi, oherwydd bod y weithred seml ei hun o negyddu yn gorfod hel at ei gilydd ddigon o Gymhelliad cadarnhaol i gyflawni'r gwaith negyddol hwnnw. Mae llenydda er ei waethaf ei hun yn gorfod cydnabod gwerth gwneud rhywbeth.

Credaf, felly, fod Cymhelliad – ac yn sgil hwnnw, Mawl – yn fwy cymhleth o lawer nag y caniatâi'r dull arferol o'i ddiffinio. Ar yr wyneb ymddengys yn derm diddig o gadarnhaol. Yn rhy gadarnhaol. Amlwg yw bod llenyddiaeth yn gwneud ambell beth bach arall heblaw bod yn neis. Mae'n eglur fod yna bobl sy'n dweud pethau cas (weithiau yn gyfiawn), a llawer wrth reswm yn gwadu nad yw 'moli' ond yn ffordd achlysurol eithaf amherthnasol o ymddwyn. Gellid ambell waith, bid siŵr, ddweud geiriau braf am bethau: gellid peidio waith arall. Eto, dichon yn y bôn fod gwrth-fawl nid yn unig yn cael ei *ddiffinio* gan ei gyferbyniad, eithr hefyd y daw o hyd i'w darddiad ar ei waethaf ei hun mewn ysfa i fodoli. Gall Mawl datblygedig fod yn hunan-feirniadol. Gall hyn hefyd atgyfnerthu gwerthoedd, a hynny eto megis er ei waethaf ei hun. Pwrpas beirniadu yn y bôn yw gwella. Gwir fod y cysyniad amlochrog hwn yn bur bell oddi wrth y duedd tuag at Fawl syml ac unplyg a geid gan Daliesin i Urien. Ond amynedd amdani: os cysylltwn Fawl â'r gwaith o ddehongli a dathlu Pwrpas, o ddatgan Gwerth, ac o hyrwyddo Trefn ystyrlon, gan fynnu gwrthrychu a synwyruso a chlymu'r rheini mewn Mynegiant wrth destun arbennig, yna y mae'n deg canfod lleoliad Gwrth-fawl yntau hefyd yn tarddu yn yr un lleoedd. Is-gynnyrch i Fawl yw Gwrth-fawl. Hyd yn oed yng nghymhlethdod 'soffistigedig' a negyddiaeth hiraethlon yr unfed ganrif ar hugain, ni ellid dianc rhag hwn.

Felly, dathliad mewn iaith yw llenyddiaeth, yn y bôn, yn ôl y Cymhelliad anochel hwn. Er iddo fynegi negyddiaeth yn anwirfoddol (neu o bosib yn wirfoddol) yn ei wallgofrwydd terfynol (neu hunladdiad meddyliol), yr oedd hyd yn oed Nietzsche ar ei waethaf ei hun yn ei lenyddiaeth yn anrhydeddu diben. Y gwallgofrwydd ei hun yn unig a negyddai iddo gadarnhad bodolaeth llenyddiaeth. Tewi, peidio â dweud o gwbl, oedd ei unig ddihangfa gyson. Ond lle y gwadai ef ystyr a Diben hawliai'r traddodiad Mawl mai hollol amhosibl oedd dianc rhag ystyr a Diben.

*   *   *

O gam i gam drwy'r gyfrol hon, gan ddechrau gyda'r cyffredinol, fe geisir olrhain Mawl ar waith. Fe geisir yn gyntaf, felly, ddiffinio Mawl yn ôl ei swyddogaeth adeileddol mewn Tafod. Hynny yw, dadleuwn fod Mawl wedi'i adeiladu'n sylfaenol driphlyg ar yr egwyddor o fod o blaid bywyd. Cyn cael Mawl yn yr amlwg, fe geir ymagwedd anochel sy'n benodol adeiladol ei chyfeiriad yn ôl gwerth, trefn a diben. Yna, troir mewn Mynegiant at ein canu Mawl cynharaf ymhlith y Cynfeirdd a'r Gogynfeirdd. Fe'i ceir yn grai yn y fan yna. Mae'n ddigywilydd o amlwg, ac fe'i clymir wrth ddelfryd uniongyrchol o fath personol. Mae'r Cymhelliad yn awr wedi'i gorffori'n Gynnwys, fel y bydd wedyn gan Feirdd yr Uchelwyr.

Canfyddwn hefyd yn yr enghreifftiau unigol a dethol fel y mae gwrthrychau'r Mawl yn ymledu gan bwyll o ran natur oddi wrth Dduw tuag at ei greadigaeth. Yn sgil hynny mae'r amgylchfyd a chyd-ddyn yn estyniad anochel o Dduw. Ac wrth gwrs, fe all hyn arwain at drychiad neu hollt nes clodfori'r creadur yn fwy (neu'n hytrach) na'r Creawdwr. Ymledu ymddangosiadol yn ôl testun, sut bynnag, yw'r dull cyntaf o 'gymhlethu' neu o helaethu tiriogaeth Mawl. Wrth symud testun oddi wrth Dduw at ddyn, am resymau amlwg ni raid i Fawl fod mor unplyg. Canfyddir gwendidau mewn dynion. Er cadw'r egwyddorion sydd y tu ôl i Fawl, fe all disgrifiad droi tuag at Wrth-fawl. Yr ail ddull felly, y dull cyferbyniol sydd eto ynghlwm wrth gynnal gwerthoedd, yw corffori Gwrth-fawl yn gyferbyniol o fewn gwaith llenyddol. Hyrwyddir felly adeiledd gwerthoedd. Down wyneb yn wyneb yn gynnar felly â ffenomen Dychan, ac eto heb ymadael â chymhellion creadigol.

Bellach, ymddengys ein bod ar lefel ychydig yn wahanol i'r lefel seml o egwyddor o blaid bywyd, neu o blaid llenydda o gwbl. Ceir dewis yn awr. Ond fe arhoswn, mewn Dychan, yng nghanol yr angen sydd ar Ystyr i geisio'r gwir. Ac wrth geisio diffinio'r da, y mae i Ddychan neu i gyferbynnu anghadarnhaol ei swyddogaeth.

Dyma sylweddoli'r modd y mae 'diffinio' bellach mewn gwirionedd yn golygu bob amser negyddu. Y mae ffinio o bob math (er gwaethaf ein heciwmenwyr) yn gorfod dweud 'Na'. Eto, o fewn natur syrthiedig y byd, y mae melltith a bendith yn gorfod cyd-fyw er mwyn bod yn gadarnhaol ac yn adeiladol i'w gilydd. Gefaill naturiol i Fawl, nid gelyn, ydyw Dychan. Cynheiliad yw. Cyd-ddatganant safon a gwerth mewn byd ffaeledig.

Gwaith Dafydd ap Gwilym yn ddiau oedd uchafbwynt y ddau symudiad hyn o fewn Mawl i ledu ac i wrthgyferbynnu yn yr oesoedd canol. Gydag ef y cawn y bersonoliaeth 'gron' gyntaf, a oedd yn weddol gynhwysfawr yn lled ei destunau, gan estyn ei rychwant oddi wrth Dduw i'r amgylchfyd naturiol, i'r uchelwr, i'r gariadferch ac iddo ef ei hun. Yna, yn ei waith fe geir hefyd yr ymlediad negyddol o fewn y cadarnhaol lle y ceir melltith ynghyd â bendith, a choegi dychanus yn ymrwbio gydag afiaith gorfoledd, yn ogystal â'r gwerinol wrth ochr yr uchelwrol.

Rhydd Dafydd ap Gwilym yr her inni sylweddoli Mawl yn ei amlochredd dynol newydd. Mawl hunanfeirniadol ydyw i raddau. Dafydd ap Gwilym yn anad neb, mae'n debyg, sy'n gyfrifol am newid statws gwrth-fawl. Cyn hynny, yr oedd dychan yn cael ei ystyried yn israddol. Ymddangosai'n negydd i gelfyddyd. Rhoddodd Dafydd ap Gwilym fri ar goegi fel gwythïen o fewn tiriogaeth y molwr. Mae ei goegi'n cyfoethogi cywair y Mawl ei hun. Gwna'r Mawl yn fwy credadwy. Cryfheir y dyrchafu gan bosibilrwydd darostwng.

Symudasom felly oddi wrth symlder y cymhelliad sylfaenol sy'n gwneud llenyddiaeth yn bosibl, ymlaen i fframwaith lle y diffinnir gwerthoedd mewn realaeth drwy gyferbynnu. Cyferbynnu o'r fath sy'n caniatáu Ffurf. Ac y mae Cyferbynnu yn gymhlethiad iachus sy'n egluro pob gwerth yn amgen.

Gwyddom oll o fewn y genadwri Gristnogol fod cyferbynnu pegynau yn wedd ar y cyflwyniad cyflawn a realaidd ym mywyd dynoliaeth. Yn wir, y mae'r pegynau yn cydweithio er iachawdwriaeth. Rhaid negyddu er mwyn gwrthwynebu pechod. Pa Gristion nad yw'n diolch am gael ei dorri? Ond, wrth gwrs, buasai'i gadael hi ar hynny yn unig yn gwbl anghyflawn.

Dichon fod tuedd anochel, oherwydd gorthrwm rhagdybiau'r ugeinfed ganrif, inni fod yn rhy hygoelus ac yn rhy barod i orbwysleisio coegi Dafydd. Mae'r adeiladol a'r negyddol yn annatod glwm. Gellid gormodieithu ynghylch ei goegi ar draul ei ymwybod ieithyddol arall – ei drosiadau, ei hydeimledd seiniol ac unplygrwydd ei fynegiant yn aml, ei afiaith cadarnhaol. Ond diau mai natur a statws ei goegi mewn hwyl hapus oedd ei newydd-deb adeiladol, i raddau helaeth, ym mryd beirniaid ail hanner coeg yr ugeinfed ganrif.

Yr wyf wedi ceisio dadlau o'r blaen cyn hyn[14] fod a wnelo'r ymlediad (mewn testun) â'r datblygiad a gafwyd tuag at goegi yng ngwaith Dafydd. Dyma a welwn fwyfwy wrth i'r canrifoedd ddirwyn yn gydblethog yn eu blaen. Mae'r soffistigeiddrwydd beirniadol i Fawl, er cadw'i gyfeiriad unplyg, ac er methu ag ymadael â'r Cymhelliad cynhwynol, yn medru tyfu'r un pryd yn ffenomen fwy cymhleth o lawer. Dyma un wedd arall ar yr helaethu.

AMODAU MAWL: STRWYTHUR EI GYMHELLIAD

Wrth drafod Cymhelliad llenyddiaeth ac wrth geisio ystyried natur yr ysgogiad y tu ôl i fodolaeth llenyddiaeth, byddaf yn y drafodaeth hon yn ceisio ynysu pedair gwedd:

> (A1) *Ymdeimlad o Werth.* Ni byddai neb yn llenydda oni bai ei bod yn orfodol yn gyntaf iddo/iddi ystyried ei bod yn werth ei wneud; diffinnir Gwerth yn ôl ei berthynas â'r Diben;
> (A2) *Ymdeimlad o Ddiben.* Er nad yw union ystyr y Diben hwn yn eglur yn fynych, yn wir er bod elfen o resymu yn gallu gwadu Diben weithiau ar lefel ymenydda a dadlau, rywfodd (hyd yn oed yn groes i'r graen) y mae rhoi pin ar bapur a'i symud o gwbl yn ymgysylltu ag ysgogiad dwfn *o blaid* gweithredu a goroesi sy'n gynhenid bwrpasol;
> (B1) *Gogwydd tuag at ddarganfod neu arosod Trefn.* Dyma ogwydd anochel arall ac un sy'n gyrru'r baban fel pe bai'n reddfol wrth ddysgu iaith ac wrth ddarganfod llwybr drwy'r anialwch hwn o fyd i fynd ymlaen. Nid oes modd trafod bywyd yn ymarferol heb fynnu darganfod neu arosod Trefn ynddo;
> (B2) *Y symudiad meddyliol tuag at Unigoli neu Arbenigo.* Hynny yw, gogwyddo'n gyntaf oddi wrth y cyffredinol tuag at yr enghraifft. Dyma symudiad meddyliol anochel iaith. Rhan yw o'r Drefn. Dyma lle y mae'r Mynegiant unigol yn cael ei wneud yn bosibl ar sail Tafod, ac o'i herwydd y mae'r elfen bersonol a phenodol ac achlysurol yn

dod i mewn i lenyddiaeth. Y person unigol sy'n gosod argraff ei bersonoliaeth syniadol a theimladol ei hun ar yr hyn a fynegir. Ac y mae'r hyn a fynegir yn digwydd neu'n ymgrisialu mewn gwaith unigol er ei fod wedi'i sylfaenu ar fecanwaith meddyliol cyffredinol. Hyn sy'n esbonio pam y bydd beirniaid weithiau yn hoff, yn orhoff ar dro, o bwysleisio'r diriaethol a'r unigol, bron mewn modd fformiwleïg.

Mae a wnelo 'A1 Gwerth' ag ansawdd y cychwyn, 'A2 Diben' ag ansawdd y diwedd. Mae a wnelo 'B1 Trefn' ag ansawdd y berthynas rhyngddynt, a 'B2 Unigol' â'r natur ddeinamig enghreifftiol yn y drefn honno.

Dyma'r holl weddau ar Gymhelliad llenyddol. Wrth fuddsoddi'r pedair gwedd hyn mewn Ystyr, deuir o hyd i Amodau Mawl.

Mae a wnelo'r ymwybod o werth a diben â'r ffaith fod gan bawb ymdeimlad fod un pwyslais yn rhagori ar un arall. Ac nid yw un gwaith yn union mor anaeddfed nac arwynebol â'i gilydd. Nid cyfartal o ran pwysigrwydd yw pob dim yn y bydysawd er bod i bopeth ei le.

Mae a wnelo'r ysfa anochel hon am Drefn, sy'n reddfol, â thuedd gweithiau celfyddyd i integreiddio'r rhannau oll yn gyfanwaith ystyrlon a dealledig, ac i geisio cydbwysedd ac eglurder mewn cyflawnder personol. Mae Trefn yn cydnabod y berthynas a geir rhwng pethau. Mewn Tafod ei hun wrth gwrs y mae ffurf a threfn yn gallu ymddangos yn weddol 'amhersonol'.

Eto, mae a wnelo'r elfen bersonol anghyffredinol ac unigol â synwyrusrwydd y cyfrwng. Mae a wnelo hefyd â gwahaniaethau dawn, megis crebwyll un person o'i gymharu ag un arall, medr celfydd ac anhrwsgl un pâr o ddwylo o'i gymharu â phâr arall. Mae a wnelo hefyd â'r berthynas rhwng y goddrych a'r hyn a drafodir.

Dirnad rhagoriaeth ac adnabod gwahaniaeth o'r fath, dyma waith beirniad profiadol. Nid digon yw dweud, 'Mae'n well gen i hyn,' neu 'Dwi'n gwybod beth dwi'n 'licio,' a gwenu'n galonnog. A ffôl braidd yw'r relatifiaeth honno sy'n ymhonni'n faldodus, 'Does dim o'r fath beth â rhagoriaeth'. Rhagoriaeth gydnabyddedig, ddeallus a chyffredinol, dyna'r hyn sy'n caniatáu gwareiddiad o gwbl. Ffaith yw bod modd gwrthod y gwachul a chofleidio'r gwych, cofleidio'r arwyddocaol ac osgoi'r cymharol ddibwys.

Yn y gwaith cyfrifol hwn o ddirnad, meithrinir y medr drwy brofiad ar y naill law a thrwy ddawn ar y llall. Adnabyddir camp. Y mae hir ymgydnabyddiaeth yn bennaf â chlasuron yr oesoedd (mewn sawl gwlad os yw'n bosibl) yn cryfhau'r gallu hwn; ond diau fod deallusrwydd, dychymyg, hydeimledd synhwyrus a chyfoeth gweledigaeth yn gynhysgaeth yr un mor amhrisiadwy hefyd.

Mae'r pedair gwedd hyn ym maes Cymhellion yn unfryd gadarnhaol, a'r pedair yn cyd-gynnwys yr ymrwymiad i ystyr. A gorfodol yw eu cydfodolaeth. Gellir eu rhegi, eu gwadu wrth gwrs, eu dirmygu hyd yn oed; ond y maent bob amser yno. Y maent yn cynrychioli tueddfryd y gellid – wrth ystyried ansawdd cadarnhaol y cwbl gyda'i gilydd *vis-a-vis* ymagwedd unol llenyddiaeth tuag at fywyd – ei alw'n hanfod Mawl. Clymu gwrthrych yn y gweddau cadarnhaol cyferbyniol hyn yw moli'r gwrthrych hwnnw.

Yn awr, wrth werthuso gweithiau unigol y mae rhai beirniaid yn ymddangos fel petaent yn enwi ac yn mawrygu safonau eraill nas cynhwysir yn y pedair elfen hyn, safonau o fath arall, ychydig yn fwy neu'n llai penodol na'r pwyntiau tra chyffredinol yr wyf wedi'u cyflwyno hyd yn hyn. Er enghraifft, yn gyntaf, pe byddid yn chwilio beirniadaeth D. H. Lawrence a Leavis, '*bod o blaid bywyd*' – yn deimladol ac yn arddulliol, yn ewyllysiol – dyna fyddai un o'r egwyddorion sylfaenol. Ac, yn ail, '*aeddfedrwydd moesol*'; yr hyn y byddai'r Beibl yn ei ystyried yn gyflawnder, yn llawn oed, dyna rinwedd arall hynod dreiddgar sy'n ennill bryd Leavis o hyd. Mae hynny'n gwbl wahanol wrth gwrs i damaid bach o foesega a didacteiddio. Ond y mae i'r rhain eu lle yn y patrwm yr wyf eisoes wedi ceisio'i amlinellu.

Er nad yw'r ystyriaeth na'r gair '*esthetig*' yn boblogaidd y dyddiau hyn nac ers tro chwaith (hyd yn oed gan Leavis ei hun), rwy'n teimlo fod hyn eto yn gysylltiedig, yn drydydd, ag aeddfedrwydd a chyflawnder o safbwynt '*techneg*' (adeiledd, arddull, haelfrydedd ieithyddol, perthynas y rhan a'r cyfan). Ond y mae'r tair rhinwedd neu duedd hyn eisoes yn gynwysedig dybiaf i yn y pedair a nodais gynnau, ac er mor gyffredinol ydynt, fel pe baent yn fwy neu'n llai penodol neu enghreifftiol o fewn y pedair cyntaf. 'Mawl' eto, felly, yw'r rhain.

Os felly, beth yw'r gwahaniaeth rhwng y Mawl hwn a'r ffenomen fwy uniongyrchol honno a geid yn y pâr, ac a enwid yng Ngramadegau'r Penceirddiaid – *Mawl/Dychan*, cyferbyniad yr wyf wedi'i osod ochr yn ochr â *Chomedi/Trasiedi* – er nad yn gyfystyr wrth gwrs – ac yn meddu ar safle penodol ymhlith y llenddulliau? Nid mewn rhestr, eithr mewn cyfundrefn. Dychwelwn oddi wrth yr ymagweddu cadarnhaol crai at y cyferbyniad a grybwyllwyd eisoes. Enwais y paru hwn rywbryd yn *Seiliau Beirniadaeth* ochr yn ochr â'r triawd o *Fathau* gofodol llenyddol *Telyneg/Drama/Stori* i gyd-ffurfio cyfundrefn llenddull. Y ddeuawd hon yw'r *Moddau* amserol sydd yn ymuno â'r tri Math gofodol i wneud y chwe phrif Llenddull (sef *genres*) mewn Tafod. Os yw 'Mawl', sut bynnag, yn derm sy'n cynnwys pob llenyddiaeth a fo'n arddel Gwerth a Phwrpas, ble felly y gosodir 'Dychan'? Beth a wnawn â llenyddiaeth sy'n ymosod ar yr egwyddor o Werth, ac sy'n arddel diffyg ystyr yn blwmp ac yn blaen fel esboniad ar fywyd? A oes lle i'r negyddol wrth fynegi agwedd at brofiad?

Yr hyn yr wyf am ei wneud yn y Rhagymadrodd hwn yw gwahaniaethu rhwng *cyflwr* cymelliadol Mawl ar y naill law, yr hyn sy'n gadarnhaol sylfaenol i bob gwaith creadigol a'r hyn felly sy'n hyrwyddo ac yn cynnal llenydda, a Mawl ar y llaw arall sy'n rhan o gyfundrefn lenddull Mawl/ Dychan. *Adeiledd* yw'r ail, y Ffurf. Dychan yw'r modd negyddol sy'n diffinio'r Mawl hwn mewn amser cyferbyniol. Dychan sy'n gwrthrychu'r testun mewn symudiad seicolegol-ddisgynnol. Ymhlith y llenddulliau, modd esgynnol yw Mawl, a modd gwrthwyneb iddo yw Dychan. Ond y tu ôl i'r cyferbyniad hwnnw, a'r tu ôl i'r naill a'r llall yn y ddeuawd, fe geir yr ysfa gadarnhaol i lenydda, y Cymhelliad sylfaenol cadarnhaol.

Mawl yw'r hyn sy'n perthyn i Dduw fel cyflwr cychwynnol. Cyn y cyferbyniad llenddulliol.

Gwahaniaethaf rhwng Mawl gwaelodol sy'n cynnwys pob cyfundrefn, ac sy'n dathlu ac yn hyrwyddo posibilrwydd llenydda o gwbl yn ôl Diben, Gwerth a Threfn, a Mawl cyferbyniol ar y llaw arall sy'n *rhan* o gyfundrefn ffurfiol gyferbyn â Dychan. Pan gawn gyferbyniad cyson o'r fath rhwng pegynau lle cyplysir yn ôl egwyddor gyffredin, yn y fan yna y ceir cyfundrefn. Perthyn y gyfundrefn gyferbyniol Mawl/Dychan i'r cyfnod wedi'r Cwymp.

Ceir wedyn drydydd math o Fawl, sef y weithred ddiriaethol mewn Mynegiant.

Y mae'n amlwg fod teimladau a syniadau ymddangosiadol negyddol yn cael lle cyson dros ben mewn llenyddiaeth. Tristwch, trasiedi, casineb at ffawd, teimlad o chwalfa ystyr, hyd yn oed y methiant i adnabod Gwerth a Phwrpas, ac yn y blaen. Dyma rai o brif themâu neu dueddiadau mewn llenyddiaeth ar hyd y canrifoedd. Bydd llenorion o'r cychwyn cyntaf yn canfod yr anrhydedd neu'r arwriaeth, y glendid neu'r rheidrwydd sydd ynglŷn ag ymateb i'r negyddol. Y mae wynebu bywyd neu gydnabod realiti yn golygu derbyn bod methiant yn digwydd ymhobman. Mewn geiriau eraill, ni ddiainc llenyddiaeth rhag pwnc (na sylwedd nac ysgogiad) y Pechod Gwreiddiol.

Ond gwyddom fel y mae dweud neu feddwl rhywbeth *drwg* am rywun neu rywbeth yn gallu bod yn werthfawr hefyd i ffurfio barn ac yn dodi ffin ar faes y *da*. Yn wir, y mae'n angenrheidiol ac yn gynhaliol. Drwy adnabod y drwg a'i benodoli y llwyddir i ddidoli ac i ddirnad. Sentimentaliaeth yw hawlio bod yn rhaid bod yn 'gadarnhaol' naïf o hyd mewn disgrifiad neu sylweddoliad o ansawdd pethau. Mater arall yw bod yn 'gadarnhaol' o ran ymrwymo i lenydda fel egwyddor; ac y mae bywyd yn llawn hyd y brig bob eiliad o ddewisiadau o fath 'prisio'. Ni cheir, yn yr Efengyl Gristnogol, Gariad heb Farn, na Nefoedd heb Uffern. Sentimental fyddai hynny: celwydd. Ond – a dyma'r pwynt a'r paradocs – gwiw yw diffinio'n gadarnhaol drwy fod yn negyddol. Oherwydd y cymhelliad i fod 'o blaid bywyd', dyna pam y mynnir cydnabod natur y gelyn. Mae'r weithred o wahaniaethu yn gadarnhaol angenrheidiol. Methiant i gydnabod Uffern gyferbyn â Nefoedd (ac yn sgil hynny Athrawiaeth yr Iawn ei hun) oedd un o'r rhesymau mwyaf treiddgar, er nad y prif un, y tu ôl i dranc yr eglwysi sefydledig yn yr ugeinfed ganrif. Nid rhinwedd oedd peidio â gwrthod hanfod y drwg, canys ni ellid bod yn 'eciwmenaidd' gyda marwolaeth er gwaethaf pob cyfaddawd.

Y mae bodolaeth yr awydd i wahaniaethu yn osodiad cadarnhaol.

Dyma sy'n gorwedd o dan y cwbl lot. Dyma a enwaf fel Mawl sy'n Gyflwr gorfodol gwaelodol. Gellid dadlau fod 'dibenion' yn gallu golygu dibenion drwg weithiau. Ond yr hyn sy dan sylw fan hyn yn awr yw'r *ffaith* o ddibenion, bodolaeth, a gwrth-nihiliaeth y *cyflwr* ei hun ar gyfer gweithredu. Wedyn y daw'r gyfundrefn gyferbyniol.

Y Mawl hwnnw sy'n condemnio i ebargofiant bob dim sy'n groes iddo. Tân ysol ydyw. Gall ymddangos yn greulon fod y Mawl hwn yn ein didoli 'ni'r negyddwyr' naïf fel hyn. Mae'n ymddangos yn ddychrynus o ymrwymedig, fel pe bai'n peidio â bod yn ddifater. Mewn canrif sut bynnag sy'n pleidio lluosedd a'r amhosibl ddiduedd, gydag amlder barnau heb ymrwymiad, chwalu safonau, a hynny fel dogma gormesol relatif, onid dyna'r cyflyru meddyliol callaf? Nid yw cydnabod *un* ffordd ganol, *un* cyfeiriad sylfaenol, *un* cyflwr yn unig – fel Mawl – ymhlith y lluosedd sebonllyd jelïaidd yn cael ei ganiatáu. Dyma'r un peth a wrthodir gan bobl soffistigedig. Yn wir, ymddengys beirniaid llenyddol yn gwbl analluog i drafod y fath 'bendantrwydd'. Rhedant rhagddo o hyd. Y mae'n ffiaidd, yn esgymun iddynt. Ni fynnant ei ganlyn. Ac y maent yn hyn o beth yn gorfod methu'n lân. A hynny am nad oes er eu gwaethaf ddim dwy ochr i *bob* dadl: weithiau ar un ochr does dim ond diffyg soffistigeiddrwydd. Nid yw osgoi sicrwydd o'r fath, ambell waith felly, namyn fflyffian yr anochel anoddefgar o fewn amodau goroesi.

Bod neu beidio â bod, dyna yw'r cwestiwn.

DIFFINIO SWYDDOGAETH CYMHELLIAD

Pwnc canolog yw Cymhelliad wrth drafod llenyddiaeth, felly, megis gydag iaith. Ac y mae'r gymhariaeth hon rhwng iaith a llenyddiaeth yn un sy'n sylfaenol i'n dealltwriaeth o'r ffordd y mae dyn yn trafod ffurf ac ystyr.

Dadansoddiad yw iaith a llenyddiaeth sy'n troi'n gyfansoddiad. Cyn iddi ddod yn fodd i gyfathrebu, y mae'r iaith eisoes yn y meddwl yn ddadansoddiad o realiti. Dyna'r Cyflwr gwaelodol diddewis i bawb sydd am ddefnyddio iaith. Adeiledir y dadansoddiad hwnnw o fywyd a'r bydysawd, nid yn unig drwy wahanu'r profiad gan Eirfa, a phenodoli cysyniadau'n ffiniol, eithr hefyd drwy gorffori dadansoddiad cydberthynol o ofod ac o amser mewn Gramadeg. Er enghraifft yng nghyfundrefn enwau a rhagenwau – gofod; ac yng nghyfundrefn y ferf – amser. Yn yr un modd, y mae llunio delwedd o fywyd ar lefel uchel-ieithyddol mewn llenyddiaeth yn ganlyniad i ysfa i roi trefn ddeallus, ddychmygol a chelfydd ar brofiad mewn iaith; a rhoddir y drefn honno drwy gyferbynnu. Dylai archwilio hynny wedyn arwain at *sylweddoliad llawnach o gyfoeth llenyddiaeth*: sef priod swydd y beirniad.

Sylwer: y mae'r hyn dwi'n sôn amdano yn y fan yma yn gymhelliad cyffredinol a sylfaenol. Mae'n dod i ran pawb. Megis yr awydd isymwybodol i gyflawni Diben a Gwerth, y mae'r ysfa i ddarganfod neu i osod Trefn ar brofiad drwy iaith yn gymhelliad nad yw'n gyfyngedig i unrhyw waith unigol yn unig. Nid oes dewis hyd yn oed gan yr Ôl-fodernydd druan. Dyma sydd y tu ôl i bob llenyddiaeth lle a phryd bynnag y bo.

Mae'n perthyn yn agos i'r ffenomen 'Mawl' – fel y mae Diben a Gwerth hwythau wrth gwrs. Efallai'n wir fod gennym broblem ddiwinyddol yn y fan hon. Byddai dyneiddiwr dogmatig yn gallu dosbarthu Mawl yn daclus o fewn Ffurf, yn un o'r dulliau sydd gan lenor i ymateb i fywyd, tra byddai Cristion o bosib yn dadlau mai dyma Gymhelliad bywyd oll. Dyma y mae'r hyn y mae popeth yn gorfod ei wneud, yn ymwybodol neu beidio, yn ewyllysgar neu beidio, boed yn bennau'r bryniau neu'n goed y maes; ac felly Cymhelliad hollgynhwysfawr yw. Ond y mae'r ddau yn gywir.

Ni ellir diffinio Mawl heb grybwyll ei gysylltiadau crefyddol. Clywsom i gyd feirniaid yn sôn am y traddodiad Mawl Cymraeg. A thipyn o faldod fyddai gwadu nad oedd hwnnw wedi'i wreiddio yn y ffydd Gristnogol, a chyn hynny mewn gwerthoedd crefyddol paganaidd. Gellid rhyw dybied mai hynt arbennig y traddodiad hwnnw sy'n cyfrif bod ein llenyddiaeth, hyd yn oed yn yr unfed ganrif ar hugain, yn meddu ar gymeriad go gyson a gwreiddiol ymhlith llenyddiaethau Ewrob. A hynny oherwydd maint cymharol y moli. Ymhle y ceid bardd blaengar mewn llenyddiaeth Ewropeaidd yn yr ugeinfed ganrif a roddai'r fath gawod luosog o deyrngedau i unigolion ag a geid gan Alan Llwyd? Mae'n wir i laweroedd o lenorion fod yn ein plith drwy gydol yr ugeinfed ganrif a fu'n negyddol goeg, llenorion a ymwadai â Mawl pe gallent, a hynny ar egwyddor. Dyma – heblaw'u didwylledd – dynged anochel trefedigaeth: cydymffurfio â'r ymddatodiad drwy wynebu 'realiti''r byd modern. Dyma hefyd sylweddoliad i bob llenor a ddysg ei grefft. Ac ni ellir llai na disgwyl, o gyfnod y rhamantwyr Cymraeg Fictoriaidd a Sioraidd ymlaen, drwy theatr yr abswrd hyd at rai o'n beirniaid dadadeiladol diweddar, fod yna nifer go lew a gyfrifai ffasiynau negyddol Llundain ac America yn ganolbwynt disgyrchiant i'w meddwl a'u teimlad. Er gwaethaf hynny, drwy gydol y ganrif ymddangosiadol anfoliannus honno, cawd yn ddi-dor yn y Gymraeg o leiaf un peth anesmwyth arall, rhywbeth hollol wahanol i'r ffasiynau modernaidd dilornus hyn, croes yn wir ac amgenach hyd yn oed na cheidwadaeth, anghoeg hyd yn oed: sef parhad y traddodiad Mawl, ystyfnig a dwfn. Ac mewn ffordd ryfedd, yn y traddodiad Cymraeg, ymddengys i mi mai beirniadaeth ddeifiol a diwygiadol ar y sefyllfa gynddrychiol o'i gwmpas fu'r Mawl hwnnw ei hun.

Sylwadaeth radicalaidd ar fywyd yw Mawl effeithiol bellach. Sylwadaeth ddethol fel pob sylwadaeth arall, ond cadarnhaol o ran osgo hefyd mewn cyfnod negyddol. Chwiw ymddangosiadol Gymraeg yw. Cafwyd sylwadaeth o'r fath yn syfrdanol o ymwthiol yn ein traddodiad llenyddol o'r chweched ganrif hyd ein dyddiau diweddar. Fel y mae hyder yn llesol i'r Gyfnewidfa Arian a'r economi, felly y mae Mawl yn hyrwyddo morâl a llawenydd y gymdeithas wâr. Cynheilydd y galon yw Mawl. O gyferbynnu, dyweder, y traddodiad Saesneg â'n traddodiad ni, nî byddai neb, wrth feddwl yn ôl er enghraifft am naws y bymthegfed ganrif yn Lloegr, yn sefyll yn ôl ac yn ebychu'n reddfol, 'A! Mawl, wrth gwrs'. Neu yn y ddeunawfed ganrif: 'Asgwrn cefn llenyddiaeth Saesneg gyfoes? Wel, Mawl, debyg iawn'. Roedd Mawl yn bresennol iawn wrth gwrs, ond nid yn flaengar union fel yng Nghymru. Yn y wlad hon mi gredaf fod y Mawl yng nghyfnod y Gogynfeirdd – megis yn wahanol yng nghyfnod y diwygiadau crefyddol hynny a ddiwylliodd ac a ddyfnhaodd fywyd gwerin Cymru yn ystod y bedwaredd ganrif ar bymtheg – wedi gwasanaethu mewn modd ymosodol amddiffynnol. Modd ydoedd drwy gydol yr amser i ddyrchafu a gwarchod ysbryd a gwerthoedd y bobl.

Gorwedd ymwybod o hierarci gwerthoedd y tu ôl i'r cwbl, er ein gwaethaf, hierarci dwyfol sy'n rhoi fframwaith o berthyn, a chydlyniad i'n traddodiad cyfun. Deil hyn, yn fy marn i, yn arwyddocaol bwysig hyd yn oed hyd at ddiwedd yr ugeinfed ganrif. Pegwn anochel yr hierarci hwnnw sy'n haeddu'i foli yw Duw, er yn ddiau fod y gair 'Duw', fel y sylwodd Saunders Lewis, yn digwydd yn llawer rhy aml ac yn rhy rwydd yn ein llenyddiaeth. Mae'r rhwyddineb hwnnw yn o ddwfn a chatholig ers tro. Ond yr oedd yn anochel.

Ac meddai Gruffudd Llwyd[15] yn nodweddiadol ddigon gynt:

> *Difwyn i ddyn ei dafawd*
> *O ferw gwyllt i fwrw gwawd,*
> *Oni fawl, eiriawl eurog,*
> *Ei fawr Grair a fu ar grog.*

Tarddai Mawl yn unswydd o ffrwythau'r Ysbryd.[16] Wrth ddarllen y Gramadegau, yr Ymrysonau a'r Marwnadau ni ellid llai nag ymwybod fod y beirdd bob amser yn arddel sylfeini ysbrydol i'w gwaith hyd yn oed wrth foli uchelwyr. Yn ei gyfrol *Praise Above All* sy'n dwyn yr is-deitl arwyddocaol 'Discovering the Welsh Tradition', meddai A. M. Allchin[17] 'By referring all things back to their creator we see them lit up by the light of his glory, shot through with the energies of his wisdom and his love . . . When the practice of praise is seen as rooted in the praise of God, then other forms of praise cease to be idolatrous. This reference back to the praise of God need not be explicit or even conscious . . . To praise another human being or any part of God's creation means to recognize, to celebrate and to proclaim the goodness which is in them . . . The task of the priest and the task of the poet are very closely allied. Both are called, in different ways, to bless; and to bless (*benedicere*) in its original meaning is to speak good things, to declare the goodness which is latent in the world around us, when that world is seen and known as the world of God'.

Hynny yw, unplygir y Mawl drwy'i gysylltu â'i ffynhonnell ddwyfol. Cyfeirio'n ôl at Dduw yw ffawd pob Mawl arall yn y bôn. Cysylltir gwrthrychau meidrol â tharddiad. Nodir lleoliad mewn patrwm hierarcaidd. Dyfynna Allchin[18] gerdd Wyddeleg, 'Amddiffyniad Barddoniaeth' gan Giolla Brighde Mac Con Midhe, cerdd o ganol y drydedd ganrif ar ddeg sy'n hawlio, mai 'Donum Dei' yw cerdd, a dyry ddyfyniad eithriadol o awgrymus:

> *Moli'r Un a'i gwnaeth*
> *yw moli dyn.*

Dyna pam y rhoddid yn y llys yn gyntaf gerdd o Fawl i Dduw, ac yna wedi'i chyplysu â hynny y gerdd o Fawl i'r tywysog.

Enghraifft drawiadol yn y Gymraeg o'r dyn (y tywysog yn yr achos hwn) yn cyfeirio'n ôl at Dduw yw marwnad Llywelyn ap Gruffydd gan Ruffudd ab yr Ynad Coch, lle y gosodir y sefyllfa dywysogaidd yng nghyddestun diwedd byd. Ceir enghreifftiau i'r un perwyl goruwchnaturiol, er mor hanfodol wahanol, yng nghywyddau Dafydd ap Gwilym i'r ehedydd ac i'r ceiliog bronfraith.

I Biwritan o Gristion gall Mawl o'r fath i ddyn neu i anifail ymddangos yn anweddus. Ond yn hyn o beth y mae'r pwyslais Sagrafennol (neu'r pwyslais Calfinaidd ar Ras Cyffredin) yn gymorth i ddeall ei arwyddocâd o fewn cyd-destun ysbrydol. Bydd Duw'n ei ddatguddio'i hun drwy'i greadigaeth. Felly y mae'r gwrthrychau pob-dydd, a'r bobl, harddwch merch a natur, trefn y deddfau ffisegol a chymdeithasol o'u deall yn gywir, oll yn sianeli i Dduw ei fynegi'i hun. Wrth foli'r cyfryw bethau, nid y dynion yn unigol sy'n cael eu disgrifio na'u moli, a bod yn fanwl gywir: yr hyn a folir yw presenoldeb rhinweddau dwyfol grasol yn y gwrthrychau. Gras cyffredin fel arfer. Ac felly y dyrchefir presenoldeb Duw.

O'r herwydd, yn y ffenomen o Fawl yn y traddodiad Cymraeg, er na raid Ei enwi o hyd, y Duwdod yno sy'n diffinio'r gweddill. Mae yna gyfanrwydd fel petai rhwng y Mawl crefyddol a'r Mawl 'seciwlar'. Hyn, gredaf i, a rydd arbenigrwydd i barhad Mawl yng Nghymru, hyd yn oed yn yr unfed ganrif ar hugain. Bellach, wrth inni graffu'n gegagored, dros dro, i lawr llwnc y difancoll diwylliannol cyfoes, lle y mae dadadeiladu'n ymlonni'n soffistigedig, lle y mae negyddiaeth bellach yn foeth arferol a choegi'n faldod disgwyliedig, y mae Mawl yn dadlennu yng Nghymru ateb od o wahanol i'r hyn a ymddengys yn y diwylliannau cymharol gysurus o'n cwmpas.

BEIRNIADAETH GYMELLIADOL

Ysgogwyd fy niddordeb academaidd mewn Mawl yn gyntaf, yn gronolegol, drwy ieithyddiaeth. Esgusoder hyn o grwydrad felly. Bu gennyf ers blynyddoedd gryn ddiddordeb yn y rhaniad, a nododd Saussure, ac ar ei ôl ef Guillaume a Chomsky, rhwng yr hyn a alwn yn y Gymraeg yn ddeuoliaeth Tafod a Mynegiant. Dau gyflwr ieithyddol go wahanol i'w gilydd, a gwahân hefyd. Ac eto, dau gyflwr ydynt y mae'n amlwg eu bod yn cydberthyn, a'r naill yn adeiladu'r llall. Carwn ystyried sut y mae Mawl yn berthnasol i'r *cyswllt* rhwng y ddau hyn. Mater cymhleth yw'r berthynas hon rhwng Tafod a Mynegiant. A chan fod T. J. Morgan[19] yn sôn am y Gogynfeirdd yn ail-wau hosanau'r Cynfeirdd, yr wyf innau am ddilyn y dull, ac ail-wau'r ddadl hon drachefn, dadl a gyflwynais yn bur afradlon o'r blaen, mewn modd ychydig yn wahanol.

Mynegiant fel y cofiwch yw'r cyflwr amlwg: dyna sy fan hyn ar bapur. Dyna a glywch mewn sgwrs yn eich clust. Fe'i ceir mewn brawddegau gorffenedig yn fynych; ac ar ôl eu gorffen, wel dyna nhw: iaith go iawn sy fan 'na fel y bydd y dyn yn y stryd yn ei deall. Gallech feddwl mai ar ffurf felly y ceir Mawl hefyd. Ac yn gywir felly. Ond *cyn* cael Mynegiant ieithyddol, *cyn* ffurfio'r brawddegau amryfal a diderfyn am y tro cyntaf erioed yn eu hanes gwyryfol, nid y rheini'n gyflawn derfynol sy gennym yn barod yn y meddwl, fan hyn yn y pen, nid pethau crwn fel petaent mewn drorau yn yr ymennydd. Nid brawddeg ar ôl brawddeg, filoedd o'r pethau bach gorffenedig dwt sy'n disgwyl fel mwydon yn y cysgodion ymenyddol am gael eu tynnu allan. Na; rhywbeth cwbl arall. Cyflwr arall. Mewnol. Tafod yw'r term neu'r trosiad a ddefnyddir am y potensial cadarn hwnnw sydd yn yr ymennydd yn gyfundrefn o gyfundrefnau. Y mecanwaith sefydlog hwn, sy'n disgwyl, *o'r* golwg, i gynhyrchu'r Mynegiant ar y pryd *yn* y golwg. A'r ddyfais esgorol honno, Tafod, dyna a aeth â'm bryd yn academaidd ers blynyddoedd bellach – o leiaf, ar lefel lenyddol. Hynny yw, ar lefel Tafod y Llenor ac yn Seiliau Beirniadaeth.

Seilir y rhaniad deublyg cyfredol mewn llenyddiaeth y bûm yn ceisio ymdroi gydag ef felly rhwng 'Tafod y Llenor' ar y naill law a 'Mynegiant y Llenor' ar y llall, ar analog *ieithyddol* deublyg, sef ar y cyferbyniad go bendant a ffeithiol hwn yr ŷm newydd ei grybwyll rhwng dau gyflwr mewn iaith. Ar y naill law mewn iaith ceir y cyflwr arwynebol – cyflwr y cyfansoddiad amlwg a ysgrifennwn neu a lefarwn, cyflwr y llif o frawddegau neu o ebychiadau a glywn yn 'orffenedig' ambell dro mewn ymddiddan cyffredin, y lleferydd rhedegog. Gan mai dyma'r hyn y meddyliwn amdano yn arferol wrth sôn am 'iaith', nid syn ym myd llenyddiaeth hithau ein bod yn cael cyflwr cyfatebol o Fynegiant llenyddol, a'r cynnyrch effeithiol hwn yw'r hyn a alwn yn 'llenyddiaeth' yn ddi-ffael. Ond fel y gŵyr pawb, a fo wedi myfyrio am ramadeg iaith, nid˙ brawddegau gorffenedig sydd eisoes yn y pen. Nid brawddegau parod wedi'u cyfansoddi er cyn cof yw'r rhai a brofwn wedyn mewn lleferydd. Yn yr un modd gallwn fentro awgrymu fod yna ddeuoliaeth lenyddol nad yw'n annhebyg. Yr hyn sydd gennym eisoes yn y pen ym myd iaith yw'r mecanwaith i allu cynhyrchu'r brawddegau hynny, y peirianwaith cywrain rhagflaenol sy'n medru cenhedlu ymddiddan o'r newydd ar y pryd yn ôl yr angen. Y ffurfiau a'r eirfa sy'n botensial. Ac o feddwl fwyfwy am natur y cyflwr cêl a chyfoethog hwnnw yn y meddwl, canfyddwn fod iddo drefn. Mae'n adeiladwaith o ddyfeisiadau ffurfiol neilltuol, cyfundrefn o gyfundrefnau gweithredol, y cwbl yn cydberthyn ac yn ymglymu yn ei gilydd yn daclus; a hynny sy'n caniatáu inni esgor ar frawddegau ystyrlon[20]. Ymhlith y mân gyfundrefnau cudd hynny yn y meddwl y mae materion cydnabyddedig fel rhif enwau a berfau, tympau'r berfau, personau'r rhagenw, cydberthynas y rhannau ymadrodd traethiadol sef yr enw, y ferf a'r ansoddair, a'r adferf, cyfundrefn cymharu ansoddeiriau, ac yn y blaen. Dyma'r cyflwr cudd a dwfn ar iaith, yr hyn sy'n disgwyl yn y pen am gyfle i lunio brawddegau newydd llawn. Y Tafod; y seico-fecaneg. Felly hefyd mewn llenyddiaeth y ceir ffurfiau'r Traddodiad: 'Tafod y Llenor' wedi'i seilio ar y mecanwaith ailadrodd a chyferbynnu; undod ac amrywiaeth.

Mewn Beirniadaeth Lenyddol gellir trafod cyfundrefnau Tafod unigol o'r fath. Mae i bob cyfundrefn ei hunaniaeth fewn-gyferbyniol, yn ogystal â'i chydlyniad unol. Digon priodol o bryd i'w gilydd yw ei hynysu yn ôl yr angen mewn ymdriniaeth ac ymsynied am bob gwedd ar symudiad Tafod yn ei thro, gan ddechrau mewn Cymhelliad, a chan ymsymud ymlaen i Ddeunydd a'i ddelweddau, ac yna ystyried y delweddau mwy ymddangosiadol haniaethol mewn Ffurf.

Ond mewn Mynegiant, ar y llaw arall, y feirniadaeth lenyddol fwyaf canolog yw'r feirniadaeth honno sydd, tan ganoli ar Werthuso, yn cyddrafod yn organaidd yr amryfal agweddau sy'n cyd-wneud y traddodiad byw. Mewn Mynegiant y mae pob agwedd yn cydfodoli; ac yn y gyfathrach honno rhwng pob dim y ceir ymateb i'r cyfanrwydd.

Yr wyf yn sôn am y ddau gyflwr hyn yn awr, sef 'Tafod y Llenor' a 'Mynegiant y Llenor', am fy mod am leoli'r drydedd ffenomen gyfredol. Mecanwaith trosglwyddo a seiliol ydyw. Nid digon mewn iaith yw dau gyflwr 'llonydd' a 'gwahân' eu lleoliad fel hyn oni bydd cyswllt trawsffurfiol sy'n caniatáu i un droi i'r llall. Offeryn perthynas yw. Ceisiaf ddadlau gan bwyll fod a wnelo Mawl – o bethau'r byd – fel proses hanfodol a deinamig, ac fel cyflwr i'r Mynegiant, â'r grym hwnnw sy'n peri i Dafod esgor ar Fynegiant. Dyma, i mi, fater canolog iawn, er dadleuol.

Yr wyf eisoes, yn arbrofol yn *Tafod y Llenor*,[21] ac yna yn fwy helaeth fanwl yn *Seiliau Beirniadaeth*,[22] ac ymhellach wrth drafod 'Gogynghanedd y Gogynfeirdd' yn *Ysgrifau Beirniadol* XXII, wedi ceisio amlinellu'n fras rai o'r cyfundrefnau rhyfedd hynny sydd ar gael o'r golwg. Nid damcaniaethol ddelfrydus yw pethau felly, ond ffeithiol hanesyddol – yn olrheiniadwy yn Nhafod Llenyddiaeth; sef yr hyn sy'n cyfateb i Ramadeg Iaith, ond o fewn meddwl y traddodiad llenyddol. Yr egwyddorion ffurfiol.

Yn awr, nid wyf am orddyrchafu am y tro hawliau canolog y Tafod sydd gan y Llenor; dim ond datgan ei fodolaeth, a nodi ychydig o bwyntiau am ei natur. Ceisiais o'r blaen ei gysylltu â'r feirniadaeth ffurfiol draddodiadol. Dyma'r math o draddodiad parchus mewn beirniadaeth a drafodai'n amhersonol ac yn anunigolyddol y cynganeddion a'r mesurau, ac yna y trafodaethau hysbys â rhethreg, sef ffigurau a throadau ymadrodd, a'r diddordeb cyson er Aristoteles mewn llenddull neu *genre*. Derbyniais fod 'Tafod y Llenor' yn cynnwys yn wrthrychol ac yn ffeithiol ar hyd y canrifoedd gyfundrefn seiniol (megis mydr, odl, cynghanedd, y pennill, y llinell, a cheseilio) yn ogystal â chyfundrefn ystyrol (megis ffigurau ymadrodd, sef ailadrodd a chyferbynnu deuol a thriol, a throadau ymadrodd fel trosiad, coegi ac amwysedd). Heblaw hynny, y mae Tafod yn cynnwys y mathau a moddau, neu gyfanweithiau llenyddol. Nid oes angen wrth gwrs ddefnyddio pob un o'r cyfundrefnau mewn gwaith llenyddol unigol, ddim mwy nag y defnyddir pob gwedd ar ramadeg mewn brawddeg. Ond fel y ceir amodau i Fynegiant Iaith, felly y ceir amodau i Fynegiant y Llenor: sef Tafod.

Hynny yw, ceisiais gysylltu Adeileddeg fodern mewn beirniadaeth â'r hen Ramadegau Barddol adnabyddus ac â Rhethreg y Dadeni Dysg a'r Clasurwyr. Gwneuthum y cysylltiad hwn drwy estyn ystyr 'langue' Saussure. Cyflwr go ddi-ddadl a ffeithiol yw 'Tafod y Llenor', ddwedwn i, dosbarthiad trefnus cymdeithasol o fewn bodolaeth real y traddodiad llenyddol ym mhob llenyddiaeth mewn rhyw wedd neu'i gilydd. Beth bynnag am y 'gwrthryfel' rhamantaidd yn erbyn ffurf a thraddodiad, y mae pethau felly'n bod. Dyna a gafwyd yn wrthrychol benodol. Dyna hefyd a dderbynnir er eu gwaethaf ac weithiau'n ddiarwybod gan bob to newydd o lenorion, fel y derbynnir gweddau ar y gramadeg yn ôl yr angen gan y plentyn diniwed a ddysg iaith. Ac fe'i trysorir yn ddwfn yn y gynhysgaeth ragdybiol lenyddol drwy'r cenedlaethau.

Eto, nid efrydu 'Tafod y Llenor' yw'r unig wedd na'r wedd fwyaf cyffredin bellach ar feirniadaeth lenyddol. Ceir cyflwr arall amlycach ar lenyddiaeth, y cyflwr 'diweddol', mwy cyfarwydd, yr effaith, yr hyn a geisir gan y llenor yn y pen draw: sef Mynegiant. Oherwydd arfer a chyflyru, ac oherwydd mai dyna sydd yn y golwg, dyna lle y tueddwn i fod yn fwyaf cysurus. Mae gan 'Fynegiant y Llenor' hefyd ei ddulliau beirniadol priodol wrth gael ei drafod, yn arbennig yn y cyfnod modern. Fel arfer, yn neilltuol wedi'r Mudiad Rhamantaidd, dyma'r hyn yn bennaf a gaiff sylw argraffiadol neu hanesyddol beirniaid. Dyna'r hyn a ddadadeiledir gan ôl-fodernwyr. Mynegiant yw'r wedd a ddisgrifir ac a archwilir; ac yn gywir felly mewn cyfnod Rhamantaidd. Ymateb i'r llenyddiaeth orffenedig a gweledig hon a wna beirniaid bron yn ddieithriad. Ni fynnent yn fynych ymhel ag amgen na hynny.

Y cwbl yr wyf i am ei hawlio am y tro yw nad Mynegiant yw'r unig gyflwr ar lenyddiaeth, ac nad beirniadaeth Ramantaidd argraffiadol na dadadeiladol yw'r unig fath o feirniadaeth. Dyna'r cyflwr amlwg wrth gwrs. Ond rhaid addef bod i 'Dafod y Llenor', sy'n cyfateb i'r Tafod ym myd iaith, ei le hefyd wrth sylweddoli cyflawnder y ffordd y mae llenyddiaeth yn ymffurfio ac wedi'i thraddodi ar hyd y canrifoedd. A cheisiais ddadlau hynny a'i enghreifftio yn yr astudiaeth *Seiliau Beirniadaeth*. Dyma'r lle hefyd y saif beirniadaeth Glasurol. Nid un eithr dau begwn cwbl wahanol i'w gilydd, felly, er yn gyd-gysylltiol, sydd i'w cael mewn llenyddiaeth. Ac os yw hynny'n wir, yna mae'n briodol i feirniadaeth yn ei chyflawnder roi sylw i'r naill a'r llall.

Eto, wedi dweud hynny, a sefydlu hynny yn ddiamheuol mi obeithiaf (o leiaf ar sail yr analog ieithyddol), y mae meddwl fel hyn am ddau begwn gwahân ond angenrheidiol gysylltiol yn codi problem go ddyrys. Os yw *cyflwr* Tafod mor gyfan-gwbl wahanol i *gyflwr* Mynegiant fel y mae'n amlwg y mae, ac yn meddu ar ei gymeriad priodol ei hun, sut yn union y maent yn perthyn yn ddeinamig? Sut y mae'r cyflwr cymharol sefydlog, cymharol lonydd yn y meddwl, sy'n fath o 'ramadeg' llenyddol yn troi'n Fynegiant twt ar bapur sef yn gyfansoddiadau llenyddol sefydlog o dan ein trwynau? Beth yn y bwlch sy'n gyrru un cyflwr mewnol 'llonydd' (ymddangosiadol) i amodi ac i gael ei droi'n gyflwr arall allanol 'llonydd'? Yn fyr, beth yn union yw'r grym cysylltiol rhwng y ddau gyflwr?

Wrth geisio ateb y cwestiwn hwnnw bu'n rhaid wrth drydydd dosbarth yn y fframwaith bras o feirniadaeth lenyddol a nodais ynghynt. Trydydd cam, a hwnnw'n gyfryngol, yn *broses*. Beth am y trothwy rhwng Tafod a'r Mynegiant yn y pen draw? Beth am y symudiad o'r naill gyflwr i'r llall, o Fydr i Rythm? Pam a sut y mynnir troi'r cyflwr 'hunanfodlon' a 'hunanddigonol' yn y meddwl, y Tafod tawel sy'n meddu eisoes ar fath o gyflawnder trefnus, yn gyflwr hollol wahanol, sef Mynegiant?

Er mwyn ateb y cwestiwn hwnnw, bu'n rhaid imi wrth drydedd wedd fawr ar feirniadaeth lenyddol sy'n ymwneud ag ymwybod â phwrpas a gwerthoedd a threfn. Dyma lle y ceir 'Diben y Llenor', is-deitl *Llên Cymru a Chrefydd*,[23] yr hyn a alwn yn y fan yna yn 'Rhagosodiadau Diwinyddol-Lenyddol', syniad a grybwyllais drachefn hefyd yn SB. Dyma feirniadaeth

y mae ei gweddillion yn hŷn hyd yn oed na'r feirniadaeth glasurol ffurfiol. I mi cyswllt neu gyflwr deinamig yw hwnnw sy'n cynnwys o'i fewn y tair ffenomen fras, y tair elfen uchod yng nghyfundrefn Cymhelliad – *pwrpas, gwerth, a'r ymagwedd at drefn.* Y triawd o begynu sy'n llunio cyfundrefn. Awgrymu'r wyf na bydd Tafod byth yn troi'n Fynegiant heb y cwlwm cysylltiol hwn. Beth yn y byd sy'n gorwedd yn barhaol ar hyd yr echel A-B, Tafod-Mynegiant, a hynny megis trydan yn symudol? Ceisiais drafod fy ateb i hyn yn gryno yn y llyfryn *Tair Rhamant Arthuraidd.*
Nodaf fy nghasgliadau digon syml fel hyn: dyma sy'n anochel orfodol.

1. Ni thry A yn B heb fod yna ymwybod creadigol o Bwrpas.
2. Ni thry A yn B heb fod yna sylweddoliad cyd-destunol o Werth.
3. Ni thry A yn B heb fod yna sicrwydd cydnabyddol o Ystyr a Threfn, ac ysfa i ddarganfod neu i arosod Trefn.

Ac awydd i gadarnhau hynny neu i'w ddathlu yn ymwybodol neu'n isymwybodol mewn enghreifftiau penodol, unigol yw'r hyn sy'n esgor ar Fawl. Adeiledir Mawl gan y triawd hwn.

Sôn yr wyf yn awr am yr anorfod a'r angenrheidiol, am yr hyn sydd mor gynhenid yn natur llenyddiaeth (ac yn natur y greadigaeth, ddwedwn i) â disgyrchiant yn y ddaear. Fel y mae dynoliaeth yn gorfod ei chymhwyso'i hun a phlygu i ofynion anochel disgyrchiant, felly y llenor i'r anochelion hyn. Yng Nghymru rhoddir lle go amlwg i'r wedd hon ar feirniadaeth gan ein beirniaid moesol ers oesoedd lawer. Sylwer ar y lle sydd i foesoldeb er enghraifft yn amrywiaeth y traddodiad beirniadol.

Ceir tair ffrwd yn ein beirniadaeth. Sef, yn gyntaf, y *traddodiad clasurol ffurfiol* – Gramadegau'r Penceirddiaid,[24] Gruffydd Robert,[25] Siôn Dafydd Rhys,[26] Wiliam Midleton,[27] Thomas Prys,[28] y Llyfrau Rhetoreg – Wiliam Salesbury,[29] Wiliam Cynwal,[30] Henri Perri,[31] Siôn ap Hywel ab Owen;[32] ymlaen i ramadegwyr y ddeunawfed a'r bedwaredd ganrif ar bymtheg, Siôn Rhydderch a Dafydd Ddu Eryri; nes cyrraedd *Cerdd Dafod* J. Morris-Jones, J. Glyn Davies, Loth, a Thomas Parry. Ceir eraill wrth gwrs, megis y rhain, sy'n atgyfnerthu'r archwiliad o ffurf mewn modd llai ffurfiol-draddodiadol, ac yn wir y gogoneddiad o ffurf a thraddodiad, megis Lewis Morris,[33] Goronwy Owen,[34] Iolo Morganwg,[35] a Chaledfryn.[36] Wedyn, yn ail, ochr yn ochr â hynny yn y cyfnod diweddar, ceir y *traddodiad rhamantaidd,* y feirniadaeth sy'n chwilio ac yn disgrifio'r gwaith unigol, yr ymateb argraffiadol, y sylwadaeth hanesyddol sy'n olrhain perthynas gwaith ag amgylchiadau darfodedig ar y pryd. Mae'r math hwn o fyfyrdod ynghylch y Mynegiant arbennig yn hytrach na'r Tafod cyffredinol yn cyrraedd math o anterth yn yr ugeinfed ganrif yng ngwaith beirniaid megis Saunders Lewis, W. J. Gruffydd, Gwenallt, T. J. Morgan, Thomas Parry, Caerwyn Williams, Geraint Gruffydd, Dafydd Glyn Jones, John Rowlands, Alan Llwyd, Robert Rhys, Dewi Stephen Jones. Ond fe'u rhagflaenwyd yn y ganrif ddiwethaf gan Gynddelw,[37] Lewis Edwards[38] a Chreuddynfab,[39] a chyn hynny yn y ddeunawfed gan ramantwyr fel Ieuan Fardd[40] ac Iolo Morganwg eto. Dyna ddwy ffordd sylweddol yn ein beirniadaeth, dwy ffrwd sy'n atodi'i gilydd.

Ond ochr yn ochr â hwy ceir yn drydydd ac yn llai eglur y *traddodiad cymelliadol*, yr ymateb beirniadol i Fawl, sef yr un yr wyf am roi'r sylw pennaf iddo yn awr. Ceisiais sôn ychydig am y bobl a oedd ynglŷn â'r maes hwn mewn beirniadaeth pan gyhoeddwyd y bennod 'Pwnc Mawr Beirniadaeth Lenyddol' yn *Llên Cymru a Chrefydd* pryd y trafodwyd y mater hwn o gyfnod llys Maelgwn Gwynedd ymlaen drwy Phylip Brydydd, gyda llawer o'r Ymrysonau[41] a'r Marwnadau,[42] y Gramadegau a'r Rhagymadroddion hyd at feirniaid adnabyddus rhwng y ddeunawfed ganrif a'r ugeinfed ganrif, gyda phobl fel T. J. Morgan yn ein hamser ni. Sôn y mae'r ysgol hon o feirniaid i gyd, yn fwriadol neu'n anfwriadol, am Ddiben llenyddiaeth, beth yw natur celfyddyd eiriol yn y pen draw; y cymhelliad craidd, pam y mae'n bod o gwbl.

Yn y triawd adeileddol Tafod – Cymhelliad – Mynegiant, carwn ystyried am y tro mai ymylon fel petai yw'r cyntaf (Tafod) a'r trydydd (Mynegiant) i'r tudalen llydan rhyngddynt. Y cyswllt (Cymhelliad) mewn gwirionedd yw'r craidd. Dyma'r hyn sy'n gweithio ym meddwl y llenor yn ddeinamig. Heb y cyswllt hwn does dim esgor ar lenyddiaeth. Dau *gyflwr* yw'r lleill; ond y cyswllt esgorol hwn, er yn sefydliadol, sy'n symud ac yn bywhau'r cyfan yn broses ac yn gyd-destun cymdeithasol iddynt. A cheir adlais neu ymateb i'r proses deinamig canolog hwn ym meddwl y darllenydd.

Ffenomen lonydd fydd y testun gorffenedig ei hun ar glawr, y Mynegiant; roedd y potensial disgwylgar cyn hynny yn y meddwl yntau yn ymddangosiadol lonydd, y Tafod; ond er mwyn eu rhoi ar waith o gwbl mae'n rhaid cael cyswllt aflonydd cynhwysol.

Yr hyn a geir yn y fan yma fel cyswllt yw'r diben sy'n tynnu fel magned y Mynegiant allan o'r Tafod. Yr hyn a geir yw'r gwerthoedd sy'n gwneud y Mynegiant yn werth ei wneud o gwbl. Ac oni bai am ymagweddu cadarnhaol ac atgyfnerthol tuag at geisio trefn ystyrlon ar fywyd ni byddai modd rhoi Tafod ar waith.

Cyfeiria Mawl at ryw *Wrthrych* wrth gwrs (yn fynych un diriaethol). Clymir y gwrthrych hwnnw mewn Mynegiant, gan ragdybiau neu gymhellion hollol orfodol ac anochel a gymerir yn ganiataol yn y *psyche* dynol, ac na byddai modd byw hebddynt. Yr ysfa i oroesi, yr ymwybod o ddisgyrchiant, y rheidrwydd i ddeall, y gallu i ddewis, ac yn y blaen. Mae hi fel pe bai'r cymhellion mawr hyn ar waith yn anymwybodol angenrheidiol. Sôn yr ŷm felly yn hyn o beth am orfodaeth wedi'i hadeiladu i mewn i'r meddwl neu hyd yn oed i fodolaeth ei hun. Tuedd Mawl yw ymhoffi'n benodol yn yr orfodaeth honno. Fe'i tyn i'r golwg ac ymfalchïo ynddi, oherwydd er mai gorfodaeth ydyw, yr un pryd rhyddid ydyw o fewn gorfodaeth.

Mawl, ar ryw olwg felly, yw'r mecanwaith gorfodol sy'n cyflawni'r weithred o roi Tafod ar waith o gwbl, drwy gyfuno'r priodoleddau hyn gan eu cymhwyso at wrthrych. Ond gellid protestio nad Mawl yn yr ystyr arferol yn unig yw peth felly yn y diwedd. Onid dyma'r rhagdybiau angenrheidiol y mae pawb sy'n llefaru yn cydymffurfio â nhw? Rhaid i bawb sy'n teithio o A i B, yn syml er mwyn dweud o gwbl y peth distatlaf di-fawl, gael egni gan ufuddhau i ragdybiau o'r fath. Onid dyna dynged pawb sy'n siarad?

Derbyniaf y brotest ddilys, gwbl resymegol honno nad yw popeth yn ymddangos yn foliannus mewn Mynegiant. Ac eto, yn sicr, rhaid i bob person, hyd yn oed y sawl sy'n gwrthryfela'n erbyn pwrpas, gwerth a threfn, hyd yn oed y sawl sydd am regi'r byd a'i bethau, rhaid i hwnnw hefyd, er cyn lleied o 'Fawl' sydd yn ei galon, gorffori'r amodau hynny yn ei leferydd yn gadarnhaol er ei waethaf. Mae fel pe bai'n rhan o batrwm rheidiol y ddaear. Rhaid hyd yn oed i wrth-fawl yntau hefyd, er mwyn byw, gael pwrpas, gwerth a threfn. Felly, nid Mawl uniongyrchol ac unplyg ac arwynebol yw pob lleferydd sy'n gysylltiedig ag amodau Mawl. Ond symudiad anochel tua chreadigrwydd.

Ac y mae hyd yn oed yn fwy cymhleth na hynny.

Yr hyn a ddadleuwn, fel ail gam, yw mai Mawl crai yw'r distylliad: dathlu a wna galon y cadarnhaol (sy'n cynnwys hefyd pob negydd sy'n werth ei fynegi). Mecanwaith ysgogi yw, a mecanwaith caniatáu neu gyflyru, fel gras cyffredin sy'n rhoi dawn ffrwytho a dawn ymatal. Nid personol drefnus yn unig yw, ond personol serchiadol hefyd.

Nid *unrhyw* fath o ysgogiad, felly, yw Cymhelliad llenyddol. Os derbynnir fod natur y cyswllt rhwng A a B yn gorfod ymdroi, hyd yn oed wrth siarad yn gyffredin, o gwmpas gwerth, trefn a phwrpas, yn yr olyniaeth honno, Mawl strwythuredig yw'r hyn sy'n unplygu hynny. Mawl sy'n puro ac yn pwyntio'r rhagdybiau hyn, rhagdybiau (fe gyfaddefwn) sydd yn y bôn yn angenrheidiol i bob lleferydd. Mawl sydd yn canoli arnynt ac yn eu cydnabod yn ymwybodol neu'n anymwybodol agored wrth eu cysylltu â gwrthrych. Mawl hefyd sy'n egluro'n echblyg y cyswllt cadarnhaol neu'r berthynas ymarferol rhwng y triawd o ragdybiau gwerth, trefn a phwrpas, a'r weithred o lefaru. Eisoes y mae pob lleferydd yn gydwedd â fframwaith o amodau anymwybodol cudd, amodau diwinyddol, ie, hyd yn oed i'r person anhapus hwnnw a wad ddiwinyddiaeth. Mawl sy'n tynnu allan o'r rhagdybiau hynny eu hanfod canol, eu *raison d'être*, eu nodweddion gwaelodol dyheadol, ac yn eu canfod yng ngoleuni gwrthrych. Mawl sydd, yn syml, o blaid bywyd.

Hyd yn oed, er mwyn negyddiaeth Dychan, rhaid cael o'i hamgylch neu odditani gadarnhad hyrwyddol Mawl. Ffordd Saunders Lewis o ddweud hynny oedd mai gosod 'delfryd o ymddygiad' oedd canu clod i Feirdd y Tywysogion megis i Feirdd yr Uchelwyr. Ni chwerylwn â hynny cyn belled ag y mae'n mynd. Ond yn fy nhyb i, nid mewn platoniaeth y mae ceisio ysgogiad sylfaenol Mawl. Yn hytrach, fe'i gwelwn yn elfen fwy cynhenid ym mhlethwaith y greadigaeth. Parhad neu estyniad yw pob Mawl o'r ymwybod moliannus oherwydd hanfod rheidiol a threfnus bersonol y ddaear. Tardda mewn gwerth. 'Da oedd.' (Gen. 1).

Distylliad bod yw Mawl: bod a dweud. Crisialiad pureiddiol ydyw sy'n blaenlwyfannu'r cadarnhaol, a hynny'n gorwedd er ein gwaethaf ym mhob Mynegiant. A dadleuwn innau mai'r rheswm am hynny yw – fel y darganfu Catecism byr Westminster – mai prif ddiben dyn, er ei waethaf ei hun (a dwedwn innau mai prif ddiben bodolaeth) yw gogoneddu Duw. Mae yna gyfeiriad anochel i'r Greadigaeth. Felly y darganfyddir anocheledd dweud. Adeiladwyd y diben hwnnw i mewn i seiliau a cheseiliau'r byd. A dyna'r rhagdybiau neu'r amodau adeileddol yr ŷm yn gorfod eu cymryd yn ganiataol mewn Mawl, rhagdybiau isymwybodol y bydd beirniaid dadansoddol yn ceisio'u dadlennu. Y gorchymyn amlaf yn yr ysgrythurau inni oll am 'wn i, a gorchymyn tragwyddol debygwn hefyd, yw *Molwch yr Arglwydd*. Hynny yn y bôn (neu darddell ohono) yw gwaith pob bardd. A doethineb yw sylweddoli hynny.

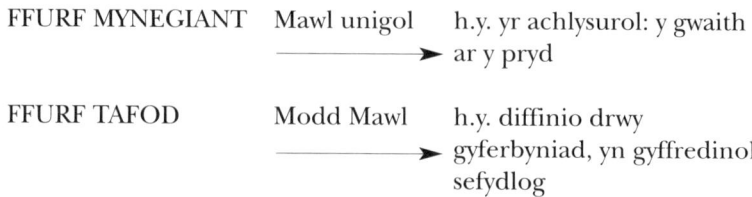

FFURF MYNEGIANT   Mawl unigol   h.y. yr achlysurol: y gwaith ar y pryd

FFURF TAFOD   Modd Mawl   h.y. diffinio drwy gyferbyniad, yn gyffredinol sefydlog

CYN-DAFOD

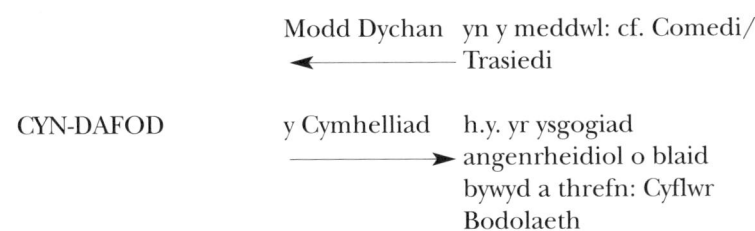

Trafodais y tair lefel hyn ar Fawl eisoes sawl tro, a'u crynhoi mewn amlinelliad yn *Llên Cymru a Chrefydd* (1977, t.592 ac yn SB 1984, t.9). Y tair gwedd hyn ar Feirniadaeth Lenyddol yw'r fframwaith meddyliol a nodais ar gyfer fy holl waith ym myd beirniadaeth. Yr wyf wedi ceisio ymdrin ag enghraifft gyfnodol o'r lefel fwyaf arwynebol a syml, sef 'Mynegiant' yn *Llenyddiaeth Gymraeg 1902-1936* (1987) a *Llenyddiaeth Gymraeg 1936-1972* (1975). Yna yn *Tafod y Llenor* (1974) ac yn *Seiliau Beirniadaeth* (1984-1988) ceisiais amlinellu peth o batrwm 'Tafod', gyda sylw arbennig i Ffurf, ac yn *Cyfriniaeth Gymraeg* (1994) ac *Ysbryd y Cwlwm* (1998) gyda sylw arbennig i ddwy agwedd ar Gynnwys: y berthynas â Duw a'r berthynas â chyd-ddyn. Wedyn, yn *Llên Cymru a Chrefydd* (1977) ac yn y gyfrol hon y mae fy mhwyslais wedi bod yn bennaf ar 'Gymhelliad' neu ar yr hyn y gellid ei alw'n rhagosodiadau diwinyddol-lenyddol neu Gyn-Dafod. Ac yna, bûm yn lled arolygus mewn enghraifft gynnil, sef yn *Tair Rhamant Arthuraidd* (1997): ceisiais gyd-drafod yn weddol gytbwys y chwe gwedd gyffredinol ar feirniadaeth (hynny yw, gan gynnwys y ddau gyflwr deinamig Tafod a Mynegiant, ynghyd â Chynnwys, Cymhelliad a Ffurf ar y naill lefel a'r llall). Yr unig ddiwygiad amlwg ac egwyddorol i mi yn yr olaf yw – pe bawn wedi ceisio beirniadu'n 'normal', heb geisio cyflwyno theori nac amlinellu methodoleg – y buaswn wrth drafod Mynegiant yn gyntaf yn cydlynu'r tair gwedd blithdraphlith yn fwy organaidd â'i gilydd, ac yn ail yn canoli sylw'n fwy penodol ar werthuso manylach fel modd i drefnu beirniadaeth Mynegiant.

DIBEN MAWL

Dyma fi newydd grybwyll y cwestiwn cyntaf yn Holwyddoreg Westminster. A hynny fuasai'r man cychwyn gorau efallai i unrhyw drafodaeth ar Fawl:

'Gofyniad 1. Beth yw prif ddyben dyn?

Atebiad. Prif ddyben dyn yw gogoneddu Duw, a'i fwynhau yn dragywydd'.[43]

Mae a wnelo'r fath gwestiwn 'anghyfoes' â hwn â phwrpas ystyfnig bywyd a holl weithgareddau dynoliaeth yn gyffredinol. Yn y dyddiau hynny pryd yr haerai amryw lenorion ac athronwyr na cheid y fath beth â phwrpas gwrthrychol, gwiw cofio mai methu ag agor eu cegau o gwbl a wnaent hyd yn oed yn amlwg ddibwrpas oni bai fod yna bwrpas. Y diwedd sy'n adlewyrchu ac i raddau yn penderfynu'r dechrau. Ar lefel seciwlar hyd yn oed, rhaid i ymagwedd isymwybodol at bwrpas fod yn fythol orffennol. Er gwadu'n daer, anodd dianc. Mae hi fel petai pwrpas er ein gwaethaf wedi'i wau i mewn i blethwaith y greadigaeth. Cafwyd y diwedd cyn y dechrau: yn y gwerth. Codwn o'r gwely. At beth? Bwytawn ein creision. Beth yw'r diben? Awn allan i'r gwaith. Pam? Croeswn y ffordd, siopwn, siaradwn â'n gilydd, awn i'r theatr, neu at y meddyg er mwyn cadw'n fyw. I beth? Y tu ôl i bob dim a wnawn, er inni daeru'n nihilaidd hyfryd nad oes dim o'r fath beth â phwrpas, ac mai ofer y cwbl, ceir yr un peth hwnnw sy'n gyffredin i'r holl weithgareddau hyn: mae yna bwrpas o ryw fath diogel yn llechu'n gryf yn y *psyche*. Ymddengys i mi nad pwrpasau unigol gwasgaredig a digyswllt sydd yn y fan yma yn unig, eithr un clamp o bwrpas anochel cyffredinol mwy tebyg i ddeddf. Hyd yn oed os cyflawnwn hunanladdiad, fe awn ati gyda rhyw fath o bwrpas o ddianc rhag y 'cwbl hwn'.

Dyna lefel naturiol, grai, a chosmig hyd yn oed pan fyddir yn rhagdybied neu'n esgus ein bod heb ddim o'r fath. Ceir pwrpas hefyd o'r fath hyd yn oed y tu ôl i wadu neu i anwybyddu neu i gymryd yn ganiataol. Oherwydd – yn gwbl ymarferol ac yn gynhenid yn y greadigaeth fel y'i profwn hi – y mae yna ysfa bwrpaslon na allwn ei hosgoi na'i deall. Dyry Cristnogaeth eglurhad i'r ymholiad pam: yn syml, fe'n crewyd i hyn. Yn sylfaenol mae yna gyfeiriad adeileddol i bopeth. Dyma wedd ar gymeriad y Rhagdybiaeth Fawr ei hun, y Rhagdybiaeth i bob dim nad oes ei hosgoi. Pwy sydd heb ei ragdybiaeth? Yr ydym oll yng ngafael y rheidrwydd hwn. Dyry Cristnogaeth hefyd reswm treiddgar pam y ceisir gwadu hyn.

Wrth reswm, gellid tybied mai Mawl go od fyddai'r un a gysylltai wrthrychau'n *ddall* ag ymwybod o bwrpas â gwerth ac â chydnabyddiaeth o drefn. Yn bendifaddau byddai'n od i feirniad. Gellid synied y dylai molwr o leiaf wybod ei fod yn gwneud cyfeiriadau o'r fath. Ond y mae'n fwy od na hynny. Nid oes dim a ddwedwn nac a wnawn byth yn *ddigonol* i 'foli' neu i 'fawrygu' Duw beth bynnag. Ac yn rhyfeddach byth na hynny, pe bai ein geiriau'n ddigonol, ni byddai ar y Duw hwnnw eisiau dim. Nid oes ar Dduw, wrth gwrs, hiraeth am gael ei seboni. Ni allwn er gwaethaf Bobbie Burns gymharu ysfa fabïaidd dyn ei hun i gael ei foli â'r rheidrwydd iachusol creadigol i fyw er clod i Dduw. Amhosibl yw gwenieithu i Dduw. Ni ellir byth ddweud yn agos i'r filiynfed ran. Pan fyddom yn ymwneud â chalon clod, ar y lefel fwyaf cyffredinol, y mae a wnelom â holl gyfeiriad buddiol bodolaeth: megis bod o blaid sgrifennu, bod o blaid bywyd, bod o blaid Duw. Oherwydd bod ein bodolaeth er ein gwaethaf yn ymwneud â chefnogi, cynnal, ac ymserchu mewn pwrpas, gwerth a threfn, er ein gwaethaf, dyna sut yr hyrwyddwn oroesi.

Cyn imi fynd rhagof i drafod y gwrthwynebiad i'r ddadl hon, sef yr agweddau negyddol ar Fawl, carwn adolygu o'r newydd y ddau gam brasaf a gymerwyd hyd yn hyn.

Er mwyn i lenyddiaeth fodoli o gwbl, er mwyn gweithredu'r dymuniad creadigol, er mwyn i gelfyddyd ei chyflawni'i hun, rhaid wrth ysfa 'gadarnhaol' sut bynnag y diffinir honno, ysfa sy'n gyrru'r Tafod llenyddol i ymddiriaethu mewn Mynegiant llenyddol. Ni ellir esbonio'r naid o un cyflwr i'r llall heb fod *angen* dweud rhywbeth mewn modd llenyddol. A'r peth y mynnir ei ddathlu yng nghyflawnder bodolaeth yw bod yna 'fantais' neu 'fudd' neu 'bleser' neu 'ddaioni' o fewn trefn gwerthoedd yn y dweud ei hun ac yn y gwrthrych. Fel nad oes modd byw yn ymarferol heb geisio yn anymwybodol neu'n ymwybodol ddewis pob cam a phob gweithred yn ein buchedd, felly yr hyn a fernir yn werthfawr yw'r hyn a ddewisir mewn llenyddiaeth.

Yn ail wedyn, dadleuwyd mai Mawl yn y bôn yw craidd y distylliad o'r cymhelliad cysylltiol hwn. Mawl, fe ymddengys yw'r cyfuniad cyflawnol o'r elfennau Gwerth, Trefn a Phwrpas pan ganolbwyntir y rheini (fel arfer) ar ddweud. Os yw'n werth dweud o gwbl, yna y mae'n dilyn fod yna ragdybiaeth[44] fod yna werth yn y peth ei hun. Hynny yw, egluro neu buro'r elfennau sydd eisoes mewn dweud, dyna a wna Mawl. Sylweddoli'r dweud hanfodol; pwyntio arwyddocâd yr elfennau trawsffurfiol a geir rhwng Tafod a Mynegiant oherwydd gwrthrych; egluro'r cymhellion cynhenid. Er bod Burns yn gwawdio mawl i Dduw, bydd ef er ei waethaf yn moli'r *Mynegiant* Ymarferol o Dduw ei hun a geir yn Ei gread.

Y mae i'r ddeinameg gysylltiol, felly, sy'n troi Tafod yn Fynegiant, gymeriad arbennig. Nid di-duedd, haniaethol ddi-liw yw. Sythweled a dathlu'n uniongyrchol y cymeriad hwnnw a wna Mawl. Amrywia cymeriad y Mawl hwnnw rywfaint o ran lliw o berson i berson ac o draddodiad i draddodiad fel yr amrywia'r gyfundrefn ferfol o iaith i iaith. Enfys yw Mawl; ond ffaith yw bod yna ym mhob llenyddiaeth gyflawnder triol llenyddol – Tafod, Cymhelliad (Mawl), Mynegiant – megis y mae'n rhaid cael triawd digon cyfatebol mewn iaith ei hun er nad yw'n union debyg. Fel y mae *psyche* pob credadun (neu anghredadun), er nad yw'n ymwybodol o hynny, yn gorfod llunio rhagosodiadau cyn iddo fynegi'i gred (neu'i anghred) o gwbl, felly y rhagadeiladwyd yn y *psyche* llenyddol fframwaith triol sy'n caniatáu rhywbeth cyfatebol er mwyn gweithredu'n greadigol. Yn y triawd yna, cyflyrwr agosaf Mynegiant yw Mawl.

'Bywyd nid ydyw'n marw. Hyn sy'n fawl'.

Sut o fewn y dehongliad hwn y delweddwn y traddodiad cyndyn o foli uchelwyr ac ati?

Os ceisiwn gydwybodol archwilio beth yn union fu natur gwaith beirdd yr uchelwyr erioed, dichon y deuem i'r casgliad go ryfedd eu bod erioed yn gwybod, naill ai drwy ragdybiaeth anymwybodol neu reddf neu drwy ddarganfyddiad, mai Mawl, boed hwnnw'n farddonol neu beidio, oedd arwyddocâd sylfaenol eu bodolaeth hwy a phob bodolaeth arall ar y ddaear. Dyna neges eu gramadegau. Nid gwybod cyfriniol ysbrydoledig oedd hyn. Tebycach oedd i'r ffaith fod pawb ohonom, heb glywed yr esboniad gwyddonol, yn 'gwybod' fod rhywbeth tebyg i ddisgyrchiant ar gael. Dyna'r drefn a dderbyniwn heb fod yn ymwybodol ohoni. Onid yn ôl hynny y gweithredwn heb feddwl? Yn wir, mae Gustave Guillaume yn olrhain cydberthynas y tair rhan ymadrodd draethiadol mewn gramadeg, sef Pwysedd I (Enw), Pwysedd II (Berf, Ansoddair) a Phwysedd III (Adferf) i'r ymdeimlad isymwybodol sydd gan bawb o ddibyniaeth o fewn disgyrchiant. Felly hefyd yr oedd rhywbeth all-ieithyddol yn gyrru'r beirdd i droi'u meddwl yn fynegiant fel y gwnaent o hyd; a'u *diben* oedd y peth hwnnw. Y tu ôl i'r nawdd, y tu ôl i'r swydd, y tu ôl i'r traddodiad – cyfeiriad. Yn wir, gwyddom, yn rhyfedd iawn, o fyfyrio ar y ffordd y gweithredwn, fod yr hyn sydd *i* ddod yn rheoli cymaint ar ein bywyd â'r hyn sydd *wedi* bod. Fe'n cyflyrir gymaint gan yr hyn sydd ymlaen, gan ddiben, â chan yr hyn sydd y tu ôl. Gwybod yr oedd (ac y mae) y beirdd mai anghenraid sylfaenol a chanolog a goroesol i fywyd oedd (ac yw) cynnal y bydysawd neu weithredu'n gadarnhaol tuag ato, drwy feddwl, gair a gweithred. Pan drafodwn Fawl, felly, trafod yr ŷm anghenraid sy wedi'i osod i mewn i seiliau'r iaith. Dyna'r awyr iach o'i deutu, fel petai, a anadla ystyr i'r sillafau. Ymwneud yr ŷm â rhywbeth nad oes dim dewis ynglŷn ag ef, a pheth felly y tâl inni, yn arbennig ni sy'n ymhél â llenyddiaeth gyda pharch, ystyried beth ydyw a sut mae'n gweithio. Yr hyn yw disgyrchiant i leoliad, hynny yw mawl i gyfeiriad.

ANOCHELEDD MAWL

Ond arhoser. Yr ydym wedi cyrraedd y trydydd Mileniwm. Hyd yn oed pe mentrai rhywun gytuno – wel efallai pe gellid galw'n Fawl yr hyn a drodd y cyflwr ieithyddol neu ffurfiol cyntaf yn y meddwl yn gyflwr o fynegiant llenyddol yn y cyfnod cynnar – o'r braidd y byddai Mawl fel y cyfryw yn eithriadol o boblogaidd erbyn ein llenyddiaeth gyfoes oleuedig ni. Mae'n wir, o bosib, mai Mawl oedd y telynegion cyntaf: addoliad dathliadol hefyd oedd y dramâu a'r dawnsiau cynharaf efallai, ac roedd y chwedlau mwyaf cyntefig hwythau yn bod er clod i ryw fath o dduwiau. Datblygodd hynny'n Fawl mwy dynol, fe ddichon. Wedi'r cwbl, rhaid i bawb fyw. Dichon y gellid felly dderbyn mai Mawl – neu o leiaf ymwybod o bwrpas a dathliad o werthoedd ac anrhydeddu trefn – oedd yr hyn a ysgogai'r llenyddiaeth gyntaf. Efallai. Ond yr ŷm ni yn bodoli mewn dyddiau mwy datblygedig, mwy soffistigedig a chymhleth a negyddol bellach. Bod yn ddiolau yw ein Hymoleuo modern ni.

Purion; ond os esblygiad diddianc o'r sefyllfa gychwynnol honno gynt yw'r canlyniad heddiw, dibynna o hyd ar y rheidrwydd i fod o blaid rhywbeth; ar y lleiaf, o blaid sgrifennu. Ni all y negyddwr mwyaf ffasiynol, hyd yn oed, ddianc rhag na gwerthoedd na phwrpas cyn gynted ag y myn fynegi'i feddyliau (neu ynghynt). Mae yntau *o blaid* negyddu. Llenyddir oherwydd bod yna fantais yn bresennol ac awydd i wneud rhywbeth sy'n 'llesol'. Yr ydys yn adeiladol er gwaethaf pob nihiliaeth theoretig. Yr unig negyddiaeth effeithiol fyddai peidio â meddwl na theimlo na dweud dim. Anfodolaeth lenyddol. Cyn gynted ag y deuir o fewn diffiniad llenyddiaeth, fe gredir rhywbeth â'r pen, pe na bai'n ddim mwy na bod yna ystyr i siarad o ryw fath ar y pryd neu i nodi fod yna saib; a rhagdybir rhyw fudd o lefaru, hyd yn oed os na ddwedir ond mai dibwrpas a diwerth yw bywyd. Datblygiad o'r un ysgogiad cyntefig hwnnw – y dodwn yr enw Mawl arno bellach – yw pob mynegiant llenyddol yn y bôn. Fel y gosodwyd y Gorchymyn Diwylliannol[45] gynt yn Genesis I, 28, ac wedi'r Cwymp yn IX, 1-3, yn fan cychwyn i bob dyn ar y ddaear i'w diwyllio, ac fel yr ufuddheir iddo'n anochel hyd yn oed gan y dynion seciwlar mwyaf gwrthgristnogol, felly hefyd y mae'r gorchymyn i foli wedi'i osod ar gyfer cyfeiriad y greadigaeth i gyd, ac ymddengys i mi, drwy dew a thenau, drwy stranc a strach, fod dynion er eu gwaethaf eu hun yn gorfod cydymffurfio.

Ble'r wyt ti'n mynd O fardd? . . . 'I ddinas mawl, ac dw-i'n methu â throi i unman arall'. Fel y mae 'ffrwythwch' yn orchymyn i bob un, felly y mae 'Molwch yr Arglwydd' – i gredadun ac i anghredadun druan fel ei gilydd. Anodd ei osgoi, yn anymwybodol neu'n isymwybodol.

Gwybod hynny yw'r gamp feirniadol sylfaenol.

Dethol yw dull y beirdd o wneud y gwaith cyfrifol hwn. Nid 'disgrifio' pob dim yn ddiwahân a wna Mawl wrth gwrs. Chwilir yn ddiarwybod yn y bôn am y cadarnhaol a'r adeiladol 'o bwys' yn ôl gwerthoedd. A dichon yn ein dyddiau dadrithiedig ni fod hyn yn swnio'n bur amheus ac unochrog. Wedi'r cyfan, y mae yna ysfa gynhenid ynom am gyfanrwydd; ac onid dweud celwydd yw dweud hanner stori am rywun neu rywbeth mewn byd-ddelwedd syrthiedig? Onid ein gwaith yw bod yn realistig, ac onid sylwi ar y llygredig yw bod yn realistig? Mae'n Galfinaidd hefyd o ran hynny (os caf sibrwd hynny). Wel na: nid dweud rhywbeth mor benodol â chelwydd yn hollol yw datgan rhan o'r gwirionedd, oherwydd dethol yw pob rhyw ddisgrifiad a phob rhyw hanes o raid, a hynny ar sail adnoddau a diben. Tra-gywydd yw'r gwaith hwn: tu hwnt i fesur. Ni ellir, felly, fynegi byth yr holl wirionedd heb ddethol.

Dyma o ganlyniad gynildeb y gair 'Gwirionedd'. Dethol bob amser a wneir yn yr achos hwn drwy adnabod anocheledd pwrpas, gwerth a threfn: felly y gwna Mawl yntau. Didoli a darganfod agweddau neu fanylion a wna o fewn ymwybod anochel o safon. Rhaid i Fawl feddu rywfodd felly ar werthoedd dethol: nid oes i nihiliaeth ddidwyll-ymarferol le mewn Mawl, onid mewn cyferbyniad arbrofol o ddistawrwydd. Ac o'r herwydd, ni fedr Dadadeiladu fel y cyfryw, chwaith, amgyffred Mawl yn realaidd onid drwy gyfrannu sylweddoliad negyddol i'w gyfnerthu. Rhagdybiaeth dreiddgar Mawl yw bod yna ddaioni anghyfforddus o unplyg ar gael, a'r hyn a wna yw dod o hyd i beth ohono a'i amlygu hyd yn oed yng ngŵydd y gelyn.

Detholiad yw Mawl nad yw'n gwbl annhebyg i'r hyn a eilw Darwin yn 'ddethol naturiol'. Cyfeiriad cynhenid mewnol ydyw; ac ysfa i weithio tuag at y cadarnhaol anochel yn nannedd y negyddol anochel. Rhagdybir mai'r adeiladol sy'n goroesi ym myd egwyddorol Mawl. Y cyfeirio diwrthdro hwn sy'n 'addasaf', a defnyddio'r term Darwinaidd hwnnw. Y sawl sy'n ymgysylltu â'r delfrydol hwn yw'r sawl sydd wedi'i gymhwyso orau i drechu anawsterau bywyd yn amgylchiadau cyhyrog Mawl.

Ein casgliad yw mai moli a wnawn, fel yr anadlwn, oherwydd mai dyna wneuthuriad cynhwynol y pridd yn ein cyfansoddiad. Y mae mor anochel â derbyn tri pherson i'r rhagenw yn fframwaith meddwl hyd yn oed heb ei weld yn ddelwedd o'r Drindod. Mae'n rhan o batrwm a gwead a deunydd bodolaeth. Felly y llwyddir i fyw drwy iaith: felly yr atgyfnerthir safonau yn yr unigolyn ac yn y gymdeithas. Tanlinellir o'r herwydd ddiben ymarferol, amlygir gwerth a threfn bob dydd – gweithgareddau hollol angenrheidiol a defnyddioldebol. Gwisgir hyfrydwch y patrwm cynhenid addasaf ym miwsig geiriau – er nad mewn miwsig confensiynol soniarus o anghenraid. Yn y fan yma, mae iaith a phrydferthwch er ein gwaethaf yn cynrychioli ac yn ymuno â phrydferthwch y cread. Canfyddir yn ein deunydd, drwy leferydd hawddgar – er nad confensiynol hawddgar o anghenraid – yr hanfodion adeiladol a daionus sy'n sylwedd adeileddol i'r geiriau. Ac y mae hyn oll er ein gwaethaf yn duedd gwbl ymarferol a chwbl ogoneddus o blaid byw, ac yn ras cyffredinol.

Y NEGYDDOL NAD YW OND YN DDISTRYW

Carwn grybwyll y tyndra mwyaf a ystyriaf ynglŷn â Mawl. Tyndra neilltuol yw sy'n wedd bwysig ar y Negyddiaeth fawr yn natur dyn. Sef marweidd-dra arferiad. Yr ydym oll yn gyfarwydd â'r ffaith y gall celfyddyd, sydd ar ei gorau yn fyw ac yn wefreiddiol, fod ar ei gwaethaf yn farw ac yn llipa. Pan geir celfyddyd ar ffurf Mawl sydd fel petai'n sefydliad ac yn rhan o gyfundrefn gyhoeddus, boed honno'n grefyddol neu'n wleidyddol, yna y mae'r bygythiad yn fwy byth. Fel arfer, yng nghynnyrch y traddodiad barddol a oroesodd, ymddengys mai cymhelliad cymdeithasol iach Mawl yw cynnal a hyrwyddo trefn y llwyth neu'r genedl. Ond ymarferiad ffurfiol yw hynny'n fynych. Dyletswydd ddieneiniad, ailadroddol. Ac nid syn mai ein hymateb wrth ddarllen ambell gywydd mawl newydd yw: 'On'd ŷn ni wedi cwrdd o'r blaen?'

Ond wrth gwrs, gall Mawl fod yn ysbrydoliaeth hefyd, hyd yn oed mewn sefydliad. Y mae'r cadarnhaol yn diffinio'r negyddol hyd yn oed yn fwy nag y bydd y negyddol yn diffinio'r cadarnhaol. Y mae'n rhaid cyfosod â ffeithiau negyddol, ystyriaeth gynhesach ynglŷn â Mawl, yn arbennig wrth gyfrif y dimensiwn crefyddol sydd yn anochel ynglŷn ag ef. Y mae'r cadarnhaol yn diffinio'r negyddol hyd yn oed yn fwy nag y bydd y negyddol yn diffinio'r cadarnhaol. Math o gariad yw. Wedi'r cwbl, Duw personol yw'r Duw Cristnogol. Fe'i hamlygir yn fwyaf diriaethol ym Mherson yr Arglwydd Iesu. A thrwy'r Ysbryd Glân y mae modd i'r credadun ddod i berthynas bersonol a bywydol â'r Duw hwnnw. Y mae'n amlwg yn ôl peth o'n canu crefyddol yng nghyfnod y Gogynfeirdd fod rhai o'n beirdd fel Madog ap Gwallter a Gruffudd ab yr Ynad Coch yn brofiadol o hyn ac yn mynegi'u mawl mewn modd sy'n corffori'u serchiadau. A chyda hynny, er mai perthynas gyflogedig, draddodiadol a chonfensiynol yw fframwaith y berthynas rhwng y molwr a'r arglwydd sy'n cael ei foli, mewn marwnadau'n neilltuol gellir ar dro ymdeimlo â theimladau bywiol yn y

Mawl hwnnw. A gall y Mawl o'r herwydd fod yn fynegiant o fath o serch dwfn iawn rhwng y bardd a'i noddwr yn ogystal â rhwng y bardd a'i Dduw. Mawl yw sy'n mynegi teimladau unigolyn yn ogystal ag agwedd y gymdeithas. A threfn ydyw sy'n caru.

Ar y naill law, felly, cyfundrefn yw Mawl. Ffurf adeiladol yw yng ngwasanaeth y gymdeithas, swydd a all fod yn amhersonol oherwydd ei bod yn ddyletswydd gyffredinol gynhenid. Ac ar y llaw arall, mynegiant yw Mawl sy'n cronni ac yn lleisio angerdd a phrofiad dynol a didwyll unigolyn, unigolyn arbennig sydd o bosib yn llefaru ar ran y gymdeithas; ond unigolyn o hyd. Ar y naill law, cawn naws a gysylltwn â'r agwedd glasurol at lenyddiaeth, ac ar y llall, y math o bwyslais sy'n gweddu i'r osgo rhamantaidd.

Ymgais oedd y rhamantaidd i waredu'r clasurol rhag marwolaeth. Er cyfosod dwy ochr, fel petaent yn ddwy wedd ar yr un ffenomen, y mae'n briodol sylwi fod yna symudiad a gogwydd oddi wrth y naill tuag at y llall. Y mae Mawl o hyd yn meddu ar gyfeiriad isymwybodol, fel pe bai'n ymladd am ei fywyd. Yn anaml yn y cyfnod clasurol, sef yn oes y Cynfeirdd, y Gogynfeirdd a Beirdd yr Uchelwyr, y gellid ymdeimlo â phresenoldeb serchiadau ac angerdd yn mynd yn drech yn y Mawl, er bod hynny'n digwydd rai troeon. Efallai ei fod yn digwydd yn amlach nag y tybir yn gyffredin, yn neilltuol mewn galar, ond nid yn unig yn y fan yna. Bid siŵr, ceir urddas a cheinder a syberwyd iaith hefyd. Ceir hefyd strwythur cyffredinol o Fawl. Dichon er hynny nad tan amser y Methodistiaid, y gellid ystyried fod y berthynas bersonol, y serchiadau a mynegiant o gariad edmygus, yn cael blaenoriaeth. A hyd yn oed yn y fan yna, marwaidd yw yn fynych.

Yn y gyfrol hon felly, fe geir dau bwyslais. Yn y rhan gynnar, pwysleisir yn bennaf y lle sydd i Fawl mewn trefn grefyddol a chymdeithasol, a sylwi fel y mae teimladaeth ambell waith fel pe bai'n trechu pob ffurfioldeb drwy roi bywyd i'r drefn honno. Ac yna, yn yr ail gyfnod, pwysleisir y serchiadau, ond sylwir hefyd ar y cydnabyddiaeth fod hynny'n digwydd o fewn a hyd yn oed oherwydd trefn, ac yn ceisio disgyblaeth ac arwyddocâd cymdeithasol.

Ceir dwy ffordd o ffrwyno neu o ddisgyblu gorfoledd y Molwr. Ar y naill law, ffurf gelfyddydol. Ac ar y llall, hunanfeirniadaeth ac ymatal syniadol a theimladol. Gall yr ail wyro weithiau tuag at Goegi tymer.

Mewn Mynegiant yn y cyfnod diweddar ceir wrth gwrs lawer sydd, oherwydd meithrin yr olwg ddyneiddiol, yn ddirywiol o ran agwedd. Ceir y negyddol o ran syniadaeth a theimladaeth. Ceir y coeg. Er mai 'dyfais' neu 'fodd' neu 'ddisgyblaeth' oedd Coegi yn wreiddiol, gydag Ôl-foderniaeth ceid tuedd iddo dyfu'n 'ffordd o fyw', yn sefydliad. Gellid yn wir ymgyrraedd felly at y Coegi eithaf mewn Mynegiant, sef distawrwydd llwyr neu ddistawrwydd 'cymedrol', fel y'i profir yng ngherddoriaeth Cage neu mewn un o ddramâu Beckett. Ac mewn mannau felly, hawdd y gellid synied fod y dymer negyddol, hunanfeirniadol a choeg wedi lladd creadigrwydd.

Pan dry Coegi'n ffordd o fyw, meithrin ac anwylo'r dogma o ansicrwydd a wna yn ei sgil. Adlewyrcha argyhoeddiad o wacter (y gau neu'r coeg) gan dderbyn mai'r negyddu sy'n absoliwt – er na all y fath ogwyddo byth aros yn gyson.

Gwyddom yn burion, mewn iaith, am lawer '*deuoliaeth*' debyg i'r '*ddeuoliaeth*' hon rhwng y cadarnhaol a'r negyddol. Ac nid yw sŵn a diffyg sŵn ond yn un ohonynt. Yn wir, drwy gyferbynnu deuol o fath rhwng unigol a lluosog, presennol ac absennol, isradd ac uwchradd, arbennig a chyffredinol, yr adeiladwn lawer o gyfundrefnau gramadegol yr iaith. Felly y down i ddirnad ac amgyffred ein profiadau. A deuoli cyferbyniol o'r fath sy'n caniatáu inni amgyffred ystyr adeiladol.

Ond sylwer ar y llaw arall ar y deuoli sydd yng nghalon Coegi. Nid Dychan na Gogan ymosodol yn erbyn y drwg yw'r prif gyferbyniad nodweddiadol i Fawl ym myd arddull yn ein dyddiau modernaidd ni, eithr Coegi sy'n ymuwchagweddu'n noeth at yr Eiron. Yn wahanol i ymosodiad beirniadol, sydd hefyd yn amddiffynfa o'r tu arall, tuedd Coegi weithiau yw ceisio cytundeb drwy awgrymu uwchraddoldeb cyfrinachol. Ac uwchraddoldeb yw yn arbennig yn erbyn y syml yn hytrach nag o blaid y rhinweddol. Yn ôl Kierkegaard y mae Coegi yn sylfaenol 'edrych i lawr, fel petai, ar y sgwrsio plaen a chyffredin a ddeellir yn union-deg gan bawb. Digwydd yn y cylchoedd uchaf fel pe bai'n fraint a berthyn i'r un categori â'r *bon mot* sy'n peri gwên am ben diniweidrwydd ac yn synied am rinwedd fel gwedd ar fod yn bropor.'

Difrio naïfder Mawl a wna Coegi, felly. Gall o'r herwydd fod yn llesol, er yn glwyfus felly. Ar y llaw arall, pan dry yn ffordd o fyw, yr hyn y cais ei fforffedu yw'r ffaith (na ellir ei fforffedu) fod yn rhaid i galon Mawl fentro bod yn unplyg ar dro. Mae Coegi'n asio cyswllt â darllenydd drwy wincio tan-din yn hytrach na thrwy uniondeb ymrwymiad mewn credo. Fel ffordd o fyw, anathema iddo yw credu glân. Gyda wincio tan-din, tynnir sylw ymaith oddi wrth gynnwys y datganiad at y dull anuniongyrchol, lledwybodus, on'd-ydym-yn-glyfar, o ddweud y peth.

Negyddu drwy dynnu i lawr yw hanfod y meddwl coeg. Fe'i diffiniwyd gan Kierkegaard fel 'negyddiaeth ddiderfyn absoliwt', ac fe'i defnyddia'n amddiffynfa . . . Dringa di'n uchel ddarllenydd i berclwyd Coegi, gan gogio ymostwng, ac fe drechi bob beirniadaeth arnat dy hun y ffordd yna. Onis gwnei, ymddangosi'n dwp ac yn simplistig ryfeddol. Ond os deui gyda mi'r coegwr, A! fe alla-i addo y teimli'n fedrus. Dyma'r cwbl sydd yn eisiau arnat – rhyw dric bach fel yna – a byddi'n ddoethach na neb. Doedd hynny ddim yn anodd, nac oedd . . .

Dyna'i gymhelliad mae arna-i ofn, sef bod yn rhy hygoelus o hyderus negyddol.

Yn Lloegr, wedi colli'u hymerodraeth 'Brydeinig' gynt, gwasanaethu a wnâi coegi diweddar ymhlith llenorion fel iawn i faentumio 'awdurdod' ac ymddangosiad o uwchraddoldeb seicolegol. Apeliodd yr ymagweddu tymer hwn gryn lawer at *élite* deallol a gollodd gryn dipyn o'i *raison d'être*. Ac y mae Cymru bellach wedi etifeddu peth o'r fraint ddynwaredus honno, ond oddi isod.

Nid teyrnas o Ôl-foderniaeth yw Cymru, ond trefedigaeth.

Mae a wnelo Coegi ag awdurdod. Rwy'n credu fod Coegi mewn llenyddiaeth ddiweddar yn Lloegr, pan fo'n ymbesgi, yn mynnu bod yn fwy na dyfais ac yn dod yn ddogma neu'n agwedd sylfaenol at fywyd. Mae'n gysylltiedig â'r ymwybod dosbarth yn Lloegr, yn arbennig mewn cyfnod pryd y ceir adwaith yn erbyn yr hen awdurdod derbyniedig a geir gan gyfundrefn ddosbarth. Adlewyrcha Coegi, pan fo'n fframwaith gorthrechol ar feddwl, hiraeth isymwybodol am soffistigeiddrwydd. Cynnig ydyw am bŵer yn wyneb y bygythiad tybiedig i ddosbarth cymdeithasol breintiedig. Gweithreda hefyd fel modd i ddiogelu'r llenor rhag ei ddarostwng yn feirniadol. Ni fentra fod yn archolladwy. Fe'i clymir wrth uwchraddoldeb golwg o dan berfformiad neu fwgwd ffug israddoldeb. Ond gwyddys mai ffug israddoldeb ydyw. Esgus bod yn ostyngedig yr ydys tra bo'r wir ragdybiaeth yn diogelu uwchraddoldeb. Y mae ynddo o'r herwydd ymgais i ymwahanu oddi wrth gydraddoldeb a chyfartalrwydd safle. Cymer arno'i hun yr hawl i 'edrych i lawr', peth a all fod yn briodol fel dyfais rethregol o fewn ambell gyd-destun cyffredin. Ond fel osgo sefydlog ac adeiledd bywydol y mae'n greadigol ddifaol.

Yr hyn sy'n eironig yw y gellir hefyd ddefnyddio Coegi ei hun ar gyfer Mawl. Y pryd hynny gwahaniaethant nid yn gymaint o ran eu pegynau ag o ran eu dadadeiladwaith. Yn achos llenor Cymraeg pwysicaf yr ugeinfed ganrif, sef Saunders Lewis, o'r braidd fod yr un Cymro erioed wedi defnyddio cymaint ar goegi ag a wnaeth ef, a hynny mewn gwahanol ddulliau megis yn *Blodeuwedd*,[46] dweder; ac eto, y mae holl osgo a gogwydd ei waith o dan y cwbl yn cyndyn ogwyddo tuag at Fawl a'r unplyg.

Ymadrodd 'iach' yw Coegi ar achlysur felly – dyfais sy'n gweithredu o fewn fframwaith o uniondeb. Gall o'r herwydd fod yn wrthwyneb i Goegi absoliwt, fel yn Job 38, 4-5. Y dull yn unig sy'n gwahaniaethu, nid y nod, a'r ffaith mai rhan yw Coegi yn y fan yna o fewn cyfan sy'n Fawl adeileddol. Mae Mawl amlwg yn ateb angen dyfnaf y meddwl i fod yn groyw. Ateb yr angen arall yn y meddwl a wna Coegi, i fod yn bleth. Drwy'r cyfuniad gellir cyrraedd y croywder hwnnw a geir wedi cymhlethdod. Dod o hyd i lwybr syth a wna'r naill: darganfod ffos gyfredol wrth ei ymyl a wna'r llall. Yn hyn o beth y mae Mawl yn ymdebygu i osodiadau sythwelediadol gwyddonol lle y ceisir sicrwydd: y mae Coegi ar y llaw arall yn ymdebygu i'r ddyfais ymchwil lle y defnyddir ansicrwydd. Ond y cyfeiriad cyson yw Mawl ei hun, a Choegi y pryd hynny yn gyfrwng isradd. Pan dry Coegi o fod yn gyfrwng o'r fath i fod yn nod neu'n gyfeirydd iddo'i hun, y pryd hynny y porthir distryw.

Ceisio gwahaniaethu yr wyf rhwng deublygrwydd sy'n ceisio amgylchu a thagu unoliaeth ar y naill law, a'r ddeuoliaeth sy'n ffrwythlon o fewn unplygrwydd ar y llall.

Mae yna negyddiaeth sydd o ran natur fel petai'n ceisio difa llenyddiaeth yn ogystal â negyddiaeth sy'n iachus wahaniaethu o'i mewn. Yn lle'r ddeuoliaeth neu'r gwrthosodiad sy'n arwain at y creadigol, mae yna negyddu neu wrth-fawl, yn arbennig yn yr ugeinfed ganrif, sy'n ceisio dinistrio Mawl yn hytrach na'i atgyfnerthu. A thardda'r negyddiaeth ddistrywiol honno o'r awydd cynhenid i wrthwynebu bywyd, gan gynnwys bywyd llenyddiaeth.

*   *   *

Carwn yn awr nodi a diffinio wyth o ffyrdd neu o ragdybiau (bwriadedig) sydd gan y meddwl modern o geisio fel petai danseilio Mawl drwy wrth-fawl yn hytrach na darparu gwrthosodiad cynorthwyol iddo. Wyth o ddogmâu ydynt sydd wedi tyfu'n fframwaith sefydlog a diymholiad ym mryd llawer o lenorion cyfoes. Dyma'r gwrthwynebiad ymddangosiadol, yn hytrach na'r gwrthosodiad, i Fawl.

Tardd Mawl fel y dadleusom mewn rhagdybiaeth ynghylch Bywyd a Gwirionedd. Agwedd meddwl ydyw sy'n angenrheidiol i gelfyddyd lwyddiannus ffyniannus, ac yn wir i fodolaeth barhaol celfyddyd o unrhyw fath. Er canol y bedwaredd ganrif ar bymtheg (o leiaf) tybiodd rhai meddylwyr fod y rhagdybiau sydd ymhlyg ym Mawl eisoes wedi'u tanseilio. Wedi sefydlu rhagdybiau eraill, syniwyd bod adeiladwaith Mawl unplyg yn anymarferol neu'n anaddas mwyach. Er na ddilynwyd mo'r rhagdybiau negyddol newydd hyn i'r pen gan amlaf, mabwysiadwyd eu hymylon mewn modd mor anfeirniadol nes niweidio celfyddyd yn bur sylfaenol yn achos rhai llenorion adfeiliol. Cafwyd cerddi, storïau a dramâu heb drefn na phwrpas i bob golwg. Cafwyd brawddegau heb ystyr. Cafwyd geiriau heb ffurf berthnasol.

Dyma, fe ymddengys i mi, y gwrthwynebiad crai i Fawl. Ni raid yn awr geisio chwilio twf y ffasiynau na'r rhesymau cyfoes a gafwyd am orfodi'r rhagdybiau negyddol hyn ar y meddwl modern. Ni cheisir chwaith olrhain sut y ceisiwyd propagandeiddio'r rhagdybiau a'u gwneud yn ddiddorol ddeniadol. Digon am y tro yw ceisio nodi beth ydynt, a pham y maent yn ddinistriol. O archwilio'r dogmâu cyfarwydd hyn gan bwyll gellir efallai ddysgu rhywbeth am Fawl ei hun, gan fod a wnelo'r ffactorau distrywiol hyn â hanfodion Mawl fel y ceisiwyd eisoes ei ddisgrifio. Os yw'r dogmâu hyn yn ffurfio *Gwrth-fawl*, yna fe allai eu harchwilio ddweud rhywbeth wrthym am natur *Mawl* ei hun.

(1) *Gwadwyd pwrpas*: Aethpwyd i arddel yn ffasiynol y gred grefyddol mai gorthrwm oedd derbyn unrhyw ymwybod o bwrpas. Rhyddid yn ôl rhagdyb felly oedd bod heb nod. Ond wrth honni, hyd yn oed yn ddamcaniaethol, nad oeddid yn mynd i unman, y peryg wedyn oedd *peidio* â mynd i unman mewn gwirionedd (o leiaf yn ymddangosiadol). Heb nod nid oedd angen gweithredu. A marwolaeth wneud oedd hyn. Heb ddiben nid oedd angen dodi pin ar bapur na gosod gair ar ôl gair. Heb ben draw nid oedd angen syflyd o'r gychwynfan. A dyma oedd gwir gaethiwed. Dibynnai unrhyw fath o daith, os nad ar gred yn y pen draw, o leiaf ar bwrpas mynd cyn belled â'r cam nesaf. Hynny, yn ymarferol, a'n cyflyrai oll. Nid natur ystyrlon y pen draw oedd dan sylw yn awr, ond y rhagdyb ymresymiadol mai rhaid nad oedd yna ben draw i'w gael o gwbl.

O fewn y traddodiad Mawl, sut bynnag, fe geid eglurder posibilrwydd canu. Pwrpas Mawl, i Waldo er enghraifft a welai ymhellach na'r cyffredin, oedd ail-greu byd di-fefl o ran potensial, fel y dywed ef yn y gerdd 'Angharad':

> Ymorol am Ei olud,
> Ail-greu â'i fawl ddilwgr fyd.

Clymir Mawl wrth symudiad cyfeiriol cynhenid yn y cread, megis yn y meddwl dynol, gan ymwthio tua chadarnhad ac adeiladaeth a daioni.

Gwna hynny oherwydd hanfod y cread syrthiedig hwn. Darganfod hynny a chydsymud gyda hynny, dyna a wna Mawl. Gwedd ar adeiladwaith bod ydyw, ac fe'i sylweddolir wrth lunio llenyddiaeth.

(2) *Gwadwyd gwerth*: Aethpwyd i ragdybied mai ffactor goddrychol a hollol bersonol relatifaidd oedd gwerth. Nid oedd safonau gwrthrychol ac allanol ar gael. Dibynnai'r cwbl ar chwaeth a chwiwiau a magwraeth ac etifeddiaeth ac addysg yr unigolyn. Nid oedd safonau cyffredinol na pharhaol y gellid apelio atynt. Pwy a oedd i ddweud ai gwell ynteu gwaeth oedd Dafydd ap Gwilym na'r rhigymwr mwyaf blêr ac anneallus a fu erioed? Mewn arddangosiad o ostyngeiddrwydd llethol – pwy oedd yn ddigon haerllug i'w osod ei hun yn farnwr?

Tybiwyd yn y cyd-destun 'gwyddonol' fod gwrthrycholdeb yn rhagdybied ymatal rhag barnu gwerth. Syniai Northrop Frye[47] fod beirniadaeth lenyddol yn symud ymlaen tuag at gatholigrwydd diwahaniaethu o'r fath. Ond wrth gwrs, yr oedd pobun wedi'i dynghedu i ddewis, i ddethol, i ddirnad: hunan-dwyll oedd osgoi canoneiddio. Meddai René Wellek yn gyrhaeddgar,[48] 'Relativists always shirk the issue of thoroughly bad poetry.'

Ni chredaf fod yna un rhinwedd greiddiol unigol sydd ar ei phen ei hun yn pennu gwerth celfyddydwaith. Yn wir, amrywiaeth yw un o briodoleddau rhagoriaeth. Amrywiaeth ydyw sy'n gwrtheithio gormodedd o undonedd. Ond un o'r priodoleddau creiddiol mewn rhagoriaeth, efallai, yw perthnasoldeb i ystyr bywyd ac i'r cadarnhad dynol all-lenyddol. Gall trwch y plethwaith seiniol neu ystyrol fod yn fantais atgyfnerthol. Ond os yw'r amrywiaeth o fewn cyfanrwydd a'r perthnasoldeb bywydol yn effeithiol, yna y mae symlder croyw ei hun yn rhinwedd yr un mor rymus. Ffrwythlondeb ieithyddol, dyna werth arall sy'n dyrchafu safon cyfanrwydd gwaith llenor. Ac y mae hynny'n cynnwys amryfal nodweddion megis syndod newydd-deb, aeddfedrwydd (yn yr ystyr o fod yn gyfrifol effro i'r amgylchiadau), bywiogrwydd, patrymwaith dwfn, deallusrwydd, llawnder teimlad, a dychymyg delweddol llydan.

Yn y grefydd Gristnogol glasurol a hanesyddol, fel y gŵyr pawb, ni cheir Cariad heb Farn. Y mae gwerth hefyd ei hun ynghlwm wrth farn, sy'n gwrthosod da a drwg, nefoedd ac uffern, ffrwythlondeb a diffeithwch, bywyd a marwolaeth. 'Pechod' yw'r term technegol ar gyfer y peth sy'n wrthwyneb i werthoedd. Nid oes ymgais i wyngalchu difrifoldeb yr arwahanrwydd hwn. Duw ei hun a lefarodd gan roi gwerthoedd gwrthrychol gerbron. Yn wir, dim ond oherwydd bod Duw yn ei ddweud ac yn eu creu y ceir safonau gwrthrychol a deddf o gwbl.

(3) *Gwadwyd trefn wrthrychol*: Dechreuwyd tybied hefyd fod unrhyw drefn, na tharddai yn hunanlywodraeth yr ego, yn annerbyniol ac yn gaethiwus. Gorthrwm oedd pob disgyblaeth. Goddrychol oedd trefn. Wrth geisio gwadu ffurf wrthrychol, fe ddyrchafwyd siawns, damwain a chwalfa anhrefn. Methwyd â chanfod y rhyddid a geid mewn trefn, ac nas ceid byth ar wahân iddi.

O barch i'r rhamantwyr dylid cydnabod nad cwbl symleiddiol oedd y gwrthryfel hwn yn erbyn trefn. Gwedd ar drefn oedd rhyddid iddynt hwy. Roedd dynwarediad yn cynnwys creu, ac ailadrodd yn cynnwys cyferbyniad o fewn pob llenyddiaeth fyw. Bu'n rhaid i bob cenhedlaeth o wyddonwyr erioed serch hynny (fel pob cenhedlaeth o bobl ymarferol) gymryd yn ganiataol fod ffurf a threfn yn wedd gynhenid ar y bydysawd. Beth bynnag am darddiad y rhagdybiau negyddol, boed yn ymwybodol neu'n anymwybodol, o'r dechreuad gosodwyd a darganfuwyd trefn o fewn y tryblith. Er bod yna fefl ar hynny – neu, fel y dywedwn, er bod yna gwymp wedi bod – cadwyd rhith sylweddol iawn ar ffurf ystyrlon, ac ni byddai modd byw heb drefn o'r fath. O fewn deddfau ffisegol, moesol, celfyddydol yr ŷm yn symud ac yn bod. Naïf yw'r hen syniad fod trefn yn haearnaidd farw bob amser. Heb drefn nid oes bywyd. Trefn sy'n caniatáu i bobun feddwl. Ac wrth dderbyn ffurf a threfn y daw gwaith celfyddyd yn bosibl, ac o'u hadnabod felly a'u mawrygu gallant fod yn odiaeth o hardd.

Dyna, i'm bryd i, y tri negydd canolog. Cyffyrddaf yn awr â negyddau eraill sydd, fe dybiwn, yn darddedig ohonynt.

(4) *Gwadwyd ystyr*: Dylid pwysleisio bod y rhagdyb hon a gafodd beth dylanwad yn yr ugeinfed ganrif ar y swrealwyr a theatr yr abswrd, megis ar y damweiniolwyr, yn gyfan gwbl amhosibl ar gyfer byw yn ymarferol. Rhan o drefn wrthrychol yw ystyr. Rhagdyb a geisiwyd yn academaidd oedd y gwrthwyneb: maldod ffasiynol, hiraeth gwneud am agwedd meddwl o fath rhamantaidd neilltuol. Ceisiwyd credu bod y deall ymarferol cyfarwydd yn anghywir o reidrwydd. Cymerai hyn ffurf fachgennaidd o heriol weithiau, fel pe bai'r creadur creadigol yn ceisio rhyw newydd-deb, beiddgarwch a dewrder aruchel. Math o arbrawf academaidd ydoedd weithiau dan fwgwd tra anacademaidd, i gael gweld i ba raddau y gellid ymddwyn yn null bywydol y traddodiad creadigol (er gwadu traddodiad yn hyglyw), ac eto ei amddifadu o un o'r pethau sy'n graidd iddo, sef ystyr ymwybodol.

Ceir dwy ochr i geiniog iaith – sŵn ac ystyr. Nid iaith ydyw byth heb y ddwy ynghyd. Heb y rhain ni ellir prynu â hi. Wrth geisio cefnu ar ystyr fel ffactor cadarnhaol, tybiwyd bod hynny'n dweud y gwir am anhrefn bywyd.

Dweud y gwir a wnâi bid siŵr yn ddigon ystyrlon ynghylch ysfa sylfaenol y dyn yn ogystal â'r byd syrthiedig. Dweud y gwir a wnâi, yn union fel yr oedd gwadu pwrpas, gwerth a ffurf hefyd yn dweud calon y gwir am yr un ysfa. Ond, o draethu'r *gwir* felly, yn anochel fe ddyrchafwyd ystyr.

(5) *Gwadwyd cynnwys*: Gwedd ar wadu ystyr yw hyn eto. Wrth gwrs, fel gyda phob un o'r gwadiadau eraill ar Fawl, cafwyd graddau ar y wedd hon. Ni ellid bod yn gyfan gwbl gyson dro ar ôl tro. Er enghraifft, cymerer y cerddor dyfeisgar John Cage yn cyfansoddi darn yn dwyn y teitl 'Pedair Munud a Thri Eiliad ar Ddeg' sy'n ddistawrwydd llwyr drwy gydol yr hyd yna o amser – 'gellid llenwi'r distawrwydd wedyn â seiniau'r byd ei hun.' Yn awr, pan fyddid wedi gwneud hynny un waith, ac wedi datgan y gwirionedd ysgubol a threiddgar hwnnw am gyflwr colledig y dyn naturiol – ei bwrpas, ei werthoedd, ei ffurf, ei ystyr – ni ellid drachefn ei guro ond drwy gael 'Pum Munud a Hanner' o'r cyfryw ddeunydd cyffrous neu 'Ddwy Flynedd a Hanner'. A'r un modd, o bosib, y paentiadau gan Yves Klein sy'n unffurf o las, ac sy'n gadael i'r sylwedydd fod yn rhydd i'w lenwi os myn â'i ystyr ei hun. Heb gynnwys, nid yn unig does dim unman gan gelfyddyd i fynd iddo: ni all hyd yn oed 'fynd' fel y cyfryw o gwbl. Y mae'n peidio â bod. Nid oes i'r rhain yr un arwyddocâd bodolaethol ond yn gyfredol neu'n gyferbyniol i gelfyddyd sylweddol. Dibynnant yn barasitig ar gynnwys allanol ac ar y chwiw hynod lancaidd o fod yn wrthryfel.

(6) *Gwadwyd posibilrwydd y cadarnhaol absoliwt*: Hawlid bod pob peth yn relatifaidd – 'Mae'n wir i chi yn unig', 'Does dim seiliau gwrthrychol'. Ond mae dweud hyn yn honiad absoliwt. Mae gwadu'r absoliwt yn hunanwrthddywedol, yn yr un modd ag y mae gwadu gwerthoedd yn fodd o werthuso. Mewn gwirionedd, y mae 'lluosaeth', sy'n cyfuno'n gawdelaidd bob crefydd (peth amhosibl), yn cyflwyno crefydd benodol. Ac y mae'r grefydd honno'n anoddefgar tuag at unigrywiaeth Cristnogaeth ysgrythurol (Act. 4, 12; Ioan 14, 6; Math. 11, 27).

(7) *Gwadwyd unplygrwydd meddwl*: Dyma frawd i wadu'r absoliwt fel rhagdybiaeth. Dyma'r amrywiaeth heb yr undod, yr annhebyg heb y tebyg. Oherwydd bod cymhlethdod ymddangosiadol yn wedd ar fodolaeth, tybiwyd na allai'r syml byth fod yn bosibl iach yn wastad. Sefydlwyd gwrthwynebiad i'r sawl 'a ewyllysiai un peth'. Difrïwyd symlder â'r term 'naïf'. Yn ymddangosiadol er mwyn ymddwyn yn fydol-ddoeth brofiadol, ceisid rhag-weld un math o feirniadaeth drwy gorffori'r gwrthwyneb yn y

gosodiad. Negyddwyd yn rhagdybiaethol y dull uniongyrchol o dderbyn y byd. Ildiwyd i amheuaeth (cyn ymrwymo i ddim arall) nes ei gwneud nid yn fodd i gyrraedd gwirionedd, eithr yn wirionedd ei hun. 'Dubitare' oedd amau, sef cynnal deublygrwydd meddwl. Gwrthodid caniatáu unplygrwydd. Casgliad terfynol oedd amheuaeth a lluosedd cyn cychwyn. Adeiladwyd yn unplyg yr ymdeimlad fod 'dweud union' naill ai'n amhosibl i'r person soffistigedig neu'n rhagdyb anwir o raid. Ataliwyd yn unplyg y difrifwch sydd ynglŷn â'r ymddiriedaeth neu'r credu puraf. A threchwyd y gofal cyfiawn rhag twyll gan y rhagdyb fod yn rhaid banio unplygrwydd hyd yn oed pan oedd yn wir.

Bid siŵr, peth gwahanol i wadu unplygrwydd yw defnyddio deublygrwydd fel un o hanfodion pob ffurf a chelfyddyd.

(8) *Aeth ymholi ei hun yn osodiad*: Gwnaethpwyd y dull o feddwl relatifaidd a fynnai 'gwestiyna' yn rhagdybiaeth derfynol. Cafwyd ymholi penagored sefydledig a wadai bosibilrwydd ateb. Aeth cwestiyna di-ben-draw'n fowld na chaniatâi fod atebion terfynol yn ymarferol. Ac adeiladwyd o fewn y dacteg o ryddymofyn y dogma o fethu â gwybod y 'gwir', er nad rhydd mohono. Nid agored yn y bôn oedd yr ymholi digwestiwn hwn, ond archwilio caeedig a ymwadai â'r posibilrwydd o 'gael'. Crewyd y diwedd cyn dechrau. Hynny yw, rhagdybiwyd natur agored yr ateb fel ateb ymlaen llaw yn gylch abred. Peidiwyd â chaniatáu ond symudiad unffordd digwlwm. Trowyd cymhlethdod bywyd yn esgus dros beidio â chaniatáu credu dim yn derfynedig. Oherwydd amharodrwydd cychwynnol i ymagor i ateb gwrthrychol, allanol ac uniongred, yr hyn a ddewiswyd oedd gormes y peidio â derbyn y gallai ateb fod ar gael yn rhoddedig.

Dull meddwl hollol wahanol yw hyn, bid siŵr, i'r ymholi ymchwilgar adeiladol sy'n gwir geisio ateb, heb gau o'i gwmpas y rhagdybiaeth hunanamddiffynnol hon.

Mae archwilio'r cnwd o ffactorau hyn, fel y maent yn bod, yn gymorth i wybod nodweddion Mawl yn y cyd-destun cyfoes.

Dyma, fel y cawn weld, rai o'r prif ffactorau sy'n ffurfio gwrth-fawl. Dyma sy'n darparu prif dyndra'r sefyllfa fodern. Wrth eu harolygu a'u nodi fel hyn, yr ydys drwy gyferbyniad yn ceisio cyrraedd diffiniad gwahanol ar gyfer Mawl i'r un arferol. Ceir athrawiaeth ffasiynol gyfoes, a fu'n briodol i nihiliaeth ac abswrdiaeth yr ugeinfed ganrif, sy'n gwrthwynebu hanfodion Mawl yn rhagdybiaethol. Gall y rheini o hyn ymlaen yn yr unfed ganrif ar hugain fod yn gymorth i amgyffred union rinweddau Mawl ei hun. Yn wir, beirniadaeth anymwybodol ar wrth-fawl a choegi fel ffordd o fyw yw traddodiad Mawl y Cymry erioed.

BRWYDR O BLAID BYWYD

Anodd i Fawl fodoli bellach heb ymwybod â'r rhagdybiau hyn. Y mae Mawl 'mewn-oed' yn ymwybodol o'r gelynion.
 Dichon mai datblygiad cymharol newydd yw'r negyddiaeth amlochrog ac agored hon, o leiaf yn y ffurf benodol sydd arni bellach. Ceid erioed er dyddiau Adda ryw fath o ddiffygion ar Fawl dynol ac anesmwythyd ynglŷn ag ef. Mae Mawl ei hun yn amhur am fod dyn yn amhur, fel y sylwodd Siôn Cent[49] (ymhlith pobl eraill). Gellid yn rhy rwydd gymysgu Mawl â balchder, trachwant ac yn y blaen. Cynhenid yw'r duedd i foli'r creedig yn uwch na'r Crëwr, ac o ddewis y creedig i glodfori gwrthrych annheilwng. Megis y gellir cysylltu Mawl â phot-blodau, â chwaraewr pêl-droed, ag Ifor Hael, ac â Duw, felly y gellid ei gysylltu â Hitler neu â godineb. Hen broblem ynglŷn â dynoliaeth yw hyn. Ond yn yr ugeinfed ganrif meithrinwyd dull mwy metaffusegol o wyrdroi Mawl. Yng ngolwg Moderniaeth, Ôl-foderniaeth ac Ôl-adeileddeg, yn lle dweud Na er mwyn amlygu ffiniau Ie, gellid arddel Na heb ffiniau: Na ydoedd er mwyn Na.
 Ond roedd hyn yn awr hefyd, fel y cawn weld, yn dipyn o ryfeddod ac er ei waethaf ei hun yn datblygu Mawl i'r trydydd Mileniwm.
 Mewn amgylchiadau negyddol cyfoes o'r fath, y mae'r sylweddoliad o Fawl ei hun o'r newydd ychydig yn chwyldroadol. Mae'n wahanol bellach i'r un disgwyliedig o ddweud pethau neis am rywun neu rywbeth. Ceisio dadlau yr ydys, ym myd llenyddiaeth gyfoes, fod a wnelo Mawl, bellach (yn ymwybodol) onid erioed, â phwrpas trosgynnol mewn tyndra. Rhan o frwydr gosmig yw. Ac ni ddown i ymwybod ag ef mwyach ond drwy efrydu'r negyddiaeth gyfoes. Dyna, y dwthwn hwn, sy'n datgan dyfnder y tyndra hwnnw. Down i sylweddoli hefyd iechyd negyddu gyferbyn ag afiechyd negyddu. Awn mor bell yn wir â dadlau fod Mawl cysurus, Mawl rhwydd a thraddodiadol lyfn sydd heb wybod am y tyndra hwn, neu sy'n ei osgoi, yn gelwydd ac yn annigonol fel llais i'n cyfnod. Yn ein dyddiau ni mae negyddiaeth yn ganolog i'r cadarnhaol. Nid Mawl syml, o ganlyniad, sy'n amlwg bellach. Llecha hwnnw fel y genyn sy'n caniatáu'r cwbl. Lleihau a wna o ran presenoldeb, efallai mor bell byth ag sy'n bosibl, yn union fel y lleihaodd Tafod. Ond ni all ddiflannu.
 Dyna, yn awr felly, am y tro fyddai fy niffiniad cryno o Fawl. Dathliad ymarferol ydyw, yn ymwybodol neu'n isymwybodol, o bresenoldeb adeil-

adol y gwth dwyfol fel y'i canfyddir ym mhwrpas, gwerth, yr ymagwedd at drefn, cynnwys, ystyr a grym cadarnhaol rhyw wrthrych neu sefyllfa. Dyna hefyd y ffordd ganolog ysbrydol a geir o yrru Tafod tua Mynegiant. A dyna, yn gryno, pam yr ŷm yn bod.

Fe'i ceir ar ddwy lefel. Yn gyntaf, y mae'n strwythurol yn y meddwl, yn adeiledd cyffredinol a sylfaenol mewn bodolaeth. A thri phegwn sy'n llunio'r gyfundrefn sylfaenol honno. Dyma ffrwyth cymhelliad cynhenid ac adeileddol drefnus mewn Bodolaeth i gydymffurfio ag ewyllys y greadigaeth. Yn ail, y mae'n fynegiant yn y golwg: y mae'n ei fynegi'i hun yn ôl dawn ac amgylchiadau. Mae'r triawd cryno strwythuredig mewn potensial yn esgor ar amlder o effeithiau yn ymarferol – nid yn unig rhyfeddod, gorfoledd, diolch, gwyleidd-dra ac yn y blaen – sef y mawl uniongyrchol cyfarwydd – ond yr holl ddealltwriaeth gymhleth o gyfoeth bywyd ym mhob amgylchfyd ac ym mhob dawn. Yn wir, dyma fawr rychwant mynegiant y gellir yn deg ddweud amdano ei fod yn corffori, yn gymedrol neu beidio, ganlyniadau gwth y triawd ysgogol.

Drwy ddiriaethu amlygir yr haniaethau hyn i ryw raddau. Y maent ar waith drwy feddwl, dweud a gwneud. Er fy mod yn trafod y pwnc hwn o safbwynt Cristnogol, nid wyf yn meddwl yn unig am Fawl sy'n unigryw Gristnogol, yn bendifaddau. Meddwl yr wyf yn hytrach am Fawl fel ffordd anochel o ymagweddu ym mywyd pawb. Dyma'r ateb cynhenid i Ôl-foderniaeth.

Mewn gwirionedd nid yw Mawl Cristnogol yn bosibl ond i Gristnogion. I'r Cristion y dadlennwyd gwrthrych y Mawl. Ond gwaith anochel creedig yw Mawl i bawb yn ddiwahân – i'r sawl a'i dealla ac i'r sawl nas dealla. I Gristion peth y methir â pheidio â'i wneud yw moli oherwydd yr hyn y mae Duw eisoes wedi ei weithredu ynddo a datguddio iddo. Math o wybodaeth strwythurol yw. Newidiwyd y Cristion, fe fywhawyd ei ysbryd i bwrpas ymwybodol, mae'i olygon wedi'u canoli ar Dduw: ynddo Ef y gwelir helaethrwydd a gogoniant y greadigaeth a'r iachawdwriaeth a roddwyd i'r edifeiriol tlawd. A'r norm syml o'r herwydd yw canmol y gwrthrych y cafwyd perthynas ag Ef: 'Fy enaid, bendithia yr Arglwydd; a chwbl sydd ynof, ei enw sanctaidd ef.' Sylweddola molwr treiddgar o'r fath ryfeddol berson a gwaith y Pen yn hyn o beth, a methir â pheidio â'i addoli. Dyna'i fraint arswydus a'i waith gorfodol rhydd.

Ac eto, nid dyna'r math o brofiad sydd dan sylw uniongyrchol gennyf yn yr ymdriniaeth hon. Yn yr ymdriniaeth ganlynol â'r Traddodiad Mawl Cymraeg, yr wyf am ddod at Fawl o bob math yn syml fel beirniad llenyddol neu fel theorïwr llenyddol a hynny'n gyson ac yn gyfyngedig felly. Mae'n anochel, serch hynny, y bydd ystyriaethau diwinyddol yn sathru ar y drafodaeth fel y maent eisoes wedi'i wneud, ac fel y gwnânt yn isymwybodol ar holl ragdybiau beirniadaeth lenyddol seciwlar hefyd. Ond fy nod yw ceisio deall swyddogaeth Mawl yn gyffredinol ac olrhain ei arweddau llenyddol gwahanol yn yr hyn a adwaenom bellach fel 'y Traddodiad Mawl Cymraeg'.

Yn yr ugeinfed ganrif cafwyd ymgais fwy penderfynol nag erioed i wadu Mawl o'r fath, ac ymgais fwy ymwybodol hefyd o'r herwydd i'w amgyffred a'i gyfiawnhau. Gellid haeru fod yna frwydr o'r fath ar gerdded sy'n amlycach nag y bu o'r blaen yn y byd creadigol. Yn y Gymraeg, oherwydd nerth anorthrech y traddodiad Mawl a'r ymwybod ysbrydol gweddilliol yng ngogwydd y beirdd, daliodd amryw byd ati – Saunders Lewis, Waldo, Euros ac Alan Llwyd er enghraifft – i ymaflyd mewn Mawl bwriadus fel arf mewn brwydr lenyddol drwy gydol ail hanner yr ugeinfed ganrif. Brwydr o blaid bywyd yn ei gyfanrwydd ydoedd. Ergyd yn y frwydr gyfoes ddifrif ond difyr honno yw'r ymdriniaeth fechan hon a hynny ar gyfer dechrau canrif a mileniwm newydd.

Nodiadau

1. Darlith a draddodwyd i Adran Ddiwinyddol Urdd Graddedigion, Prifysgol Cymru, Medi 1994.
2. Llansteffan 3, GP 35.
3. Peniarth 20, GP 56-7.
4. *Y Wladwriaeth*, Plato, cyf. D. Emrys Evans, Caerdydd, 1956, 13.
5. GP 57.
6. GP 56.
7. GP 57.
8. *Llenyddiaeth y Cymry (2)*, R. Geraint Gruffydd, Llandysul, 1989, 58.
9. *Ymryson Edmwnd Prys a Wiliam Cynwal*, Gruffydd Aled Williams, Caerdydd, 1986, Cywydd 30. 3-4.
10. ibid 19.100. 'Y gwir' yn derm arall, 20. 101; 30. 8: cf. dadl yr awen wir.
11. ibid 33. 13-14; 10. 85-86.
12. ibid 14. 89-92.
13. ibid 35. 15-16; cf. 19. 85-86.
14. SB 364-371.
15. IGE2 LII.
16. GP 133 .
17. *Praise Above All, Discovering the Welsh Tradition*, A. M. Allchin, University of Wales Press, 1991, 4-6.
18. ibid. 9.
19. 'Arddull yr Awdl a'r Cywydd', T. J. Morgan, THSC, 1946-47, 276-313.
20. Soniais fod Tafod yn gyfundrefn o gyfundrefnau lle y mae pob peth yn ymlynu yn ei gilydd. Carwn ychwanegu un pwynt ynglŷn â hynny yn y fan yma. Mae pob dim

mewn Tafod yn perthyn yn ôl ei gyswllt â dau gnewyllyn pegynol, sef yn gyntaf â'r Gair (ac fe ddisgrifiwyd hwnnw mewn efrydiau cwbl ddisglair os astrus gan Gustave Guillaume: gw. *Gustave Guillaume et son école linguistique*, Marc Wilmet, Nathan, Paris, 1972, 65-78), ac yn ail yn y pegwn arall â'r Frawddeg, sy'n darddedig o'r Gair ac yn arbennig yn darddedig o gyfundrefn y rhannau ymadrodd traethiadol (fel y ceisiais ei ddangos yn *System in Child Language*). Yn awr, ym myd llenyddiaeth hithau fe ddwedwn fod yn Nhafod y Llenor ddau gnewyllyn cyfatebol: ar y naill law y Gair llenyddol ac ar y llall y Dull llenyddol neu gyfanweithiol; a cheisiais ddisgrifio y naill yn SB rhan II a III a'r llall yn Rhan IV. Dylwn bwysleisio, er mai Tafod sy'n cyfyru ac yn amodi Mynegiant, mewn modd cyffelyb tuag yn ôl (fel petai) y mae Mynegiant yn cyfyru ac yn ffurfio Tafod; ac er bod Tafod yn ymddangosiadol sefydlog, y mae wrth gwrs dros y canrifoedd yn datblygu yn union fel y gwna Tafod y Llenor, ac yn cael ei adeiladu gan Fynegiant.
21. *Tafod y Llenor*, R. M. Jones, Gwasg Prifysgol Cymru, 1974.
22. SB (pedair cyfrol), Aberystwyth, 1984-1988.
23. *Llên Cymru a Chrefydd*, R. M. Jones, Abertawe, 1977, 592.
24. (a) Gramadegau a gysylltir ag Einion Offeiriad a Dafydd Ddu; cyfansoddwyd yn nauddegau'r ganrif yn y blynyddoedd o ailosod sylfeini ar ôl cwymp Llywelyn II: *Gramadegau'r Penceirddiaid* (G.P.) G. J. Williams ac E. J. Jones, Gwasg Prifysgol Cymru, 1934 (gw. adolygiad Saunders Lewis, *Llenor XIII*, 1934, 250); *Cerdd Dafod*, J. Morris Jones, Rhydychen, 1925, 139; *Braslun o Hanes Llenyddiaeth Gymraeg*, Saunders Lewis, Gwasg Prifysgol Cymru, 1932, 54-65; 'The Welsh Metrical Treatise attributed to Einion Offeiriad', Thomas Parry, *Proceedings of the British Academy*, x/vii (1961), 179-195; *The Welsh Church from Conquest to Reformation*, Glanmor Williams, Gwasg Prifysgol Cymru, 1962, 104-113, 183-200; 'Einion Offeiriad', J. Beverley Smith, *The Bulletin of the Board of Celtic Studies*, XX (1964), 339-347; *Gramadegau'r Penceirddiaid*, Saunders Lewis, Gwasg Prifysgol Cymru, 1967; 'Wales's Second Grammarian: Dafydd Ddu of Hiraddug', R. Geraint Gruffydd, *Proceedings of the British Academy*, 90, 1996, 1-28 a'i gyfeiriadau helaeth.
(b) Gramadegau'r atrefniad yn y bymthegfed a'r unfed ganrif ar bymtheg pryd y tynhawyd y gynghanedd a'r mesurau: yn bennaf gan Ddafydd ab Edmwnd (fl.1450-90) drwy'i ddisgybl Gutun Owain (fl.1462/5-98), GP 67, sef Llst. 28, a chan Ruffudd Hiraethog (m.1564) drwy'i ddisgybl Simwnt Fychan (c.1570), GP 89, sef *Y Pum Llyfr Kerddwriaeth*; 'Bardism and Romance', T. Gwynn Jones, *THSC*, 1913-14, 205-310; 'Rhethreg yng Nghyfundrefn y Beirdd', D. Gwenallt Jones, *Llenor XII*, 158-172 (cf XII, 23-33); *Yr Areithiau Pros*, D. Gwenallt Jones, Gwasg Prifysgol Cymru, 1934; 'Statud Gruffudd ap Cynan', Thomas Parry, *Bulletin of the Board of Celtic Studies V*, 25; 'Datblygiad y Gynghanedd'; Thomas Parry, *THSC*, 1936; 'Datblygiad y Cywydd', Thomas Parry, *THSC*, 1939, 209-231; *Englynion a Chywyddau*, gol. A. T. Davies, Llyfrau'r Dryw, 1958, rhagymadrodd gan Thomas Parry; 'Estheteg yr Oesoedd Canol', D. M. Lloyd, *Llên Cymru*, I, 1951, 153-168, 220-238 (cf. 'Meddwl Cymru yn yr Oesoedd Canol', D. M. Lloyd, *Efr. Athron.* XIII, 1950, 3-18); 'Graddedigion Eisteddfodau Caerwys 1523 a 1567/8', D. J. Bowen *Llên Cymru*, II, 1952, 129-134; 'Gruffudd Hiraethog ac Argyfwng Cerdd Dafod', D. J. Bowen, *Llên Cymru*, II, 1953, 147-160; *Gruffudd Hiraethog a'i Oes*, D. J. Bowen, Gwasg Prifysgol Cymru, 1958; 'Dafydd ap Gwilym a Datblygiad y Cywydd', D. J. Bowen, *Llên Cymru*, VIII, 1-32.

25. *Gramadeg Cymraeg*, Gruffydd Robert, 1567 ac wedyn, golygiad G. J. Williams, Gwasg Prifysgol Cymru, 1939; 'Gruffydd Robert', Saunders Lewis yn *Ysgrifau Dydd Mercher*, Y Clwb Llyfrau Cymreig, 1945, 50-59.
26. *Cambrobrytannicae Cymraecaeve Linguae Institutiones*, etc. gramadeg Siôn Dafydd Rhys 1592 yn Lladin; 'Gramadeg Siôn Dafydd Rhys', Thomas Parry, *The Bulletin of the Board of Celtic Studies*, VI, 1931, 55-62; J. Morris-Jones, loc.cit. 140; 'The Life of Dr John Davies of Brecon (Siôn Dafydd Rhys)', R. Geraint Gruffydd, *THSC*, 1971, II, 175-90; 'Dr John Davies, 'The old man of Brecknock', R. Geraint Gruffydd, *Archaeologia Cambrensis* 141 (1992), 1-13.
27. *Barddoniaeth neu Brydyddiaeth*, Wiliam Midleton, 159: golygiad G. J. Williams, Gwasg Prifysgol Cymru, 1930.
28. *Barddoniaeth ne brydyddiaith*, Thomas Prys o Blas Iolyn, llsgr. BM add. 14, 872.
29. Llyfr Rhetoreg William Salesbury, 1552, llsgr. Crd. 21; 'Un o lyfrau William Salesbury', *Y Beirniad* V, 264-73, ibid VIII, 3-7; hefyd W. Alun Mathias yn *Llên Cymru*, I, 259-268, II, 71-81; defnyddiol yn niffyg ei well yw *Dosparth Edeyrn Davod Aur*, Ab Ithel, Llandovery, 1856, cxii yml. Seiliwyd llyfr WS ar *Tabulae de Schematibus et Tropis* gan Petrus Mosellanus, c.1493-1524 (1516); GP xv; *THSC*, 1923-4, 1-28; 'Llythyr William Salesbury at Ruffudd Hiraethog 1552', gol. Henry Lewis, *Bulletin of the Board of Celtic Studies*, II (1924), 113-118.
30. 'Ffugrau' Wiliam Cynwal (1560-1588), llsgr. Crd. 38; ymdriniaeth gan W. Alun Mathias, *Llên Cymru*, II, 73-74.
31. *Egluryn Ffraethineb* Henri Perri 1595; golygiad G. J. Williams, Gwasg Prifysgol Cymru, 1930; 'Rhesymeg y Piwritaniaid', R. Tudur Jones, *Efr. Athron*. XIII 19-37; hefyd W. Alun Mathias, *Llên Cymru*, II, 74-6 a Bedwyr L. Jones *Llên Cymru*, VI, 208-218.
32. 'Rhetoryddiaeth' cyfieithiad Siôn ap Hywel ab Owain, gw. ymdriniaeth Bedwyr L. Jones, *Llên Cymru*, VI, 208-218.
33. *The Morris Letters*, I a II, J. H. Davies, Aberystwyth, 1907 a 1909; *Additional Letters of the Morrises of Anglesey*, I a II, Hugh Owen, London, 1947 a 1949, e.e. 418-420; *A School of Welsh Augustans*, Saunders Lewis, Hughes and Son, 1924, 38-54; *Llythyrau at Ddafydd Jones o Drefriw*, G. J. Williams, Llyfrgell Genedlaethol Cymru, 1943.
34. *The Letters of Goronwy Owen*, J. H. Davies, William Lewis, 1924; Saunders Lewis, 1924 op.cit.; 'Goronwy Owen', Saunders Lewis, *Meistri'r Canrifoedd*, Gwasg Prifysgol Cymru, 1973, 259-275; ac ibid 332-340.
35. *Cyfrinach Beirdd Ynys Prydain*, Iolo Morganwg, Caernarfon, dim dyddiad (cynnyrch 1780-1790; mewn llawysgrif 1791 yn ôl *Llenor*, III, 94, 165; Llanover E 15 yn ôl *Llenor*, III, 169; Rhydd GPC c.1785-90 yn flynyddoedd cyfansoddi; dechreuwyd argraffu 1821-1823, rhagddarweiniad 1828?, cyhoeddi 1829). Dyma, yn fy marn i, y gwaith beirniadol pwysicaf yn Gymraeg yn y ddeunawfed ganrif; *Iolo Morganwg*, G. J. Williams, Gwasg Prifysgol Cymru, xxxvii-xlix, 368-411; 'Y Tair Ysgol', D Gwenallt Jones, *Ysgrifau Beirniadol*, I, gol. J. E. C. Williams. Gwasg Gee, 1965, 46-51.
36. *Drych Barddonol*, William Williams (Caledfryn), Caernarfon, 1839; *Safonau Beirniadu Barddoniaeth yng Nghymru yn y Bedwaredd Ganrif ar Bymtheg*, Huw Llywelyn Williams, Foyle, d.d.; 'Y Tair Ysgol', D. Gwenallt Jones, op.cit.
37. *Tafol y Beirdd*, Robert Ellis (Cynddelw), 1852; Huw Llywelyn Williams op.cit.; D. Gwenallt Jones, loc.cit.
38. *Traethodau Llenyddol*, Lewis Edwards, Wrecsam, d.d.; ceir llyfryddiaeth i Lewis

Edwards yn *Llyfryddiaeth Ceredigion 1600-1964*, G. L. Jones, Llyfrgell Ceredigion, 1967; 'Dr Lewis Edwards fel beirniad llenyddol a bardd', D. Gwenallt Jones, *Traethodydd*, 1945, 15-28.
39. *Y Barddoniadur Cymmreig*, Creuddynfab, 1855 a 1857; 'Bywyd a gwaith William Williams (Creuddynfab), H. T. Edwards, Traethawd M.A. Prifysgol Cymru, 1961.
40. 'Llythyrau Evan Evans (Ieuan Fardd) at Ddafydd Jones o Drefriw', Aneirin Lewis, *Llên Cymru*, I, 1951, 239-258; rhagymadrodd Ieuan Fardd i'w gyfieithiad o gân Pope, *Blodeugerdd o'r Ddeunawfed Ganrif*, D. Gwenallt Jones, Gwasg Prifysgol Cymru, arg. 4, 1947, xlix-l; *The Correspondence of Thomas Percy and Evan Evans*, ed. Aneirin Lewis, Louisiana State University Press, 1957 (adolygiad D. Gwenallt Jones, *Llên Cymru*, V, 26-32); 'Ieuan Fardd a'r Llenorion Saesneg', Aneirin Lewis, *Llên Cymru*, VII, 172-192; Saunders Lewis, 1924, op.cit.
41. Megis Dafydd ap Gwilym a Gruffudd Gryg, Rhys Goch Eryri a Llywelyn ab y Moel, Rhys Goch Eryri a Siôn Cent, Guto'r Glyn a Hywel Dafi, Wiliam Llŷn ac Owain Gwynedd, Gruffudd Hiraethog a Siôn Brwynog (ynghylch Tegeingl a Môn, ond mân gyffwrdd â dadl yr awen wir), Edmwnd Prys a Huw Machno/Siôn Phylip/Wiliam Cynwal.
42. Di-rif megis marwnadau i Siôn Tudur gan Simwnt Fychan, Lewys Daron, Huw Machno, Siôn Mawddwy, Robert Ifans, Siôn Phylip ac Edwart ap Raff; i Ruffudd Hiraethog gan Syr Owain ap Gwilym, Wiliam Cynwal, Wiliam Llŷn, Lewys Powel/Dienw; a.y.b.
43. *Holwyddoreg Byraf Eisteddfod Westminster gyda profion ysgrythyrol*, wedi ei gyfieithu i'r Gymraeg gan y Parch. William C. Roberts, A.M., Philadelphia, d.d. Y profion a roddir i'r atebiad hwn yw I Cor. X, 31, Salm lxxiii, 25.
44. Ceisiais drafod anocheledd rhagdybiau yn 'Myth y Diduedd', *Y Traethodydd*, Ionawr 1984, 45-50; 'Dychwelyd at y Diduedd', *Y Traethodydd*, Ionawr 1985, 42-47.
45. cf. Genesis 9, 1; Salm 8; *The Calvinistic Concept of Culture*, Henry R. Van Til, Presbyterian and Reformed, 1959.
46. *Llenyddiaeth Gymraeg 1936-1972*, R. M. Jones, Llandybïe, 1975, 379-381.
47. *Anatomy of Criticism*, Northrop Frye, Princeton, 1957 (gw. 'Polemical Introduction').
48. *Literary Style*, gol. Seymour Chatman, OUP, 1971,72.
49. Gellir llygru Mawl, fel y gellir llygru pob dim dynol arall. Tueddwn yn y byd sydd ohoni, yn nhraddodiad Siôn Cent fel petai, i synied amdano'n ormodol yn y ffordd lygredig honno ac i fod yn rhy swil ohono. Byddwn yn sylwi yn dalog ar y weniaith, ar enillion materol, ar gymhellion hunanol; ond pethau yw'r rheini i gyd sydd mewn gwirionedd yn rhwystro ac yn torri'n erbyn Mawl. Mae'n siŵr na ellir deall beth yw cyfanrwydd diwnïad Mawl ei hun, Mawl sy'n ganolog ysbrydol ac yn ymwneud â gwedd gadarnhaol bodolaeth, Mawl sydd y tu hwnt i bosibilrwydd gweniaith, onid yn yr undod syml a chadarnhaol a all fod rhwng dyn a Duw. Gan fod a wnelo Mawl â phob gweithgaredd mewn bywyd, ni cheir ffynhonnell eithaf iddo ond mewn perthynas unplyg rhwng y credadun a'i Dduw Absoliwt. Cymundeb o raid ydyw Mawl rhwng goddrych a gwrthrych. Yn yr ystyr absoliwt, dathlu presenoldeb Duw a wna drwy feddwl megis drwy air a gweithred ddynol.

Y Cynfeirdd a'r Gogynfeirdd

TREFN YW CYNHEILYDD MAWL

Mae'r gyfrol hon wedi dechrau gyda damcaniaeth seml. Seiliwyd honno ar sawl rhagdybiaeth. Tair mewn gwirionedd. Un oedd fod a wnelo Mawl â darganfod neu ag arosod Trefn ar fywyd. Yr harmoni esthetig a geid mewn Trefn – sef perthynas luniaidd pethau â'i gilydd drwy amrywiaeth mewn undod ffrwythlon – dyna a fynnai gael ei ddyrchafu'n gyson gan ein beirdd cynnar. Molid Trefn, yn arbennig Trefn y gymdeithas fel y'i hamlygid yn benodol yn swydd yr arweinydd. Ond yr oedd Trefn hefyd ei hun yn bod o fewn y Mawl. Cydblethai Trefn a Mawl drwy'i gilydd am mai Trefn oedd un o briodoleddau ac un o wrthrychau'r Mawl.

Cynnal a hyrwyddo'r Drefn hon yw peth o nod a gwerth Mawl. Yn hyn o beth cymherir Iaith â Llenyddiaeth. Tybir mai cymhelliad ysgogol Iaith yw trechu'r cythrwfl meddyliol.[1] Mae yna ysfa gynhenid yn y baban i ddeall. Darostwng profiad drwy ddirnadaeth, dyna a fyn. Er mwyn meddwl yn well drwy iaith, mae yna reidrwydd i ennill Trefn a goroesi. Swyddogaeth y bardd yntau wrth foli yw diffinio a chadw a hyrwyddo Trefn o'r fath: trefn y wlad, trefn y meddwl, trefn bywyd. Nid y brenin na'r tywysog na'r uchelwr yn unigol ac yn wahaniaethol yw prif nod ei farddoniaeth, eithr yr hyn sydd y tu ôl iddynt ac o'u deutu ac a ddiffinia'r rheini, yr hyn a'u gwna, a'r hyn a geir yn gynhysgaeth ohonynt ar ôl iddynt farw. Dyma sut y gellir cyfuno cerdd i Dduw â cherdd i ddyn. Un ydynt yn y Drefn. Trefn anochel a chariadus Duw yw hanfod y cynnwys, felly, ar gyfer ei ffurf.

Pan fu farw Llywelyn ap Gruffudd, mynegai Gruffudd ab yr Ynad Coch ei alar drwy ddelwedd fawr a fynegai'r anhrefn gosmig. Anhrefn oedd y cwymp hwn. Trychineb oedd colli Trefn i'r bardd. Diau fod y beirdd ar ei ôl oll – fel sy'n amlwg iawn erbyn Dafydd Nanmor a Guto'r Glyn a Thudur Aled – yn caru'r Drefn uchelwrol honno'n angerddol, a thrwy Fawl a marwnad fe'i hyrwyddent. Gwelent y Caos draw; a chlosient yn gariadus at y Drefn.

Dyna'r gymhariaeth, felly. Fel yr oedd Iaith yn darostwng y cythrwfl ac yn dod o hyd i lwybr drwy'r anialwch, felly hefyd yr oedd Mawl, drwy benodoli a dethol a diffinio, yn creu neu'n datguddio ac yn mawrygu fframwaith gwareiddiad. Cyfatebai swyddogaeth Mawl mewn llenyddiaeth bron yn union i swyddogaeth iaith yn chwalfa brofiadol bywyd. Darganfod y Drefn gudd a rhyfeddol honno, ei hanrhydeddu, ei hyrwyddo a'i chadw'n annwyl yn wyneb y cythrwfl meddyliol, dyma oedd rhan bwysig o waith y molwyr. Er eu bod o bosib yn moli gŵr unigol (yn ymddangosiadol), yr hyn a wnaent hefyd oedd ei ddefnyddio er mwyn diogelu Trefn hyfryd y llwyth, Trefn y wlad. Yn y pen draw, cynnal Trefn Duw yr oeddid.

Gall y cysyniad o Drefn ymddangos braidd yn wrthramantaidd i'r glust fodern. Mae'n dda gennym ni, ramantwyr yr oes oddrychol hon, dipyn o deimladaeth serchog. Ac mae cysylltu Moliant â Threfn yn ein taro fel gweithgaredd go beiriannol. Ni all Mawl mewn amgylchiadau felly ond bod yn oer, dybiwn, wedi'i glandro, ac yn hynod annynol.

Ond dyna hefyd ein tuedd naturiol wrth synnu a gresynu efallai at y modd y mae Cariad Cristnogol yntau yn gallu ymestyn ymhellach na'r serchiadau cynnes teimladol. Gall Cariad aeddfed gynnwys y meddwl a'r ewyllys hefyd. Nid teimladaeth grai a gwlyb yw. Ymateb cyflawn bersonol yw Cariad lle y gall yr ewyllys – o bopeth – weithiau gymryd y rhan gadarn arweiniol. Camgymeriad dybryd, os rhamantaidd anochel a modern, yw dinoethi Cariad nes iddo beidio â bod ond yn fwynhad cynnes ogleisiol *heb* y llawnder cyfoethog hwnnw sy'n eiddo i aeddfedrwydd parch a chydymostyngiad, ffyddlondeb a gwasanaeth ymarferol. Fel Ffydd (a Moliant), y mae Cariad yn cynnwys gweithredoedd. Aberth ufudd-dod yw'i waith pennaf.

Dyma bwnc dadleuol ac egwyddor neilltuol sy'n haeddu ymdroi ychydig gyda hwy. Gan fod Trefn yn gymaint o anathema yng nghyd-destun 'Rhyddid' modern neu 'Ddychymyg' ffrwythlon, a chan ei bod yn wrthrych Mawl ac yn denu Mawl ar ddechrau'n llenyddiaeth, diau mai buddiol fyddai oedi ymhellach i fyfyrio uwch ei ben, a gwneud hynny – o bosib – ar lun llythyr at Dr Densil Morgan.

Mewn astudiaeth feddylgar ddiweddar gan Dr Morgan[2] cafwyd awgrym y dylid cyferbynnu Trefn, nid ag anhrefn, nid â Rhyddid, nid â dychymyg dilyffethair, ond â Chariad a Gras, ac awgrymodd fy mod i er mawr gywilydd yn y gyfrol *Llên Cymru a Chrefydd* – er nad yn *Cyfriniaeth Gymraeg* – wedi esgeuluso'r cyferbyniad pwysig hwnnw.

Os felly, mae mawr angen syrthio ar fy mai.

Mewn ysgrif rywbryd yn y gyfres 'Beirniadaeth ar Feirniadaeth' (*Barddas*), mentrais ddadlau mai un o ddeddfau'r Greadigaeth, yn wir mai gwedd ar gymeriad y Drindod ei hun, oedd GWAHUNIAETH fel yr oedd Trefn ei hun yn un o roddion Duw. Peth ffurfiol o greadigol oedd Gwahuniaeth yn nhestun – a ffurf – cân. Hanfod yn y greadigaeth a'r Crëwr ei hun oedd

Gwahuniaeth lle yr oedd Duw yn uno *ac* yn gwahanu, yn negyddu *ac* yn cadarnhau yr un pryd. Dichon y dylid sylwi felly ar y gwahuniaeth Cristnogol rhwng Trefn a Chariad. Yn y cyd-destun hwnnw fe fentraf atgynhyrchu'r llythyr canlynol:

Annwyl Densil,

Diolch am y wahanlith o'ch erthygl feddylgar a galluog yn Llên Cymru 1997. Nid bob dydd y byddir yn darllen ysgrif sy'n ymwneud â'r cyhoedd Cymraeg llengar fel pe bai oedolion deallus ar ôl o hyd yn ein plith. Tybir bellach mai yn Saesneg neu Ffrangeg neu Almaeneg neu Rwsieg y mae ysgrifau meddylgar i fod i gael eu cyhoeddi. Amheuthun, yn y sefyllfa drefedigaethol sydd ohoni, yw sylweddoli felly o dro i dro y gellir defnyddio'r meddwl o hyd yn reit hyderus, ie yn y Gymraeg. A phleser i mi yw derbyn trafodaeth mor oleuedig.

Pleser hefyd yw ymateb i feirniadaeth mor ganolog ar fater sy'n dra pherthnasol yn y ddadl ôl-fodernaidd sydd ohoni y dyddiau hyn.

Cytunaf â chwi gant y cant fy mod yn rhoi tipyn ar y mwyaf o bwyslais ar Drefn, hyd yn oed (bobl bach!) ar ddeddfau, wrth drafod llenyddiaeth, o leiaf yn y gyfrol a grybwyllwch. A chytunaf, os esgeuluswyd pwysleisio Cariad yn ddigonol, yna fy mod yn ddyledus ichi am fy nghywiro. Rhaid inni oll fod yn ofalus ynghylch ein negyddion. Ac os negyddais Gariad wrth ymdrin â Threfn, yna dylwn fod ac yr wyf yn ddiolchgar am y cerydd. Eto, fel y gwyddoch, rhaid bod yn wyliadwrus ynghylch Antinomiaeth yn hyn o wyliadwriaeth rhag ymgyfyngu braidd yn ormodol i'r wedd negyddol ar Ddeddf a Threfn. Mi ewch mor bell â dweud: 'Grasol a phersonol yw ymwneud Duw â'i fyd, nid *deddfol a chyfreithiol'. Ac ar y negyddiaeth arbennig honno yr wyf am ymgrynhoi am foment.*

Cofiwn Saunders Lewis (Meistri'r Canrifoedd) *yn datgan: 'Ei gariad Ef oedd y groes. Cusan Duw oedd y Drefn. Ni ellir sôn am* eilbeth'. *Dyna'r math o osgo a arddelwn innau.*

Bûm mor feiddgar o bryd i'w gilydd â rhoi sylw i'r gwahuniaeth, sef i gyfanrwydd paradocsaidd deddfau llenyddiaeth cyn belled ag y mae gras a chynhesrwydd dynol yn gysylltiedig â hwy. Hynny yw, ambell waith byddaf yn mentro cyffwrdd â gras Ei ddeddfau. *Felly, mi betruswn rhag gwneud y cyferbyniad ymwrthodol a wnewch chwi, efallai, onid o fewn amgylchiadau penodol. Ac eto, dichon mai'r amgylchiadau presennol yw un o'r rheini. Peidiwch â thybied felly mai sgrifennu'r wyf i anghytuno yn unig.*

Er fy mod yn cydnabod y wedd negyddol honno a nodwch sydd yn y Ddeddf (diolch i'r Drefn), fel sy'n wir hefyd am bopeth glân, rheitiach gennyf i ddechrau drwy osod yn y canol y crynodeb ohoni a rydd yr Arglwydd Iesu Grist ei hun, sy'n ein cyfeirio at yr ymagwedd gytbwys a chadarnhaol at y Ddeddf, sef i garu Duw â'r holl galon a charu cyd-ddyn fel ni'n hunain. Dyna galon y Ddeddf. Hynny yw, y Ddeddf yw Caru, a Charu yw'r Ddeddf. Nid negyddol yn unig mohoni yn y fan yna. Gyda'r Salmydd y dymunwn innau ddod o hyd i destun mawl yn y Ddeddf honno. Gwn wrth gwrs am gyfeiriad cywir Paul yntau ynghylch cyferbynnu swyddogaeth y Ddeddf a Gras; ond mater arall yw hynny. Sonia'r Piwritaniaid am Ras y Ddeddf (ac y mae cyfrol Ernest E. Kevan, The Grace of Law *1964 yn agor hyn inni yn fedrus iawn). Un o'r pethau y mae ffurfiau llenyddol yn eu dangos i ni yw ychydig am y prydferthwch a geir mewn ffurfiant fel y cyfryw. Gall ffurf ei hun fod yn gariadus. Pethau i ymhyfrydu ynddynt yw deddfau'r greadigaeth boed yn faterol, yn foesol neu'n ysbrydol – neu'n llenyddol o ran hynny. Hyd yn oed pan fydd tipyn o wyddonydd yn darganfod fformiwla hardd, neu fardd yn taro wrth linell gynganeddol union, y mae'r gwallt yn gallu sefyll ar ei ben yn anneddfol iawn, a hefyd mewn cariad ddwedwn i.*

Pan fo ôl-fodernwyr ar y llaw arall yn gwrthryfela, yn sgil sentimentaliaeth y Rhamantwyr gwrthryfelgar hwythau, yn erbyn Trefn a Deddf, rhaid gwylied eu rhagdybiau Antinomaidd. Gwrthryfela yn erbyn cymeriad Duw yr ydys. Harddwch y Ddeddf, a'r Cariad sy'n nod ac yn ffynhonnell iddi, dyna'r hyn sydd y tu ôl i ffurfiau llenyddol; a gwyn ei fyd y sawl sy'n darganfod hynny. Dyna sydd y tu ôl i'r Ddeddf mewn diwinyddiaeth. A'r term torfol a ddefnyddir am y Pum Pwynt Calfinaidd, fel y gwyddoch (er nad oeddent mor ganolog 'Galfinaidd' – fel y nodwch – ag y tybia rhywrai), yw 'Athrawiaethau Gras*'.*

Dyma Drefn sy'n dawnsio. Nid sentimentau meddal anymarferol neu fewnol yw Cariad yng ngolwg Iesu Grist, felly, ond fel y dywed yn Ioan 14, 'Os ydych yn fy ngharu i, fe gedwch fy ngorchmynion i.' Fe edwyn Cariad y Ddeddf yn angerddol.

Wedyn, llenyddiaeth: pam cael Trefn a Deddf o gwbl mewn maes mor ffrwythlon anniwinyddol? Onid ŷm i gyd yn rhydd yn awr? Wel, Trefn a Ffurf er ein gwaethaf sy'n diffinio iaith. Trefn yw'r Logos i Ioan, apostol Cariad. Pan droes seiniau aflafar ac ystumiau wyneb yn 'drefnus', y pryd hynny y cafwyd iaith. A Threfn a Ffurf sy'n diffinio llenyddiaeth hefyd. Nid y cenhedlu gwyrthiol fel y cyfryw sy'n cynnwys y cwbl, nid y marw iawnol, nid y gwyrthiau eraill, nid ailenedigaeth; ond y peth ofnadwy hwn sydd hefyd yn rhan o'r efengyl. Os ŷm yn ceisio ystyried hanfod llenyddiaeth, a'r hyn sy'n gwahaniaethu rhyngddi a llafar cyffredin bob dydd, rhaid inni fyfyrio ar ei Ffurf hi. Os ŷm yn ceisio un o'r cysylltiadau hanfodol rhwng llenyddiaeth a chrefydd, dyna yn sicr un o'r ffactorau – nid yr unig un – y mae'n rhaid eu hwynebu: Arfaeth, Rhagluniaeth, Trefn Gariadus Duw.

Nid yw Trefn Paul na Threfn Crist felly yn amherthnasol i lenyddiaeth, gan mai Trefn sy'n ymwneud â phersonau ar lefel gynhwysfawr yw.

Pan ddaw baban i'r byd a phrofi o'i ddeutu dryblith o argraffiadau synhwyrus o bob math a chlywed gan bobl ymhobman seiniau annealladwy cymysglyd, beth yw'r peth cyntaf y mae'n rhaid iddo'i wneud er mwyn ymuno â'r byd hwnnw yn effeithiol ac er mwyn dod o hyd i lwybr cynnes drwy'i ddryswch? Cael Trefn. Nid mater o werthfawrogi esthetig yw hyn, ac nid mater o anwybyddu y Cariad sydd yn yr efengyl, ond mater o fyw. Dibynna'i fodolaeth ar ddarostwng yn feddyliol ac olrhain yn ystyrlon ffyrdd y ddaear. Rhodd yw Trefn. Ceisio dilyn meddwl Duw y mae ef yn y fan yna. Ni chaiff gyfle hyd yn oed i glywed am y Ffydd cyn hynny. Rhaid iddo gael gras Trefn. Gall ymserchu yn y Drefn honno wedyn yn gyfreithiol.

Mae yna ysfa yn y plentyn a rheidrwydd iddo i ddarganfod y Drefn sydd eisoes o'i ddeutu. Ac ymgysyllta hynny â'r unrhyw ysfa a geir yn y gwyddonydd mwyaf soffistigedig ymhellach ymlaen. Plentyn yw'r gwyddonydd yntau. Felly hefyd y tarddodd yr holl ffurfiau a nodweddodd erioed lenyddiaeth drwy'r canrifoedd – mydr, odl, cynghanedd, troadau fel coegi a throsiad, cyfanffurfiau megis telyneg, drama a stori – o'r unrhyw ffynhonnell odidog. Yr ymwybod hwn o reidrwydd Ffurf a Threfn, dyna (ymhlith pethau eraill) sy'n gwneud llenyddiaeth yn llenyddiaeth. Drwy Drefn y mae'n bodoli. Fy nadl i ynglŷn â'r agwedd ôl-fodernaidd at Drefn, Pwrpas, Gwerth ac Ystyr (sy'n cydwneuthur Mawl) yw nad oes dim iaith na llenyddiaeth hebddynt. Nid dyna'r cwbl wrth gwrs, ond dyma'i hamodau angenrheidiol, a rhaid i'r ôl-fodernwyr druain eu derbyn felly yn gymaint ag y mae'n rhaid iddynt dderbyn disgyrchiant yntau, gan addasu'u bodolaeth yn ôl yr orfodaeth.

Ac felly, pan wyf yn cydio ym mhwnc y Drefn sy'n hanfod yn y Greadigaeth, y Drefn a gafwyd o'r dechrau, er gwaethaf pob ymgais i'w thorri a'i difrïo, yr wyf yn mynd âm wythïen y gwddf.

Wrth gwrs, nid cyflwyno'r efengyl yr wyf yn y fan yma. Dyma'ch gwaith chi, Densil, ac y mae gofyn am lai o anghydbwysedd arnoch chi nag sydd o raid yn perthyn i rywun sy'n canoli llawer o'r sylw ar ffurf lenyddol. Ond dylwn i gyffesu un gwyriad pellach yn fy nadleuon anghytbwys.

Gwyddoch am y datganiad enwog hwnnw o dacteg i'r ffyddloniaid, pan fo'r frwydr ar ei thaeraf, mai sefyll yn y lle y mae'r ymosodiad mwyaf enbyd y dylid. Os oes bwlch amlwg, fan yna y mae'n rhaid sefyll, nid fan draw lle y mae popeth yn dew gysurus. O'r gorau. Dyna pam y bûm braidd yn galed ambell dro wrth gyfeirio at hogiau diddiffiniad yr Agape, arloeswyr ôl-foderniaeth. Tipyn o gwstard oedd Cariad neis penagored, sentimental, meddal gwlyb o'r fath, cyn belled ag y deallwn i bethau ymhlith y rheini. Rholiai fel jeli o gwmpas rhai pwlpudau. Cariad heb Farn ydoedd. Nef heb Uffern. Nid oedd yn wynebu realiti'r broblem ddynol, ac o'r herwydd nid oedd yn Gariad Cristnogol go iawn, er mawr foddhad i bechaduriaid. Ateb pechod a marwolaeth a wna Cariad Cristnogol go iawn – ymhlith pethau eraill. Ac y mae Duw, diolch i'r Drefn, yn Feistr ar yr holl sefyllfa anffodus. Yn y cyfwng modernaidd hwnnw, Penarglwyddiaeth Duw yw'r union wedd yr ymosodwyd arni'n bennaf. Nid Ei 'Gariad', neu o leiaf nid y gair 'Cariad' yn llac ansanctaidd fel y cysylltid hwnnw ag Ef bellach, ac nid y cariad sydd heb wynebu problem pechod a marwolaeth, a heb hawlio perthynas bersonol ailanedig dyn gerbron Duw. A chan mai dyna'r union bwynt lle'r oedd a lle y mae'r frwydr, yn y fan honno y saif y ffyddloniaid.

Ac eto, Ei Gariad Ef yw'r Ddeddf. Hyd yn oed Ei ras cyffredinol Ef sy'n caniatáu diddanwch llenyddiaeth i gyd, gras yw sy'n peri i feirdd a llenorion ddathlu Cariad at gyd-ddyn a byd natur. Gras ydyw pob moliant celfydd. Er na fûm yn sefyll ar fy mhen yn ddiweddar i orfoleddu am y gras hwnnw a Chariad y Ddeddf, rhesymau corfforol yn unig sy wedi rhwystro hynny: yn seicolegol dwi wedi'i wneud. Yn wir, i'm bryd i, ers dyddiau Taliesin yn y Gymraeg, trefn yn caru ydyw Mawl.

Codasoch lawer o bwyntiau eraill yn eich ysgrif ystyriol a theg; a dichon y ceir dychwelyd at ambell un eto. Ond diolch am ymdriniaeth alluog sy'n cymryd y Drefn o ddifri. Y mae honno yn sylfaen hollol angenrheidiol i lenyddiaeth megis i fywyd i gyd.

Gyda llaw, nid neo-Galfiniad mohonof, dim ond Calfiniad tlawd rhonc. Nid Barthiad mohonof chwaith. Tueddaf i gytuno fwy neu lai gant y cant â Chalfin ei hun. Yr unig ddau eithriad o bwys yw yn gyntaf ffyrnigrwydd gordeimladus ei ymosodiad ar y Bedyddwyr. Gadawaf hynny yn eich dwylo diogel chi. Ac yn ail y duedd anffodus i gamddehongli'r Ysgrythurau wrth iddynt sôn am Fenywod. Tueddai Calfin – yn fwy na'r Ysgrythurau – i fod yn ysglyfaeth i ddefodau'r amseroedd ynglŷn â'r berthynas hon. Ond beth bynnag am fater felly, er y gallwn yma ac acw anghydsynied ychydig â rhai pwyntiau a godwch yn eich erthygl, credwch fi – pleser o'r mwyaf yw trafod y mater hwn gyda rhywun a fu'n myfyrio mor ofalus uwchben ystyr y ddadl.

Cofion trefnus,
Bobi

FFYNHONNELL GYFLYROL MAWL

Yr wyf yn tybied, pe baem yn gallu olrhain hanes barddoniaeth (a drama a chwedl) yn ôl i'w dechreuadau, cyn sefydlu hyd yn oed llenyddiaeth Gymraeg, y deuem o hyd i Fawl i dduw neu i dduwiau. Wrth gwrs, ar ddechrau hanes llenyddiaeth Gymraeg ei hun, yn ôl gyda'r defnyddiau a erys o waith Taliesin ac Aneirin, canu arwrol i'r arweinwyr dynol a geid. Ond er mwyn trafod naws a natur grefyddol y cyfnod cynnar hwnnw, dymunwn fan yma ystyried peth o'r gwaith sy'n fwriadol grefyddol.

Dichon mai disgrifio drwy gyferbynnu â rhyw gyfnod modern fyddai un ffordd briodol o ddiffinio natur Mawl y cynfeirdd a'r gogynfeirdd, yn arbennig eu Mawl crefyddol. Wrth eu cymharu ag emynwyr Calfinaidd 1740-1840, dyweder, gellid ymdeimlo â naws eu cymeriad barddonol yn fwy penodol.

Yn gadarnhaol, ar yr olwg gyntaf, yr oeddent yn fwy uniongyrchol fel arfer, yn symlach, yn fwy 'ffeithiol' neu'n llai 'profiadol' na'u holynwyr. Yn negyddol (o hyd ar yr olwg gyntaf) yr oeddent yn gymharol ddigynnwys a heb roi llawer o sylw i ystyr eu ffydd yn athrawiaethol.

Ond, er y gellid amau fod yna feirniadaeth negyddol noeth yn y disgrifiad hwnnw, nid felly. Ar ryw olwg, yr oeddent yn fwy elfennaidd na 'negyddiaeth'. Nodweddiadol o ran bwriad yw'r detholiad rhestrol cyffrous a geir yn y gerdd hyfryd 'Gogonedog Arglwydd' a olygwyd ym mlodeugerdd feistrolgar Marged Haycock.[3] Cymerer dechreuad y gerdd haeddiannol enwog hon:

> *Gogonedog Arglwydd, henffych well!*
> *A'th fendico di eglwys a changell;*
> *A'th fendico di gangell ac eglwys;*
> *A'th fendico di wastad a diffwys;*
> *A'th fendico di y tair ffynnon y sydd –*
> *Dwy uwch gwynt ac un uwch elfydd.*

ac yn y blaen. Ebychiad yw hwn. Ymateb uniongyrchol i ddarganfyddiad ydyw. Y Cread sydd ar ganol y moliant, nid iachawdwriaeth. Ac eto, mae'r Creu'n ddigon o reswm dros foliant. Yn wir, y mae fel pe bai'r moliant yn cyfrannu o'r un ysbryd adeiladol a chadarnhaol â'r Creu ei hun. Dichon fod yna fynegiant o ryfeddod yma hefyd fel a geir mewn llawer o foliant. Yn wir, rhyfeddod syfrdan fu'r ysgogiad i Fawl effeithiol ar hyd yr oesoedd. Ceir cyffro rheitiach na'r cyffredin yn y gân wrth sylweddoli cyffredinedd amlochrog y Mawl i fodolaeth yr Arglwydd; ac eto elfennol iawn yw deunydd myfyrdod y mynegiant. Ymuna'r bardd yn yr adwaith greddfol. Clymir yr amrywiaeth wrth yr Un.

Anodd gennyf feddwl am well datganiad o hanfod ystyr bywyd na'r gerdd enbyd o seml ac eto gyrhaeddbell o gyflawn hon. Ond sut yr oedd addoli a moli geiriol yn perthyn i'r gwrthrychau a'r gweithredoedd hyn a oedd wrthi'n ddiarwybod yn dyrchafu mawl? Beth a wnâi iaith o fewn y patrwm enfawr hwn? Oni wnâi ond adlewyrchu cyfeiriad eu bodolaeth oll? Sylweddoliad oedd iaith. Trefnu ystyr yn y meddwl a wnâi. Cynrychioli'n gymdeithasol y gwirioneddau unigol a wnâi. Ni wnâi geiriau ond diriaethu drwy dynnu popeth at ei gilydd mewn cwlwm arwyddocâd.

Nid annhebyg o ran naws yw 'Addfwynau Taliesin' (Hyfrydbethau'r Cread).[4] Dathlu hyfrydwch y Greadigaeth neu ddathlu bodolaeth y mae'r bardd eto, heb o'r braidd ddim arall, er bod Dr Haycock yn gwbl briodol yn tynnu ein sylw at y dathliad rhestrol o drefn sydd yma:

Addfwyn aeron yn amser cynhaeaf;
Arall addfwyn gwenith ar galaf

ac yn y blaen. Popeth yn ei le a'i amser yn addfwyn, fel yr oedd pob dim yn fendigedig yn y gerdd o'r blaen. Ni'n hwynebir ni gan gwestiynau dyrys megis pa fodd y caf 'adnabod' y gogoneddu hwn a'r fendith hon a bod yn gadwedig? Beth yw cyfraniad ffydd, wrth sylweddoli'r cyswllt rhwng Duw a'i greadigaeth, a beth yw cyfraniad gweithredoedd? Beth wedyn yw natur perthynas y creadur syrthiedig ond crediniol â Duw? Sut y mae dyn pechadurus yn gallu cyrraedd y nefoedd mewn perffeithrwydd? Beth yw gallu Rhagluniaeth? Hynny yw, y pynciau beunyddiol a ymblethai drwy emynau'r ddeunawfed ganrif a hanner cyntaf y bedwaredd ganrif ar bymtheg, dyna'r union ddeunydd sy'n eithafol brin.

I mi yr hyn sy'n drawiadol yn y ddwy gerdd yma, dwy sy'n dathlu'r greadigaeth yn rhestrol, yw bod yr amgylchfyd daearol yn wedd ar drefn Duw. Cymerir yn ganiataol fod y presenoldeb anweledig yn weithredol yn y gweledig, a bod y gweledig yn medru bendithio. Dyma un o gryfderau'r ffydd Gatholig. Felly eto yn y gerdd natur enwog 'Cyntefin Ceinaf Amser',[5] does dim dianc rhag y dimensiwn goruwchnaturiol:

Ym mryn, yn nhyno, yn ynysedd môr,
Ym mhob ffordd ydd eler
Rhag Crist gwyn nid oes ynialedd.

I mi, y presenoldeb anymwybodol ac ymwybodol hwn sy'n toi pob gwedd ar bob math o gerdd yng nghyfnod y Cynfeirdd yn ogystal ag yng nghyfnod y Gogynfeirdd.

Symudwn yn awr at gerdd sy'n llai ebychiadol, yn llai rhestrol, ac yn llai elfennol, ond nid yn llawer llai. Cerdd o Fawl nodedig yn yr oesoedd canol oedd 'Edmyg Dinbych'.[6] Yr oedd y bardd a'i bobl yn byw o fewn amgylchfyd anweledig yn ogystal â gweledig. A diau nad oedd yr ymwybod hwnnw'n gwbl absennol byth o feddwl y bardd na'i gynulleidfa. Dechreua'r gerdd â dwy linell o gyfarchiad:

> *Archaf wên i Dduw, plwyf esgori,*
> *Perchen nef a llawr, pwyllfawr wofri.*
> (Gofynnaf am ffafr Duw, amdiffynnydd y bobl,
> Arglwydd nef a daear, mawr ei wybodaeth a'i ddoethineb.)

Dyma'r cyd-destun cyn mynd ati i ganmol y gaer.

Wrth ddarllen hon fe â fy meddwl yn ôl at y weddi fer a'r ymgroesi gan staff a myfyrwyr a ragflaenai ddarlithiau a fynychwn gynt yng Ngholeg Prifysgol Dulyn ac wedyn yn y Brifysgol yn Quebec, cyn bwrw iddi i wneud y prif waith academaidd dan sylw. Felly yma: math o ymgroesi yw'r cwpled cyn bwrw ymlaen â'r gerdd, gyda phob pennill yn dechrau â'r ymadrodd 'Addfwyn gaer ysydd'. Dyma'r un addfwynau ag a geir yn 'Addfwynau Taliesin' (Hyfrydbethau'r Cread).[7]

Cafwyd y clod hwn tua 875 o.c. wedi'i gyflwyno i le penodol, sef Dinbych y Pysgod.

> *Addfwyn gaer ysydd ar glawr gweilgi,*
> *bid lawen yng nghalan eiriann yri . . .*
> (Hardd gaer sy'n sefyll yn y môr,
> Llawen ar ŵyl ddathlu yw'r penrhyn teg hwnnw.)

Ymddengys hon i mi yn gerdd gwbl unigryw; efallai (o blith un o ieithoedd modern Ewrob) y gerdd gyntaf o Fawl i le sydd ar gael. Ond dylid sylwi ar ychydig o bwyntiau perthnasol.

Crefyddol oedd y gogwydd i fawrygu lle. Cysylltid cyltau'r seintiau â mangreoedd lleoledig yn aml, wrth gwrs. Yn fynych, cyfyngid y cyflwyniad o le i sant penodol brodorol mewn un neu ddwy o fannau yn unig, a chyferbynnir y duedd ar y Cyfandir i gyflwyno lleoedd, o barch, i gymeriadau Beiblaidd a than eu gofal.[8] Mae'n ddiddorol fel y trodd y gerdd-Fawl gan

Lywelyn Fardd i Gadfan i fawrygu Tywyn, a cherdd Cynddelw i Dysilio i fawrygu Meifod. Tystia'r traddodiadau yn y Dindshenchas am leoedd fod yna gydwead rhwng y gymuned a chrefydd, ac awgryma Dr Oliver Davies y gallai hyn darddu o duedd leol y cwltau Celtaidd cyn-Gristnogol. Yr oedd y traddodiad Cristnogol yn sagrafennol gyfarwydd â gweld lle yn raslon. Does dim dwywaith fod llawer o'r ffynhonnau a gysylltid â seintiau Cristnogol Cymreig wedi'u cysylltu ynghynt â chrefydd gyn-Gristnogol.[9]

Cerdd glasurol o drefnus, waraidd ei hawyrgylch yw hon:

Aduwyn gaer yssyd yn yr eglan.
atuwyn y[t] rodir y pawb y ran.
(Caer deg sydd ar y penrhyn, yn raslon y rhoddir i bawb ei gyfran.)

Ny lafaraf i deith, reith ryscatwn.
ny dyly kelenic ny wyppo hwn.
(Ni soniaf am hawliau, mynnwn gadw defod briodol.
Ni haedda wleddoedd, y sawl sy'n anwybodus am hyn.)

Argraff gref o drefn yw'r hyn a geir gan y gerdd hon. Ond ymhyfryda mewn harddwch hefyd. Dichon fod a wnelo'r disgrifiad hwn, a'r math o lawenhau mewn golwg hardd a geir gan Hywel ab Owain Gwynedd (megis ysgafnder telynegol ambell gyfeiriad disgrifiol yn y rhamantau), â'r thema o Sofraniaeth ac â chysylltiad arglwydd a'i fro. Rhinweddau'r arglwydd ydyw rhinweddau'i diriogaeth. Un ydynt.

Mae'r gerdd yn gorffen â bendith:

Bendith Culwydd nef gydlef a fain
(Bendith Duw y nef gynganeddus fydd yn tycio.)

Yr wyf am dynnu sylw at drosiad diddorol sy'n sylfaen i'r gerdd. Eisoes, o bryd i'w gilydd, yr wyf wedi dadlau fod Mawl i ddyn fel pe bai wedi'i gyflyru a'i ddeall yn is-gynnyrch i Fawl i Dduw. Mawrygir y gallu dwyfol i gyflenwi anghenion. Mae'r person doeth yn ymwybod â'i angen – angen i gael ei amddiffyn rhag y drwg, ac angen i gael ei ddigoni gan y da. Fel y mae Duw yn fuddugol mewn brwydr ac yn haelfrydig mewn rhoi, felly y mae'r stiward daearol, y brenin. Hynny yw, y mae'r bod dynol yn fath o drosiad o Dduw.

Ond gallwn fynd un cam ymhellach. Y mae'r amgylchfyd, boed yn lle neu'n fyd natur hefyd yn medru bod yn ddrych o'r brenin. Meddai Dafydd ap Gwilym wrth glodfori ffrwythlondeb natur:[10]

> *Hylaw ŵr mawr hael yw'r Mai.*
> *Anfones ym iawn fwnai*
> *Glas defyll glân mwyngylch Mai.*
> *Ffloringod brig ni'm digiai,*
> *Fflŵr-dy-lis gyfoeth mis Mai.*
> *Diongl rhag brad y'm cadwai,*
> *Dan esgyll dail mentyll Mai.*

Yn gyntaf y mae'n noddi o'i ddigonedd, ac yn ail y mae'n amddiffyn rhag brad: y ddwy brif nodwedd gan Frenin a Duw. Y mae'r amgylchfyd yn adlewyrchiad o'r gŵr hael. Yn wir, y mae Mai yn fath o ymgnawdoliad:

> *O'r nef y doeth a'm coethai*
> *I'r byd, fy mywyd yw Mai.*

Ac felly hefyd, yn y gerdd hon y mae'r gaer ei hun yn dwyn rhinweddau 'dynol' megis haelioni.

> *Aduwyn gaer yssyd ar lan lliant.*
> *aduwyn yt rodir y pawb y chwant.*
> (Caer deg sydd ar lan môr,
>   yn hyfryd y rhoddir i bawb ei awydd.)

Wrth drafod y gerdd Aeleg o'r ddeuddegfed ganrif, 'Arran', yn ei gyfrol *The Triumph Tree*[11], sonia Thomas Owen Clancy, 'The island is treated much as a patron might be . . . The lush, springtime atmosphere of the opening of the poem in praise of Ragnall, king of Man and the Isles, is a good place to witness the landscape as being reflective of the lord's propriety.'

Wrth i'r Bod cyntaf a thragwyddol esgor yn drosiadol ar ŵr, a chyda hynny esgor yn ei dro ar fyd natur (eto yn drosiadol), nid hollol amhriodol synied am y trosiad ei hun yn esgor ar hanes barddoniaeth.

Yn y tair cerdd gynfarddol a drafodais uchod ceir Mawl yn ei noethni, gan mwyaf i'r greadigaeth. Symudiad cadarnhaol yw hynny yn yr ysbryd dynol. Mae hi bron fel cyflwr amrwd o Fawl. Ni'n hwynebid eto â'r gwahaniaeth rhwng Gras Cyffredin a Gras Arbennig. Nid ydym hyd yn oed wedi cyrraedd lefel lawer mwy elfennol o esbonio pam a beth yw natur yr hyn a ganmolir. Dyma Fawl amrwd, ebychiol unplyg bron, fel fframwaith i'r cyflwr; bron megis fformiwla mewn cemeg sy'n enwi hanfodion cemigyn heb arddangos y deunydd yn ei lawnder diriaethol.

UNPLYGRWYDD Y FFYNHONNELL

Fe all y fath argraff gyntaf fod yn bur gamarweiniol. Mae'r hyn a wyddom am feddwl crefyddol y Seintiau Cymraeg yn ein harwain i synied am bobl lawer aeddfetach na'r lefel wirebol hon. Pobl oeddent a oedd yn ymwybodol iawn o'r ymosodiad Pelagaidd ar uniongrededd Cristnogol. O'r hyn lleiaf, felly y bu o wawr y genedl yn y chweched ganrif hyd at y ddegfed. Awstin – a'i bwyslais ar Benarglwyddiaeth Duw ac iachawdwriaeth drwy ras yn unig yn hytrach na thrwy weithredoedd (a dyn yn ennill ei iachawdwriaeth drosto'i hun), na chwaith drwy ras Duw a gweithredoedd dyn yn atodol gyda'i gilydd – efô a ddarparai seiliau prif feddwl seintiau fel Dewi. *Semi*-belagiaeth yw'r cyfuno hwnnw lle y ceir Duw a dyn yn llywodraethol gyda'i gilydd; a diau ym mryd priffordd y seintiau Cymreig mai i'r un peth yr oedd yn dod: gwedid i Dduw y clod *cyflawn*. Dibynnai cyflawni'r iachawdwriaeth gyda Phelagiaeth a Semi-belagiaeth ar ymdrech bitw dyn. Dibynnai anferthedd a harddwch diamgyffred tragwyddoldeb, felly, ar dipyn taliad gan ddyn. Yn hyn o beth, yr oedd yn groes i bwyslais Awstin ar Ras trylwyr.

Dethlir y gwrthdrawiad adnabyddus hwn rhwng Awstiniaeth a Phelagiaeth ym mhasiant Saunders Lewis *Buchedd Garmon*, pryd y mae Garmon yn gwrthwynebu'r Pelagiaid ac yn gosod y patrwm i Ddewi a mwyafrif yr arweinwyr Cristnogol Cymreig.

Er hynny, gan mai dyneiddiaeth wedi'i chlymu wrth y traddodiad Cristnogol yw Pelagiaeth, yr oedd tuedd o hyd, ar ôl treio o fudiad y seintiau, i ddisgyrchu tuag ati yn ddiarwybod. Dyna, dybiwn i, yw gwreiddyn y cysyniad o Benyd ambell dro. Cymerer cyfieithiad Dr Haycock:

> *Boed iti dorri ffordd . . .*
> *A boed iti gynllunio heddwch:*
> *[Yna] ni bydd i ti unrhyw ball ar drugaredd . . .*
> *Trwy godi ar gyfer y gwasanaeth boreol, a bod ar*
> *ddi-hun liw nos,*
> *Ac ymbil ar y saint*
> *Y caiff pob Cristion faddeuant.*[12]

> *Na chysged dyn meidrol oherwydd dioddefaint Mab Duw;*
> *A bydded ef ar ddi-hun adeg y gwasanaeth boreol:*
> *[Yna] fe gaiff Nef a maddeuant.*[13]

> *Bydded i'th foliant fy ngwaredu rhag cosb*[14]

Yr wyf am fod yn ofalus rhag collfarnu Penyd o'r fath yn rhy symlaidd gan ei fod wrth natur mor agos at edifeirwch. Un o ffrwythau gras yw edifeirwch, a dawn gan Dduw. Drwy edifeirwch y mae Duw yn tynnu dyn ato. Mynegiant o edifeirwch a hefyd o ras yw Penyd. Ac nid oes dim uwch y gall Cristion ei gyflawni nag edifarhau, er nad yw'n ennill nef iddo wrth gwrs.

Lle y gall gyfeiliorni, o safbwynt diwygiedig, yw pan hawlia fel y gwneir yn ymdriniaeth gyfoethog a phwysig Dr Oliver Davies, *Celtic Christianity in Early Medieval Wales*, am y bardd Cristnogol:

> 'when he came before God on the Day of Judgement, it would be the achievements of the poetic imagination and the subtle arts of language, that would argue the case for him and would finally gain him favour at the court of his divine King';[15]

> 'salvation can only be won by the time-honoured methods of ascetical Christianity'.[16]

Mae ei gyfieithiad ef o un o linellau diffygiol 'Addfwynau Taliesin' yn adlewyrchu'r un pwyslais:

> Beautiful too for they who pay Adam's debt.[17]

Beth, felly, yw perthynas Gras Duw a Phenyd dyn? Pwy sy'n ennill bywyd tragwyddol i ddyn – dyn ei hun drwy godi ar gyfer oedfa'r bore – ynteu'i Waredwr ar y Groes? Sut y mae Awstiniaeth yn wynebu Pelagiaeth o'r fath ar gwestiwn edifeirwch?

Mae'n gwbl glir yn ôl y Ffydd Ddiffuant mai Crist yn unig, unwaith am byth, a dalodd ddyled weithredol Adda, heb gymorth, heb amod, heb gerdd, heb asgetigrwydd. Ar Ddydd y Farn nid oes ple arall ond gwaed Crist. Marw, heb hynny, megis Lasarus yw pob pechadur. Drwy ffydd a dibyniaeth lwyr ar Ei waith Ef y mae i bechadur fynediad at orsedd Gras. Yn ddiamwys yn ôl yr ysgrythur, ni cheir iachawdwriaeth ond drwy aberth y groes. Dyma'r ffordd ryfedd unplyg a chyflawn a ddyfeisiwyd cyn bod amser. Arall a dalodd drosom. Ni chwerylaf, wrth gwrs, â gwerthfawredd gweithredoedd. Ond ar y gorau, fel arfer, nid ydynt ond megis bratiau budron, o safbwynt cyfiawnhad i'r Cristion. Dim ond ffydd, y pwyso gant y cant ar Dduw, sef aileni yng Nghrist neu fedydd yr ysbryd, sy'n rhoi'r bywyd newydd i rywun. A gwiw gweld gogwyddo fwyfwy tua'r egwyddor honno gan ddiwinyddion catholig yn ddiweddar.

Y tlawd yn unig sy'n moli, ac yn sgil yr Un a folir, daw dyn yn gyfoethog. Dyma'n awr faterion a fyddai'n elfennol dros ben ym mryd y Methodistiaid. Arwydd fod gras ar waith, ffrwyth ffydd yn y galon yw edifeirwch. Dilynir Cyfiawnhad yn union ac yn gysylltiol gan Sancteiddhad. Mae'n gyfatebiaeth ac yn gyfuniad. Ond nid edifeirwch y pechadur sy'n cyflawni'r wyrth yn y pen draw, wrth gwrs. Un o ganlyniadau'r gwaith gan Grist ydyw. Iddo Ef, ac i neb arall y bo'r gogoniant.

Ond gellid dychmygu'r beirdd yn ymwybodol o'r cyfochredd hwnnw:

Peth hyfryd yw rhinwedd Penyd mawr [ar gyfer] rhyfyg;
Peth hyfryd arall yw mai Duw a fydd yn fy ngwaredu.[18]
[diwygiais ychydig ar y cyfieithiad]

Wrth sôn am y gerdd 'Pa beth sydd orau er lles yr enaid,'[19] meddai Dr Oliver Davies, 'the central position of the allusion to the Passion within the poem emphasizes that our efforts in this life are founded upon what God has achieved for us through the Incarnation of his Son'. Cytunwn, bid siŵr, ond inni synied mai'r Croeshoeliad yw canol y Pasiwn hwnnw dan sylw, ac nid yr Ymgnawdoliad.

Hynny yw, gwaith iawnol Duw ar y Groes yw seiliau bodolaeth unrhyw beth a wareda ddyn.

Er bod Pelagiaeth yn dysgu i Grist farw dros ein pechodau, nid oedd hynny'n ddigonol iddi. Yn ei bryd hi, rhaid oedd i ddyn ychwanegu ei ddioddefaint ei hun i'w wneud yn effeithiol. Hynny yw, yr hunan a benderfynai yn y diwedd ulw ym mryd Pelagiaeth.

Fel yn y gerdd 'Pa beth sydd orau er lles yr enaid',[20] felly yn y gerdd 'Sut i ennill maddeuant',[21] mae cadw ar ddi-hun yn y gwasanaeth yn ffordd weddol rad o ennill y nefoedd a thragwyddoldeb, ddwedwn i. Bargen, o bosib.

Collwyd yr ymwybod gorthrechol a geid yng ngwaith Awstin mai Duw oedd piau'r cwbl, mai Ef oedd y rhoddwr aruthr, Ef oedd popeth, a bod ymdrech dyn a hawliau dyn a chyfraniad dyn mor gwbl bitw, ac eto yn ôl rheswm y dimensiwn goruwchnaturiol fod dyn yn amlwg atebol ac yn gyfrifol. Symudwyd oddi wrth y rhesymeg drosgynnol i resymeg gofod-ac-amser.

Dychwelir i'r un led Belagiaeth honno yn 'Edifeirwch ar Wely Angau',

Arglwydd y Nef, caniatâ i mi fy ngweddi i ti;
Bydded i'm moliant ohonot fy ngwaredu rhag cosb.[22]
(cyf. wedi'i addasu)

Croyw eto yw'r Belagiaeth yng ngherdd enwog y Llyfr Du 'Cysul Addaon'.[23]

> *Os ysgythri dy ffordd*
> *a llunio tangnefedd*
> *ni bydd i ti dranc ar drugaredd* . . .
>
> *Os cyfodi i'r plygain a'r gwasanaeth hanner nos*
> *gan weddïo ar y seintiau*
> *caiff pob Cristion faddeuant.*

Ailadroddir yr athrawiaeth hon o hyd ac o hyd, fel pe bai gofyn perswadio dyn mai ef oedd piau'i iachawdwriaeth ei hun, ac y gallai ddibynnu arno'i hun. Mae hi fel petai chwyldro wedi digwydd oddi ar ddyddiau Dewi, tebyg i'r chwyldro mewn Protestaniaeth rhwng 1850 a 1950. Cyffelyb yw Cyngogion Elaeth.[24]

> *Na chysged mab dyn er dioddefaint Mab Duw*
> *a dihuned ar gyfer plygain,*
> *yna caiff nef a maddeuant.*

Hynny yw, ef a gaiff y clod. Felly yn y gerdd 'Ren Nef' neu 'Edifeirwch ar Wely Angau':

> *Bydded i'th foliant fy ngwaredu rhag cosb.*[25]

Dyma eto weithred dyn yn ymwthio i haeddu iachawdwriaeth ar sail ei gyfiawnder ei hun neu'i waith gan Feilyr ap Gwalchmai.[26]

> ll.3 *Bod ar iawn a'm dawn a'm diheino*
> (Bod yn iawn drwy fy nawn a'm rhyddhaer oddi wrth haint)

Ond sylwer fel y lleddfir haerllugrwydd Meilyr gan y gair 'dawn'.

> ll.5 *Bodd Duw a haeddwyf, Rhwyf a'm rhifo*
> (Boed i mi ryngu bodd Duw, boed i'r Arglwydd fy nghyfrif o werth).

Ac eto erys argyhoeddiad mai rhodd yw'r hyn a geisir, rhad ras, nid tâl ar gyfer edifeirwch nac er mwyn dim a gais y dyn naturiol:

> *Gofynnaf am rodd, na'm gwrthoder,*

meddai bardd 'Cyntefin Ceinaf Amser'.[27]
Hynny yw Duw sy'n rhoi'r Penyd yn y bôn:

A chael gan Dduw ddiddymu blys,

meddai Gwalchmai ap Meilyr yn ei 'Awdl i Dduw', ac yna:

Ac y mae i mi Dduw y talaf iawn iddo am fy nrwg
Oherwydd ei drugaredd cyn y bo imi drengi[28]

Hynny yw, mae 'oherwydd ei drugaredd' yn awgrymu mai dyna'r ffynhonnell sy'n caniatáu talu iawn [sylwer ar y gwreiddiol er mwyn peidio â phwyso'n ormodol ar y gair 'iawn':

Ac ysim-i Dduw a ddiwycwyf- o'm drwg
O'i drugaredd cyn mi trangwyf.]

Ni ellir llai na derbyn mai Duw sydd yng nghanol y darlun, nid edifeirwch dyn. Fel y cân Meilyr Brydydd yn ei Farwysgafn:

Brenin holl riedd a'm gŵyr, na'm gomedd
Am y drugaredd o'm drygioni.[29]
(cyf. Frenin yr holl ogoniant sy'n f'adnabod, na'm gomedd
O'r trugaredd oherwydd fy nrygioni.)

a Chynddelw yn ei Farwysgafn yntau:

Gwledig arbennig, pan yth aned
Dyfa waredd in, dyfu wared.[30]
(cyf. Y pennaf Tywysog, pan aned Di
Daeth trugaredd inni, daeth gwaredigaeth.)

Meddai Dr Oliver Davies[31] am y gerdd arbennig hon: 'Cynddelw's poem then is fundamentally a celebration of divine giving: of God, who is 'dispenser of gifts'. But the movement is not all one way . . . In the case of the poet himself, this giving in return takes the form of an act of praise . . .'

Duw, sy'n rhoi gwaredigaeth a llawer o roddion eraill,, dyn sy'n rhoi diolch.

Dyna wir bwrpas ei gerdd, dyna bwrpas ei edifeirwch hefyd. Mae cyfrol Dr Davies yn hyn o faes yn gymorth gwerthfawr i amgyffred amlochredd y ffydd yng Nghymru. Ond dengys hefyd fel y methwyd ambell waith â meddu ar eglurder meddwl oherwydd effeithiau dyn-ganolog arhosol Pelagiaeth.
Gwedd ar Fawl yw Penyd ar ei orau. Mae'n cynnwys edifeirwch. Fe'i deellir fel modd i rannu dioddefaint Crist:[32] 'penance as *participation in the suffering of Christ'*. Er y gellid cytuno â hynny efallai, ni ellid cytuno fod dim o rinwedd aberth Crist yn iawnol yn cael ei hennill y ffordd yna. Y perygl o hyd yw dyrchafu gweithredoedd dyn, rhan dyn yn ei iachawdwriaeth ei hun. Ni fodlonir bob amser ar ddwylo gweigion.

Cydnabyddir wrth gwrs gyfrifoldeb dyn – am ei bechod, i gadw'r ddeddf, anrhydeddu Duw, a ffrwythau'r ysbryd. Cydnabyddir llwybr edifeirwch. Cydnabyddir ffrwythau ailenedigaeth. Ond dyrchefir dawn Duw – iachawdwriaeth dyn, drwy waed Iesu Grist, yn ôl y traddodiad Awstinaidd – i gyflawni *pob* gwaredigaeth. Mynegiant mecanyddol neu gymwysedig o edifeirwch yw Penyd: y mynegiant priodol yw addoliad a buchedd dduwiolfrydig.

Yn y traddodiad Pelagaidd dirywiol, Penyd sy'n ennill nefoedd. Yn ystod hanner cyntaf yr unfed ganrif ar ddeg yr esblygodd Penyd gan esgor yn ne Ffrainc ar indwlgens. Felly y cwblhawyd dysgeidiaeth y saith sagrafen.

Yn y traddodiad Awstinaidd, sut bynnag, yr hyn y mae Duw'n ei wneud dros ddyn, dyna yw holl ras yr achubiaeth. Duw a rydd yr edifeirwch iddo. Duw a rydd dduwioldeb.

Wrth ddechrau ystyried Trefn Mawl, y mae blaenoriaeth Duw yn hanfodol. Caiff Mawl ei arwyddocâd oherwydd ei ffynhonnell. Amodir a chyflyrir cymeriad Mawl gan unplygrwydd y tarddiad a'r nod.

Yr hyn y mae dyn yn ei wneud dros Dduw, dyna bwyslais naïfder Pelagiaeth: gweithredoedd yw achubiaeth yn hytrach na gras. Ac wrth gwrs y mae i weithredoedd eu lle hanfodol fel mynegiant o ffydd. Ond rhan o ffydd waglaw yw gweithredoedd Cristnogol. Yn y bôn, cyfundrefn o weithredoedd yw Penyd. Cyffes ydyw yn gyntaf; peth priodol ddigon (1 Ioan, 1:9). Ac i'r credadun sy'n edifarhau o'r galon ac yn pwyso ar Iesu Grist (Act. 16: 30,31) am iachawdwriaeth (heb arian a heb werth), gellir wedyn sylweddoli maddeuant. O'r rheini y tardd gweithredoedd. Mawl ac ufudd-dod yw gweithredoedd o'r fath.

Byddai Methodist Calfinaidd maes o law yn gweld diffyg, wrth gwrs, yn y ffaith mai swyddog eglwysig a fyddai'n meddu ar y pŵer i ddwyn pobl yn ôl i gyflwr graslon. Ni allai dderbyn yn ffaith mai hwnnw a fyddai'n pennu cosb iawnol (er mwyn cwtogi'r arhosiad mewn purdan), heblaw'r ffaith fod gweithredoedd o'r fath gan y pechadur yn cael eu hystyried yn foddion maddeuant. Iddo ef, profid gras yn uniongyrchol gan Dduw. A'r un mor wir oedd mai canlyniad nid achos iachawdwriaeth (Titus 3: 5) oedd gweithredoedd, y wedd ymarferol ar ffydd, a'r arwydd o ffydd.

Y GWRTHWYNEBIAD BEIRNIADOL I FAWL

Wrth gymharu Mawl y cyfnod cynnar â Mawl y Methodistiaid, efallai mai un gair diffiniol sy'n crynhoi'r athrawiaeth fwy beirniadol a ddaeth yn ysol ymwybodol yn y cyfnod diweddar: sef pechod. Paradocsaidd efallai yw sôn amdano, ond rhoddai drwch a realaeth i Fawl dynol. Sylweddolid bod pechod mor dreiddgar nes cyrraedd pob rhan o bob meddwl a gweithred. Roedd yna broblem yn y fan yma i Fawl. Ni allai'r darlun cyflawn o du dyn anwybyddu hyn. Ond yr oedd a wnelo hyd yn oed y Mawl i Dduw â'r hyn a wnaeth Ef yn unswydd ynghylch y broblem honno. Drwy argyhoeddiad o bechod y sylweddolid natur dyn a pherffeithrwydd Duw. Yn y cyfnod diweddar felly ymddangosai'n her naïf i neb anwybyddu trylwyredd pechod.

Eto, o ailystyried y cyfnod cynnar, ni ellir llai na thanlinellu'r ffaith fod rhai o'r beirdd hwythau, ac yn sicr y gwŷr crefyddol, yn ymwybodol iawn o'r gwrthdrawiad hwn.

Hyd yn oed cyn dechrau'r traddodiad Mawl Cymraeg, ceid gwrthwynebiad beirniadol i'r ffenomen hon. Ganrif o flaen Maelgwn, yn ôl adroddiad yr *Historia Brittonum* (a briodolid gynt i Nennius), cawd ymryson rhwng Emrys (Ambrosius) a *magi* Gwrtheyrn (Vortigern). Ac y mae Gildas yn ceryddu'i frenin Maelgwn Gwynedd am noddi llu o feirdd paganaidd. Pwysleisid gwrthgyferbyniad rhwng clod priodol i Dduw ar y naill law a'i glod diddim ei hun fel brenin ar y llall: llawn o gelwyddau oedd y clodfori daearol.

Nid peth newydd, mae'n siŵr, oedd sylwi bod mawl yn gallu dweud celwyddau.

Caed ymdeimlad erioed, ymdeimlad sydd bob amser ymhlyg mewn iaith, y dylai geiriau o ran anian, ac felly'n anochel, ymwneud â dweud y gwir. Swydd israddol wrthddywedol, camddefnydd yn wir, oedd celwydda. Yn ei hanfod yr oedd iaith fel pe bai'n ymadael â'i phriod swydd os nad oedd yn traethu gwirionedd a oedd yn hanfod yn ei ffurf ei hun. Peryglid, felly, un o golofnau'r gymdeithas.

Nid anrhydeddus, o'r herwydd, oedd cymryd neb na dim yn wrthrych celwydd, yn ôl y safbwynt hwn. Dylai'r cysylltiad rhwng realiti mewnol y rhinweddau a feddai'r gwrthrych a'r hyn a fynegai'r rhinweddau hynny mewn iaith fod yn gyfatebol gadarn. Ond drysid y sefyllfa gan ffaith etifeddol y frenhiniaeth a'r angen yr un pryd i Fawl gadarnhau ansoddau uwch nag etifeddiaeth.

Math o Brotestaniaid oedd y beirniaid hyn, ar ryw olwg, yn ymwybodol fod pawb wedi pechu, a phawb yn syfrdanol o annigonol ochr yn ochr â Duw. Trefn allanol oedd y Sefydliad, ym myd Protestaniaeth gyfundrefnol maes o law; ond nod y Protestaniaid o hyd oedd cydnabod trefn fewnol neu drefn arall bersonol.

Yn Eglwys yr Oesoedd Canol diweddar, o'i chyferbynnu â'r Eglwys Gynnar, cymharol ychydig o sylw a roddid i dröedigaeth. Bedydd plant a gynhyrchai Gristnogion, gweithred allanol wrthrychol gan offeiriad a sicrhâi – am mai offeiriad a'i cyflawnai – fod y cyfnewidiad mewnol yn canlyn, megis dydd yn canlyn nos. Oherwydd hynny gellid synied am y Drefn yn fwy sefydlog ac yn fwy gwrthrychol. Yr oedd unrhyw Brotestaniaid a amheuai'r Drefn honno – megis y beirniaid a siglai Drefn mawl y llys – yn debyg o danseilio ystyr ei hun. Ac ystyr ddelfrydol oedd yr ystyr hon, gan ei bod yn beth sefydlog, ansoddol ac yn codi'n uwch na'r unigolyn.

Dyna i mi yw un o brif broblemau Mawl yn llenyddiaeth grefyddol Gymraeg yr Oesoedd Canol.

Er nad y canu crefyddol a oroesodd inni yw'r farddoniaeth gynharaf sydd gennym yn y Gymraeg, ni ellir llai na synied fod a wnelo'r Mawl crefyddol cynnar hwn â rhagdybiau sylfaenol iawn yn y meddwl Cymraeg. Ymwybyddwn ynddo â bydysawd sy'n troi yn unol â deddfau cyffredinol. Ac mae'r rheini'n blaenori yn ffurf y meddwl. Ceir presenoldeb ysbrydol sydd nid yn unig y tu hwnt, yn drosgynnol ac yn annibynnol, ond sydd hefyd yn ymhlyg agos ac yn fewnfodol. Nid oes dim yma sy'n dibynnu ar siawns, yn wahanol i'r ffasiwn ôl-foderaniadd lle y mae hyd yn oed rheswm yn dibynnu ar siawns ac felly heb yr unffurfiaeth mewn natur sy'n angenrheidiol i'w fodolaeth ei hun. Nid drwy'i ben a'i bastwn ei hun y daw ystyr hyn oll i'r bardd. Cyn bod y bardd y mae Duw, y rhagdyb sy'n rhoi deall adwyaeth i bob ffaith yn y byd. Ni ellir hunan-ymwybod dealladwy heb Dduw-ymwybod. Dyna'r ffynhonnell a'r cyfeirbwynt eithaf sydd y tu allan i'r ffeithiau daearol cydlynol ac yn esboniol i'w bodolaeth a'u trefn. Molir Duw hunan-ddigonol a hunan-esboniol sy'n debyg i haul y mae pob mân olau yn tarddu'i lewyrch ohono. Ni all dim ddianc rhagddo, na choeden na ffynnon, na mynydd na môr, nac uchelwr na chariadferch.

Mae Ei ddelw ymhobman. Y berthynas hon rhwng Crëwr a chreadur yw'r hyn sy'n caniatáu pob Mawl.

Sut yr ymledodd y Mawl barddonol oll oddi wrth Dduw i bob testun arall, felly?

Mewn dwy ffordd.

Yn gyntaf, drwy fod brenin y genedl neu'r tywysog yn gynrychiolydd i Dduw, ac yn denant iddo ar y ddaear; ac am ei fod wedi derbyn pob awdurdod a hawl ganddo ef. O'r herwydd, gellid moli llywydd y llwyth fel pe bai'n 'ddarn' o Dduw. Y mae'r cerddi Mawl rhyfeddol gan y Gogynfeirdd yn faes mawr ar gyfer myfyrio ynghylch yr agwedd hon ar Fawl. O hyd down yn ôl i'r ymwybod cyson o ganologrwydd Duw i'r cyfan.

Ar y naill law, derbyniai'r bardd ei hun ei awen gan Dduw,[33] ac ar y llall yr oedd y tywysogion a ddyrchefid mewn modd mor odidog, hwythau, fel petaent yn ddrych i rai o swyddogaethau noddi Duw ei hun.[34]

Nodweddiadol o'r ymwybod cydlynol hwn, fod rhiniau Duw yn llifo allan i'w ddeiliaid, yw'r Englynion Dadolwch gan Gynddelw i'r Arglwydd Rhys. Y maent yn dechrau:[35]

Aswynaf nawdd Duw (diamau – dy ddawn
A'th ddoniawg wyf finnau).

Disgwyliwn i'r llinell olaf yn y gerdd ddychwelyd i'r llinell gyntaf yn ôl defod y ffurf. Ac yn wir, dyma a gawn:[36]

Aswynaf ar udd naf nawdd.

h.y. Ymbiliaf am nawdd gan [yr] arglwydd-bennaeth.

A'r hyn sydd wedi digwydd yw, er cadw'r adlais eiriol, fod y cynnwys wedi llithro oddi wrth Dduw i'r arglwydd daearol. Derbyniodd Rhys ras cyffredinol Duw.

Efallai mai'r ddwy gerdd a fynega orau'r pwynt yr wyf yn ceisio'i wneud yn awr ynghylch y berthynas hon rhwng canu i Dduw a chanu i Dywysog yw 'Mawl i Dduw a Dafydd ab Owain' gan Elidir Sais[37] a 'Mawl i Dduw ac i Lywelyn ab Iorwerth' gan Ddafydd Benfras.[38] Ni allaf i lai na theimlo fod y Mawl i Dduw yn ymestyn fel adain ar draws y Mawl i ddyn. Mae'r naill yn gysgod i'r llall. Y mae myfyrdod am gyfaill o ŵr yn troi'n gri ar Dduw. Gosodir dyn yng nghyd-destun y Mab. A hyn, wrth gwrs, a fynnai'r gyfraith yn seremonïol. 'Ef a dele dechreu kerd, en kentaf o Duw, a'r eyl o'r arglwyd byeyffo e llys.'[39]

> *Gwedi y Gŵr uchod, uchaf llaw – ddehau,*
> *Â'r eil gŵr gorau mau ymaddaw*[40]

Sef o'i gyfieithu:

> Ar ôl y Gŵr uchod, uchaf law ddiau [Duw],
> [Y mae] fy ymrwymiad [i] i'r gŵr ail orau [o ran rhinwedd].

meddai Dafydd Benfras. A dywed y Chwaer Bosco:[41] 'Y mae naws canu'r Gogynfeirdd wrth foli Duw yn drawiadol debyg i naws eu canu wrth foli'r tywysogion. Meddylient am Dduw fel arglwydd y byd hwn a theyrn ar wlad nef. Nid yw Dafydd Benfras yn eithriad.' I mi, un esboniad yw mai cydlynol oedd egwyddor Mawl. Undod ydoedd yn ei hanfod. Dyma, felly, y Tywysog yn estyniad neu'n gynrychiolydd i'w Grëwr.

Ac yn ail, yn sagrafennol. Yr oedd Duw yn bresennol o ran cymeriad yn Ei greadigaeth, er gwaethaf y cwymp. Gellid canfod Ei gyfiawnder a'i harddwch a'i allu ar led, ie hyd yn oed yn y llywodraethwyr a'u trefn. Ac yn wir, oherwydd hynny y mae'r greadigaeth fel pe bai'n dweud yn dda amdano (yn bendithio): yng nghyfieithiad Dr Marged Haycock o'r *Llyfr Du*:[42]

> *Bydded i'r lle gwastad a'r lle serth dy ogoneddu...*
> *Bydded i ?goed gwyllt a choed y berllan dy ogoneddu...*
> *Bydded i'r adar a'r gwenyn dy ogoneddu;*
> *Bydded i'r adladd a'r glaswellt dy ogoneddu,...*

ac yn y blaen. Dywed Dr Oliver Davies yn dreiddgar:[43] 'The poet appears to have the special function of speaking praise *on behalf of* the Creation, in a way that unites the Creation in a single unified act of praise.'

Eto, ymddengys fod chwyldro diwinyddol go ddwys wedi digwydd rhwng cyfnod Dewi Sant (a'i Awstiniaeth) a'r Llyfr Du (a'i led Belagiaeth).

Ymwaredwyd i raddau (bron yn isymwybodol), ymhlith rhywrai, ag athrawiaethau gras arbennig. Ceid llithrad cyson oddi wrth gyfrif mai Duw oedd yn benarglwydd, ac mai gras oedd y cwbl o iachawdwriaeth, tuag at ddyrchafu dyn a'i weithredoedd. Digwyddodd nid yn unig gyda Phelagiaeth ac wedyn Arminiaeth, ond hefyd gyda rhyddfrydiaeth Brotestannaidd ddynganolog y cyfnod diweddar.

Yn y traddodiad Pawlinaidd ac Awstinaidd, bratiau budron oedd gweithredoedd dyn o safbwynt 'ennill' iachawdwriaeth iddo'i hun. Aberth Crist, sef gras Duw, drwy'r ffydd a roddwyd i ddyn gan Dduw yn unig a allai ei achub. Calon ddrylliog oedd y cwbl a oedd gan ddyn i'w gynnig ohono'i hun. Haerllugrwydd oedd tybied y gallai unrhyw haeddiant o'i du ef dalu am fywyd tragwyddol. Ymostwng oedd Mawl.

Ond gyda defod yn cael ei thrin nid yn gymaint fel mynegiant o edifeirwch, eithr fel moddion i ennill y nef, fe dyfodd y pwyslais Pelagaidd (Arminaidd ymhlith Protestaniaid yn ddiweddarach) i weithredoedd dynol gymryd lle gwaith Duw (neu ran ohono).

PWRPAS NODI RHINWEDDAU

Gallwn bellach ddyddio dechreuad y traddodiad Mawl Cymreig gyda gradd go lew o bendantrwydd. Trafodwyd hyn gan Dr Rachel Bromwich[44] drwy danlinellu pwysigrwydd nodyn enwog 'Nennius' fod (A)neirin, Taliesin, Talhae(a)rn, Blwchfardd a Chian yn canu yn ail hanner y chweched ganrif. Soniodd hi am gynnwrf go arbennig yn y cyfnod hwnnw y gellid enwi beirdd eraill a oedd yn rhan ohono: Arofan, Afan Ferddig, Meigant, Morfran, ac eraill. Cynnwrf sefydlu iaith 'newydd' ydoedd, llenyddiaeth newydd, cynnwrf brwydrau gwleidyddol tyngedfennol a chynnwrf crefyddol.

Talhaearn *Gwenith Gwawd* oedd Talhaearn; 'Mawl' wrth gwrs oedd 'gwawd'. Da cael ein hatgoffa ymhle'r oedd y gair hwnnw yn sefyll cyn Siôn Cent a chyn Siôn Tudur.

Esboniodd Saunders Lewis yn fedrus iawn fod Taliesin wedi sefydlu delwedd o'r arweinydd delfrydol. Byth ar ôl Taliesin byddai beirdd y brenhinoedd, beirdd y tywysogion, a beirdd yr uchelwyr yn dilyn ei esiampl ef, gan adeiladu delfryd 'Platonaidd' o hanfodion y pennaeth fel y dylai fod. Nid anghytuno â'r dehongliad hwnnw a wnaf i. Ond, o ran pwyslais, fy newis innau yw esbonio cyfraniad Taliesin fel hyn. Ganddo ef y ceid yr enghreifftiau cyntaf sydd wedi goroesi yn y Gymraeg o gerddi sy'n amlygu swyddogaeth briodol y prydydd. Mawl, eisoes mewn Brythoneg a Chelteg ac Indo-Ewropeg yn ôl pob tebyg, oedd gwaith addas y bardd. Arddangos natur y gwaith mawr hwnnw o'r newydd a'i enghreifftio oedd calon barddoniaeth Taliesin. Yn ei gerddi ef y penodolid nodweddion prydyddiaeth ganol-y-ffordd i'r traddodiad Cymraeg. Iddo ef, dirwedd o hynny oedd Urien.

Hynny yw, nid canoli ar y gamp o 'greu cymeriad' yr wyf yn achos Taliesin, er cydnabod hynny; nid chwaith sylwi ar y berfau neu'r gweithredoedd cynddelwaidd – amddiffyn a gwledda; na chwaith bwysleisio'r arddull a'r grefft ddathliadol gywrain. Eithr, yn ganolog ac yn sylfaenol, tanlinellu cyfeiriad y swyddogaeth: y pwrpas hanfodol. Dyna hefyd oedd casgliad penderfynol a diffiniol Gramadegau'r Penceirddiaid. Nid creu delwedd yn unig yr oedd y bardd, eithr moli. Mawl oedd y nod bob amser, y cyflyrwr, y fframwaith, pam yr oedd yn bod. Dyma wreiddyn y meddwl.

Ar *sut* neu *ffurf* meddwl y Mawl y mae pwyslais Saunders Lewis; a'm pwyslais innau yn gyfredol, ar y 'pam'. Ond wrth gwrs mae ffurf y meddwl yn dweud cryn dipyn am y pam. Sylwer er enghraifft ar yr hyn oedd natur y Mawl a gyflwynid:

1. Ymostwng: dyma addoli – mewn dolen, dôl (plygu); y bardd yn gwrogi er mwyn i'r llall fod yn fawr, gan gydnabod neu i ddangos hynny;
2. Mawrygu: gwneud ffws – drwy grefftwaith cywrain ac anodd, ffurfiol, fel 'gwisgo lan' yn seremonïol mewn gwasanaeth crefyddol;
3. Diolch: talu medd – teyrn-'ged'; cydbwysedd rhwng dwy ochr y berthynas – cydnabyddiaeth rhodd â rhodd. Tybed a oedd yr ymadrodd 'talu medd' yn canu cloch – sef cloch yr offeren?
4. Cyhoeddi enwogrwydd: lledu'r sôn, nid mewn celfyddyd breifat; eithr mynegi i'r byd;
5. Dethol yr anghyffredin: y rhyfeddol, y gwerthoedd 'anwel', y campau corfforol ac ysbrydol uwch na'r cyffredin megis yn y rhamantau.

Delfryd y Cwlwm hwn, y goron, ydoedd diddordeb hollol briodol Saunders Lewis yn hyn o ddirwedd. Yn fwy elfennaidd efallai, '*Ysbryd* y *Cwlwm*', y gwaelod, yw pwyslais fy niddordeb i.

Daethpwyd, yn ôl Saunders Lewis, i ystyried mai patrwm i'r dyfodol byth wedyn fyddai'r ddelwedd a greodd Taliesin o Urien. Diau fod y beirdd eraill, beirdd coll gan mwyaf a oedd yn gyfoes â Thaliesin, wedi mabwysiadu delwedd ddigon tebyg, o Arglwydd aruchel yn drefnydd, yn haelionus ac yn rhyfelwr; ond teg hefyd yw cydnabod mai Taliesin a fagodd enwogrwydd o hynny, yn fwy felly nag Aneirin a'i Fynyddog Mwynfawr fel y tystia 'Chwedl Taliesin' ymhellach ymlaen. Efô oedd y myth ac yn ôl ato ef yr edrychai beirdd diweddarach fel Guto'r Glyn.

Rhan o swyddogaeth y bardd wrth foli o'r cychwyn cyntaf oedd barnu. Dethol; ond yn wahanol i'r cyfreithiwr a farnai'r troseddwr, gwaith y bardd oedd i'r cyfeiriad gwrthwyneb farnu pwy oedd yn haeddu clod:

beird byt barnant wyr o gallon

(A chyfieithu'n llac: Gorchwyl i'r beirdd yw penderfynu i bwy y mae clod yn ddyledus.)

Yr oedd i'r bardd felly swyddogaeth gyfarwyneb i'r cyfreithiwr ym mywyd y gymdeithas. Roedd y naill a'r llall yn gweithio o blaid iechyd y gymdeithas, ond mewn ffyrdd gwahanol, y naill yn ôl doniau a rhoddion, a'r llall yn ôl gweithredoedd ac ymddygiad, y naill yn gadarnhaol, a'r llall yn negyddol.

Dyma a ddywed D. Myrddin Lloyd:[45]

'y mae lle hanfodol bwysig i *foliant* fel cyfrwng i sicrhau iechyd cymdeithas . . . Dyna oedd y gerdd foliant – sef troi'r drych ar gymdeithas, ac yn enwedig ar yr arweinydd, a thrwy'r darluniad o'r hyn ddylai ef a hithau fod, ennyn eu serch yn y delfryd. Yr oedd Cymru yn falch o'i chyfraith a'i breintiau, ond yn argyfwng presennol pob cenhedlaeth yn ei thro, yr oedd cynnal cyfraith a braint, sef holl les cymdeithas, yn dibynnu ar bwyll a gwroldeb – ar *gymeriad* yr arweinydd, ac ar deyrngarwch iddo . . . Gan hynny, yr oedd holl angerdd bywyd y cyfnod cyn 1282 yn y canu moliant . . . Dyrchafu delfrydau ac arweiniddion y gymdeithas oedd prif swydd barddoniaeth yng Nghymru'r oesoedd canol . . .'

'Y mae prif amcanion barddoniaeth yn gyson sefydlog am ganrifoedd lawer, sef cyflwyno i'r serchiadau a'r ewyllys trwy'r dychymyg ddelfryd o gymeriad dyn fel y mae'n rhaid wrtho yn y byd sydd ohoni.'

Mae gan yr Athro Caerwyn Williams yntau baragraff tra pherthnasol i'r ddadl hon yn ei ddarlith i'r Academi Brydeinig.[46] Dywed: 'the *bardos* "singer of praise (to men)" had a priestly counterpart, "the singer of praise (to god)". Such a differentiation in the functions of the praise-singer has its analogues in other cultures and is a development which is to be expected in early society, if, as it is reasonable to believe, 'praise of men' as a literary genre originated in the 'praise of gods'. Indeed, on the basis of parallels taken from the literatures of the ancient Hindus and Persians in the East and of the Romans and Scandinavians in the West, Professor Schröder has argued that two kinds of hymns were composed in Indo-European societies, one praising and glorifying a single mighty act of a god, the other celebrating a number of such acts, and that the first kind was sung to those remote deities who were far removed from men and their affairs, the second to those hero-deities who had taken an active part in the world of men as saviours, dragon slayers, etc.'

Yn achos dyn, dethol yn hytrach na bod yn anymarferol gynhwysfawr, a wna'r molwr. Mae'n peidio â sôn am y pechod sy'n amlwg ac ar gael ym mhob unigolyn, am ei fod am ei drafod yn sacramentaidd, yn ddelfryd, yn gynrychioliadol i werthoedd tragywydd. Byddai ceisio rhoi darlun cytbwys a chyflawn yn ddisgrifiad realistig, bid siŵr, ond fel arfer nid Mawl mohono. Ni byddai bardd ar y pryd yn ystyried mai dymunol na diddorol fyddai realedd. Dethol y rhinweddau, a'u dyrchafu'n ddelfrydus, dyna, fe ymddengys, a wna Mawl i dywysog neu i uchelwr. Ond nid felly'n hollol wrth gwrs yn achos Duw. Ac o'r herwydd nid nodwedd *angenrheidiol* ar gyfer Mawl Duw yw 'dethol' per se, o leiaf gyda'r un cymhelliad ag wrth ddethol ar gyfer dyn. Ni ellir chwaith fawrygu Duw yn yr ystyr ein bod yn gwneud yn fawr o'i briodoleddau, a'i ganmol am ei fod yn berchen arnynt neu wedi llwyddo i'w cadw.

Awgrymaf mai *enwi* rhai o briodoleddau a gweithredoedd Duw, cydnabod bodolaeth y rheini, eu hadnabod, diolch amdanynt a mynegi teimladau ffafriol tuag atynt yw ystyr Ei ganmol, gan wybod Ei fod Ef yn frenin ar bob rhinwedd. Cynrychiolwyr yw'r detholiad. Wrth gwrs, oherwydd prinder gofod ac amser, yr oedd yna fath o gyfyngiadau ar yr enwi. Ond nid oedd angen chwynnu er mwyn osgoi diffygion. Yr enwi sy'n arwyddocaol, nid y dethol gwrthodol negyddol. Ymhellach, enwi priodoleddau a gweithredoedd Duw eto, fel y'u hamlygir mewn dyn, yw ystyr moli dyn, ynghyd â diolch amdanynt a mynegi teimladau ffafriol tuag atynt, ond gan wybod nad Duw mohono.

Ac eto, drachefn, enwi priodoleddau a gwaith Duw, fel y'i hamlygir mewn natur yw ystyr moli natur, ynghyd â diolch amdanynt a mynegi teimladau ffafriol tuag atynt. Gweithred grefyddol yw mawl o bob math gan ei bod yn ymgyfeirio at yr hyn sy'n ddwyfol, ac yn y pen draw dim arall.

Yr wyf yn ceisio diffinio 'Mawl' fel y bo'r gair yn cwmpasu pob math o Fawl, hynny yw Mawl ar bob achlysur.

Fy nghasgliad yn y fan yma yw mai moli Duw y mae pob Mawl. Pan folir dyn neu natur, yr hyn a geisir yw presenoldeb Ei nodweddion creedig Ef, argraff Ei bersonoliaeth, ac anadl Ei fywyd. O ganlyniad, ymatebiad i ddatguddiad yw Mawl. Heb y datguddiad does dim Mawl. Gellir lleisio'r geiriau, ond ni cheir Mawl ystyrol.

Ac eto, ni ddylid bychanu ansawdd ffurfiol y Mawl. Fe'i trowyd yn seremonïaeth ddefodol. Dyna sy'n cyfrif sut y ceir 'rhyfeddu' yn y moliant crefyddol cynnar, ond rhyfeddu ffurfiol a fformiwlëig ydyw, rhyfeddu wedi'i ystrydebu, a'i sefydlu'n *topos*:

> *is abruid i cinimer*

Anodd yw [mynegi] cymaint y [wyrth honno].

> *Nis acup, nis arcup leder.*

Nid yw llenyddiaeth ysgrifenedig [ychwaith] yn ei chynnwys [nac] yn medru ei hamgyffred.[47]

Un modd o grynhoi Mawl yn ffurfiol oedd drwy ddatgan a rhestru weithiau deitlau megis:

> *Dom'ni, douit, Duw, vrenhin Trindaud, Guledic deduit, Kadarn bugeil.*[48]

Yn wir, yn achos y brenhinoedd, tywysogion, neu uchelwyr, ni ellir llai na theimlo ambell dro fod y 'person' ei hun yn diflannu, a'r teitl, y swyddogaeth, y delfryd o Fawl sy'n disodli hwnnw wedi dod yn destun.

Crisielir cymeriad Duw, megis cymeriad y gwŷr, nid yn unig yn ôl ei ansoddau, eithr yn ôl ei weithredoedd canolog a sylfaenol er enghraifft:

> *Duu a'n amuc, Duu a'n goruc, Duu a'n guaraud;*[49]

Duw a'n hamddiffynnodd, Duw a'n creodd, Duw a'n gwaredodd.

Ac ochr yn ochr â'r gweithredoedd hyn a enwir yn benodol megis pegynau arwyddocaol yn y moliant, fe enwir bwriad a swyddogaeth gyfatebol y bardd:

> *In enu Dom'ni meu y voli, maur y uolaud,*

Yn enw'r Arglwydd – fy rhan i yw ei foli – mawr [yw] ei foliant.

> *Molaw-e douit, maur y kynnit ar y cardaud.*

Molaf i Dduw, mawr [yw] ei amlhad ar ei drugaredd.[50]

Yn ogystal, fe enwir hawliau ac awdurdod Duw:

> *Duu a'n dyli, Duu issi vry, vrenhin Trindaud*

Gan Dduw y mae'r hawl arnom, Duw sydd uchod, brenin y Drindod.[51]

Sut yn union y crynhown y gwahaniaeth ansoddol yn y ddau fath hyn o Fawl i'n beirdd cynnar, y Mawl i ddyn a'r Mawl i Dduw? Priodol wrth ateb cwestiwn o'r fath yw gwahaniaethu drwy gyferbynnu Mawl i Dduw â Mawl i wrthrychau naturiol. Gyda chreadigaethau naturiol y mae dethol bob amser yn hanfodol oherwydd olion y cwymp. Gellir dadlau bod yn rhaid diogelu'r ymdeimlad isymwybodol mai nod a phatrwm clodfori gwrthrychau naturiol yw dethol a dyrchafu nodweddion 'naturiol' cymeradwy. Gall y rhain fod yn ddigon eithriadol o bosib. Ond hepgorir y gwachul, a thrwy hynny ceir elfen gref o ormodiaith yn bresennol. Yn achos Duw bydd hynny yn llai na digonol. Ni ellir cymeradwyo digon gyda Duw. Yr ydys bob amser yn methu â chwmpasu'r cwbl. Ni ellir bod yn agos i gyrraedd mawredd Ei ragoriaethau. Pan weithredir 'dewis' yn achos dyn, gwneir hynny er mwyn osgoi sôn am ddiffygion. Diffygir yn achos Duw gan 'ddewis' o blith ei rinweddau, oherwydd eu gormodedd. Yn achos Mawl i arweinydd ar y llaw arall (ac i wrthrychau naturiol eraill) yr ydys, fel petai, yn dewis o blith y priodoleddau a gafwyd oddi wrth Dduw. Is-gynnyrch yw. Ar ryw olwg, moli presenoldeb Duw cyn belled ag y gellir yn ymarferol yr ydys.

Dadleua rhai fod llenyddiaeth i gyd – caneuon o Fawl, drama a chwedl – oll wedi tarddu mewn gweithgareddau crefyddol. Swyddogaeth seremonïol addoliadol a oedd i'r holl ddulliau llenyddol hynny'n wreiddiol. Os yw hyn yn wir, gellir deall wedyn sut y bydd y cynnwys yn ogystal â'r diben a ffurf llenyddiaeth yn ymsefydlu drwy fabwysiadu hanfodion crefyddol.

Ond pam moli o gwbl? Os nad oes angen Mawl ar Dduw, o'r braidd bod angen Mawl ar afon na choed na hyd yn oed ar ehedydd. Yr ateb yw – oherwydd mai peth felly yw iaith. Peth felly yw bywyd. Fe'i gwnaethpwyd oll i fynegi ac i gadarnhau'r drefn oruwchnaturiol-naturiol. Cyfle ydyw i ddarganfod gwerthoedd ac i ddiolch amdanynt.

Sylweddoli hyn yw miniogi natur y gweithgaredd. Oherwydd hynny, y mae gwaith y beirniad yntau yn ymdebygu i waith y bardd moliant. Pryd bynnag y byddwn yn darllen neu'n gwrando ar lenyddiaeth yr ydym yn ddigymell yn chwilio am ragoriaethau yng ngwneuthuriad yr hyn a ddwedir. Dod o hyd i'r arwyddocaol yw dethol. Rhaid i wneuthuriad y llenyddiaeth, er mwyn boddhau, gynnwys rhinweddau moesol o esthetig. Diau fod rhywrai, beth bynnag fo'u cymhellion, yn chwilio am feiau a diffygion hefyd; ond caniateir iddynt gyflawni'r cyfryw foeth am eu bod yn cael eu gyrru (fe dybir) gan yr ysfa ddethol sydd ynghlwm wrth ddarganfod rhagoriaethau estheteg a moeseg.

Pan fo llenyddiaeth yn gymdeithasol felly, ac mi dderbyniwn i'r ddadl fod pob llenyddiaeth ar ryw wedd yn gymdeithasol, yna y mae a wnelo â newid neu gadw cymdeithas. Hynny yw, gwleidyddol yw. Ideolegol. Mae a wnelo â'r 'gwirionedd' hefyd. A chan Dduw, er gwaethaf y cwymp, y cafwyd pob gwirionedd hanfodol sy'n bosibl.

Yn ei ddarlith *Canu Crefyddol y Gogynfeirdd* y mae'r Athro Caerwyn Williams yn dadlau ei bod yn bosibl[52] 'fod eu canu mawl, yn folawdau ac yn farwnadau . . . yn ganu crefyddol ar un ystyr.' Hyn a esbonia beth ar y gorchymyn yn y gyfraith i'r bardd ganu'n gyntaf er clod i Dduw ac yn ail er clod i'r brenin. Y mae'n awgrymu, ymhlith pethau eraill, nad oedd y brenin na'i gymdeithas yn teimlo mai digon yw gadael moliannu Duw i'r offeiriad, a'i bod yn angenrheidiol cael y pencerdd i wneuthur hynny hefyd, yn enwedig os oedd yn mynd rhagddo i foliannu'r brenin. Disgynna'r beirdd o gyfundrefn a ddatblygwyd mewn cyfnod paganaidd pryd y cenid Mawl 'nid yn unig i gynyddu clod ac anrhydedd y brenhinoedd eithr hefyd i gynyddu eu gallu a'u grym i gyflawni campau a deilyngai'r cyfryw glod ac anrhydedd.'

Beth bynnag y gwrthrych, Mawl cadarnhaol oedd y goddrych.

Dichon fod y difrifwch a fagwyd oherwydd yr amcan hwn yn cyfrif pam y mae'r Gymraeg, hyd yn oed yn yr unfed ganrif ar hugain, dan bwysau unplyg y traddodiad Mawl, wedi bod yn hwyrfrydig iawn i dderbyn y gormes 'coeg' fel cywair normal. Dangosodd yr Athro Williams fel yr oedd swyddogaeth y bardd yn y cyfnod cynharaf yn ymblethu blithdraphlith â'r offeiriaid a'r derwyddon, ac y gallai'r hyn a oedd yn ofynnol yn ôl y llyfrau cyfraith 'ddadlennu defod a oedd â'i dechreuad ymhell bell yn ôl yn hanes diwylliant yr Indo-Ewropeaid'. Ymgysylltai hyn â'r honiad fod yna darddiad dwyfol i'r awen. Ni ellid llai na synied fod y weithred o farddoni yn y cyfnod cynnar yn dwyn rhyw nodweddion neu ryw naws oruwchnaturiol. O'r herwydd gellid cael 'yr un *topoi* yn eu canu i Dduw ag yn eu canu i frenhinoedd. Dyna'r "topos" *ni'th oes gystedlydd*, nid oes neb yn debyg i ti.

Ny dyfu yma, Gwledic, dy gynna,
Ny dyfu, ny dyfyd, neb cystal a Douyd'[53]

Hynny yw, wrth drafod y traddodiad Mawl, ac wrth sylwi ar nerth anghyffredin y canu Mawl i dywysogion ac i uchelwyr, ac wrth sylwi ar yr un pryd fod yna lawer o glodfori crefyddol yn gyfredol, priodol yw nodi'r cyswllt rhwng y 'seciwlar' a'r 'crefyddol'. Mewn gwirionedd, gwerthoedd crefyddol a gynnail y cwbl. Y mae moli'r duwiau, fel y dengys y Dr Catherine McKenna, 'a moli dynion yn bur debyg o ran ffurf, am mai'r un yn y gwraidd oedd y swyddogaeth. Diben y naill a'r llall i ddechrau oedd sicrhau parhad haelioni eu gwrthrychau a hynny yn ei dro yn gymorth i gynnal y drefn gymdeithasol a chosmig.'[54] Dyna pam y mentrais ddisgrifio'r Cymhelliad (yn ôl strwythur triol Gwerth, Agwedd at Drefn, Diben) sy'n clymu Tafod wrth Fynegiant, ac Ystyr wrth Ffurf, fel 'rhagdyb ddiwinyddol'.

Yn wir, dengys Dr McKenna fod y beirdd yn disgwyl tâl am eu Mawl i Dduw yn union fel y disgwylient dâl gan eu tywysog: 'Disgrifir gweithgareddau prynedigol Crist mewn termau arwrol sy'n dwyn i gof ddisgrifiadau o gampau milwrol y noddwyr dynol.' Ac felly yn y blaen: nid wyf am barhau i drafod y pwynt hwn gan fod yr Athro Williams ac eraill wedi'i drafod mor drwyadl. Dymunwn serch hynny fentro ar un dyfyniad hir sy'n canolbwyntio sylw ar un wedd hanfodol ar y thesis dw-i'n ceisio'i ddatblygu, sef y wedd a fyn fod y canu 'seciwlar' (sut bynnag y mae'n ymddangos i anghredadun cyfarwydd yr unfed ganrif ar hugain) ynghlwm wrth natur ac arwyddocâd canu sy'n llawer dyfnach:[55]

> 'The assumption underlying the praise or celebration poetry sung by both Welsh bard and Irish *fili* is that 'praise or 'fame' is the only thing that will never die. 'Trengid golud, ni threinc molud' ('Wealth vanishes, praise [fame] vanishes not'), says a very old Welsh proverb. And one of the constant themes of the Irish bards is expressed succintly by Tadhg Dall O' Huiginn: 'If the wealth of the world were to be assessed – this is the sum total of the matter – nothing in the world is other than futile except praise (moladh) alone.'

Onid yw hyn yn awgrymu fod Mawl ei hun yn dwyn rhai nodweddion goruwchnaturiol? Y mae fel pe bai'n rhan o drefn ddwyfol. Mae'n adlewyrchu cymeriad Duw. Mae'n anadlu priodoleddau a rhiniau arallfydol. Â'r Athro Williams yn ei flaen:

> 'The Celts there [in Gaul] had a priest called *gutuater*, whose functions were apparently an offshoot of those of the druid. The word *gutuater* has been derived from *$\bar{g}hutu$-p@te-r*, father [that is, master] of the invocation [to god]. This suggests that the *bardos*, a word which has been derived etymologically to mean 'the singer of praise [? to man]', had a priestly counterpart, 'the singer of praise [to God]'. Such a differentiation in the functions of the praise-

singer has its analogues in other cultures, and is a development to
be expected in early society, if, as it is reasonable to believe, 'praise
of men' as a literary genre originated in the 'praise of gods'. Be
that as it may, the *pen cerdd*, when he sang one song to God and
another to the king, was in all probability performing the dual
function of the Celtic *bardos* in a much earlier period, and no doubt
he felt that he was performing a religious duty no less in singing to
the king than in singing to God.'

Dyna pam y cysylltir yr Awen ei hun â'r Ysbryd Glân neu â rhodd oddi
wrth Dduw; ei anadl.[56] Meddai'r Athro Williams ymhellach:

'In this connection, it should be remembered that the primitive
Celtic bard, like the king whom he praised, derived his peculiar
power from the gods and that he derived it partly, if not wholly,
through literal inspiration.'

Roedd yr iaith ei hun yn cael ei hanadlu gan yr Ysbryd. Pan aeth rhai
o'r Rhamantwyr diweddar ati, rhai fel Matthew Arnold a W. J. Gruffydd,
i ddadlau fod barddoniaeth yn disodli ac yn etifeddu rôl crefydd, yr
oeddent yn parhau ymagwedd ddigon cyntefig. Meddai'r Athro Williams
ymhellach byth:

'The Celtic poet, like his Indo-European predecessor, regarded
himself as a shaman or magician, that he used words not only to
praise those qualities which everyone thought to be essential in a
king, but actually to call them into existence in him . . .
It is this 'imperishable glory' [clod] which the Indo-European
hero desires above all else and for which he will lay down his life . . .'

Dyfynnu maith; ond yr oedd yn werthfawr yn gymaint â bod yr Athro
Caerwyn Williams wedi myfyrio'n hir ar y mater hwn. Ac wrth geisio diffinio
hanfod Mawl, y mae'r dechreuadau cyflyrol ac amodol hyn yn gychwyn-
fan allweddol.

Mae hi'n arferiad gennym enwi dewrder mewn brwydr a haelioni mewn
gwledd fel y ddwy nodwedd orthrechol a gaed gan Urien ym mryd Taliesin,
megis yn y ddelwedd gynddelwaidd o'r uchelwr fel y'i trosglwyddwyd o do i
do drwy'r traddodiad. Ond dichon mai'r priodoledd llawnaf oedd mai
'Arglwydd' oedd. Ef oedd yn ben. Yn wir, yn y dyddiau cynharaf, ystyrid

hyn yn llythrennol, mai Pen oedd. Ac felly yr oedd yna drefn yn bosibl, trefn hierarchaidd, anffasiynol o annemocrataidd mae'n wir, ond trefn i'w dymuno ac i'w choleddu am mai trefn oedd. Yr oedd yna ragoriaeth hefyd am yr un rheswm, ac oherwydd rhagoriaeth caed gwerth pren mesur a gwerthfawrogiad o un yn uwch yn y ffrâm nag un arall. O'r herwydd yr oedd ymostyngiad yn fraint. Dathlu rhinwedd Arglwyddiaeth yr oedd y canu Mawl cyn iddo ddathlu na haelioni na dewrder. Hi oedd ffynhonnell awdurdod.

'Vryen vd yr echwyd' yw Urien: Arglwydd Erechwydd; rwyf bedyd (Arglwydd Cristnogion), gyda'r ymwybod o wahaniaeth rhwng y Cymry a'r Saeson. Fe'i gelwir hefyd yn 'haelaf dyn bedyd' mewn cerdd arall a dywedir 'llawen beird bedyd tra vo dy uuchyd' (Llawenha beirdd Cristnogol tra sefi di) 'Angor gwlad' yw; 'Reget ud' yw Owain: Tywysog Rheged; 'vd llewenyd llatreit', 'tywysog Llwyfenydd ogoneddus'. Dywed 'Ardwyre Reget ryssed rieu':

Moled arglwyddi ogoniant Rheged.

'Gwrthelwr trefred' yw Cynan: dodrefnydd tŷ a'i diroedd.

Bron y gellir ystyried y dathlu hwn yn anochel, yn rheidrwydd cynhenid, yn ganlyniad rhesymegol i hyn oll. Casgliad Taliesin yw, wedi disgrifio Brwydr 'Argoet Llwyfein':[57]

> *Ac yny vallwyfy hen*
> *ym dygyn agheu aghen.*
> *ni bydif ymdyrwen*
> *na molwyf vryen.*

(A phan dyfaf yn hen, a marwolaeth yn gwasgu'n galed arnaf i, ni byddaf yn hapus oni folaf Urien.)

Dyma'r fformiwla neu'r byrdwn sy'n adleisio ar ddiwedd caneuon II, III, IV, V, VI, VII a IX yn *Canu Taliesin*. Yn ogystal â chydnabod priodoleddau brenhinol Urien, dywedir wrth ei weld yn ymadael i'r rhyfel:

> *ys cu kyn eithyd*[58]

(Roedd yn annwyl i mi cyn ymadael).

Rhaid cydnabod bod ymlyniad Taliesin wrth Urien, ac yn arbennig fel y'i mynegir yn *Canu Taliesin V* yn ymddangos yn dipyn mwy na defod.

Llawenhau y mae mewn gwrogaeth ac yn safle'r arweinydd. Nid arferol yw sôn am bethau megis 'didwylledd' angerddol wrth gyfeirio at gyfnod fel yna; ac eto, anodd peidio â theimlo rhywbeth o'r fath mewn llawer o waith Taliesin.

Crynhoir penaethdod yr Arglwydd yn ei gyfoeth: 'a lliaws maranhed eurteyrn gogled' (a llawer o olud [ym meddiant] pennaeth balch y Gogledd).

Megis y dywedir am Flaen yng Nghanu Aneirin:[59]

blaen ar e bludue dygollouit
vual ene vwynvawr vordei . . .

(Cynigia Blaen, ar ei glustogau pluog, y corn yfed yn ei lys cyfoethog.)

blaen eur a phorphor kein as mygei[60]

(Ymddifyrrai Blaen mewn dillad o aur a phorffor.)

Allan o'r penaethdod y llifai'r dewrder a'r haelioni. Dyma ansawdd arglwyddiaeth. Dyma rin y Pen. A balchder y bardd.

Ni ellir llai na synied fod yna rinweddau llys eraill heblaw dewrder a haelioni'n cael eu dathlu weithiau. Megis syberwyd a chwrteisi. Yng Nghanu Aneirin, sonnir am Geredig:[61]

Keredic caradwy e glot.
achubei gwarchatwei not.
lletvegin is tawel kyn dyuot
e dyd gowychyd y wybot.

(Ceredig annwyl ei glod, cipiai a chadwai enwogrwydd, y llanc ieuanc hoff, tawel yw cyn dyfod dydd ei gwymp, un gwych ei gwrteisi.)

Am arwyr eraill: 'Diffun ymlaen bun'[62] (Dianadl o flaen bun). A dyna ni'n dechrau symud ychydig oddi wrth yr ymddaliad llai emosiynol arferol.

Adlewyrchir y Sofraniaeth ddynol yn y wlad ei hun. Nid yw Mawl i harddwch gwlad yn ddieithr hyd yn oed yn y canu cynnar.

Yr echwyd teccaf ac dynion haelhaf[63]

(Yrechwydd harddaf a'i dynion haelaf)

Yr hyn sy'n drawiadol ynglŷn â'r cyfarwyddyd a roir i foli uchelwr yw nas molir ef am yr hyn yw yn bersonol. Fe'i molir oherwydd rhyw egwyddor neu rinwedd sy'n hanfod, sydd mewn ffordd yn bod y tu ôl iddo, ar wahân iddo, neu y mae ef yn ei chynrychioli. Ni fanylir ar yr unigolyn fel y cyfryw. Gwrthrychol yw hyd yn oed ei anwyldeb. Y mae fel pe bai ef yn sianel i ryw nodweddion uwchunigol, yn sacramentaidd felly. A dyna'r unig reswm dros ei glodfori.

Diddorol sylwi ar yr hyn sy'n arbennig a'r hyn sy'n gyffredinol yn y Mawl hwn. Enwir person, fe'i cysylltir â lle ac ag achau. Dyna'r arbennig. Ond wedyn, detholir *rhai* nodweddion haniaethol cyffredinol o blith y rhagoriaethau sydd i fod i'w 'disgrifio' neu i'w moli.[64] Pethau gwrthrychol, cyffredinol yw safonau: sefyll yw eu gwaith.

Dyma'r ffordd i farnu gwŷr o galon. Wrth ddiffinio'r rhinweddau hyn, y mae'n anochel fod eisiau dweud weithiau 'nid-gwan', ac nid 'cadarn' yn unig, 'nid-llwfr' ac nid 'dewr' yn syml.

Saif celfyddyd yr oesoedd canol ar sail gosodiad a gwrthosodiad, nid cyfosodiad cyfaddawdol. Felly, gan y Gogynfeirdd (i bob pwrpas):[65]

Tri pheth a dyly kerdawr eu kywreinyaw wrth eu datkanu y ereill pan y gouynner: dysc, a gwiryoned, a barn ar gerdwryaeth.

Tri pheth ny dyly kerdawr eu kredu: gogangerd clerwr yn y lle y prytto prydyd, kanys trech y dyly vot molyangerd y prydyd no gogangerd y clerwr; eil yw ny dyly y gredu, kanu kam gerd o brydyd kanmoledic ac awdurdawt idaw, kanys damwein yw kaffael datkeinyat a datkano kerd yn gwbyl megys y kano y prydyd; [18] trydyd yw ny dyly y gredu, peth ny allo bot herwyd doethyon . . .

Mae gwrthosodiad yn y fan yma yn gysylltiedig ag Achos ac Effaith . . . yn gadwyn lorweddol, drefnus ddeallol. Tybiwyd yn ôl Hegel (ymhlith eraill) – mai'r ateb i bob problem oedd y Cyfosodiad rhesymegol. Yn ôl Kierkegaard yr oedd y Gwirionedd yn fwy rhamantaidd, a cheid yr ateb i bob problem yn llam ffydd, ffydd ar wahân i reswm: efô oedd tad dirfodaeth. Yn ei fryd ef ni ellid geirio'r gwir. Ni ellid gwneud gosodiadau amdano, na'i gyfathrebu. Safai y tu allan i Hanes. Gyda rhamantaeth yn treiddio fwyfwy i'r eglwys gellid ymwybod hefyd â maglau ymarferol Mawl: canu emynau heb brofiad a heb feddwl; morio o sŵn, bodloni'r synhwyrau, a'r greddfau torfol. Eithr ym mryd y beirdd clasurol Cymraeg, ceid gwerthoedd absoliwt, diffiniedig, ac, fel y mynnai Saunders Lewis, ymgais i ffurfio delfryd.

Ni wadwn, wrth gwrs, nad oedd y prydydd yn ystyried mai ennill bywoliaeth yr oedd. Hynny yw, yr oedd ganddo bwrpas cyfyngedig a hunanol ar y pryd. Ni wadwn chwaith nad oedd y brenin (a'r uchelwr) yn ystyried fod y Mawl hwn yn bropaganda helpfawr i gynnal ei safle a'i gyfoeth. Roedd Mawl yn Farcsaidd neu'n Thatsieraidd ymarferol. Yr oedd iddo amlder o gysylltiadau ac effeithiau. Yr oedd iddo allanolion elfennol ac amlwg. Ond mae'r math hwnnw o iseffeithiau i'w cael yn achos disgyrchiant hefyd: yr ych chi'n neidio i lawr o'r goeden er mwyn cyrraedd y llawr, felly eto o ben y ford, ond disgyrchiant cyffredinol sy'n caniatáu hynny. Heb ddisgyrchiant ymhobman ni ddigwydd mohonynt. Cyflawni disgyrchiant yr ydys. Ac felly, yn achos Mawl, boed yn seciwlar neu'n grefyddol. Y tu ôl i amryfal amgylchiadau ennill-pres, fe geir holl wth cynhaliol Mawl fel grym cynhenid i gynnal egwyddor trefn y manylion.[66]

Wrth ystyried yr Adran bwysig 'Pa ffurf y moler pob peth' yng Ngramadegau'r Penceirddiaid,[67] ni ellir llai na chydnabod fod yr awydd hwnnw i ddosbarthu gweithgareddau dyn yn bur hen. Fe'i ceir wrth gwrs yng *Ngwladwriaeth* Plato, megis yn yr adran sy'n cyfrif pa beth sy'n ddyledus i bob un yn ôl ei swydd,[68] ac yn Llyfr y Pregethwr 3 wrth nodi fel y mae amser i bob gorchwyl dan y nef. Ond yn athrawiaeth Arglwyddiaeth y Cylchoedd (Sofraniaeth y Sfferau), a ddatblygwyd yn bennaf gan Abraham Kuyper yn y bedwaredd ganrif ar bymtheg a chan Herman Dooyeweerd yn yr ugeinfed, fe ddadleuir ynglŷn â phrif swyddogaethau dyn fod i bob cylch ei ddeddfau ei hun, bob un yn ôl ei gymeriad ei hun a'i adeiledd creedig. Nid yw'r awdurdod a berthyn i unrhyw gylch boed yn wladwriaeth, yn deulu, yn swydd, yn eglwys leol – yn tarddu oddi wrth gylch arall. Ond uwch eu pen fe geir penarglwyddiaeth absoliwt ar y cwbl, yn orgylch sy'n amgáu'r holl gylchoedd, sef Crist ei hun. Ond o fewn yr amod hollgysylltiol a chydlynol yna, sef wedi derbyn cyfrifoldeb y swyddogaeth unigol yn uniongyrchol oddi wrth Grist, y mae gan bob cylch unigol ei natur a'i ddyletswydd. Ni ellir trosglwyddo awdurdod un cylch i gylch arall.

Arglwyddiaeth a gyfyngir, felly, dyna sydd gan bob cylch, a honno'n arglwyddiaeth a briodolir gan y Canol. Cydweithrediad yr arglwyddiaethau gwahanol hyn sy'n gwneud y cyfan. Nid oes yr un sy'n wir ddarostyngedig i'r llall; ac eto y maent yn gyd-ddarostyngedig i'r canol.

Yn awr, datblygwyd y theori adeileddol hon am gylchoedd cyd-ddarostyngedig gan y Calfinydd Johannes Althusius yn gynnar yn yr ail ganrif ar bymtheg, a cheisiais innau ddisgrifio'r theori,[69] yn arbennig wrth drafod syniadau Wiliam Cynwal a Siôn Dafydd Rhys. Wrth ei gymhwyso i ymdrin â'r Adran 'Pa ffurf y moler pob peth', fe welwn mai'r cylch unol yw Mawl. Cydgyfeirir gweithgaredd pob cylch tuag at fawrygu trefn Duw, ac yna eir ati i benodoli pa fath o Fawl sy'n briodol i'r cylchoedd unigol o fewn hynny. 'Athrawon' a folir oherwydd y rhesymau a'r rhesymau, 'disgyblion' a folir oherwydd rhesymau eraill, 'uchelwyr' a folir am ryw rinweddau penodol, eu 'gwragedd' am resymau eraill; 'preladiaid' a folir am eu bod fel a'r fel, ond rhai is eu safle am eu bod fel arall, ac yn y blaen.

Nid arglwyddiaeth y cylchoedd yn union a geir gan y Penceirddiaid, bid siŵr. Mae hi fel pe bai Duw, yn eu bryd hwy, yn un gwrthrych ymhlith gwrthrychau eraill, ond yn un mwy o lawer. Fe geir hefyd ganddynt y rhaniad Tomistig rhwng Gras a Natur, rhaniad a lwyddodd maes o law gyda chynnydd ym mhwysigrwydd Natur i 'orchfygu'r' diriogaeth a briodolid i Ras. Tueddir o'r herwydd i sefydlu deuoliaeth rhwng yr anghorfforol, lle y ceir gwerth ac ystyr, a'r corfforol, lle na wahaniaethir rhwng arwyddocâd un corff ac un arall. Ond datblygiad a geir maes o law yw'r olaf. Y gwir yw pan wahaniaethir gan y Penceirddiaid rhwng y 'peth ysprydawl nefawl, a pheth korfforawl bydawl', nid yw neb mae'n debyg yn ystyried bod awdurdod ysbrydol yn gyfyngedig yn unig i'r cyntaf. Mewn gwirionedd, dichon fod yna ymdeimlad hyd yn oed gan Tomas Acwin o'r hyn a elwir wedyn yn Ras Cyffredinol, o'i gyferbynnu â Gras Achubol. Ac ni ellir llai nag ymdeimlo gan y Penceirddiaid fod yr arwyddocâd ysbrydol i'r cwbl yn ddealledig.

Mae canu Mawl yr oesoedd canol, heblaw mawrygu unigolion, yn cynnal cyfundrefn o werthoedd. Adeiladwaith ydyw a gynnail yr ymwybod o bwrpas a safon. Y mae'n ddyfnach nag achlysur unigol. Cynrychiola amodau byw iach a meddwl cadarnhaol. Heblaw'r Mawl achlysurol ar yr wyneb, mae yna 'Fawl' arall ar lefel fwy parhaol yn cyflyru dyfodol. Mae'r gair 'Mawl' yn crynhoi cyfeiriad hanfodol y datganiad o blaid bywyd a threfn, ysbryd adeiladol y ffaith fod llenyddiaeth yn y bôn yn hyrwyddo'r gymdeithas. Fel y bydd greddf person yn ei orfodi i ymladd o blaid goroesi ac i achub ei fywyd ei hun mewn argyfwng, felly y mae yna yriant mewn iaith o blaid synnwyr, o blaid rhoi trefn ar y meddwl, o blaid darganfod ystyr bwrpasol y tu mewn i brofiad o'r bydysawd. Mynegi natur y gyriant cyffredinol hwnnw a wna'r gair 'Mawl'. Yn ymarferol defnyddir y gair yn arbennig am yr achlysuron o gymhwyso'r Cymhelliad hwnnw i faterion penodol sydd ar waith yn enghreifftiol. Ond hefyd, crynhoi'r ffaith orfodol honno, sydd wrth wraidd llenyddiaeth, a wna'r term. Gyferbyn â sentimentaliaeth nihiliaeth ac abswrdiaeth, gyferbyn â ffansïon pesimistaidd ramantaidd, adlewyrchir 'mewn gwaed oer' beth sy'n gorfod digwydd am ei fod yn hanfod yn y greadigaeth.

Felly, er ein bod yn defnyddio'r gair yn gywir am yr enghraifft unigol o gerdd sy'n dweud yn dda am yr unigolyn, ac er ein bod hefyd yn ei fabwysiadu fel term dulliol, sef term ym myd llenddull i'w gyferbynnu â dychan, y mae yna drydedd lefel y dylid ystyried ei bod yn briodol bob amser ar gyfer ei ddefnydd. Rhaid cael gair i fynegi'r cyfeiriad ysmudiadol hwn sydd ynghudd ddyrchafol y tu mewn i fodolaeth iaith a llenyddiaeth, ac yn hanfod cadarnhaol sy'n llywodraethu ar ysbryd y rhain. Hynny yw, cyffelyb yw Mawl eisoes ym Mynegiant y Cynfeirdd a'r Gogynfeirdd i reddf o blaid bodolaeth feunyddiol arferol.

Mae angen gair i fynegi cyfeiriad iaith a llenyddiaeth pan fo yna, yn amlwg, elfen yn eu meddwl a gyfetyb i'r palfalu gwyllt hwnnw yng nghorff y sawl sy'n boddi ac eto sy'n amlwg o blaid nofio. Mae angen gair sy'n crynhoi'r cyfeiriad anymwybodol reidiol sydd fel petai y tu mewn i'r greadigaeth ei hun – ond yn hanfodi llenyddiaeth – sy'n peri fod yna 'awydd' i fod yn ffrwythlon ac yn gadarnhaol. Gair syml yw Mawl. A'r hyn y mae'n ceisio'i wneud yw cydnabod a mynegi ffaith elfennaidd.

Ni chais sôn am ddim aruthrol o chwyldroadol. Ni lawenha lle nad oes llawenydd. Ac felly heddiw, ystyriaeth gyfiawn normal, dybiwn i, yw wynebu'r arhosol o'r newydd ar ôl cyfnod pesimistaidd o ramantu am dynged ddamweiniol dyn a'i lenyddiaeth.

Beth yn hollol sy'n digwydd yn gadarnhaol mewn gwirionedd yn y Mawl cyntefig rhyfelgar hwn? Gofynnir yn ddigon teg, er enghraifft, sut y gellir synied am Fawl i ryfelwyr gwaedlyd a chreulon yng nghyd-destun Mawl i Dduw.

Wel, ar wahân i gyfaill ffyddlon yr adain dde, sef darparu Mawl i'r Rhyfel Cyfiawn, ar wahân hefyd i aberth a bod yn adeiladol ym mrwydr bywyd, ni allaf lai na chasglu bod y bydysawd oll eisoes mewn cyflwr adeileddol o Fawl. Mawl sydd yn gynhenid i gyfeiriad ei fodolaeth a'i drefn, er gwaethaf ffaeleddau ffiaidd y cwymp. Gwaith priodol, i ddyn sy'n wynebu dychmygion a chwant i fod yn negyddol, yw cael ei orfodi i fyfyrio am y ffactor sylfaenol anochel hwn a'i hyrwyddo drwy'r greadigaeth. Y ffactor hwn taw pa mor arwynebol, sy'n cyflyru cymeriad pob gweithgaredd geiriol. Hwn sy'n osgoi wrth gwrs bob gogwydd Fictoriaidd at gynnydd a phob optimistiaeth Hollywoodaidd neu Farcsaidd am obaith di-sail. Felly y gwelwn yn gyfredol â'r defnydd arferol syml o Fawl fod llenyddiaeth yn gorfod corffori math o greadigrwydd, sy'n rhannu nifer helaeth o nodweddion yn y defnydd hwnnw. Yn neilltuol, y mae'n adeiladol o blaid y rheidrwydd i ddweud 'ie'. Hynny yw, mae gan *hanfod* llenyddiaeth ryw fath o gysylltiad â sylfeini Mawl yng nghynllun bodolaeth. Mae'n rhannu'r un ysgogiad isymwybodol â'r ysbryd moesol gan ogwyddo at ddiriaethu hynny'n synhwyrus mewn Mynegiant.

Nodiadau

1. *Foundations for a Science of Language*, Gustave Guillaume (cyf. Walter Hirtle a John Hewson), Amsterdam, 1984, 143-5.
2. 'Gweledigaeth Gyfannol Bobi Jones: Gwerthfawrogiad Beirniadol,' D. Densil Morgan, *Llên Cymru* 20 (1997), 120-137.
3. *Blodeugerdd Barddas o Ganu Crefyddol Cynnar (sef BBGCC)*, Marged Haycock, Barddas, 1994, 41. Mae'r disgrifiad hwn o natur peth o'r canu crefyddol cynnar yn cael ei atodi gan fy namcaniaeth ynghylch natur a phwrpas y canu gwirebol a diarhebol: SB IV, 526-561.
4. BBGCC 30.
5. ibid. 141-150.
6. *The Beginnings of Welsh Poetry*, Ifor Williams, Gwasg Prifysgol Cymru, 1972, 155-171.
7. BBGCC 30-40.
8. *Celtic Christianity in Early Medieval Wales*, Oliver Davies, Gwasg Prifysgol Cymru, Caerdydd, 1996, 26.
9. *The Holy Wells of Wales*, Francis Jones, Gwasg Prifysgol Cymru, 1954.
10. GDG 23, 10-16.
11. *The Triumph Tree*, gol. Thomas Owen Clancy, Edinburgh, 1998, 26.
12. BBGCC 288-9.
13. ibid. 284.
14. ibid. 152.
15. Oliver Davies, loc. cit. 91.
16. ibid. 101.
17. ibid. 84.
18. BBGCC 32.
19. Oliver Davies, op. cit. 34
20. BBGCC 287-296.
21. ibid. 283-286.
22. ibid. 151-155. h.y. Duw sy'n rhoi'r weddi. Dyna pam y dywedaf 'lled': cf. cyfieithiad godidog Wordsworth o Michelangelo, 'The prayers I make will then be sweet indeed,/If Thou the spirit give by which I pray.'
23. *Llyfr Du Caerfyrddin*, A. O. H. Jarman, Gwasg Prifysgol Cymru, 1982, 58.
24. ibid. 45.
25. BBGCC 152.
26. CBT I, 515.
27. BBGCC 146.
28. Dyma gyfieithiad CBT I, 280-1. Ond cyfieitha Oliver Davies op. cit. 98, 'The acceptance of God's purifying penance' lle y mae'n dilyn GPC. Ond sylwer yn y fan yma fod yna elfen o baradocs Cristnogol yn y penyd hwn, penyd oddi wrth Dduw ydyw. Ac felly eto, ymhellach ymlaen, ll.57, 'O'r dawn rhylofaist rhylafarwyf'. (cyf CBT Drwy'r ddawn yr wyt wedi ei rhoi [imi] boed i mi lefaru).
29. CBT I, 102.

30. CBT IV, 335.
31. Oliver Davies op. cit. 114.
32. ibid. 54.
33. CBT I, 269.
34. CBT I, 323.
35. CBT IV, 213.
36. CBT IV, 214.
37. CBT I, 333 ymlaen.
38. CBT VI, 384 ymlaen.
39. *Llyfr Iorwerth*, 21.
40. CBT VI, 392.
41. CBT VI, 377.
42. BBGCC 42.
43. Oliver Davies loc. cit. 63.
44. B XXII, 1966, 30-37.
45. *Efrydiau Athronyddol*, 1950, 11-12.
46. 'The Court Poet in Medieval Ireland', J. E. Caerwyn Williams, *Proceedings of the British Academy*, 57 (1971), 85-135. gw. hefyd: B IX, 138-40 ac *Y Storiwr Gwyddeleg*, J. E. Caerwyn Williams, 15, n31. Gellid cyfredeg y cyferbyniad Mawl a Dychan â'r cyferbyniad Anrhydedd a Gwarth. Meddai T. M.Charles-Edwards, *Erin* 29 (1978), 123: 'Honour is opposed to Shame: they are the publicly declared valuation put upon a person by those who know him. Honour or shame are not merely two opposing valuations, two opinions of a person generally held throughout his range of aquaintance; they must be publicly declared in some way or another. This may be, but need not be, by verbal praise or satire', cf. *The Literature of the Spanish People*, Gerald Brenan, Penguin, 1963, 409.
47. BBGCC 8.
48. ibid. 234-5.
49. ibid. 235.
50. ibid. 234.
51. ibid. 235.
52. *Canu Crefyddol y Gogynfeirdd*, J. E. Caerwyn Williams, Abertawe, 1976, 5.
53. HGC VIII, 5-6. Ceir enghraifft o 'topos' arall nid annhebyg, ni ellir byth draethu dy glod, yn HGC VI, 3-7.
54. YB XII, 26.
55. 'Gildas Maelgwn and the Bards', J. E. Caerwyn Williams, yn R. R. Davies (gol.), *Welsh Society and Nationhood*, Gwasg Prifysgol Cymru, Caerdydd, 1984, 23-24.
56. gw. Calvert Watkins, 'Indo-European Metrics and Archaic Irish Verse', *Celtica VI*, 214-5; *The Poetry of Llywarch Hen*, ed. Patrick K. Ford, University of California, 1974, 7, 61; dawn Duw yw'r awen yn fynych gan y beirdd megis Gwynfardd Brycheiniog, CBT II, 441, ll. 1-2; Cynddelw, CBT III, 254 ll. 1-2; Prydydd y Moch, Llywelyn Fardd, CBT II, 12 ll. 1-3; *The Black Book of Carmarthen* 'Stanzas of the Graves', Thomas Jones, British Academy, 1967, 130: 'Y tri bedd yng Nghefn Celfi/Yr awen a ddwedodd wrthyf amdanynt'.
57. *Canu Taliesin*, Ifor Williams, Gwasg Prifysgol Cymru, Caerdydd, 1960, 6.

58. ibid. 5
59. *Canu Aneirin*, Ifor Williams, Gwasg Prifysgol Cymru, Caerdydd, 1938, 6.
60. ibid.
61. ibid. 13.
62. ibid. 1.
63. *The Book of Taliesin*, J. Gwenogvryn Evans, Llanbedrog, 1910, 58. 2-3.
64. GP 56.
65. GP 17-18 (Llyfr Coch Hergest).
66. Catherine McKenna YB XII, 26: 'Yn fy marn i, fe all ystyried tair agwedd i'r dylanwad secwlar ar y farddoniaeth grefyddol hon (h.y. y Gogynfeirdd) ynghyd â'r traddodiad barddol Celtaidd ac Indo-Ewropeaidd, ddangos yn weddol glir fod awdl i Dduw y Gogynfeirdd yn deillio yn ei hanfod o'r gymdeithas gyn-Gristionogol, [gwnaeth J. E. C. Williams yr un awgrym *Llên Cymru*, XI, 87] mewn cyfnod pan oedd moli'r duwiau a moli dynion yn bur debyg o ran ffurf, am mai'r un yn y gwraidd oedd eu swyddogaeth. Diben y naill a'r llall i ddechrau oedd sicrhau parhad haelioni eu gwrthrychau a hynny yn ei dro yn gymorth i gynnal y drefn gymdeithasol a chosmig.' Gweler hefyd *Llên Cymru*, II, 240 (Yr isymwybodol ragdybiol, yr un a'r llawer) a VII, 217-8.
67. GP 55-57
68. *Plato, Y Wladwriaeth*, cyf. D. Emrys Evans (Caerdydd, 1956), 331e-334b.
69. *Llên Cymru a Chrefydd*, R. M. Jones, Christopher Davies, 1977, 41-54. Sylwer yn y ddadl rhwng Cynwal a Phrys fod a fynno Cynwal â mwy na swydd y bardd yn alwedigaethol. Mae dau faes, pregethu a moli ar gerdd, yn 'Ddwy gamp wych, yn ddigwmpâr': *Ymryson Edmwnd Prys a Wiliam Cynwal*, Gruffydd Aled Williams, Gwasg Prifysgol Cymru, 1986, 8.62. Oherwydd gwahaniaeth yn y swyddogaeth, cafwyd swyddi gwahanol; ac nid oedd y modd y dosberthid doniau gan Dduw yn cefnogi ymyrraeth gan y naill yn y llall. (Sylwer ar ddehongliad gwahanol ibid. clxxi) Hynny yw, syniaf fod natur y gwaith a'i swyddogaeth egwyddorol ym mherson Dduw, yn amodi'r swyddi a dardd o hynny yng nghanol y ddadl. Hynny yw, y mae Cynwal yn ceisio dyrchafu'r drafodaeth yn uwch na chweryl ynghylch ymyrraeth mewn swydd yn alwedigaethol yn unig.

Dafydd ap Gwilym

Y MOLWR COEG

Ar ôl Mawl cymharol syml a chymharol uniongyrchol y Cynfeirdd a'r Gogynfeirdd (er bod yna eithriadau i'r duedd honno), cymhlethrwydd cain sy'n nodweddu Dafydd ap Gwilym. Y mae'r amwysedd, y coegi a'r paradocs drwy gydol ei waith yn arwydd o'r cymhlethu a gafwyd ganddo ar ffurf ystyrol. Ac y mae'r lledu ar destunau'i fyfyrdod yn arwydd hefyd o dyfiant nodedig yn rhychwant ei Fawl.

Wrth ystyried y Cynfeirdd a'r Gogynfeirdd, ceisid dadlau bod Mawl yn cynnal trefn. Darganfod a gosod trefn oedd nod sylfaenol iaith ei hun hefyd, wrth gwrs. Ac yn yr un modd, yn achos beirdd yr uchelwyr megis ym myd llenyddiaeth yn gyffredinol, yr oedd Mawl, o ran swydd, yn dal i ymwneud â datgelu a hyrwyddo trefn yn y gymdeithas ac mewn bywyd.

Ar ryw olwg, fel y mae yna ysfa gynhenid yng nghyflwr cyn-iaith y baban, drwy iaith ei hun ac ymlaen drwy'r proses creadigol i 'lywodraethu'r' ddaear a'r celfyddydau, yr oedd y proses neu'r drefn hon yn fframwaith i ddathlu adnabyddiaeth o ffurf a bodolaeth ffrwythlon y gymdeithas. Hynny yw, yr oedd yn sylfaenol i ymateb pob person wrth lunio delweddau o fywyd.

Ac ar y lefel uchaf, trefn y cadw ydoedd.

O safbwynt y tywysogion a phlastai'r uchelwyr a'u llywodraeth dros y wlad, ymddangosai ystyr y drefn honno'n gymharol syml ac yn gymharol amlwg. Ond i ganol y drefn geidwadol hyfryd hon disgynnai gŵr dieithr yn awr a chanddo weledigaeth amgen. Dyma fardd a fyddai'n drysu ychydig ar y sylweddoliad traddodiadol. Byddai ei syniad am drefn yn cael ei briodi yn ddiarwybod ag anhrefn. Wedi'r cyfan, yn y byd real, trefn mewn anhrefn a geid yn arferol, neu'n fwy sylfaenol – anhrefn mewn trefn. Dôi Dafydd o hyd i estyniad i'r hen athrawiaeth am drefn gan dderbyn yr hyn a ystyrid ynghynt yn deyrnas wrthwynebol.

'Hylaw ŵr mawr, hael yw'r Mai', meddai ef. Dôi ef yn y fan yna wyneb yn wyneb â'r tŷ yn y diffyg tai. Gwelai'r noddwr Natur yn darparu caer rhag gwylltineb Natur yn y tymhorau eu hunain. Câi gysur a diogelwch a threfn yn y mannau anwar. Dôi un o ddau drosiad mawr a sylfaenol a geid yn ei gerddi Natur – sef *Natur* fel *noddwr* (a *byd Natur* fel *llys*) – i ŵyro'r hen ddiogelwch meddyliol. Nid annhebyg hefyd oedd effaith yr ail drosiad mawr – sef *Natur* fel *eglwys*, presenoldeb Duw yn ei greadigaeth: dyma weledigaeth a oedd fel petai'n bwrw'r drefn uniongred i'r llawr.

Ond mi gredaf i mai'r hyn a wnâi Dafydd gyda'r ddau drosiad echelog hyn oedd estyn ystyr trefn ei hun. Fe gyfoethogwyd ystyr bywyd drwy drwchuso'i gynnwys ynghyd â'i fframwaith. Fe'i hehangwyd i sylweddoli llawer mwy na'r sefydliad uniongred o drefnus wleidyddol.

Nid oedd Mawl Dafydd ap Gwilym, er hynny, yn peidio â chynnal trefn o fath. Nid ymadawyd, wrth gwrs, â nod iaith. Nid oedd ychwaith wedi gwrthod y swyddogaeth wleidyddol na'r math o drefn gymdeithasol a oedd eisoes yn gydnabyddedig. Ond yr oedd ei weledigaeth o drefn yn llawer lletach ac yn llawer dyfnach. Ehangwyd y gwrthrych. Llawenhâi ei Fawl yn y drefn y deuai o hyd iddi mwyach yn y lleoedd odiaf.

Wrth efrydu Dafydd ap Gwilym, gan ystyried felly beth a wnaeth i Fawl, gwelwn ar unwaith ein bod yn trafod problem neu sefyllfa anghonfensiynol. Mae'n peri inni ailfeddwl ein diffiniadau am ei fod fel petai'n torri'r rheolau. Sut y mae ef bellach yn trin y traddodiad mawrhydig?

Oherwydd bod y traddodiad Mawl mor ganolog i lenyddiaeth Gymraeg o'r chweched ganrif hyd yr unfed ganrif ar hugain, daeth yn arfer diffinio llenyddiaeth i gyd yn ôl ei pherthynas â'r ffenomen honno. Os oes yna wyriad, ymdeimlir ag ef yng ngoleuni'r uniongrededd Mawl hwnnw. Felly, pan â Saunders Lewis ati i geisio penodoli cymeriad arbenigrwydd Dafydd ap Gwilym, y mae'n dechrau drwy ddyfynnu'r llinell 'Gwell yw ystafell, os *tyf*'. Estynnwyd terfynau'r·plasty a'r abaty. Ymryddheir o fawl personau, a daw Natur yn gynrychiolydd i'r Duwdod, yn addolfan i'r bardd. Wrth foli Mai bellach fe'i molir fel pendefig, fel abad, ac fel eglwys. Cynhwysir, o fewn y briffordd Fawl, isffordd arall felly.

O ganlyniad, nid ymwrthod a wna Dafydd â'r traddodiad Mawl, llai byth ymosod arno. Eithr ei ledu, ac wrth ei ledu ei ddyfnhau a'i gymhlethu a'i barodïo. Yn hytrach na hollt mewn synwyrusaeth yn debyg i'r hyn a ddigwyddodd yn Lloegr (yn ôl un ddamcaniaeth amheus) tua'r ail ganrif ar bymtheg, yr hyn a gawn yng ngwaith Dafydd yw asiad ystyrolemosiynol. Cyn hynny ymddangosai anwadalwch ac unplygrwydd Mawl ar wahân i'w gilydd. Dau beth gwrthwyneb i'w gilydd fu dychan a chlod fel llenddulliau, megis canu'r bywyd bas a'r canu aruchel, neu ganu i'r gwyllt a chanu i'r gwâr. Ond yn awr, y mae Dafydd yn gallu cyd-deimlo a chydfeddwl y naill yn y llall, y gwyllt a'r gwâr, ac o'r asiad (a oedd hefyd yn gyfuniad cymdeithasol cefndirol) daw llif o baradocs ac o amwysedd.

Dyma'i 'wahuniaeth'. Llunnir y cywydd byr 'Y Serch Lledrad'[1] er enghraifft o gwmpas un gair mwys, sef 'cyd' (cyfathrach rywiol); a chwaraeir arno – os cynhwyswn yr achlysur agoriadol sef 'ymgytgam' – 19 o weithiau. Un o rinweddau y gair 'cyd' yw mai undod ydyw sy'n cynnwys amrywiaeth. Dyma air ac amwyso y dychwel y bardd atynt droeon mewn cywyddau eraill, megis yn 'Tri Phorthor Eiddig'[2] (Cyd gallai'r gŵr, cyd golli,/ A'i wrych gawr a'i wrach a'i gi) ac yn 'Llychwino pryd y ferch' (Gadu'r delff i gyd â'r dyn). Ond yr hyn y carwn dynnu sylw ato yw hyn: mewn gair mwys o'r fath ceir mwy na chymysgedd ystyron llythrennol. Cymysgir hefyd y byd 'masweddus' â'r byd 'gweddus'. Sefydlir tyndra rhwng gwerthoedd, gan uno ffraethineb meddyliol a theimladrwydd ffurfiol yr un pryd.

Y tyndra neu'r cymysgu mwyaf gan y bardd yw'r un rhwng y byd materol a'r byd ysbrydol: 'mau grefydd grill'.[3] Ceisiais ddadlau o'r blaen, wrth gyfeirio at ddyfais neu thema'r rhwystrau yng ngwaith Dafydd,[4] mai'r mwyaf o'r rhwystrau hyn yw Duw ei hun. Dylid goleddfu'r ddamcaniaeth honno serch hynny drwy gofio mai i Dduw y mae Dafydd yn diolch am wrthrych ei serch hefyd. Cywydd priodol i arddangos hynny yw 'Yr Adarwr'.[5] Gall y ferch yn y cywydd hwn ei faglu a'i rwydo. Ond Duw a ddeil yn brif rwystrwr, gan mai Ef yw'r adarwr: y mae'r fagl a esyd Ef ar lawr yn un hyfryd. Ymegyr y cywydd gyda pharagraff i'n cyflwyno i'r daliwr adar wrthi'n gosod ei faglau. Yna, daw'r aderyn disgwyliedig drosodd i Fôn; ac i bawb sy'n gyfarwydd â'r modd y mae Dafydd yn ei uniaethu'i hun ag adar,[6] dechreuwn amau ar unwaith fod yna alleg neu symbol yma rywle. Wedyn, yn llinell 17 myn y bardd egluro'r alleg: 'Felly y gwnaeth, dwyfoliaeth dad,/Da yw'n cur, Duw â'n cariad.' Mae'n tanlinellu un o'i eiriau mwys mewn un cwpled:

> *Cannoch fi (pam y'm cenynt?)*
> *Caeau Duw, nad caead ynt!*

Rhaid bod serch Dafydd bellach wedi'i ddal yn y glud a osododd Duw. Aeliau'r fun yw'r gwiail gludiog sy'n ei glymu, serch hynny; ac ymhyfryda Dafydd yn y ddalfa honno: 'Hual dawn', neu fel y'i haralleiriwyd gan John Rowlands – 'llyffethair godidowgrwydd'.

Ceir coegi, paradocs ac amwysedd ynghyd yng ngwaith Dafydd ap Gwilym; ond yr hyn a wneir ohonynt yw eu cyfuno er mwyn esgor ar Fawl.

Gall y traddodiad ei hun, i Ddafydd, fod yn destun sbort, drachefn drwy gyfuno gwahanol ymagweddau. Erbyn hyn, wedi meistroli'r arddull seml, gall Dafydd yn sydyn megis yn ei gywydd 'Y Rhugl Groen'[7] fabwys-

iadu arddull y Gogynfeirdd o ran hwyl yn syml er mwyn bod yn ddireidus.
Dechreua'n storïol ysgafn:

> *Fal yr oeddwn, fawl rwyddaf,*
> *Y rhyw ddiwrnod o'r haf*
> *Dan wŷdd rhwng mynydd a maes*
> *Yn gorllwyn fy nyn geirllaes*

Sylwer gyda llaw fel y mae'n cysylltu 'Mawl' yn y fan yna â thywydd braf. Yn awr, y mae'n clywed bugail a'i fwrthwl sinc.

> *Salw ferw fach sain gwtsach sail*
> *O begor yn rhith bugail;*
> *A chanto'r oedd, cyhoedd cas* (a hefyd: A chantor)
> *Rugl groen flin gerngrin gorngras.*
> *Canodd, felengest westfach,*
> *Y rhugl groen; och i'r hegl grach!*

Tair gwedd bellach ar y chwyldro mewn Mawl a gafwyd gan Ddafydd ap Gwilym oedd:

(1) Sylweddoli fod yr effeithiau goddrychol yn y bardd yn we drwy'r Mawl; a

(2) Mai gwrthrych canolog i Fawl oedd y creadigol naturiol rhydd, yr hyn a oedd y tu hwnt i fyd dyn, ond yr un pryd yn rhan o'r un greadigaeth. Caed chwyldro yn y teimlad tuag at hyn yn ogystal ag yn y testun. Fe gaed ynghynt y naill elfen a'r llall ar waith yn rymus; ond gyda Dafydd fe'u gwnaethpwyd yn dreiddgar sylfaenol; a

(3) Fel y gwelsom y tywysog a'r uchelwr yn gynrychiolydd, yn ddeiliad neu'n stiward, i Dduw, ac fel pe bai yn ei ddelfrydiaeth yn gweithredu'n sacramentaidd, felly mewn llu o gywyddau y mae byd Natur a gwrthrychau Natur (fel yr adar) yn gallu sianelu'n sacramentaidd hefyd.

Dichon ei bod yn naturiol inni ystyried fod Dafydd ap Gwilym yn dipyn o belican yn anialwch y traddodiad uniongred ac unffurf. Roedd ei newid testun, ac yn fwy byth y newid cywair ac agwedd, yn gogwyddo oddi wrth y defodau arferol, ac yn hynny o beth naturiol yw bod ei eithriadolrwydd yn taro'r darllenydd. Ac eto, o ystyried y traddodiad yn ei ehangder, nid cwbl anhunanfeirniadol oedd y traddodiad er gwaetha'i sefydlogrwydd cymharol. Y syndod yw mor nerthol oedd presenoldeb coegi ac effeithiau 'tanseiliol' amwysedd ar hyd y canrifoedd cyn Dafydd ap Gwilym ac wedyn. Yn nhrydedd gyfrol *Seiliau Beirniadaeth* ceisiais awgrymu peth o'r defnydd o 'goegi' o Ganu Taliesin, ymlaen drwy Aneirin, Armes Prydain, Breuddwyd Rhonabwy hyd at Hirlas Owain, gan sylwi wedyn ar Ddafydd ap Gwilym a Siôn Tudur a Gruffydd Robert (a chrybwyll Edmwnd Prys a Thomos Prys) heb anghofio'r Canu Rhydd Cynnar; wedyn Ellis Wynne a Lewis Morris nes cyrraedd coegi chwyldroadol Iolo Morganwg, a'r helaethrwydd coeg gan Daniel Owen, yn niwedd y bedwaredd ganrif ar bymtheg, gydag Emrys ap Iwan a J. Morris-Jones. Wedyn, yn nechrau'r ugeinfed gyda Parry-Williams ac R. Williams Parry mae yna ddatblygiad nerthol ymlaen at Saunders Lewis, John Gwilym Jones, Alun Llywelyn-Williams, T. Glynne Davies, Gareth Alban Davies a Gwyn Thomas. Yn yr un gyfrol cyflwynir pennod sy'n olrhain, nid yn annhebyg, yr 'ymosodiad' ar unplygrwydd ystyr a geir gan Amwysedd. Fe'i holrheinir o'r Celtiaid cynnar ymlaen i'r Cynfeirdd a'r Gogynfeirdd a Beirdd yr Uchelwyr, gan ddatblygu'n arbennig yn y Dadeni Dysg a'r Canu Rhydd Cynnar (a'r Hen Benillion), wedyn Lewis Morris ymlaen i Daniel Owen, nes cyrraedd Kate Roberts. Pwrpas cyfeirio at hyn oll yn y fan yma yw dadlau, beth bynnag fo'n tyb am orsymlder Mawl ac am orunplygrwydd y traddodiad Cymraeg, nad oedd Dafydd ap Gwilym yn gwbl ar ei ben ei hun yn ei dyndra erbyn y cyfnod diweddar. Uchafbwynt mewn traddodiad oedd.

Pan sylwir arno yn mynnu cynnal Mawl ac yn gogwyddo'n sylfaenol gadarnhaol tuag at natur a serch a ffydd grefyddol, er gwaethaf pob coegi, ni ellir llai nag ymwybod ag ymdrech fwy pendant Saunders Lewis yn yr ugeinfed ganrif, pryd y daethai coegi yng ngwaith llenorion estron yn dipyn bach o ormes ysbrydol ac yn amgylchfyd, yn gymaint nes colli golwg ar goegi fel dyfais werthfawr a oedd yr un pryd yn sicrhau'r brifffordd i Fawl o hyd. Yn ôl llawnder y traddodiad Mawl Cymraeg llwyddwyd i gynnwys coegi ac amwysedd, er heb gael ein trechu ganddynt.

Wrth geisio cyflwyno'r elfennau newydd a gaed yn ei ganu, hawliai Dafydd eu bod eisoes yn wedd gynhenid ar ein hetifeddiaeth. Os oeddynt yn newydd, roeddynt hefyd yn hen. Mewn modd elfennaidd, yr oedd byd natur a byd serch yn rhannau dwfn o'r cof. Gallai eu harddel o'r herwydd fel pe baent yn gyfartal â'r gweddau amlycach eraill.

Rhan oedd y Mawl i natur, felly, o ddarlun llawnach ym mryd Dafydd ap Gwilym. Fel yr oedd y tywysog neu'r uchelwr yn haeddu Mawl am ei fod yn stiward i awdurdod Duw, felly yr oedd natur yn fodd i ysbryd

Duw 'ymgnawdoli'. Nid trosiad hardd yn unig oedd 'Offeren y Llwyn', ond datganiad adeileddol. Haeddai'r llwyn Fawl am ei fod yn sianel neu'n sagrafen. Un o'r datganiadau mwyaf arwyddocaol oedd yr un i'r Ehedydd:

<table>
<tr><td></td><td>'Nid brig pren uwchben y byd
A'th gynnail, mae iaith gennyd,
Ond rhadau y deau Dad
A'i firagl aml a'i fwriad.' (GDG 114)</td></tr>
<tr><td>Felly'r Seren:</td><td>'Afrlladen o nen y nef.' (ibid 67)</td></tr>
<tr><td>Felly'r Wylan eto:</td><td>'Lleian ym mrig llanw môr wyd' (ibid 118)</td></tr>
<tr><td>Ac eraill:</td><td>'Paradwys, iddo prydaf,
Pwy ni chwardd pan fo hardd haf?' (ibid 24)
'Glasgain edn, glwys ganiadaf
Gloch osber am hanner haf.' (ibid 24)
'Uthr y tyf o'th rad hefyd
Adar a chnwd daear deg.' (ibid 27)
'Plygain y darllain deirllith,
Plu yw ei gasul i'n plith.' (ibid 28)
'Gleision fydd, mau grefydd grill,
Llwybrau Mai yn lle Ebrill.' (ibid 69)
'Cerddais, addolais i ddail (yn well: Credais)
Tref eurddyn, tra fu irddail.' (ibid 74)
'Bryd y sydd gennyd, swydd gu,
A brig iaith, ar bregethu . . .
Cantor o gapel Celi.' (ibid 114)
'Dewi yn hy a'i dawnha,
Dwylo Mai a'i hadeila.' (ibid 121)
'Pregethwr maith pob ieithoedd,
Pendefig ar goedwig oedd.' (ibid 123)</td></tr>
</table>

Estyniad i hyn oll yw dal nad 'addurniadol' yw'r un trosiad effeithiol byth – na'r un mydr na chynghanedd o ran hynny – ond adeileddol. Rhan ydynt o adeiladwaith y meddwl. Cof yw'n Tafod: dyma draddodiad y rhagdybiau sy'n cynnal y deall.

Roedd gan Ddafydd ap Gwilym draddodiad heblaw'r traddodiad Mawl mewn llenyddiaeth Gymraeg wrth reswm. Roedd ganddo draddodiad ym mywyd cymdeithasol ac ysbrydol ei wlad. Un o'i eiriau pwysig oedd 'cof'. A chredaf fod iddo ddwy ystyr. Fe'i defnyddid mewn modd digon tebyg i'n dealltwriaeth gyfoes:

GDG   1:   Dy draed yn llawn gwaed, nid gwydus – dy gof;
      16: Gwayw o'i chof trwof trawiad . . .
      36: Yn gyrru, cynnyrch cyrch cof
      63: A'r galon fradw yn cadw cof;
      69: Cof y serchogion a'u câr
      87: Crupl y cur, croyw epil cof;
      90: Ni chyfyd ynof, cof cerdd;
      115: Rhyw gof dig, rhew gaeaf du.
           Ond 'cof' = coffâd:
      16: Gwaeth, cyfyng hiraeth, cof Angharad;
      97: Nid da, deg Efa, dy gof.

Ond eisoes ymdeimlir â lledu ar y gair yn llinell gyntaf 'Chwarae Cnau i'm Llaw', llinell a aralleirir yn *50 o Gywyddau Dafydd ap Gwilym* gan yr Athro R. Geraint Gruffydd sy'n rhoi ar gyfer 'Salm yw 'nghof o lyfr Ofydd'[8] y dehongliad '[Megis] salm o Feibl Ofydd yw fy nghân.' Derbyniaf hyn wrth gwrs, ond tybed oni ellid derbyn hefyd y 'cof' i olygu'n lletach 'draddodiad' yn y fan yma: cf. Tri Chof Ynys Prydain, term a gyfieithir yn Llst.144 fel 'record, memorial'? Os felly, oni ellid estyn cyfieithiad yr Athro Gruffydd yntau drwy aralleirio fel hyn: 'Mae fy nhraddodiad canu yn dod o hyd iddo'i hun mewn salm o lyfr Ofydd?'

Cyfeirio yr oedd at draddodiad hynafol y ddynoliaeth ym myd serch, traddodiad hynafol iddo ef. Cof traddodiadol oedd hyn ganddo a oedd yn rhyw fath o animistiaeth gyntefig a gymerid yn ganiataol, cof a berthynai i'w natur etifeddol, ac i'w gynhysgaeth gorfforol. Cof ar ryw olwg oedd y gynhysgaeth hon a oedd yn fframwaith i'w feddwl a'i fodolaeth.

Wrth drafod theori llenyddiaeth, a chrybwyll realedd yr hen gyferbyniad clasurol rhwng Ffurf a Deunydd, mentrais awgrymu mai pedwar maes cyffredinol a oedd i'w cael yn Neunydd llenyddiaeth. Sef: Duw, yr hunan, cyd-ddyn, a'r amgylchfyd naturiol. Yng ngwaith Dafydd ap Gwilym, un o'r gweddau mwyaf syfrdanol oedd ymddangosiad sydyn a sylweddol yr hunan mewn llenyddiaeth Gymraeg ar raddfa fawr yn ogystal â'r datblygiad mwyaf helaeth erioed ar yr amgylchfyd naturiol ac yn wir ar gyd-ddyn.

Nid damwain yw hi fod ffrwydrad coegi yng ngwaith Dafydd ap Gwilym yn gyfredol â ffrwydrad yr hunan.

Mae'r hunan i Ddafydd yn fwynglawdd dihysbydd. Gall fod yn ganolbwynt neu'n gyfeirbwynt i lawenydd neu i ofid didwyll ac uniongyrchol, ac yn gychwynfyd i ymwybod unplyg. Ac eto, amlach yw, efallai, yn destun sborf neu feirniadaeth iddo. Mae'n chwerthin am ei ben ei hun. A chrea'r hunan yn bersonoliaeth aml-deimladol ac amlochrog. Mae'r hunan wedi dod yn destun myfyrdod bythol gyfareddol iddo. Fe'i gwêl ei hun yn ei druenusrwydd ac yn ei ryfyg, mewn afiaith ac mewn euogrwydd. Mae'n wrthryfelwr ac yn ildiol, yn fyw ac yn annisgwyl (yn 'Claddu'r Bardd o Gariad', os ef piau hwn) yn farw. Gwir yw mai coegi yn fynych sy'n llywodraethu ei agwedd ato'i hun. Ond gŵyr hefyd drechu coegi, y coegi sy'n tarddu o ymwybod â diffyg mewnol, wrth iddo sylweddoli yn ogystal uniongyrchedd angau a'r posibilrwydd syml hefyd o wynfyd. Hynny yw, gwêl y potensial o sefyllfaoedd croes ynddo ef ei hun; eithr ni edy i hynny ymsymleiddio'n groes sefydledig nes cau amdano'n ddiddihangfa.

Yr wyf yn tebygu mai'r hyn sy'n rhoi cyfoeth arbennig i'r myfyrdod hwn ynghylch yr hunan yw'r berthynas rhwng Mawl a Dychan, y cyferbynnu, y cyfuno a'r dadansoddi: yr ymwybod o'i ddiffygion ei hunan. Eithr hefyd y berthynas rhwng yr hunan a'r arall, rhwng y goddrychol a'r gwrthrychol. Gan amlaf, fel y gellir ei ddisgwyl ym marddoniaeth yr oesoedd canol, gwrthrychir y goddrych. Hynny yw, fe'i cronnir mewn sefyllfa allanol a diriaethol. Taflunnir yr hunan i'w amgylchiadau gan ymestyn allan i'r greadigaeth gyfagos a gweledig. Ond hyd yn oed yn y greadigaeth honno ceir yn ochr pethau penodol megis y Mwdwl Gwair a'r Cyffylog fodau llai cyfyngedig megis personoliaethau mawr Mai, yr Haf a'r Gaeaf.

Mae'r dadelfennu hwn ar yr hunan, ar y posibiliadau sydd mewn cydddyn ac yn yr amgylchfyd, yn ddatblygiad ar yr ymwybod o amrywiaeth sy yn yr undod deunyddiol mewn celfyddyd. Gweledigaeth newydd a phwysig dros ben yw hyn yn y *psyche* Cymreig. Wrth fod yn folwr coeg, datrysa Dafydd beth ar broblem yr ugeinfed ganrif a'r unfed ar hugain.

Y DDAU LWYD

Un o'r ffyrdd mwyaf nodedig o drafod yr 'hunan' dirgel hwn yw drwy Amwysedd. Gellir tybied yn fyrbwyll mai gwanhad yw Amwysedd. Gwledd ydyw i'r rhai sy'n ceisio chwalfa ystyr. Dylai twf y fath ddyfais ym maes Mawl danseilio unplygrwydd y Mawl hwnnw. Ond y mae Mawl drwy rinwedd ei nerth ei hun yn gallu cario Amwysedd nes ei wneud yn ddyfais gydlynol, yn fynegiant o hwyl gadarnhaol, yn gyswllt adeiledol ffrwythlon. Mae'n fynegiant hefyd o ffrwythlondeb ystyr.

Un o'r dulliau mwyaf cyffredin sy gan lenor i gyfleu'r llawnder ystyr a fyn yw Amwysedd. Bid siŵr, os nad yw Amwysedd yn fwy na chlyfrwch neu'n dipyn o sbort ysgyfala, pur gyfyngedig yw ei werth. Os na bydd y gwaith o lunio geiriau mwys yn anelu at fwy na goglais gwên neu arddangos arabedd, collir llawer o rym ac o arwyddocâd y wedd hon ar yr iaith ddynol. Ni raid iddo fod yn wedd ar ddogma ansicrwydd. Ceisio dadlennu helaethrwydd ystyr bywyd y bydd amwysedd, o leiaf pan fydd ar waith yn gyrhaeddbell ddifri. Gall ddweud tipyn am y bersonoliaeth ddynol. Gall egluro pethau cudd. Hynny yw, ffordd yn y pen draw ydyw i'r llenor ei wneud ei hun yn wir ddealladwy.

Pan drown i bendroni uwchben moderniaeth Dafydd ap Gwilym, mae yna ddau o ddeuoedd yn hawlio lle bach go amwys yn ein bryd. Ar y naill law, y ddau Lwyd ydyw Dafydd Llwyd ap Gwilym a Morfudd Llwyd. Ac ar y llaw arall, y ddau Lwyd yw Dafydd Llwyd a'i alter ego ei hun (a hwnnw ar lawer ffurf).

Drwg gennyf fod bywyd mor sobr o gymhleth. Ond un felly oedd Dafydd yntau yn ei ddydd; a phrin y gwnâi ef byth mo'r tro ar gyfer arddelwyr glew llenyddiaeth 'seml' y cyfnod diweddar. Ni byddai'n un o bleidwyr mwyaf brwd 'twpeiddio' (*dumbing down*). Mae'r ddwy ddamcaniaeth sydd gennyf i'w cyflwyno ac i ddadlau'n sobr drostynt yn rhai digon syml yn y bôn, serch hynny, ac yn hysbys i raddau. Mae a wnelo'r gyntaf â'r gair 'llwyd' ei hun. Gan mai Dafydd Llwyd ydoedd Dafydd ap Gwilym (a Morfudd Llwyd oedd Morfudd hithau), yr wyf yn awgrymu mai wincio'n ysbrydol a wnâi ar ei gynulleidfa, bron bob tro y defnyddiai ef y gair 'llwyd' yn ei farddoniaeth. A'i gynulleidfa hwythau, pryd bynnag y clywent y gair drygionus hwnnw, cilchwerthin a wnaent hwy yn eu llewys a churo cefnau'i gilydd; hynny hefyd yn ysbrydol wrth gwrs. Ciw gwiw oedd y gair 'llwyd' i gael tipyn o rialtwch am ben Dafydd ei hun. Ac felly hefyd mewn ffordd ychydig yn wahanol yr oedd cywyddau'r alter ego, sy'n bwnc adran ynddo'i hun. Achlysur oeddent i bobl wenu am ben Dafydd, er bod ansawdd y gwenu'n trwchuso gydag amser. Dyma gyfryngu ymostwng.

Gan mai prif destun Dafydd, fel y gŵyr pawb, ydoedd Dafydd ei hunan, yr oedd ef yn hoff iawn iawn o gymryd gwrthrychau allanol – Cysgod neu Ddrych neu ryw symbol megis Adfail – a defnyddio'r rheini oll i siarad yn hunanfeirniadol amdano'i hun, yn gerrig ateb fel petai. Ac yn wir, dyna finnau yn sydyn, bron yn ddiarwybod, wedi enwi un arall o gywyddau'r alter ego: cywydd y Garreg Ateb. Efallai mai'r alter ego mwyaf adnabyddus o'r math hwnnw oedd yr un sy'n cydio'r cyntaf o'r deuoedd hyn (sef y gwrthrychau adleisiol) yn ffigur adnabyddus y Brawd 'Llwyd', a hynny ar ffurf Ymryson gyda Dafydd. Ond priodol cofio nad *gelyn* syml yn unig oedd y 'Llwyd' i Ddafydd, gan fod cyfaill arall ganddo hefyd, a hithau'n gariad o ymrysonreg, yn barod ddigon i destuniaw hyd yn oed: Morfudd Llwyd.[9]

Bid a fo, dechreuwn mor bwyllog ag y gallwn gydag enw Dafydd ei hun. Mewn un o lawysgrifau gwerthfawrocaf yr iaith Gymraeg, sef Llawysgrif Hendregadredd, mae yna englynion i'r Grog o Gaer; a chofnodir cyfenw'r awdur fel hyn – 'Dafydd Llwyd ap Gwilym'. Mewn erthygl gyffrous ychydig o flynyddoedd yn ôl, awgrymodd Mr Daniel Huws y gallai mai llaw Dafydd ei hun, pan oedd yn ŵr ifanc, a welir yn y llawysgrif yn y fan hon. Gellir derbyn yn wir mai Dafydd Llwyd ap Gwilym oedd yr union ffurf ar ei enw a ddefnyddiai Dafydd ei hun.

Os felly, y mae hynny'n taflu goleuni ar beth o'i waith arall. Yn ei gywydd 'Merched Llanbadarn',[10] y mae un o'r merched yn ei gyfarch fel hyn:

Y mab llwyd wyneb mursen
A gwallt ei chwaer ar ei ben . . .

Yn y fan yma, diau mai 'gwelw' yw 'llwyd' yn gyntaf: dichon fod yna beth tynnu coes yma hefyd, gan fod Dafydd yn fynych yn ei gysylltu'i hun ag urddau eglwysig, a'r gair 'llwyd' ymhlith ei ystyron eraill, yn gallu cynnwys 'sanctaidd'.[11] Ond, gyda'r ystyr hon, diau fod yna goegi yn y gair wrth i Ddafydd ei ddefnyddio gan gyfeirio ato'i hun. Dichon hefyd, a chofio osgo Dafydd i'w ddifrïo'i hun, fod ystyr arall 'llwyd', sef 'di-nod', hefyd yn brigo i'r golwg. Ond tybed onid oes cyfeiriad yn anad dim at ei enw priod hefyd, Dafydd Llwyd?

Yn wir, yn y cywydd 'Athrodi Ei Was', ymddengys i mi fod yna sangiad amwys go bendant yn hofran dros y cwpled:

Dafydd, awenydd wiwnwyf,
Lwytu ŵr, a'i latai wyf.[12]

Yn ei gywydd 'Gwadu iddo fod yn fynach',[13] er mai Llwyd yw ei enw, haera:

Nid llwyd fy marf, arf erfai.

Os yw hyn yn gywir, sut y gall cynulleidfa lai na glaswenu wrth iddo ef ddefnyddio cymhariaeth fel hyn?

Cerddais ar holl benceirddiaeth
Cyfnod gŵyl, cyfnewid gwaeth;

> *Anaml y cedwy unoed,*
> *Ail rhyfel Llwyd fab Cel Coed.*
> ('Hudoliaeth Merch')[14]

Yr un wên goeg wybodus hefyd a hed o gwmpas eu clustiau, mae'n siŵr, wrth wrando arno'n llafarganu actio 'Y Cwt Gwyddau'.[15] Pan fo ar ei gyrch arferol ryw noswaith, clyw ef ŵr traglew yn dod allan i'w erlid:

> *Gwybuum encil rhagddaw,*
> *Gwybu'r gwas llwyd breuddwyd braw.*

Rwy'n cymryd y llinell gyntaf fel rhan naturiol o rediad y stori yn y person cyntaf y cymer ei lle yn naturiol ddigon ynddi; a'r ail linell fel cilsylw winciol, sylwebaeth dan lawes fel petai wrth iddo gyfeirio ato'i hun yn y trydydd person.

Mae ei gywydd 'Doe',[16] wedyn yn rhyw fath o gyfatebyn i 'Morfudd yn Hen'. Trafod henaint ei gariadferch a wna'r ail. Yn y cywydd cyntaf, ei henaint, neu'n hytrach ei ffug henaint, ei hun sy'n cael sylw:

> *Mae ynof, gwangof gwyngen,*
> *Enaid cath anwydog hen;*
> *Briwer, curer corff llwydwydd,*

medd ef. Ac mewn un gymhariaeth arall ag ef ei hun, yn y cywydd 'Talu Dyled',[17] y mae'n enwi'r aderyn yn ôl ei arfer; yn wir yn ei uniaethu'i hun â'r aderyn hwnnw.

> *Unllais wyf, yn lle y safai,*
> *Â'r gog, morwyn gyflog Mai.*
> *Honno ni feidr o'i hannwyd*
> *Eithr un llais â'i thoryn llwyd.*

Yn yr ansoddair diweddol yna enwa ef yr uniaethu cyffelybol. Tybed a fyddai gŵr mor hydeiml i amwysedd geiriau o'r fath – ac yn wir, a fyddai cynulleidfa effro hefyd a oedd wedi cael ei hyfforddi gan y traddodiad i fod yn glust-denau i'r cyfryw chwarae – yn methu â chysylltu'r gair 'llwyd' yn y cyd-destun hwn ag enw Dafydd ei hun? Ac wedi'r cyfan, os caf ddyfynnu cyfeiriad a welais yng ngwaith rhyw Lwyd cyfoes, wrth iddo grybwyll yr hyn a ddywed Ofydd yn ei *Amores*: 'Bydded i bob carwr fod yn llwyd (gwelw); dyma liw'r carwr'.

A gaf oedi gyda'r un cywydd hwnnw er mwyn gwneud un cyfeiriad
pellach? Yn y seithfed linell y mae ef yn sôn am serch, ei serch ei hun, fel
'y lleidrwas llwyd'. Mae'r estyniad teimladol hwn ohono ef ei hun yn derbyn
yr un ansoddair neu gyfenw. Yn wir, pan dry i ddatblygu un o'i gymar-
iaethau hir a chyffelybu serch yn od iawn i ysgyfarnog[18] fe'i cyfarcha fel
[un] 'Glustir llwyd'. (h.y. Clust hir), a 'Cod lwydwyllt'. (Gyda llaw, benthycia
ef bedair llinell o'r fan yma, a'u corffori yn ei gywydd 'Anwadalrwydd' lle
yr adeiledir tair cyffelybiaeth debyg.)

Trown yn awr oddi wrth Mr Llwyd at 'Mrs' neu'n hytrach 'Ms' Llwyd
druan (a bod yn fanwl), oddi wrth Ddafydd at wrthrych pennaf ei serch,
sef Morfudd. Mae 'Morfudd Llwyd' yn cael ei henwi'n gyflawn blwmp fel
yna (fel llen yn llinell olaf y gerdd bob tro gyda llaw yn uchafbwyntiol ac
yn 'ddadlennol') gynifer â phedair o weithiau mewn pedwar cywydd
gwahanol (GDG 43, 59, 73, 76), mor benodol efallai nes y gellid mentro
defnyddio'r gair 'llwyd' mewn ambell gywydd fel tystiolaeth betrus ychwan-
egol wrth geisio adnabod a hunaniaethu'r cywyddau hynny pryd nad ydys
yn sicr ai Morfudd ynteu rhyw ferch arall sydd dan sylw. Er enghraifft,
yng nghywydd 'Y Ffenestr'[19] dywedir:

Heb huno, mal y'm poenwyd
Hen hwyl hoyw am fun loyw lwyd.

Beth bynnag yw ystyr 'lythrennol' y gair 'llwyd' yn y fan yma, ni ellir llai
na chasglu fod yma gyfeiriad at Forfudd Llwyd, oherwydd oni bai am
hynny gallai fod yn ansoddair go od i'w ddefnyddio am fun (er mai
diddorol – a rhybudd teg gyda llaw – sylwi fod yr un ansoddair atseiniol
hwn yn taranu yn achau Dyddgu).[20] Yn y cywydd 'Blinder',[21] sy'n amlwg
yn un o gywyddau Morfudd, fel y tystia llinellau 9 a 34, cyfarcha ef y ferch
'fy nyn llwyd'. Ac yn 'Y Gwynt'[22] gofynnir i'r llatai yna:

Dos at feinwen felenllwyd.

I mi, y mwyaf o gywyddau Dafydd i Forfudd yw 'Morfudd yn Hen'.[23] Yn
y cywydd hwnnw cyfeiria ef ati fel 'Hudoles ladrones lwyd', ac fe'i cym-
hara ag 'Ysgawen lwydwen ledwag' gan chwarae'n weddol amlwg ar ei
henw. Nid syn y gall ef ddweud amdani yn 'Merch yn Ymbincio'.[24]

Gwell wyd mewn pais wenllwyd wiw
Nog iarlles mewn gwisg eurlliw.

Ymddengys i mi fod y cywydd 'I Ddymuno Boddi'r Gŵr Eiddig'[25] yn cynnwys trosiad estynedig amwys rhwng mordaith y gŵr eiddig rhwng Cymru a Ffrainc (pryd y gobeithir y caiff ei golli dros y bwrdd) a chyfathrach rywiol (cydfod . . . gyda'r *lwydlong*: pryd y gobeithir eto y caiff ei wthio dros y bwrdd):

> *Gwisg ei phen fo'r ffrwd wen wawl,*
> *Gwasgwynes y gwaisg ganawl . . .*
> *Gythier efo, gwthr afanc (cwthr = pen ôl)*
> *Dros y bwrdd ar draws y banc.*
> *Y don hael, adain heli,*
> *Y tâl a ddlywn i ti . . .*
> *Saethffrwd aig, trywanwraig trai . . .*

I mi, y fwyaf trawiadol o'r enghreifftiau hyn lle yr enwir Morfudd Llwyd yw'r llinell olaf yn y cywydd 'Rhag Hyderu ar y Byd'.[26] Mae hi'n cael ei chymharu yn yr adran honno o'r gerdd â 'channwyll', cyffelybiaeth ddigon ansyfrdanol. Ond cannwyll ydyw hon sy'n 'twyllo', sydd mewn gwirionedd fel petai'n diffodd. Ac er mwyn mynegi'r ergyd arbennig yna, a grym y golled, y mae'r bardd yn gwneud dau beth: mae'n ynysu'r gair 'Llwyd' drwy sangiad, a hefyd yn cyplysu'r gair yn wrthgyferbyniol â lliw goleuddydd:

> *Am fy nghannwyll y'm twyllwyd,*
> *Morfudd, lliw goleuddydd, Llwyd.*

Yn y cyfuniad o ynysu fel yna gan y fath sangiad treisiol ynghyd â chyplysu y lliw â goleuddydd, y mae'r bardd yn crynhoi holl greulondeb coegi'r gerdd. Medd yr Athro R. Geraint Gruffydd am y cwpled hwnnw: 'Fel sy'n digwydd yn lled aml yng nghywyddau Dafydd, y mae'r cwpled olaf yn rhyfeddod o grynoder: rhaid dal ar y gwrthdrawiad rhwng *cannwyll* a *lliw goleuddydd* ar y naill law a *thwyllo* a'r cyfenw *Llwyd* ar y llaw arall – ond yng ngwead yr edafedd golau a thywyll hyn ynghyd y mae cyfrinach effaith gymhleth y cwpled'.[27]

Hynny yw, y mae'r llwydni yn y fan hon yn gysylltiedig â diffodd goleuni, â negyddu haul. Ac yn hynny o beth y mae a wnelo â thema 'lwyd' arall yng ngwaith Dafydd: agwedd arall ar lwydni a haedda fwy o sylw nag a gaiff gennyf i. Y llwyd tywyll sy'n negydd i liw ac i oleuni; y bietistiaeth ddi-hwyl; cydwybod Dafydd; y rhwystrau; y Brawd Llwyd, safbwynt y cyfaill poenus o Lan-faes yn ôl pob tebyg (trafodir y brodyr hyn yn olau iawn gan Dr Iestyn Daniel yn ei draethawd PhD 1981). Priodolir y nodwedd o lwydni, yn ddiddorol iawn, i lawer o'r rhwystrau cyfarwydd sydd ar ffordd Dafydd i gaffael gwrthrych ei serch. Llwyd yw ei sensoriaid yn fynych. Y niwl[28] wrth gwrs, 'Cnu tewlwyd gwynllwyd gwanllaes', sy'n ei luddias ef ac yn rhwystro'i latai hyd yn oed, rhag cyrraedd y fun: 'Llatai a ludd llwytu len'. Mae'r don[29] hithau'n dwyn yr un pryd a gwedd, 'ton ffalinglwyd', yn ogystal â'r nentydd:[30] 'naint llifeiriaint llwyd'. Ymhlith y rhwystrau diau y dylid cyfrif 'Y Cyffylog':[31]

Y cyffylog llidiog llwyd,

a'r ŵydd neu'r famwydd yn 'Y Cwt Gwyddau':[32]

Cu aran, balf lydan lwyd.

Llwydion oedd y rhain oll, felly, ac yr oeddent fel petaent yn cynrychioli'r gwrthwynebiad i obeithion godinebus ac afradlon Dafydd. Hwy oedd y Brawd Llwyd wedi'i epilio. Y llwyd oedd cydwybod y Llwyd.

Y tu ôl i'r pigiadau haeddiannol hyn oll i'w gydwybod[33] y pennaf oll oedd 'Duw lwyd'.[34] Dyma'r un sy'n uno pob ysgogiad yng nghefndir Dafydd Llwyd i'w gyfeirio tuag at weithredu'n foesol briodol.

Prin bod angen ymdroi gyda'r ymryson â'r Brawd Llwyd sy'n gorfforiad egwyddorol enwog o'r math hwn o lwydni, ac yn estyniad cydwybod ac alter ego i'r llwyd a geid yn Nafydd Llwyd. Ond carwn dynnu sylw at dafluniad trawiadol arall i'r Brawd Llwyd, a geir yng Nghyngor y Biogen.[35] Sylwer ar yr ansoddair allweddol i honno, 'cwcyllwyd'. Fe'i gwisgir hi, medd Dafydd, megis Brawd Llwyd, er mai annisgwyl braidd, i mi, yw'r disgrifiad o'r aderyn â'r lliw hwnnw. Ac yn ôl arddull a *persona* y Brawd Llwyd y mae hi'n llefaru (cf. 'Yr Ehedydd':[36] 'Copa llwyd yw'r cap llydan'). Rhaid i mi gyfaddef na allaf ganfod unrhyw gyfiawnhad i'r term 'cwcyllwyd' yn ôl golwg allanol yr aderyn: i'm bryd i, ergyd sydd yma at swyddogaeth yr aderyn. Ceisiais ymdrin â chywydd 'Cyngor y Biogen' ychydig bach cyn hyn yn *Seiliau Beirniadaeth*[37] a thynnu sylw at y ffaith fod y Biogen, wrth wisgo cochl ystrydebol y Brawd Llwyd hefyd yn uniaethu Dafydd Llwyd â'i lwydni henaint:

Gwell yt, myn Mair air aren,
Garllaw tân, y gŵr llwyd hen,

Nog yma 'mhlith gwlith a glaw
Yn yr irlwyn ar oerlaw . . .
Ofer i ti, gweini gwŷd,
Llwyd anfalch gleirch lled ynfyd.[38]

Llinellau a gyfieithir gan yr Athro Geraint Gruffydd[39] fel hyn: 'Gwell it, myn Mair a'i gair parod;/Fod wrth y tân, y gŵr brithwallt oedrannus,/ Nag yma ymhlith gwlith a glaw/Yn y llwyn ir a hithau'n bwrw glaw oer . . ./ Peth ofer i ti – gwasanaethu pechod yw hyn –/Yr henwr brithwallt taeog go dwp.' Ymddengys i mi, yn ôl tystiolaeth y cywydd hwn a'r cywydd 'Doe',[40] fod Dafydd yntau, fel Morfudd, wedi byw'n hen. Gall mai canoloed oedd, a bod yma dipyn o goegi; ond yr oedd yn ymwybodol o'i oedran. Tipyn o ramantu oedd mynnu'i weld ef yn marw'n ifanc.

Prydydd tra effro i fywyd geiriol oedd Dafydd Llwyd ap Gwilym. A chan mai ef ei hun oedd ei bennaf testun a'i ddwysaf poen, prin ei fod yn fwy croendenau effro i unrhyw air nag y bu i'r gair bychan 'llwyd'. Dyma fydysawd o sŵn iddo. O'r tu fewn i'w wniadur o unsill oediog fe lechai gwyddoniadur o ystyr. Fe'i caed ef ei hun oll yn y fan yna – ei serch a'i syrthni, ei gydwybod a'i afradlonrwydd, ei sancteiddrwydd a holl fygythiad henaint. Fe'i hoeliwyd gan ei sain ansoddol lawn. Costrelwyd ef yn ei feddwl pryd bynnag y'i clywai, boed yng Ngenau'r Glyn gydag Ieuan Llwyd neu yng nghwmni Angharad wraig Ieuan Llwyd o Barcrhydderch. Ac wrth iddo gario'r baich yna o sillaf gydag ef ar hyd ei oes, o blas i blas, dôi ei daith yn bererindod a'i gân benbaladr yn fyfyrdod llwyd. Nid rhwng bod yn amwys a bod yn anamwys yr oedd ei ddewis ef, eithr fel pob bardd modern a enillai barch Ortega y Gasset, rhwng bod yn amwys a bod yn gelfydd anfanwl.

CYWYDDAU'R ALTER EGO

Mae yna Fawl unigol. Hwnnw yw'r Mawl a'r llenddull a gymeradwyir yn ffurfiol i'r pencerdd pryd y cynghorir ef i ymatal rhag dychan. Ond mae yna, fel y gwelsom yn y Rhagymadrodd i'r gyfrol hon, ystyr arall i Fawl. Ymdeimla'r gramadegwyr neu'r 'beirniaid' fod Mawl yn perthyn wrth natur i hanfod barddoni fel gweithgaredd cyffredinol. Mae yna Fawl anuniongyrchol felly i fywyd a ymdeimlir wrth ymateb i waith cyflawn hardd. Mae'r canu hwnnw wedi'i ogwyddo o blaid gwerthoedd. Dyna'r hyn sydd gan Ddafydd i'w ddweud yn ôl anian ei fodolaeth wrth ymgymryd â'r dasg o ddelweddu seiniol a bwriadus. Nid oes neb yn yr oesoedd canol yng Nghymru a gyflea'r afiaith hynod o fawrygu bywyd yn llawnach na Dafydd ap Gwilym.

Er nad oes gennyf amheuaeth nad Dafydd ap Gwilym yw ein bardd mwyaf yn y Gymraeg, ni chaf ddim anhawster chwaith i haeru'n ddibetrus nad mewn unrhyw gerdd unigol fel y cyfryw y canfyddir ei ragoriaeth. Mae ganddo rai cerddi unigol cwbl benigamp, wrth gwrs, fel 'Morfudd yn Hen'; ond byddwn i'n reit gysurus wrth daeru bod 'Marwnad Llywelyn ap Gruffudd' gan Ruffudd ab yr Ynad Coch a 'Mair Fadlen' gan Saunders Lewis ar y blaen i unrhyw gerdd unigol felly o'i waith. Yn wir, hyd yn oed yng nghyfnod y cywyddwyr, rwy'n credu fod yna gerddi unigol gan feirdd llai o dipyn na Dafydd a gyfrifwn i'n rhagorach na'i gywyddau unigol ef, megis 'Marwnad Gruffudd Hiraethog' gan Wiliam Llŷn.

Nid yw'r fath gyferbyniad rhwng gorchest neu gyflawniad bardd yn ei gyfanwaith amrywiol a'r ffaith nad yn y gerdd flodeugerddol unigol y ceir ei *forte* yn beth i synnu ato. Pe symudwn at yr un a gyfrifwn, yn hanes ein barddoniaeth, ar yr un anadl gyda Dafydd ap Gwilym oherwydd cyflawnder mawr ei awen, sef William Williams Pantycelyn, byddwn yn barod ddigon eto i ystyried nad oes ganddo ef efallai yr un emyn unigol mor uchel ei gamp â 'Rhyfedd, rhyfedd' Ann Griffiths.

Beth, felly, sy'n rhoi i Ddafydd yntau ei ragoriaeth?

Mae'n amlwg fod yn rhaid edrych ar rediad helaethwych ei waith i gyd. I'r darllenydd o fardd hydeiml heddiw, un o'r pethau cyntaf sy'n ei daro yw trwch crasgoeth ac amrywiaeth afieithus iaith Dafydd. Ac yn y fan yna, yr wyf yn cynnwys nid yn unig fywyd y seiniau a'r geiriau unigol wrth iddynt ymgyfuno, ond ffrwythlondeb y dychymyg a'r delweddau yn y cerddi dyfalu, yn ogystal ag amrywiaeth ei arddull o ran y rhythmau, y geiriau mwys, a'r sangiadau, ac o ran symlder ynghyd â chymhlethdod, o ran moderneiddiwch a thraddodiadaeth, yn ogystal â'i ddefnydd dramatig o sgwrs mewn rhyw ddau ddwsin o'i gywyddau, ynghyd â chrefft egnïol a gwreiddiol ei gynganeddion. Wedyn mi gredaf fod ei allu storïol yn nodedig mewn cywyddau megis 'Trafferth Mewn Tafarn', 'Y Breuddwyd', 'Ei Gysgod', 'Tri Phorthor Eiddig'. Gyda hynny, credaf fod yr olwg sagrafennol ar fywyd wedi rhoi dyfnder neilltuol i'w ddehongliad a'i weledigaeth o'r byd naturiol ac o'r hyn a elwir yn 'ras cyffredin': dyna i mi agwedd bwysig iawn ar ei fawredd.

Wedyn, mae ei lawenydd unigolyddol ym myd natur a serch, ochr yn ochr â dwyster ei ddifrifwch achlysurol, yn dystion o led ac amrywiaeth y profiadau a geir yn rhychwant ei waith. Yma, eto, mae'r hyn a wnaeth ef i'r traddodiad wrth newid a chymhwyso'i ffrâm ddatblygedig nid yn unig ym myd serch, natur a chrefydd (ac enghreifftio 'Offeren y Llwyn' dyweder ym myd crefydd) eithr hefyd yn y mawl i ŵr (fel Ifor Hael), mae hynny oll yn adlewyrchu'i fawredd sicr.

Eithr wrth arolygu'i gamp fel hyn, byddai'n rhaid imi hawlio un elfen bendant arall yng nghydadeiladwaith y mawredd hwnnw, a hynny yw'r portread trawiadol ohono ef ei hun a geir mewn hunanddadansoddiad cywrain ac yn y ddelwedd hunanfeirniadol graff a hwyliog o gywydd i gywydd, sef yn ansawdd ei fwgwd. Fe greodd ef gymeriad yn ei waith sy'n un o'r cymeriadau mwyaf amlbleth yn holl lenyddiaeth yr oesoedd canol yn Ewrob; ac erys hwnnw i mi heddiw yn destun myfyrdod a rhyfeddod.

Wrth iddo chwilio amdano'i hun, y mae'n ffoi rhagddo'i hun. Nid efô ydyw ef ei hun. Nid ei realiti 'go iawn' y mae'n chwilio amdani, ond ei drosiad. Mae'n dadlwytho'r gwirionedd llythrennol drwy fod yn fardd. Ehedydd yw ef, a'r byd y mae'n ymadael ag ef wrth ymestyn tua'r awyr yw'r sylwedd diogel a oedd o flaen llygaid ei gynulleidfa drwy'r amser. Dyna pam maen nhw'n chwerthin. Maen nhw'n ei chwerthin ef i'r ddaear. Maen nhw'n dileu Dafydd ac mae Dafydd yn ymwared ag 'ef ei hun', drwy iddo ef ddod o hyd iddo'i hun mewn rhywbeth arall. Dyna yw 'creu' iddo, sef llunio celwydd disodlol. Gwneud y pell amhosibl yn agos. I bob golwg y mae'n ei ddinoethi'i hun, yn gwneud sioe o noethlymuno, gyda'i delyn yn toncio'n erotig yn y cefndir; ond fe wna ef hynny drwy wisgo llwythi o 'addurniadau' newydd. Dyma gamp y deall trosiadol.

Efallai mai'r ffŵl rhwystredig o garwr yw'r ddelwedd bennaf a ddaw i gof, pryd bynnag y myfyriwn am awen Dafydd, y cymeriad yn 'Y Ffenestr', 'Y Fiaren', 'Y Don ar afon Dyfi', 'Tri phorthor Eiddig', 'Trafferth mewn Tafarn', 'Y Rhugl Groen', 'Y Cwt Gwyddau' neu 'Y Pwll Mawn', y storïau hwyliog drasig hynny lle y mae Eiddig yn fynych yn gwisgo mwgwd amlwg y dyn drwg. Dyma fath o wrthfawl. Y carwr methedig gyda'r ferch dywyll a'r ferch olau. Nid hwyrach y cofiwn amdano'n syml mewn rhai o'i gywyddau natur yn mwynhau bywyd gyda rhyw lawenydd gorfoleddus, fel y gwna yn 'Mis Mai' ac 'Yr Haf'; neu'r feirniadaeth arno mewn ymddiddanion fel 'Y Bardd a'r Brawd Llwyd' neu mewn monologau dramatig fel 'Talu Dyled' neu 'Gwadu iddo fod yn fynach'. Weithiau, gyda'r ysmaldod neu'r coegi hwn oll mae yna ddwyster yn torri drwy'r mwgwd, ac – yn arbennig yn y cywyddau unplyg grefyddol – wir ddefosiwn.

Ond yr wyf am dynnu sylw at gywyddau'r alter ego ar hyn o bryd, y dosbarth deublyg hwnnw o gywyddau y mae Dafydd yn ei ddefnyddio i fod yn adlewyrchiad, yn gynrychiolwyr neu'n symbolau ohono'i hun: sef,

(i) Y Drych, Yr Adfail, Ei Gysgod, Carreg Ateb, Y Mwdwl Gwair, Serch fel Ysgyfarnog;
(ii) Y cywyddau llatai.

Dichon y bydd yn syndod i rai fy mod yn cynnwys yr ail is-ddosbarth yn y fan arbennig hon, sef y llateion, a hynny ynghyd â'r is-ddosbarth cyntaf; ond estyniad anochel ar gywyddau'r alter ego yw'r cywyddau llatai, gan mai dyna ydyw llatai – rhyw anifail neu rywbeth sy'n mynd yn lle'r bardd, sy'n ei gynrychioli ef, ac yn gweithredu fel llais iddo. Hawdd gweld sut y gallai bardd ei uniaethu'i hun ag adar, bid siŵr, a gŵyr ambell un ohonom sut y gallwn ymuniaethu hyd yn oed â 'gwynt'. Ond beth am y llateion eraill?

Dichon fod yr ateb i'w gael i'r cwestiwn hwnnw wrth archwilio rhai o brif gywyddau'r is-ddosbarth cyntaf, sef cywyddau'r alter ego.

'Ei gysgod'[41] i ddechrau. Mae yna ddadl academaidd ar gerdded ynghylch y cywydd hwn. Fe ragwelodd Thomas Parry y byddai rhai o'm bath i'n dychwelyd at ddamcaniaeth E. B. Cowell. Yn ôl Cowell y mae'r bardd yn defnyddio'r Cysgod er mwyn lladd arno'i hun. Drwy bersonoli'i gydwybod ar ffurf Cysgod, y mae'n gallu'i gyhuddo'i hun, a chaiff ef ar ffurf y cymeriad darostyngedig digrif o lwyd hwn ei gyfiawnhau'i hun yn ffyrnig. Tybia Thomas Parry mai tipyn o faldod modernaidd fyddai i feirniad cyfoes geisio dadlau bod Dafydd yn ymdrybaeddu yn ei gydwybod dywyll, fel rhyw Kierkegaard neu Kafka o'r Oesoedd Canol; a gwir hynny. Ac eto, ni ellir llai na chydnabod mai gwrthrych ei feirniadaeth gyson yw ef ei hun. Yn y gerdd hon rhithia ef adwaith chwyrn yn erbyn cysgod. Pam? Ni allaf lai na meddwl ei fod ef yn darlunio gwrthdaro personol mewndröedig ac yn defnyddio hynny i ymdroi unwaith eto yn allanol yn nychmygion ei fuchedd ei hun.

Yn ei agwedd at yr alter ego fe fydd amwysedd Dafydd eto ar waith. Gwrthrych ei watwar yw gwrthrych ei serch. Ei ddifrifoldeb yw ei fod yn gwneud sbort am ei ben ei hun. Ac mewn hunanladdiad digrif o'r fath y ceir ei ddifrifoldeb.

Fel pawb call, y mae Dafydd yn anfodlon arno'i hun; a'r ffordd y mae ef yn cael ei eni drachefn allan o'r stad yw drwy lunio cam 'gymeriadau' newydd. Mae'n mynnu cael ei fedyddio i fodolaeth arall drwy drosiad. Y tro hwn i'r Cysgod.

'Ofer, mi dybiaf,' meddai Thomas Parry, 'yw ceisio dehongli'r gerdd fel ymddiddan rhwng y bardd a'i gydwybod.' Wel, efallai fod defnyddio'r gair 'cydwybod' yn ormodol ac yn ddiangen. Eto'n sicr, un o brif themâu

Dafydd yw ei **bersonoliaeth** ei hun a hunanfeirniadaeth. Dichon nad oes yn y fan yma **wewyr ingol mod**ernaidd; ond y mae ef yn sicr yn defnyddio gwrthrych er **mwyn ymgodymu** â choegi ysgafn ar ei gownt ei hun. Mae'n ymryson ag **ef ei hun**. Ac ano**dd meddwl nad oedd drwy gymysgedd o'r Cysgod ag ef ei hun yn y**chwanegu ychydig ymhellach at y ddelwedd gymhleth a d**datblygasai eisoes** – ac nid yn gyfan gwbl mewn sbort, dybiwn i – sy'n **anochel dyfu** amdano'i hun. Drwy wadu pob perthynas â'i Gysgod, y mae'**n pwysleisio**'i ddirwedd bersonol.

Ymranna'r **gerdd yn bedair** adran ddatblygol:

(1) Cy**flwyno'r sefyllfa**'n sangiadol, wedi llinell agoriadol storïol mewn **dull sgyrsiol cyfarwydd gan Ddafydd:**⁴² 'Doe'r oeddwn dan ore**uddail**': (cf. 'Y Niwl', Doe Ddifiau, dydd i yfed; 'Cyngor gan Fra**wd Llwyd**', Doe ym mherigl y ciglef; 'Y Llwynog', Doe yr oed**dwn, dioer eddyl**.)

(2) Y **ddau gymeriad** yn rhagymadroddi drwy ymddiddan. Hynny yw, **yn eu cyflwyno**'u hunain i'w gilydd.

(3) Ar**aith o ddyfalu cypledol**.

(4) Ym**ddiddan i gloi ar** ffurf cypledau syml o'r naill ochr a'r llall.

Yn yr adran **gyntaf, y mae'r ail** un (eilun) neu'r alter ego yn cael ei weld, a Dafydd ar **unwaith yn ei ddifrïo**:

Nachaf gwelwn ryw eilun
Yn sefyll yn hyll ei hun.

Mae Dafydd **yn ffugio dychryn** rhagddo ac am ffoi. Ond yna, yn yr ail adran yr hyn **sy'n drawiadol** yw'r modd y disgrifir swyddogaeth yr ail un:

Dyfod ydd wyf (defod dda),
I'th ymyl yn noeth yma
I ddangos (em addwyngŵyn)
Rhyw beth wyd.

Gosodiad go **glir yw hynny**, ta faint y ceisiwn osgoi priodoli gormod o gignoethi m**odern i gyflwyniad** Dafydd wedyn. Ac wrth gwrs, atebion ysgafn annifrifol a **ddyry Dafydd** i her y Cysgod. Dyna'r ddihangfa ddiddianc iddo. Ymedy'**n hwyliog** â phob awgrym o 'Wirionedd' dirfodol. Ond symudir ym**laen i'r drydedd** adran.

Tebygach wyd (tebyg chwith)
I ddrychiolaeth hiraethlawn
Nog i ddyn mewn agwedd iawn.

Yn y protestio a'r gwadu eithafol y mae'n amlwg yn ceisio cyfleu i ni berthynas ddidor.

Brawd du o ŵr mewn brat hen.

Erbyn y bedwaredd adran, esgus neu beidio, y mae difrifoldeb llygredd y Cysgod yn ymgolli mewn ymwadiadau hurt. Mae Dafydd yn anghyffredin o ddiniwed ar lawer cownt: beth bynnag a ddanodir am Rys Meigen, dyw Dafydd ddim wedi ceisio lladd ieir â cherrig, dyw e ddim wedi hela ofn ar blant bach, ac 'all neb haeru ei fod chwaith wedi sefyll ar ffordd serchiadau'r merched dieithr y cyfarfu â hwy o bryd i'w gilydd. Math o ddrych gwrthwyneb i ddifrifoldeb gwadedig yw'r maldod hwn.

Ond etyb Cysgod y gallai ef ddatgan ar goedd rai pethau go amheus amdano yr un fath. A rhaid i Ddafydd gloi ar frys drwy fygwth clymu'i enau. Nid syn bod un o bennaf ysgolheigion y cyfnod yn Lloegr, sef Peter Dronke, wedi dweud am y cywydd hwn (ynghyd ag eraill o'r un dosbarth – Yr Adfail, Y Drych, Cyngor y Biogen): 'Mae ymysg ei gerddi rai sy'n ymddangos i mi mor arbennig fel na allaf feddwl am ddim sy'n agos at fod yn debyg iddynt ym marddoniaeth gyfandirol yr Oesoedd Canol.' Bydd yn dda gennym wrth unigrywiaeth honedig y gosodiad hwnnw pan ddown maes o law i ystyried cywydd 'Taith i Garu'.

Fe red drwy gorff optimistiaeth Dafydd ap Gwilym haenen o besimistiaeth hurt. Fe'i ceid yn 'Ei Gysgod': fe'i ceir hefyd yn 'Yr Adfail'.[43] Cafodd Cymru erioed, fel y gellid ei ddisgwyl, gryn hwyl ar adfeilion o'r fath drwy gydol y canrifoedd. Fe'u dathlwyd hwy'n broffesiynol ramantus yn y ddeunawfed ganrif gan Ieuan Fardd ac eraill; a chafodd T. Glynne Davies a Tilsley ac eraill hwythau destun cydnaws yn y ganrif ddiwethaf. Lle wedi marw yw adfail. Ni ellir amau nad oedd llu o leoedd felly yng nghyfnod Dafydd megis yng nghyfnod Canu Heledd, Aelwyd Rheged ac Eglwysau Basa. A thrwy'r cwbl o'r gweithiau hynny, diau mai mwy na lleoedd a gaiff sylw. Mynegir y sefyllfa ddynol, y genedl a'r gymdeithas ar y pryd. Er bod cefndir hanesyddol i rai, a adfeiliai wedi'r Marw Du 1349, yn ffactor allweddol yng ngwaith Dafydd, fel yr awgrymodd yr Athro D. J. Bowen, ni ellir amau'r un pryd nad oedd yna arwyddocâd personol yn galon i'r gerdd. Yn wir, personolir adfail o'r llinell gyntaf un (a'r ddegfed); ac eto i gyd –

Hudol enbyd yw'r byd byth,

meddai Dafydd yn y llinell enwocaf. Rhith ofnadwy a dewin peryglus yw'r cwbl o'n cwmpas. Gwacter ystyr yw serch. Ofer pob anadl. A chanolbwynt yw'r llinell i ddelwedd ddatblygedig ddofn, i symbol o fywyd darfodedig. Dyma Ddafydd felly yn pwyso a mesur ei yrfa: 'pefr gludais glod' Morfudd i bobman, dyfynna un o'r llinellau i Forfudd 'Goris clust goreuwas clod' ('Breichiau Morfudd'). Ond yn awr, y mae'n ei uniaethu'i hun â'r tŷ lle y bu unwaith yn ei charu:

Ai hwn yw'r bwn twn bath twyll?

Ai ffuglen oedd yntau'i hun?
Amwys yw'r clo cywasgedig:

Aeth talm o waith y teulu,
Dafydd, â chroes; da foes fu.

Oherwydd (gwaith) y 'toili' fe aeth llawer ymaith. Neu fe ymadawodd llawer â'u gwaith teuluol. Neu aeth amryw o blith y teulu, â chroes – dan eu crwys, wedi marw. Ond bu'r dyddiau gynt yn braf. Da oedd yr hen arferion. Fe wnaethant yn gall. Dyna ddiwedd priodol iddynt.

Pur wahanol yw cywair y cywyddau llatai. Beiddgar dybiwn i oedd anfon Dwynwen yn llatai digrif (er mor gyffredin fuasai erfyn am ei bendith). Ond hyd yn oed yn y cerddi cymharol ddefodol eu cymeriadau yn y dosbarth hwn o gerddi, 'Yr Ehedydd', 'Y Cyffylog', 'Y Carw', 'Y Gwynt', 'Yr Wylan', 'Y Ceiliog Bronfraith', mae yna ffresni syfrdan.[44] Sylwer, wrth iddo drafod cywydd 'Y Gwynt', fel y dywed Thomas Parry am y llatai hwnnw: 'y mae'n ddrych i gymeriad neu bersonoliaeth ei awdur . . . [y mae'n] ymddwyn yn debyg iddo yntau, ond yn gallu gwneud pethau na eill ef na'r un dyn arall byth mo'u gwneud'.[45]

Y bardd yn ymestyn y tu hwnt i gyfyngiadau realistig amser-a-lle, dyna yw llatai. Os bu Dafydd yn lladd arno'i hun yn 'Yr Adfail' a'r 'Ei Gysgod', gŵyr ef yng ngonestrwydd ei galon am irder yr awen. Adlais o'r awen yna iddo ef yw'r llatai. Nid syn bod y bardd yn hawlio'i feddiant ar 'Yr Ehedydd': 'Fy llwyteg edn, yn llatai'.

Dyma ni'n ôl gydag uniaethu Dafydd â'r aderyn drwy chwarae ar yr enw 'llwyd'. Sylwer mai 'llwydion esgyll' sydd gan yr ehedydd, 'mewn grae llwyd', 'copa llwyd'. Mae'r gair 'llwyd' yn cael cryn amlygrwydd yn y gerdd

nes bod ll.58 'â bwa a llaw mor bell wyd' yn peri ymholi ai 'mor bell,
Llwyd' ydyw hefyd ar lafar?
Uniaethu tebyg a geir gyda'r eos:⁴⁶ 'Eos gefnllwyd ysgafnllef.'
Gwyddom am ffoedigaeth enwog Dafydd rhag dialedd y Bwa Bach a'i
rymusterau cyfreithiol. Tybed, mewn ambell un o'r cywyddau llatai, megis
'Y Gwynt' er enghraifft, a oes ynghudd ryw fath o uniaethu llawer mwy
personol hyd yn oed nag a dybir yn gyffredin?

> *A buaned y rhedy*
> *Yr awron dros y fron fry . . .*
> *Ni'th dditia neb, ni'th etail*
> *Na llu rhugl, na llaw rhaglaw,*
> *Na llafn glas na llif na glaw.*
> *Ni'th ddeil swyddog na theulu*
> *I'th ddydd, nithydd blaenwydd blu.* (GDG 117)

Wrth iddo ddirprwyo'r gwynt yn llatai, yn estyniad ohono'i hun, tybed
a oedd y bardd yn anymwybodol weld hwnnw fel math o ddelfryd ohono'i
hun, yn ysbryd rhydd dilyffethair, yn gynrychiolydd delfrydol iddo mewn
dimensiwn arall fel petai ond gan godi'n hylaw uwchlaw'i gyfyngiadau a'i
drafferthion beunyddiol ef drwy lwyddo mewn rhywbeth lle y buasai ef yn
methu, a hynny drwy ymddyrchafu uwchlaw y rhwystredigaeth enwog,
fythol?

Ni ellir gwadu, mi gredaf, wrth iddo daflunio'i freuddwyd (un arall o'i
destunau cymhleth gyda llaw) neu daflunio'i bryder cyndyn i mewn i'r
alter ego, nad oedd hyn yn wedd eto ar ei duedd gyson i ymdroi gyda'i
deimladau a'i ddyheadau ef ei hun. Efô o hyd oedd y testun yn y bôn,
wedi'r cwbl.

Heb ein bod ni y dwthwn hwn yn hawlio gormod yn seicolegol dyw-
eder ynghylch ei bendroniad gwasgaredig ef am ei berson ei hun, dichon
y gallwn ymdeimlo fod Dafydd yn y bôn yn anymwybodol ofyn y cwestiwn
anghysurus – pwy wyf i?

Tuedda pob bardd i'w ddarganfod ei hun drwy archwilio gwrthrychau
allanol. Nid yn ei gorff ei hun, ac yn llai byth drwy archwilio'i ysbryd –
hyd yn oed os yw hynny'n fyw – yr arfera bardd ddod o hyd i'r wybodaeth
ogleisiol honno, eithr yn yr ymateb i'r amgylchfyd, wrth i fardd ei un-
iaethu'i hun â'i destunau ac ymrwymo ynddynt. Cyfryngau ydoedd gwrth-
rychau'r alter ego oll i Ddafydd, cyfryngau diriaethol iddo chwilio amdano'i
hun drwyddynt. Dyma lle y gallai sylweddoli ychydig bach pwy oedd ef.

Hwy oedd y byd ohono. A chymorth oeddent i ddatrys un o'i broblemau
mawr. Un o'n problemau enfawr ni i gyd.
 Ar y naill law, yn 'Ei Gysgod' ac yn 'Yr Adfail' roedd y fi yna'n ddarfod-
edig, yn syrthiedig ac yn negyddol; ond yn y cywyddau llatai ar y llaw arall
gallai Dafydd ymdeimlo fod ei dynged yn ymgodi ac yn ymgyrraedd, yn
cyflawni'r patrwm anweledig, ac yn ymaflyd yn ei obeithion a'i ddel-
frydau oll. Ac yr oedd gan y rheini hwythau eu dirwedd neu realiti.
 Y naill gyda'r llall, felly. Dyma rywfodd neu'i gilydd oedd peth o'i ateb
od ef i'r cwestiwn mawr a nodais. Oherwydd – ego wedi'r cyfan, ie ego o
fath adleisiol, ydyw *alter* ego.

MARWNAD MORFUDD

Un o atyniadau mawr Dafydd ap Gwilym yw ei amlochredd – rhychwant
catholig ei arddulliau ac egni llydan ei ddychymyg, a'i amharodrwydd i
ymgaledu o fewn un cywair cyfyngedig. Ni wn ai hyn yw un o briodol-
eddau cyson pob bardd pwysig. Amlder: yr amrywiaeth o fewn yr undod.
Mae Dafydd yn bendifaddau yn gallu ymestyn gymaint. Yn sicr y mae'r
cyndynrwydd i fywydu iaith drwy aflonyddu hyd yn oed ar ei hoff ieith-
wedd a'i hoff ymagwedd emosiynol at y byd yn sicrhau'i fod yn ein hestyn
o hyd wrth inni'i ddarllen. Felly y bydd ef yn ei bortreadu ffraeth a
lliwgar o anifeiliaid – fel y caeriwrch, y llwynog, y dylluan, y biogen a'r
ceiliog bronfraith; yn nwyster sobr ei farwnadu i Ruffudd ab Adda, i
Fadog Benfras ac (yn ffug) i Rydderch; yn ei fyfyrio gofalus a hunan-
feirniadol am yr Adfail, y Drych, Ei Gysgod, a'r Mwdwl Gwair; a'i ddyfalu
trwchus yn y Niwl, y Gwynt; a'i ddramateiddio hwyliog yn Trafferth mewn
Tafarn a'r Breuddwyd; a'i grefyddolder difrif a bywiog yn yr Englynion i'r
Offeren ac yn Offeren y Llwyn; yng nghynhesrwydd ei gyfeillgarwch yn ei
gywydd i Ifor Hael (Ifor, aur ei faerwriaeth) ac ym Masaleg; yn nirfod-
aeth ymddiddanus y Wawr; a'i ymhyfrydu rhamantaidd mewn natur yn y
Llwyn Celyn, y Deildy, Mawl i'r Haf, Mis Mai; ac yn ei sefyllfaoedd coeg a
chrafog – Merched Llanbadarn, Morfudd yn Hen, a Hwsmonaeth Cariad.
 Yn ein dyddiau ni fe glywn ambell feirniad yn hawlio – 'O! dw i'n hoffi
cael cynildeb. Nid i mi y cwafers ansoddeiriol.' Ac un arall yn haeru:
'Mae dyddiau modernaidd y cyweiriau caled onglog drosodd. Mae'n hen
bryd ymollwng o'r newydd.' 'Symlder i mi, a symlder yn unig!' gwaedda'r
naill. 'Yr ymennydd a'r awgrymus i mi,' myn y llall. Nid yw hyn oll dichon
namyn persbectif byr y sawl sy'n gynnil ei brofiad o lenyddiaeth. Yr oedd

profiad llenyddol Dafydd ap Gwilym a'i adnabyddiaeth o ferw ac ymdroadau iaith yn ei ddiogelu rhag ymgaregu'n anghatholig. Er mwyn bod yn effeithiol fyw, rhaid bod yn haelfrydig, ac yr oedd hynny'n golygu yn achos Dafydd amlder (nid penagoredrwydd) – sef amlder profiad, amlder Cymraeg, ac amlder dull. Dichon mai cyfuno amlder dull fel yna yw un rheswm pam y cyfrifir y cywydd yr wyf yn sôn amdano yn awr yn gywydd dryslyd: ymddengys yn ddiniwed unionsyth am ychydig, ac yna, rywfodd, yn ei gynffon mae yna dro.

Gadewch i mi gyffesu'n rhwydd-laes i ddechrau: does neb wrth gwrs yn gwybod am yr un 'Farwnad i Forfudd', er mai cywydd i Forfudd yn hen yw un o gywyddau mwyaf adnabyddus Dafydd ap Gwilym, a'i gywydd gorau oll ym mryd rhai. Ond ni lwyddodd neb erioed i ddod o hyd i Farwnad iddi.

Ymgais yw'r adran wyllt ac ecsentrig hon yn y bennod hon i awgrymu fod yna farwnad iddi wedi bod yn llechu o dan ein trwynau drwy'r amser, a honno'n farwnad drawiadol a go arbennig. Nis ystyriwyd yn farwnad hyd yn hyn bid siŵr. Ac eto, carwn awgrymu nad oes modd ei hesbonio yn ôl y testun fel y mae, na datrys y pos amlwg sydd ynddi, heb ddod ati o'r safbwynt hwn. Heb ei derbyn yn farwnad, erys sawl llinyn yn rhydd, ac yn ddiddehongliad anfoddhaol.

Y drwg yw ei bod yn farwnad annefodol. Nis enwir yn farwnad. Nid eir ati'n uniongyrchol daclus. Dyw Dafydd ddim wedi dilyn y rhigolau cyfarwydd mewn marwnad am ryw reswm annifyr. Meddai'r Athro Geraint Gruffydd am y ddamcaniaeth a ddilyn:[47] 'That it is like no other elegy from the Welsh Middle Ages cannot be regarded as a decisive objection to this interpretation, since Dafydd is like no other poet from the Welsh Middle Ages, particularly as regards the quality and exuberance of his imagination.' Ond, pe bai ef wedi meddwl erioed lunio marwnad i Forfudd, sut y gellid disgwyl iddo ef o bawb ymrigoli?

Gadewch imi esbonio'r pos sydd yma i ddechrau a chyflwyno'r cywydd. Er ei fod yn gywydd a astudiwyd gan amryw o'n hysgolheigion praffaf yn fanwl ac yn helpfawr dros ben, ni chyfrifwyd mohono erioed yn un o'i gywyddau blaenaf. Yr wyf yn mawr obeithio y bydd y tipyn esboniad canlynol yn fforiad tuag at arddangos ei gamp ac i wneud iawn am yr arfer o beidio â'i gyfrif ymhlith ei brif gywyddau.

Awgrymaf mai'r canlynol yw'r fframwaith a gymer Dafydd. Wedi'i alltudio y mae ef i Went oherwydd ei fisdimanners. Wedi gorfod ymadael â'i henfro ac â Morfudd – ei Eden – y mae, a chefnu ar ei arferion carwriaethol adnabyddus gyda'i brif gariad. Yn ei absen mae Morfudd ymhen hir a

hwyr yn marw (gartref o bosib) ac yntau'n bell. Does dim modd iddo
ganu marwnad gonfensiynol iddi, wrth gwrs, gan mai Dafydd ydoedd ac
oherwydd yr amgylchiadau anghyffredin. Beth felly a wna? Sut y cyflea ei
golled a'i goffâd amdani?

Cymer fath o goegi mewn delwedd gynaledig. Mynd i chwilio amdani,
mynd ar daith arferol i garu. Ond yn ôl ei arfer fe ddaw rhwystr ar ei
draws, a'r tro hwn y mae hi'n gwbl amhosibl dod o hyd iddi 'yn dra-
gywydd'. Ni allai neb ddod o hyd iddi mwyach pe chwilid ym mhob twll a
chornel. Mynd o le i le: nid drwy restr yn hollol, gan mai'r un lle yw pob
lle, canolbwynt seithugrwydd. Taerineb yw'r taranu. Diau ei fod yn
dychwelyd fwy nag unwaith (llau. 3-4, 30). Nid 'Taith i Garu' yw hyn, ond
teithiau. Pam y mae mor gyfan gwbl amhosibl? Os yw hi ar dir y byw, yna
byddai rhyw obaith rywbryd i'r bardd neu i rywun ddod o hyd i arwydd
ohoni mewn lle bach fel gogledd Ceredigion does bosib, lle y mae'n bur
anodd hyd yn oed y dyddiau hyn guddio neb na dim yn derfynol, meddan
nhw i mi. Bid a fo am hynny, mae'n bosibl fod yr ymchwilio gwyllt yn
ymestyn ymhellach na chyffiniau'i gynefin agos.

Ond wrth gwrs, mae'r rheswm yn amlwg, ac fe awgrymir y rheswm
hwnnw yn bur blwmp a phlaen yn y pedair llinell olaf sydd, fel y cyfeddyf
ein hysgolheigion craffaf, yn ddieithr ac yn anghyfaddas yn y cyd-destun,
ac nad oes modd hyd yn hyn iawn ddirnad eu perthynas.

Angau, y tro hwn, dyna'r unig esboniad, yw'r rhwystr, a hynny yn yr
haf. Mae'r Eden lle y bu Dafydd yn chwilio wedi'i chau. Fe'i gyrrwyd ef
allan ohoni'n derfynol. Ni bydd ef (yn ei gorff) bellach byth yn dod o
hyd i berson Morfudd er chwilio a chwalu amdani hwnt ac yma, i fyny ac
i lawr, ym mhob melin a phandy . . . Ond pan ddaw'r amser maes o law
iddo yntau fynd i'w ateb a'i dilyn i'r ochr draw, caiff ei enaid ei ryddhau,
a chaiff gyfle i'w dilyn hi ymhellach. O! na foed i'r ymchwil yna gan yr
enaid o hynny ymlaen fwy o lwyddiant a llai o drafferthion i ddod o hyd
iddi o'r diwedd nag a gafodd yn y corff hwn ar y ddaear hon y tro hwn.

Dyma'r cywydd[48] gyda diweddariad wedyn:

> A gerddodd neb er gordderch
> A gerddais i, gorddwy serch?
> Rhew ac eiry, y rhyw garedd,
> Glaw a gwynt er gloyw ei gwedd.
> Ni chefais eithr nych ofwy,
> Ni chafas deudroed hoed hwy
> Ermoed i Gelliau'r Meirch,

Eurdrais elw, ar draws Eleirch,
Yn anial dir yn uniawn
Nos a dydd, ac nid nes dawn.

O Dduw, ys uchel o ddyn
Ei floedd yng Nghelli Fleddyn,
Ymadrodd er ei mwyn hi,
Ymarddelw o serch bûm erddi.
Bysaleg, iselgreg sôn,
Berwgau lif, bergul afon,
Mynych iawn, er ei mwyn hi,
Y treiddiwn beunydd trwyddi.
I Fwlch yr awn, yn falch rydd,
Mau boen dwfn, Meibion Dafydd.
Ac ymaith draw i'r Gamallt,
Ac i'r rhiw er gwiw ei gwallt.
Ebrwydd y cyrchwn o'r blaen
Gafaelfwlch y Gyfylfaen,
I fwrw am forwyn wisgra
Dremyn ar y dyffryn da.
Ni thry nac yma na thraw
Hebof yn lledrad heibiaw.
Ystig fûm ac anaraf
Ar hyd Pant Cwcwll yr haf,
Ac ogylch Castell Gwgawn,
Gogwydd cyw gŵydd lle câi gawn.
Rhedais heb Adail Heilin,
Rhediad bloesg fytheiad blin.

Sefais goris llys Ifor
Fal mynach mewn cilfach côr,
I geisio, heb addo budd,
Gyfarfod â gwiw Forfudd.
Nid oes dwyn na dwys dyno
Yn neutu glyn Nant-y-glo
Nas medrwyf o'm nwyf a'm nydd
Heb y llyfr, hoywbwyll Ofydd.
Hawdd ym wrth leisio i'm dwrn,
Gwir nod helw, Gwern-y-Talwrn,

Lle y cefais weled, ged gu,
Llerwddyn dan fantell orddu,
Lle y gwelir yn dragywydd,
Heb dwf gwellt, heb dyfu gwŷdd,
Llun ein gwâl dan wial da,
Lle briwddail fal llwybr Adda.

Gwae ef yr enaid heb sâl,
Rhag blinder heb gwbl undal,
O thry yr unffordd achlân
Y tröes y corff truan.

(A gerddodd neb er mwyn caru anghyfreithlon, yr hyn a gerddais i dan orthrwm serch? Drwy rew ac eira – y fath gamwedd! (a'r fath serch), drwy law a gwynt er mwyn y loyw ei gwedd. Ni chefais ond blinder llwyr. Ni chafodd deudroed fwy o annifyrrwch erioed wrth gyrchu Cellüau'r Meirch, wedi fy ngorthrymu gan ei hatyniad, ar draws Eleirch, a oedd yn anialdir yn gymwys nos a dydd, a finnau heb fod yn nes at y wobr.
O Dduw, dyna uchel fy mloedd wyf yng Nghelli Fleddyn (Guilsfield neu heb fod yn bell o enau Afon Dyfi), *yn lleisio er ei mwyn hi, datgan serch y bûm erddi. Bysaleg, afon fergul, sy'n arfer bod yn isel greg ei sŵn yn awr sy'n llif o ferw gau, mynych y treiddiwn drwyddi beunydd er ei mwyn hi. Awn yn falch rydd i Fwlch Meibion Dafydd* [Ai gair mwys?] *ac eto mewn iselder dwfn, wedyn ymdaith draw i Gamallt* (i'r gogledd o Raeadr neu heb fod yn bell o Nant Silw), *ac i'r rhiw er mwyn y ferch â'r gwallt hardd. Cyrchwn ymlaen yn ebrwydd i fwlch fforchog* [eto'n air mwys] *y Gyfylfaen, i fwrw golwg ar hyd y dyffryn da am forwyn mewn gwisg ffwr. Ni chrwydra hi nac yma na thraw, ac â'n llechwraidd heibio i mi. Bûm yn ddyfal ac yn ddiorffwys ar hyd Pant Cwcwll* [Ai gair mwys arall – cwcwallt?] *yn yr haf ac o amgylch Castell Gwgawn – yn neidio fel y gwna cyw gŵydd wrth ddod o hyd i gonyn. Rhedais heibio i breswylfa Heilin a'm cwrs yn debyg i fytheiad blinedig a chryg.*
Sefais islaw llys Ifor (yng Ngwernyclepa) *fel mynach mewn cornel gudd o'r côr i geisio heb addo budd (fel ar bererindod) i gyfarfod â Morfudd hardd. Nid oes na thwyn na thyno dwfn ar y naill ochr na'r llall yng nglyn Nant-y-glo nad wyf yn gyfarwydd â'u troeon ar fy nghalon, sy'n Ofydd sionc ei meddwl. Hawdd i mi wrth leisio i'm dwrn* (cf. chwerthin yn fy nwrn: heb ddangos hynny'n amlwg) *fyddai dweud beth yw gwir nod fy meddiant yng Ngwern-y-Talwrn* (Gwent, neu ger afon Stewi: Cwm-y-glo) *lle y cefais gipolwg, ffafr annwyl, ar ferch fain o dan fantell Orddu* (Llansilin, cyfeiriad posibl at Fynydd Gorddu yn ardal

Bow Street) *lle y gwelir am byth, heb dwf gwellt, heb dyfu coed, lun ein gwâl o dan wiail da, lle dail briwedig, fel llwybr Adda. Gwae fyddai'r enaid heb wobr, pe bai mewn blinder a heb gael unrhyw dâl, yn gorfod crwydro yn yr un ffordd yn gymwys ag y trodd y corff truan.)*

Erbyn diwedd y paragraff olaf ond un y mae wedi gwawrio arno beth a ddigwyddodd, a dyry dri awgrym cynnil o hynny. Dyma hwy:

Lle y gwelir yn dragywydd.

Mae'r sefyllfa'n derfynol, mor derfynol yn wir â'r byd marwolaeth y gyrrwyd Adda allan iddo, a'r llwybr yn felltigaid ar ei ôl:

Lle briwddail fel llwybr Adda. (ffordd pob cnawd)

Ac yn drydydd, yn y paragraff olaf ond un hwn (paragraff y sobri) dywed o'r diwedd:

*Lle y cefais weled ged gu,
Llerwddyn dan fantell orddu.*

Ai yn ei hangladd y mae ef yn y fan yma dwedwch? O fewn y cyd-destun a awgrymais bellach, y mae hynny'n gryn bosibilrwydd, gellid tybio. Disgwyliai ei gweld mewn gwisgra; ond dan fantell orddu y mae.

Wedyn daw'r pennill olaf yna, sy'n bos ar hyn o bryd, pos a gydia ym mân awgrymiadau ysgafn y paragraff cynt. Ofer, ofer fydd yr ymchwil ar y ddaear hon mwyach.

Yr hyn a wnaeth Dafydd o bosib oedd yr hyn a ddigwyddodd mewn cywydd adnabyddus o waith Iolo Goch (wedyn, ddwedwn i) lle y mae'r 'enaid yn rhydd i grwydro tra gorwedd y corff yn y bedd' (a dyfynnu'r Athro Dafydd Johnston). Yng nghywydd Iolo y mae'r cyd-destun yn daith glera o fewn defodau arferol nawdd. Mae'r enaid yn enwi'r mannau lle y bu yn ystod ei daith ymchwil am y corff – Ceri, Y Drenewydd, Maelienydd (rhwng Gwy a Hafren, ardal Llandrindod), Elfael (de Maesyfed), Buellt, Blaenau Taf, Caeo, Cydweli, Ystrad Tywi, Tŷ Gwyn, Ystrad Fflur. Ac yn y cywydd hwn[49] dywed Iolo ei fod yntau'n amddifad o lwyddiant:

*Mal ôl Addaf, aml oeddynt,
Pan yrrwyd, gofynnwyd gynt,*

Am yr afal, dial dwys,
Â'i bryder o Baradwys.
(Llwybr marwolaeth yw trywydd Adda eto)

Yn awr, dim ond ar adeg marwolaeth y bydd yr enaid yn ymadael â'r corff. Does dim modd felly esbonio'r pedair llinell olaf yng nghywydd Dafydd yn foddhaol heb gynnig fod Dafydd bellach yn sylweddoli fod Morfudd yn farw, a'i chorff yn y bedd, ac mai'i enaid ef yn unig a all fynd ati bellach i chwilio am ei henaid hi.

Yr hyn a wnaeth Dafydd felly yn y cywydd marwnad hwn oedd cydio yn yr arferiad – mynd am daith i garu, chwilio am ei gariad, ymweld â'r hoff fannau i gyd, methu â dod o hyd iddi, a sylweddoli o'r diwedd goegi'r cwbl, ei bod yn farw. Dyna pam y mae'r rhew ac eira gaeafol (llau. 3-4) yn bresennol yn yr haf (ll. 30). Mae'r tywydd symbolaidd hwn ynghyd â bloedd uchel yn nodweddiadol o farwnadau.

Os yw'r dehongliad hwn yn gywir, yna fe berthyn y cywydd hwn i grŵp o gywyddau – 'Llychwino pryd y ferch', 'Yr Adfail' a 'Morfudd yn hen', pedwar felly, gyda'i gilydd, sy'n ymgrwpio o gwmpas diwedd bywyd Morfudd.

Wrth gwrs, yn daith i garu, yn syml blwmp, fel yna y deëllir y cywydd hwn fel arfer. Pe cymerem y daith honno sut bynnag megis cyfrwng i gyfleu'r brofedigaeth, yna byddai gennym ddull o ganu cwbl unigryw (am wn i) yn yr oesoedd canol. Serch hynny, ni byddai'r ffaith fod Dafydd yn cyflwyno amgylchiad a throad annisgwyl cwbl unigryw fel hyn yn beth annisgwyl ac unigryw yn ei waith ef.

Sut bynnag, a chymryd fod pawb yn y gymdogaeth eisoes yn gwybod fod Morfudd wedi marw, nid oedd angen mynd ati'n ddefodol i haeru hynny: 'Edrychwch: marwnad yw hon'. Ar sail yr wybodaeth hysbys hon a gymerwyd yn ganiataol, gallai Dafydd fforddio mynd ati i wau ei daith garu seithug gyda hyder y byddai pawb ar unwaith yn amgyffred ei goegi trist. Eto, er na ddwedir hynny, credaf fod y pedwar awgrym – y paragraff olaf yn bennaf, ond ynghyd â'r tri chyffyrddiad yn y paragraff cyn hynny (onid oes lled awgrym hefyd yn 'ys uchel o ddyn ei floedd yng Nghelli Fleddyn' cyn hynny) – o'u cymryd gyda'i gilydd yn ddigon i'n hargyhoeddi beth oedd ergyd y cywydd i'r bobl a oedd *au fait* ar y pryd. Celwydd o foliant ydoedd er mwyn dweud y gwir. Drwy foliant i werthoedd yr oedd marwnad bob amser yn dathlu bywyd.

Nid unigryw yn y Gymraeg wrth gwrs yw'r thema o chwilio am y marw fel pe bai'n fyw. Dyna a geir ym Marwnad Iolo Goch i Lywelyn Goch ap Meurig Hen:

O Dduw teg a'i ddäed dyn,
A welai neb Lywelyn
Amheurig fonheddig Hen,
Ewythr frawd tad yr awen?
Mae ef? Pwy a'i hymofyn?
Na chais mwy, achos ni myn.[50]

Dyma, fel y cofiwn, ddull 'Hirlas Owain' Owain Cyfeiliog. A dyna, wrth gwrs, gri ingol Robert ap Gwilym Ddu ar ôl ei unig ferch:

Ymholais, crwydrais mewn cri – och alar!
Hir chwiliais amdani;
Chwilio'r celloedd oedd iddi,
A chwilio heb ei chael hi.[51]

Try'r hiraeth, yr ymchwil, a'r taerineb yn ddelwedd o daith seithug. Bid siŵr, gall y ddau gwpled olaf gan Ddafydd fod yn gwpledi strae o ryw gywydd arall.[52] Yn wir, gan fod traddodiad llafar go estynedig rhwng canu'r cywydd gwreiddiol a'i gofnodi, fe ellid cymysgu neu golli, neu fenthyca llawer peth, yn ddamcaniaethol. Fe ellid tybied posibiliadau lawer os dymunwn danseilio'r ddamcaniaeth, ond rhy rwydd yw dibynnu ar gymysgedd posibl felly wrth drafod unrhyw gywydd o waith Dafydd, er mor briodol yw cofio'r posibiliadau; a da gennyf oedd gweld yn yr astudiaeth ddiweddar a grybwyllais ganddo fod yr Athro R. Geraint Gruffydd[53] yn cadarnhau'r ddamcaniaeth hon ynghylch Marwnad yn y cywydd hwn: 'The image evoked is that of Dafydd searching relentlessly throughout Wales (although most desperately on his home ground) for some remembrance of Morfudd, haunted all the while by recollections of expulsion from Eden, and by intimation of possible final condemnation.'

Heb y diwedd, fe fyddai'n gywydd bost am ddyfal barhad y carwr: gyda'r diwedd, fe'n symudir i berspectif dwys. Ond soniais ar ddechrau'r bennod hon am Ddafydd yn troi trefn adnabyddus y cywydd gŵr, sef y cywydd Mawl a etifeddodd hen draddodiad a hen drefn y llys, i gyflawni Mawl lletach. Sianelodd y Mawl a berthynai fel arfer i'r llys traddodiadol yn Fawl yn llys y goedwig. Gwelwn yn awr fel y cyflawnodd ei greadigrwydd gamp gyffelyb hefyd ym maes y farwnad.

Nodiadau

1. GDG rhif cywydd 74.
2. ibid. 80: cf ibid. 54.21; 75.24; 78.17; 80.59; 81.24; 135.31; ayb.
3. ibid. 69.17.
4. *Llên Cymru a Chrefydd*, R. M. Jones, Abertawe, 1977, 224-241.
5. GDG 30.
6. e.e. ibid. 26.16; cf R. M. Jones loc. cit. 254-266; "Gwyn eu Byd yr Adar Gwylltion': Golwg ar gerddi Dafydd ap Gwilym,' Lynne Jones, *Dwned* Rhif 3 (1997), 9-26.
7. GDG 125.
8. ibid. 50.
9. ibid. 35.
10. ibid. 48.
11. ibid. 137.59 a 4.11.
12. ibid. 128.
13. ibid. 35.49.
14. ibid. 84.
15. ibid. 126.
16. ibid. 131.
17. ibid. 34.
18. ibid. 46.
19. ibid. 64. ll-12.
20. ibid. 45.4.
21. ibid. 96.
22. ibid. 117.
23. ibid. 139.
24. ibid. 49.
25. ibid. 75. 27-37.
26. ibid. 76.
27. *Dafydd ap Gwilym*, R. Geraint Gruffydd, Gwasg Pantycelyn, 1987, 48.
28. GDG 68. 37-40, 45-66.
29. ibid. 71.
30. ibid. 69.
31. ibid. 61.
32. ibid. 126.
33. a chynhwysir yn eu plith o bosib y llwydlong 75.24.
34. 45.17; 137.59.
35. 63.
36. 114.30.
37. SB III, 367-370.
38. GDG 63.
39. *50 o Gywyddau Dafydd ap Gwilym*, gol. Alan Llwyd(!), Abertawe, 1980, 53-54.
40. GDG 131.
41. ibid. 141.

42. cf. *Dulliau'r Canu Rhydd*, Brinley Rees (Caerdydd, 1952), 40-44; *Ffwtman Hoff*, Nesta Lloyd (Barddas, 1998), l.
43. GDG 144; gw. 'Sylwadau ar Gywydd 'Yr Adfail' gan Ddafydd ap Gwilym,' R. Geraint Gruffydd, YB XI, 109-115.
44. Trafodwyd yr uniaethu ag adar – oherwydd y mawl a'r ymgodi i'r entrychion – yn *Llên Cymru a Chrefydd*, R. M. Jones, Abertawe, 1977, 260-264. Cf. *Dwned*, 3, 9-26.
45. YB IX, 54-5.
46. GDG 119.15.
47. Mewn erthygl wych 'Love by Toponymy: Dafydd ap Gwilym and Place-names', R. Geraint Gruffydd, *Nomina* 19, 29-42.
48. GDG 83 'Taith i Garu' yw teitl Thomas Parry. 49. GIG XIV.
50. ibid. XXII, 1-6.
51. *Blodeugerdd Barddas o'r Bedwaredd Ganrif ar Bymtheg*, R. M. Jones, Barddas, 1988, 66.
52. cf. GDG 34.51-2, 55-6 â DGG XXI. 39-42.
53. loc. cit. Defnyddiaf erthygl yr Athro Gruffydd wrth geisio esbonio'r lleoedd yn fy aralleiriad.

Beirdd yr Uchelwyr

O fewn llenyddiaeth Gymraeg sefydlwyd y drefn o Fawl a'r Mawl i drefn gan y Cynfeirdd a'r Gogynfeirdd. Cafwyd chwyldro wedyn yn y drefn honno drwy'i hehangu o ran arwyddocâd gan Ddafydd ap Gwilym. Yn awr, yng nghanrif fawr beirdd yr uchelwyr, er disgwyl sefydlogrwydd clasurol a cheidwadaeth gain, dyma ni'n cael chwyldro pellach yn dod i'r golwg sydd o leiaf cyn ddwysed ag un Dafydd.

Er mwyn symleiddio'r fframwaith ar gyfer disgrifio'r chwyldro newydd hwn, yr wyf am gymryd dau gywydd yn begynol. Yn gyntaf, cywydd Mawl difrif a ffres Dafydd ab Edmwnd (fl.1450-97) i Fawl ei hun. Dyma gywydd a ganfyddai Gymru'n amddiffynnydd i drefn. Ac yn ail, cywydd Mawl gan Dudur Aled (c.1465–c.1525) i drefn. Dyma gywydd a oedd a wnelo â'r un gwrthwynebydd ag a brofodd Dafydd ab Edmwnd yntau ynghynt, ond a olygai yn y pen draw aberthu Cymru ei hun fel uned genedlaethol ar allor trefn Mawl. Hynny yw, pan godai'r rheidrwydd i ddewis rhwng trefn a Chymru, trefn a ddarparai'r ateb cywir. Coegaidd iawn, wrth gwrs, oedd hyn wrth gyfosod (yn y pen draw) Fawl â Chymru, Mawl â'r gymdeithas draddodiadol amrywiol; oherwydd wrth ymdeimlo â gelyniaeth rhwng Trefn a pharhad yr uned genedlaethol, yr hyn a gaed, o leiaf maes o law, oedd tranc y gyfundrefn Fawl ei hun.

Ond gwell peidio â gwneud stori seml yn stori gymhleth.

Cynnal a diffinio'r drefn ar fywyd a wnâi Mawl o'r dechrau cyntaf. Dyma'r hyn a wnâi iaith hithau, yn ôl union swyddogaeth gyntaf ei bodolaeth, sef darostwng y cythrwfl mewnol a rheoleiddio'r deall. Hynny a gaed o anghenraid cyn 'cyfathrebu'. Dyna mewn llenyddiaeth oedd gwaith Mawl hefyd, hynny ynghyd â pheri i drefn ganu. Gweithredydd prif nod iaith oedd Mawl, a hynny ym myd llenyddiaeth. Ond beth a ddigwyddai pe bai trefn ac iaith ill dwy yn gwrthdaro â'i gilydd? Er mwyn cyflawni'r gynghanedd mwyach, sef y nod a esgorodd ar iaith, aberthid hyd yn oed yr iaith ei hun yn y cyfnod Tuduraidd.

Mor hanfodol yn y bôn oedd trefn yn y *psyche* dynol, mor rymus yr ysfa i ddod o hyd iddi, nes yn y diwedd fod un arall o'r greddfau dynol dwfn yn cael ei pheryglu, sef y teyrngarwch i diriogaeth a'i diwylliant hanesyddol. Dyma, yn awr, un o bynciau anymwybodol ganolog y traddodiad

Mawl yn y Ganrif Fawr, sef yr ysfa i sefydlu a diogelu trefn o'r newydd wedi'r goncwest ac wedi gwrthryfel Glyndŵr. Coleddu trefn fel gwerth eithaf a wneid pan oedd honno'n cael ei herio gan gythrwfl cymdeithasol.

Gymaint oedd yr anhrefn, a thyfai mor orthrechol o lethol, nes bod yr anniogelwch newydd yn ddigon o rym i weddnewid hyder Cymru. Ac fe'i gweddnewidiwyd o gam i gam. Aberthwyd yr anrhydedd cenedlaethol naturiol bellach ar allor trefn. Bodlonwyd ar ymostwng i ddifancoll cenedlaethol er mwyn gwynfyd taclus. Sefydlwyd cymhleth israddoldeb yn drefnus iswasanaethgar. Darostyngwyd Mawl ei hun bellach ger ei fron, gan mai rhaid oedd adfer trefnusrwydd yn anad dim. A theimlid y gallasai Mawl traddodiadol bellach beryglu'r drefn honno.

Pan fu'r Gyfraith Gymreig gynt yn rymus, roedd popeth yn 'iawn'. Pan ddôi'r Gyfraith Seisnig hithau yn rymus, credid y buasai popeth yn iawn drachefn. Ond yn y cyfwng rhyngddynt, pan oedd yna drawsnewid, siglid y sicrwydd sylfaenol yr hiraethid amdano cyhyd. Dryswyd o'r herwydd y weledigaeth genedlaethol. Am genedlaethau, yn gynyddol o hyn ymlaen, buasai'r meddwl yn graddol bylu ynghylch bod yn Gymru. Ofnid y drefn anhysbys o beidio â mynd gyda'r llif imperialaidd. Ac eto, dôi glynu wrth fframwaith hysbys o ryw fath yn flaenoriaeth. A gwadwyd o'r herwydd unigrywiaeth y fodolaeth genedligol.

Dyma, felly, un sefyllfa y cafodd Tudur Aled gipolwg arni: pe gellid byth osod ymryson rhwng Cymru a Threfn, buasid yn gallu dileu Cymru. Pan wesgid Cymru i gornel lle y buasai'n rhaid dewis rhwng y ddau begwn yna, yn y diwedd buasai'r bobl eu hunain yn ildio'u cenedligrwydd.

Ond gwell mynd yn ôl ymhellach, er mwyn dechrau'r stori ynghynt.

*   *   *

Fel y gwelsom, diffinnid y 'gwahuniaeth,' a gaed yng ngwaith Dafydd ap Gwilym gan wrthgyferbyniad o fewn y Traddodiad Mawl rhwng y gwyllt a'r gwâr. Trais haerllug oedd hyn ar y norm. Roedd yna norm amgylchfydol wedi bod i fywyd cyhoeddus yr uchelwyr, fel yr arddangosai Iolo Goch yn groyw yn ei gywyddau gŵr. Ac wrth wyro'r fframwaith hwnnw y cafodd Dafydd nerth i'w arbenigrwydd. Er iddo gael dilynwyr wedyn ac efelychwyr di-rif, nis dilynwyd drwy sefydlu'r union 'drefn' ddychmygol a chwenychai ef. Nid ei gariadferch ef chwaith fyddai cariadferch Dafydd ab Edmwnd maes o law, er bod gan hwnnw ei gariad mawr. Nid ei lys o goed ef chwaith fyddai'r un a gymeradwyid gan y gyfundrefn nawdd. O'r hyn lleiaf, nid hyd nes i herwyr ddod i feddiannu'r coed yn ddiweddarach.

Mewn un o'i erthyglau disgleiriaf diweddar, ysgrif ar Ddafydd ab Edmwnd a gyhoeddwyd yn gyntaf yn *Ysgrifau Beirniadol* X ac wedyn ym *Meistri a'u Crefft*, tynnodd Saunders Lewis sylw at gywydd go anghyffredin gan y bardd hwnnw. Cywydd ydyw i Rys Wyn ap Llywelyn ap Tudur o Fôn sy'n ei rybuddio rhag priodi Saesnes. Dechreua'r cywydd â chymhariaeth Fyrsilaidd hir ac annisgwyl. Sonia am Fôr Iwerydd yn curo ar draethau Cymru ac yn traflyncu'r tir fesul craig. Tebyg i'r môr hwnnw yw perygl y Saesnes hon a oedd yn wrthrych bwriadau Rhys – sef twyllo allan o'n gwlad graig amddiffyn werthfawrocaf Môn a'i chyffiniau.

Ond mae gwraig arall gan Rys Wyn. Wrth law, ceir hen wraig a fydd yn rhwystro hyn, hen wraig sy'n mynd yn ôl at ddechrau'i genedl. Gadewch imi ddyfynnu ateb Dafydd ab Edmwnd fel y'i dehonglwyd gan Saunders Lewis:[1]

> *Pwy yw'r hen wraig hon a'i henw y Glod a beth yw ei gafael hi ar Rys Wyn o Fôn? Wel, fe fu hi gydag Urien yn Rheged, bu hi yn Aberffraw gydag Owain Fawr, bu ei chadair yn Sycharth a Harlech. Hi yw traddodiad llenyddol Cymru, traddodiad Taliesin. Ond i ni heddiw hawsaf peth yw syrthio i amryfusedd enbyd, gan dybio mai peth llenyddol yn unig yw hyn. Nid felly; holl bwynt Dafydd ab Emwnd yw mai dyma draddodiad politicaidd Cymru, traddodiad amddiffyn y genedl; a phrydyddion y Glod, cerddi moliant yr amddiffyn, yw datgeiniaid a chynheiliaid polisi oesol yr amddiffyn.*

Yr hyn sy'n bwysig i sylwi arno yn y fan yma yw bod ystyr Clod yn cael ei chyfrif fel pe bai'n fwy na dweud pethau braf am rywun, mwy na gwenieithu i ennill pres, mwy na'r gwrthwyneb i sarhad. Mae gan y Glod hon swyddogaeth ymarferol. Mae ganddi waith dwfn. Hi yw'r cnewyllyn ystyr sy'n treiddio drwy weithredoedd. Hi yw'r pwrpas cadarnhaol sy'n cynnal gwerth. Hi yw fframwaith y meddwl am genedl ddiwylliedig. Yn erbyn negyddiaeth y mae hi'n rhoi cadarnhad ac ystyr bywyd. Sonia beirniaid weithiau bron yn ddifeddwl ystrydebol a chyfyngedig am y traddodiad Mawl yng Nghymru, ac fe'i canfyddir yn cyniwair yng ngwaith Taliesin ac Aneirin gan symud ymlaen drwy'r Gogynfeirdd a Beirdd yr Uchelwyr mewn rhigolau 'ceidwadol' cymdeithasol. Dyma lot o hen ganu gwenieithus difeddwl sy'n seboni pobl mewn llywodraeth, nes cyrraedd ychydig o newid cywair gyda'r Ddeddf Uno a'r Diwygiad Protestannaidd. Ymlaen wedyn yr hed yn ysgafnach drwy'r Canu Rhydd Cynnar a'r Emynwyr ar eu hôl hyd at y cyfnod diweddar. Ond beth yn union y mae'r Glod yn ei wneud mewn gwirionedd yng nghyd-destun Beirdd yr Uchelwyr, o gywyddau Dafydd i Ifor Hael ac Iolo i Owain Glyndŵr ymlaen am ganrif? Dim llai na gwarchod y safonau a oedd o blaid bywyd. Cynnal y genedl ei hun a wnâi Clod. A dichon o hyd fod myfyrio ychydig ymhellach am yr arwyddocâd hwn yn werth-chweil heddiw wyneb yn wyneb â môr arall ond nid annhebyg sy'n dod i benllanw o'r un cyfeiriad. Yn y cyd-destun cyfoes pan geir ymosodiad gwahanol bellach ar y cysyniad o safonau a phwrpas, a'r ymosodiad hwnnw wedi hidlo i mewn i waith rhai beirniaid ôl-fodernaidd ac ôl-feirniaid modernaidd ynglŷn â'r un sefyllfaoedd ag a amheuai Dafydd ab Edmwnd, dichon mai gwiw yw troi'n ôl at yr Hen Wraig ofnadwy hon a gofyn ei barn.

Yr oedd Mawl ym mryd Beirdd yr Uchelwyr, am ganrif, yn fwy na datgan detholiad o'r gwir drwy gynnal y ffactorau cadarnhaol a thrwy gadarnhau darostwng y ffactorau negyddol. Yr oedd yn sicr yn cydnabod rhagoriaethau a rhinweddau, gan gefnogi trefn. Ond dull ydoedd o ddiolch ac o barchu'r greadigaeth. Cefnogai'r syniad o drefn gynhenid. Y daioni a ganmolid oedd y daioni gwreiddiol-barhaol a gynhaliai Gymru. Mi gredaf ei fod hefyd – ac y mae pwysigrwydd yr athrawiaeth o Gadwyn Bod ar y pryd yn cefnogi'r casgliad hwn – yn ymwybod â pherthynas greadigol drefnus gydlynol â'r Crëwr. Yr oedd presenoldeb Duw yn ei gread neu'r adlewyrchiad sagrafennol o'r Cynhaliwr yn ei waith ei hun yn peri bod y cyswllt rhwng nef a daear yn ystyrlon. 'Pwer y gerdd yn puro gwae.' Yn wir, ei werthoedd ef a'n hadeiladai'n batrwm trefnus.

Modd oedd Mawl, felly, i ddiriaethu'r gwerth a ganfyddid mewn gwrthrych. Dadlennid yr ansawdd drwy dynnu allan yr anrhydedd a oedd eisoes yn y testun. 'Gwerth-fawrogi' yw'r term a ddefnyddiwn heddiw, sef mawrygu gwerth; ac arf ydoedd yn llaw'r Hen Wraig Ymladdgar i drechu'r anwar. Bellach, ar ôl i'r bardd ddatgelu'r hyn a ddisgwyliai gan yr arwr, rhaid oedd i'r arwr yntau brofi mai gwir ydoedd. Neu fel y dywed T. M. Charles-Edwards,[2] 'The public verdict once given, the person upon whom it has been given may be required to mark his recognition of the verdict by conforming his own behaviour to the valuation put upon him.'

Gosodwyd y gwaith o ganu clodydd ar y bardd o fewn cyd-destun presenoldeb cyfredol y llygredd a'r gwendid. Heb hynny ni wahaniaethid rhwng Mawl a Dychan. Y mae Mawl yn elfen mewn cyferbyniad deublyg, cyferbyniad rhwng dau eithaf gwrthddywedol, gosodiad a gwrthosodiad heb yr un cyfosodiad. Mawl yw'r ymgyfeirio ynddo tuag at y gosodiad angenrheidiol, y cadarnhaol, y da, Duw ei hun.

Mae T. J. Morgan wedi crynhoi'n gampus un rheswm dros foli a oedd gan y beirdd: 'nid unrhyw athroniaeth haniaethol a ddysgid yn ysgolion y beirdd sy'n cyfrif am y modd y dylid moli brenin, ond y dyb naturiol a dilol fod yr ansawdd riniaethol yn hanfod ynddo'n ddiriaethol. Ac nid meddwl yr ydys yn awr am nodweddion megis lliw gwallt neu athrylith gerddorol – nodweddion sydd ar un olwg yn etifeddol – ond am briodoleddau sy'n fwy ysbrydol, megis awdurdod ac urddas a gogoniant; mewn gair, cysegredigrwydd brenhinol.'[3]

Yn y tywysog neu'r uchelwr lleolid yr hyn nad oedd yn lleol, yr hyn a oedd fel pe bai ar ei buraf cyffredinol yn y canu crefyddol. Wrth ddiffinio Mawl yn ei Eiriadur meddai Thomas Charles: 'Y mae mawl, neu foli yr Arglwydd, yn arwyddo cydnabyddiaeth orfoleddus o'i ragoriaethau a'i rinweddau, a'n rhwymedigaethau anfeidrol iddo; ac yn cynnwys gwybodaeth wironeddol ohono, cymod ag ef, cariad tuag ato, hyfrydwch a gorfoledd ynddo. Ni ddichon neb lai na'i foli ag sydd yn ei wir adnabod.'[4]

Wrth ddarganfod rhinweddau'r Duwdod ar y ddaear, hynny yw, wrth ynysu ffactorau gwerth, yr hyn a wnâi'r beirdd oedd gweithredu'r Awen Wir:

O thraethir y gwir a'r gau,
Y gair tecaf yw'r gorau.
(Ateb i Hywel Dafi, Guto'r Glyn)[5]

Dyna'r traddodiad. Dyna'r hyn a ganfu Taliesin. Defnyddiwn y term 'traddodiad Taliesin' amdano yn ddigon cywir; ond gellid ei ystyried yn fwy na thraddodi arferiad. Traddodi darganfyddiad ydoedd: 'hylwydd goel.'

Tlos fu anrheg Taliesin,
Talawdd fawl teuluaidd fin.
Euraw gynt a orug ef,
Urien gathl, eirian goethlef.
Hwyliawdd â'i gerdd, hylwydd goel,
Hyd lys Urien, hoedl Seirioel.
Af innau, taliadau teg,
Â'r unrhyw eiriau anrheg.
(I Ffylip Llwyd, Guto'r Glyn)[6]

Y cwbl a oedd yn ofynnol i Uto'r Glyn yn y fan yna i'w wneud oedd anadlu awyr ffres i'r corff a oedd eisoes ar gerdded. Dyna oedd y newydd yn yr hen.

Y dull ry hen dwyllai rai,
Yn newyddach y naddai.
(Marwnad Dafydd ab Edmwnd, Lewys Môn)[7]

Pan gladdwyd Tudur Penllyn gallodd Owain ap Llywelyn ab y Moel ganu:

Myrddin neu Daliesin lwyd
Mewn gwŷdd a main a guddiwyd.[8]

Un o gyfrolau beirniadol mwyaf arbennig yr ugeinfed ganrif, a chyfrol ddeallus a ffres na dderbyniodd mo'r sylw sy'n ddyledus iddi, yw *Ysgrifau Llenyddol* T. J. Morgan.[9] Dyna'r gyfrol bwysicaf o feirniadaeth a gyhoeddwyd yn y pumdegau a'r chwedegau. Fe'i sgrifennwyd yn gyfareddol wrth gwrs, fel y disgwylid gan yr awdur hwn. Tair ymdriniaeth yn unig sydd ynddi: 'Rhiniaeth' sy'n ceisio gwneud mewn beirniadaeth lenyddol yr hyn yr oedd Cyfriniaeth yn ei wneud eisoes ar y pryd ar raddfa fawr ymhlith rhyddfrydwyr diwinyddol; 'Cymhellion Llenyddol' sy'n ymdriniaeth benigamp ynghylch y cwestiwn pam sgwennu, sef y cwestiwn yr wyf finnau'n ceisio'i drafod yn y llyfr hwn; a 'Rhyddiaith Gymraeg' sy'n ymdriniaeth arloesol ym myd rhyddiaith a esgeulusid yn bur helaeth gan feirniaid llenyddol ym mhob gwlad tan chwedegau'r ugeinfed ganrif.

Yn y drafodaeth ar Gymhellion Llenyddol y ddau a gaiff y sylw mwyaf helaeth gan yr awdur yw'r cymhelliad llwythol (sef yr hyn a adwaenom ninnau bellach fel y cymhelliad cenedlaethol a'r filltir sgwâr) ynghyd â'r cymhelliad i oroesi. Nid wyf am wadu'r un o'r rhain na dim o'r lleill a grybwyllir gan T. J. Morgan, megis yr awydd i ddifyrru, dyweder, sef yr hyn a alwn bellach yn Garnifal. Ond carwn ddadlau mai'r hyn sy'n eu tynnu oll at ei gilydd yw'r hyn a grynhôf finnau yn y term, fel y'i defnyddiaf i ef, 'Mawl'. Ceisio crynhoi rhin a champ y llwyth neu'r genedl, a dyrchafu'r rheini, hynny yw, dynodi'r gwerthoedd, a wna'r molwyr. Mawl a'u disgybla ac a'u cyfeiria mewn ysfa isymwybodol i ddyrchafu trefn. Y mae mor isymwybodol ag ysfa'r baban i ddysgu iaith er mwyn rhoi trefn ar y cythrwfl oll. Nid peri i waeledd cymeriad oroesi neu i bydredd cymdeithas barhau, nid dyna a wna'u dehonglwyr llenyddol (er sylweddoli'r rheini), eithr cronni'u rhinwedd. Cyn cadw, sylweddolir y gwerth. Yn wir, y gwerth sy'n gwneud Mawl yn bosibl a goroesiad yn rhywbeth y gellir ei gyfiawnhau. Medd y beirniad, 'A'r un dulliau yn y gwraidd sydd gan y bardd cyntefig a'r beirniad diweddar tuag at ennyn yr ymdeimlad gwlatgar a balchder cenedlaethol, Aneirin yn cofnodi campau'r arwyr nes bod y rheini'n troi'n ysbrydiaeth ac yn ddiddanwch ac yn gefndid i'r genedl yn yr oesoedd a ddêl; ac Emrys ap Iwan yn sôn am gampwyr llenyddol y genedl er mwyn i'w rhagoriaeth droi'n batrwm ac yn galondid ac yn sylfaen o falchder i ddarpar lenorion y cyfnod diweddar.'[10]

Gan mor brin yw'r ymgais i fod yn benodol fanwl ynghylch y testun hwn, dichon yr esgusoder dyfynnu pellach. Dyma rai o sylwadau allweddol T. J. Morgan ynghylch Mawl:

> 'Os gofynnir pam y mae Taliesin yn canu, yr ateb cyntaf yw, i foli Urien neu Owain ab Urien, tywysog y llwyth. Gofynner wedyn pam y dylid moli'r tywysog, yr ateb yw ei fod yn haeddu ei foli. Am ei fod yn haeddu mawl, y mae'n ddyletswydd ar y bardd i ddatgan mawl. Dyna ystyr y priod-ddull sydd yn yr hen awdlau, 'Ys meu i foli etc.', h.y. fy ngwaith i yw ei foli; ei foli yw fy rhan. Ac y mae'n haeddu ei foli am ei fod yn diogelu ei ddeiliaid rhag gelynion ac yn eu cynnal os bydd eisiau eu canu . . . A mentraf awgrymu yma, heb gablu a chyda phob parch, ac am yr un rhesymau yn hollol y rhoddwn fawl i Dduw, am ei gysgod rhag aflwydd a niwed a phrofedigaeth a phechod, ac am ei fawr ddaioni tuag atom yn ein cynnal a'n porthi. Ac y mae bardd y llys yn gweithredu dros y llwyth wrth foli'r tywysog yn union fel y mae'r offeiriad yn gyfrwng i ddatgan mawl i Dduw ar ran y gynulleidfa oll neu'r plwy neu'r genedl'.[11]

* * *

Os Dafydd ab Edmwnd yw'r un a roes y dehongliad mwyaf croyw i'r ymosodiad ar Fawl, os teg yw cydnabod mai Dafydd Nanmor oedd prifardd y bywyd cymdeithasol tawel ac athronydd y cadw mewn polisi cartref, ac os Guto'r Glyn oedd prifardd llawenydd y gymdeithas hwyliog aristocrataidd, Tudur Aled yn anad neb oedd athronydd y drefn boliticaidd 'fodern'. Yn fwy na Dafydd Nanmor a Guto'r Glyn, yr oedd Tudur fel Dafydd ab Edmwnd wedi dadansoddi'r argyfwng cyfoes rhyngwladol ac mewn cyfnod o drawsnewid chwyrn wedi llwyddo i ddathlu'r delfryd Cymreig.

Oherwydd hynny, dôi'r pwyslais ar drefn, ac weithiau ar y perygl i drefn, yn eglurach. Yn fynych ganddo[12] ceid darlun teg o wareiddiad, a hynny gyda'r math o angerdd nas synhwyrir ond gyda rhywbeth a fo mewn perygl.

Haeru mai dathlu gwareiddiad a wnâi'r bardd fyddai'n ffordd ninnau o fynegi hyn. A da y sylweddolai Tudur Aled ddyfned oedd deddfau a chelfyddyd yn y bywyd gwâr hwnnw. Dechreuai ei gywydd i'r deddfwr Robert ap Rhys, er enghraifft:[13]

> *Moesen fawr yma sy'n fyw.*

Hynny yw, gŵr hyddysg yn y gyfraith ydoedd.

> *Meistr Robart drwy'r art a'i ran*
> *Wyd, ap Rhys, wedi Prisian.*

Roedd Priscian yn y fan yma yn ramadegwr Lladin, a luniodd waith a fu'n sail i addysg hyd adeg y Dadeni.

> *Offisial praff, sy ail pren.*

Ymfalchïai'r bardd yn nhrefn diwylliant dynol megis yn niwylliant y planhigyn. Diwylliant dysg oedd hyn. Ond bellach yr oedd yn rhaid ei amddiffyn:

> *Ar ddau beth yr oedd y byd –*
> *Ar y llyfr a'r llaw hefyd.*
> *Edn o ddyn adanedd iâ*
> *A'i nyth mewn iaith uwmana;*
> *Post mwy no phe pwysid mil*
> *Yma'n sefyll mewn sifil;*
> *Gwers, cenwch, gwrs y canon,*
> *Gan mor frau gennym yw'r fron;*
> *Yr uchaf wyt pan roech farn,*
> *Isa, gedir sy gadarn;*
> *Tair iaith ynot yr athoedd,*
> *Triagl seint yr eglwys oedd; . . .*
> *Difein ag art dwfn i gyd,*
> *Dysg a nerth, dysgen wrthyd . . .*

Trefn gyfreithiol oedd y drefn hon. Wrth glodfori'r Abad Dafydd ab Owain,[14] yr hyn a bwysleisid gan Dudur oedd:

> *Selyf Powys a'i haelwyd,*
> *Sy feistr art a sofstri wyd.*

Dro a thrachefn dychwelai'r bardd at Selyf a Salmon i ddyrchafu swydd-
ogaeth uchelwr. Yn Selyf fe gyfarfyddai celfyddyd â'r ddeddf.
Disgrifir Ystrad Marchell, sef llys yr Abad Dafydd:

> *Llyfrau, organau, a'r gwŷdd – ar y main,*
> *Llyna chwaer Rufain, llên a chrefydd.*
> *Llaw Awstin ar hon, lle i west yn rhydd.*¹⁵

Ymddengys i mi fod delfryd Awstin o'r Ddinas Wen Dragwyddol i'w
glywed o hyd yn y fan yma. Wrth gwrs, diwinyddiaeth Awstin a barhâi'n
swyddogol o hyd:

> *Awstin a fu'n eiste'n faith –*
> *Eiste'n ôl Awstin eilwaith.*¹⁶

Ym moliant Tudur i Roser Salbri,¹⁷ nodid yn benodol mai sianel i
Dduw oedd yr uchelwr. Mynegiant oedd y drefn uchelwrol ddynol o'r
drefn oruwchnaturiol; cysgod.

> *Duw ni roes, dan awyr iach,*
> *Da'n neheulaw dyn haelach...*
> *Er amau o rai yma,*
> *Er hyn, Duw sy'n rhannu da...*
> *Yn dyddio, oen Duw oeddych*
> *Yn rhoi barn yn hir y bych.*

Roedd hyd yn oed rhyfela yn rhan o'r drefn rinweddol hon. Yn wir, cadw
a hyrwyddo trefn oedd swyddogaeth rhyfel:¹⁸

> *Yn y lle yr oeddych yn llawruddiog,*
> *Wrth ddyn a'i haeddai yn arth ddanheddog;*
> *Yn wannach wrth wan, yn oen chwerthinog;*
> *Yn dŵr, yn golofn, yn darw, yn geiliog;*
> *Yn ŷch, gwâr oeddych, gwareddog – i'r naill,*
> *Yn rhwygo eraill yn anhrugarog.*

Ni raid synnu fod bywyd trefol wedi cael clod gan y bardd yn gyfredol â'r
ardd yn lle'r fforest (Gardd Oswallt, gaer ddewiswardd): clodforai'r stryd-
oedd a'u henwi. Lle'r oedd tref Niwbwrch yn fangre i Ddafydd gael tafarn,

yr hyn a welai Tudur mewn tref fel Croesoswallt oedd copa gwareiddiad. Meddai:[19]

> *Af i'r faendref Rufeindraul, . . .*
> *Bwrdeistref, tai nef tan allt . . .*
> *Gorchestol gaer a chastell,*
> *Mur tan gamp, mae'r tai'n gwmpas,*
> *Fal yn gron, Fwlen y grâs . . .*

Rhestrid cyfoeth y strydoedd: 'Cistiau da, 'n costio dierth', 'Siêp-Seid yn siopau sidan'. A gwyddai'r bardd nad ef oedd yr unig Gymro a ganfyddai rinwedd o'r fath yn y bywyd trefol. Mae ef (ll. 77-80) yn ein hatgoffa am gerdd Guto'r Glyn i'r dref.[20] A gellid ychwanegu cerddi gan Lewys Glyn Cothi, Wiliam Llŷn ac eraill. 'Prifddinas y cywyddwyr', 'tref Gymraeg y Mars' meddai Saunders Lewis am y lle. Gwelent sefydliad y dref fel patrwm o drefn. Cyferbynnai â gwylltineb y wlad ddi-drin.

Drwy'r trefi y treuliwyd gwrthseisnigrwydd gan bwyll. Yn wir, Saesneg oedd llawer o dermau llys a chyfraith bellach a'r Ddysg Newydd (L 57-62). Er holl wrthseisnigrwydd Tudur, yr oedd rhin y geiriau swyddogol yn drech na'i ragfarn.

Rhyfedd yng ngolwg rhai yn ein hoes ni yw bod y beirdd yn gallu bod mor anghysurus o delynegol am drefn ac mor naïf ynghylch rhinweddau trefol. Yn ein bryd diweddar ni, mae trefn yn fynych yn gysylltiedig â'r ddeddf ddiddychymyg, a'r ddeddf yn negyddol. Peth oeraidd yw trefn ym myd rhamantaidd yr oes hon, mater academaidd sych, meddwn weithiau. Ond cynnyrch cariad yw'r drefn hon yn y bôn i feirdd fel Tudur. A gwyddom oll mai cadarnhaol yw'r Ddeddf fel y gwelsom yn ôl crynodeb Iesu Grist ohoni. Fe grynhoir y Ddeddf yn y gorchmynion i garu Duw ac i garu dyn. Fe grynhoir Paradwys mewn Dinas.

Felly, gellir dathlu'r drefn, a gorfoleddu amdani. Rhodd Duw ydyw, ac y mae Duw ei hun wrthi yn anadlu drwyddi.

Ni ellir llai nag ymdeimlo â chyfatebiaeth yn aml rhwng mydrau a chynganeddion Tudur a'r gwareiddiad cain hwn y mae ef yn ei ddyrchafu. Darllener yn uchel y ddau ddyfyniad hyn o'i awdl i'r Abad Siôn o Lan Egwestl:[21]

> *Aml saig, mal sêr, aml bwyd, aml bêr,*
> *Aml tast mêl têr, aml tyst mil, tau;*
> *Aml pob mawl pêr, aml nai mal nêr,*
> *Aml clud, aml clêr, aml clod, mawl clau . . .*

Wyd garedig, iâd urddedig,
Yn enwedig i'n eneidiau;
Awduredig a dysgedig,
Adeiledig yw d'aelwydau.

Tudur Aled oedd y prif fardd a'r prif athronydd i fawrygu ac i ddehongli trefn boliticaidd yn ei ddydd. Carwn oedi ennyd i archwilio un o'i gywyddau enwocaf. Pan groesewid y Ddeddf Uno gan rai o'r uchelwyr chwap ar ôl canu'r gerdd hon, rhaid cofio mai am drefn yr oeddent hwythau'n hiraethu. Gan gymaint yr anhrefn yng Nghymru rhwng c.1450 a 1520, yr oedd yn ddigon dealladwy y byddai rhywrai'n gallu dod i'r casgliad y dylid gosod trefn yn uwch na chenedl yn hierarchi'r gwerthoedd erbyn 1536.

Cywydd teuluol yw Cywydd Cymod Tudur i Hwmffre ap Hywel ap Siencyn a'i gyd geraint,[22] hynny yw cywydd o fewn teulu wedi'i lunio i fawrygu'r drefn a ddylai fod yno. Dyma'r cywydd mab gorau a luniodd Tudur erioed yn ei farn ef ei hun.

Egyr y bardd, wedi tynnu sylw at y ffaith fod yr holl ymrysonwyr haelionus yn tarddu o'r un wlad, gyda pharagraff (1-10) i gyflwyno Wmffre. Terfyna'r paragraff drwy ofyn iddo beidio ag ildio i ddrwg gyngor. Wedyn, fe'i dilynir gan gyflwyniad i'r teulu (11-32). Mawl sydd yma yn ddiwahân: cryfder, haelioni, gwreiddiau achyddol, cyfoeth. Ond oherwydd y ffrae, yr oedd lle'n wag yn llywodraeth y sir: 'Mae iau'n wag ym môn y wedd.' A gwelid y drefn briodol fel 'cadwyn' gwaed.

Yna, sonnid am y trasiedi – y gwanhau, cwymp y tŷ (33-40). Cweryl ynghylch ewyllys a fu. Roedd tad Wmffre, sef Hywel, wedi gorfodi'i dad, Siencyn, drwy garchariad yng nghastell Harlech, i adael ei eiddo iddo ef a'i wraig Mari, gan ddilyn y dull Seisnig. Ymhellach ymlaen, unionwyd y cam hwnnw i frodyr Hywel, er mawr siom i Hywel, a oedd yn ŵr tra chynhennus. Ceisiai Hywel y Gyfraith Seisnig, tra ceisiai'i frodyr Gyfraith Gymreig.

Gadawyd Wmffre gyda thipyn o drafferthion cymhleth, ac yntau'n parhau ysgarmesoedd ei dad. Am un o'r ysgarmesoedd yna, naill ai c.1513 neu c.1521, y mae'r cywydd hwn yn sôn, ond gan ddyrchafu'r cwbl i lefel gyffredinol, gosmig bron. Nid yn gymaint am y gwrthdrawiad rhwng y gyfraith Gymreig a'r Seisnig yr oedd y drafodaeth, eithr am y bygythiad i drefn fel y cyfryw:

Dy ryw'n gryf, fal derw'n y gwraidd,

A'r llwyn derw oll yn diwraidd!
A phle bu gyffelyb wŷdd
Pe bai goel pawb i'w gilydd?

Ond rhagwelai'r cywydd hwn yr ymryson a godai rhwng y ddau ddelfryd – cenedlaetholdeb Cymreig a'r drefn wladol:

Bwrw tŷ sy haws, Brutus ail,
No'i godi, enwog adail . . .
Trachas gwaed, trwy achos gwan,
A ddug ymladd i Gamlan . . .
Gweithred oer, Gwaith Arderydd . . .
Cymru'n waeth, caem, o'r noethi,
Lloegr yn well o'n llygru ni.

Enwir tair ofergad – Cad Gamlan, Cad Goddau a Brwydr Arderydd – oherwydd eu bod bob un yn enghreifftiau o frwydrau teuluol ac yn torri'r drefn briodol hyd yn oed i ryfel. Hynny yw, roedd y gynnen yn gwanhau'r ardal a oedd yn feicrocosm o'r wlad, a thrwy'r anhrefn dôi Lloegr maes o law i drechu'r genedl ei hun. Yr oedd cenedligrwydd Cymru felly'n cael ei herio drwy'r anhrefn.

Oni ddymunid heddychu ac ailadrodd y drefn briodol, am fod Cristnogaeth ei hun yn mynnu hynny: 'Croes Iesu rhag rhyw sesiwn'?

Crynhoir athrawiaeth trefn drwy ddelwedd y rhod. Disgwyliwn gyferbyniad y tu mewn i hynny, ac fe'i cawn: heddwch – rhyfel, cyfoeth – tlodi. Mae yna wrthdrawiad. Ceir gelyn, ac anhrefn yw hwnnw. Ond patrymir y gwrthdrawiad nid ar ffurf pegynau, eithr ar ffurf olwyn yn troi. Daw sefydlogrwydd, o hynny y daw cyfoeth, yna y mae rhyfel yn ymosod, ac o'r herwydd fe gawn dlodi, bob un yn ei dro; ond oherwydd mai rhod yw, yn hytrach na phegynau, mae yna obaith y gellir disgwyl sefydlogrwydd heddwch yn ei ôl.

Mae llun rhod i'm llaw yn rhol,
A drych wyneb drwy i chanol;
Gwyliwch y droell amgylch draw,
Gwir pedwar gair heb peidiaw:–
  'Heddwch, bybyrwch y byd,
Cyfoeth yw a fag hefyd;
  'Cyfoeth balch, cof waith y bêl,
A fo cryf, a fag rhyfel;

'Rhyfel a fag rhyw afar,
Tlodi byth, at lid a bâr;
'Tlodi, at drueni trwch,
A fo coedd, a fag heddwch.'

Mae'r geiriau hyn ymrig y rhod,
Be caid neb i'w cydnabod;
Codiad dyn, nis ceidw tani,
A chwymp sydd o'i chwmpas hi;
O thrôi unwaith ar anap,
Duw! na throid unwaith ar hap!

Hynny yw, y mae hyd yn oed yr ymrafael a'r cyferbynnu yn rhan o drefn. Iswasanaethgar i drefn yw anhrefn. Dyna batrwm cyffredinol a ddehongla'r hyn a ddigwydd ar yr achlysur arbennig hwn. Yn lle cyferbyniad dau hanner, ceir pedwar chwarter (megis tymhorau): mae yna achos ac effaith yn ogystal â gwrthwynebiad rhai croes i'w gilydd. Dyma drefn gron gwleidyddiaeth ryngwladol ac mae ar waith hyd yn oed yn lleol o fewn un teulu yng Ngwynedd.

Dehongliad seithug ac anghristnogol yw'r dehongliad cylchynol hwn o Hanes, wrth gwrs. Yr oedd yn bur adnabyddus yn nyddiau Tudur Aled, a gellid ei olrhain yn ôl i Dsheina, India a'r Dwyrain Canol. Ond y mae'n debyg mai etifeddu'r cysyniad gan y byd clasurol (Plato, Heracleitos, Marcus Aurelius) a wnaeth Tudur Aled, er nad yw'n annhebyg mai drwy'r Saesneg y cyfryngwyd yr athrawiaeth. Ceir rhod ffawd gan Chaucer yn 'The Knightes Tale'. Ac wrth gwrs, fe'i patrymwyd yn ôl pob tebyg ar y syniad dyneiddiol o dwf drwy aeddfedrwydd a marwolaeth, gyda chenhedlaeth arall wedyn yn codi, rhod a ganfyddir ym mywyd unigolion, ynghyd â phatrwm hanesyddol y tymhorau mewn natur. Nid oedd y syniad hwn o batrwm cylchynol wedi darfod eto hyd yn oed erbyn yr ugeinfed ganrif fel y tystiai Toynbee ym 1934 (er iddo ddiwygio'r safbwynt erbyn 1939). Pwysig sylweddoli bellach mai dyma union athrawiaeth Nietzsche yn nhrydedd ddysgeidiaeth Zarathustra. Doedd dim dihangfa o'r cylch hwn.

Yn ôl y weledigaeth Gristnogol, sut bynnag, fel y cawn weld yn y bennod nesaf, syth-linellol yn hytrach na chylchynol yw patrwm Hanes. Dengys Oscar Cullmann yn ei gyfrol bwysig *Christus und die Zeit*,[23] tra bo'r meddwl Groegaidd am amser yn gylchol, y cyflwyna'r Beibl amser yn llinellol ac yn 'telic'. Amser yw'r llinell y mae Duw yn gweithredu arni i greu ac i waredu dyn.

Y tro hwn, sut bynnag, ei frodyr a orfu, nid Wmffre; y gyfraith Gymreig, nid y gyfraith Seisnig. Câi Tudur Aled foddhad yn ddiau, yn ogystal â nifer o uchelwyr Cymreig. Ond yr oedd y ffrae wedi digwydd. A dyma egwyddor Tudur, ac egwyddor trefn:

> *Coed a ddyly cyd ddeiliaw,*
> *Cedwch y llwyn coed i'ch llaw,*
> *Y llwyn, o bai oll yn bêr –*
> *Llwyn chwerw yw lle ni charer!*

Ymhen pymtheng mlynedd dôi goruwch-gyfraith (neu ddeddfwriaeth 1536-1543) i unioni'r sefyllfa chwithig hon, a 'Sinister usages' oedd y term a ddefnyddiai honno i ddisgrifio cyfraith ffôl y Cymry, y gyfraith gyntefig a oedd wedi achosi'r fath drafferthion â'r enghraifft arbennig hon. Heblaw ein gwaredu rhag y 'Sinister usages', fe geid gwared hefyd (gyda llaw) â deddfau penyd y brenhinoedd Lancastraidd. Dôi grŵp o dirfeddianwyr at y brenin yn gynnar ym 1536 i'w betisiynu er mwyn caffael yn llawn y budd o gyfraith gyffredin Lloegr. Felly y ceid un tywysog sofran, un gyfraith, un grefydd (ac ym 1549 un Llyfr Gweddi Gyffredin) ac fe obeithid cyn bo hir un iaith gyffredin. Hyfrydwch hedd.

Dyma yn awr destun Mawl Cymreig newydd. Caem glywed y Cymro twymgalon Morris Cyffin yn datgan ar ein cyfer i gyd:

> *Let Hilles, & Rocks, rebounding Ecchoes yelde,*
> *Of Queene Elizabeths long lasting Fame.*

Cynnal trefn hyfryd o'r fath, a diffinio gwerth a phwrpas cymhelliad Mawl, dyna'r cyfryw hanfodion bellach yn cael Mynegiant a maes llafur newydd sbon.

Gellid holi sut y gallai gŵr tra chrefyddol fel Tudur Aled ymrwymo i ddehongliad cylchynol o hanes a oedd yn 'naturiolaidd' ac a ymwadai â rhagdybiau'r ffydd Gristnogol. Dichon y dylid crybwyll un elfen a ddaeth i mewn i feddwl Ewrob tua diwedd y drydedd ganrif ar ddeg ac a gyfrifid yn elfen ddylanwadol ym meddwl Cymru erbyn y ganrif wedyn. Tarddai hon o *Summa Theologica* Tomos Acwin (1225-1274), a gogwyddai oddi wrth draddodiad Awstin a Bonaventur.

Yn ôl Acwin yr oedd natur a gras yn cyflenwi'i gilydd: rheswm yn y drefn naturiol, a ffydd yn y drefn oruwchnaturiol. Lleihau radicaliaeth y Cwymp a thrylwyredd iachawdwriaeth oedd canlyniad y cyferbyniad hwn.

Dyma falchder rheswm: ymbluai'n 'ddiniwed'. Yn ôl y ddysg hanesyddol Gristnogol ac ysgrythurol, nid gras yn erbyn natur oedd hi, eithr gras yn erbyn pechod. Yr oedd i bopeth naturiol ei ddimensiwn goruwchnaturiol, megis yr oedd i bopeth a darddai o ras. Gras cyffredin oedd Natur ei hun. Ond gyda'r Cwymp yr oedd yna wrthryfel yn erbyn y Crëwr, hyd yn oed gan reswm. Wrth leihau arwyddocâd y Cwymp, ac wrth fawrygu gallu rheswm, nid ystyrid, fel y dylsid, fod ar wyddoniaeth na'r celfyddydau, gwleidyddiaeth nac athroniaeth angen gwaredigaeth o du'r Iesu.

O ganlyniad, gellid dyfeisio neu fabwysiadu theori megis Rhod Ffawd, gan apelio at brofiad a Natur, heb ei phrofi yn ôl safonau Gair unrhyw Dduw. Yn ôl yr Averroistiaid (dilynwyr yr athronydd Arabaidd Averroes) gallai 'peth' o'r herwydd fod yn wir yn athronyddol heb fod yn wir yn ddiwinyddol. A dyma, fel y cawn weld, hollt go bwysig yn ymddangos ar ganol Mawl.

*   *   *

Sylwer ar arwyddocâd y chwyldro cymdeithasol yn hyn oll. Golygodd chwyldroi'r ffynhonnell nawdd rhwng cyfnod Beirdd y Tywysogion a Beirdd yr Uchelwyr hefyd chwyldro mewn arddull, naws a chynnwys. Symudodd o ryw fath o lwyfan llys i ddiddanu dosbarth is ar aelwyd plasty. Datganolwyd urddas o aruchelderau ysgolheigaidd traddodiad llywodraethol ceidwadol i berthynas fwy 'ysgafn' a lleol. Yr oedd y drefn boliticaidd nerthol wedi'i disodli gan drefn lai grymus a mwy personol. Roedd hi fel pe bai'r bardd teulu wedi lladd y pencerdd.

Ond cyn canol yr unfed ganrif ar bymtheg yr oedd y drefn nawdd hon hefyd yn mynd i ymddatod ymhellach, ac mewn llawer o'r wlad yn mynd i ddiflannu. Byddai hynny'n golygu maes o law symud o drefn hynafol broffesiynol i drefn amaturaidd. A gallai newydd-deb y drefn honno fod yn gyrhaeddbell iawn. Dros gyfnod o ganrifoedd byddai'n golygu newid llwyr yn yr holl ymwybod o Fawl.

Roedd yr hen ddyletswydd gymdeithasol ffurfiol yn graddol beidio. Disgwylid gan bwyll fwy o bwyslais ar yr unigolyn, y personol. Nid y tu allan, nid cyflog a chynhaliaeth faterol a fyddai'n ysgogi'r Awen mwyach, fel arfer, ond y galwadau mewnol. Trôi prydyddiaeth o fod yn swydd i fod yn ddifyrrwch diwylliannol ac yn ymarferiad deallol. Dôi maes o law yn fyfyrdod enaid. Ni châi'r hen batrwm o syniadau a ffurfiau a fformiwlâu lonydd mwyach gan y gweddill llafar a fyddai'n dal ati i 'ymhél â phrydyddu'.

Ceid llawer iawn o weddau gwahanol ar y newid ysigol hwn. Ond yr oedd y ddadl arwyddocaol rhwng byd newydd Edmwnd Prys a hen fyd Wiliam Cynwal yn cyfeirio'r sylw at ambell un o'r rhai pwysicaf: y newid o'r proffesiynol i'r amaturaidd, o'r hen ddysg i'r ddysg newydd, o'r ceidwadol i'r ffasiynol, ac yn fwyfwy o'r corfforol i'r ysbrydol.

Ymson enwog Edmwnd Prys a Wiliam Cynwal[24] yw'r feirniadaeth bwysicaf yng nghyfnod beirdd yr uchelwyr ar ddraddodiad Taliesin. Dadleuai Prys fod Cynwal a'r traddodiad Cymraeg wedi mynd ar gyfeiliorn ac y dylid gogwyddo bellach tuag at ganu Cristnogol uniongyrchol yn unig, mawl unswydd i Dduw ynghyd â chondemniad (dychan) ar y 'byd'. Codai tyndra ym meirniadaeth Cynwal ar y safbwynt hwn. Daliaf i ystyried mai drwy athrawiaeth sffêr-sofraniaeth y mae hi'n orau esbonio y tyndra arbennig hwnnw a'r ddadl ar y cwestiwn hwn rhwng y ddau fardd. Er ein bod oll, ac er bod pob sffêr cymdeithasol ac unigol, yn ddarosytyngedig i Benarglwyddiaeth, fe geir, o fewn cylch holl-gynhwysfawr yr awdurdod pennaf, lawer sffêr arbenigol, a chan bob un ei hunanlywodraeth 'leol' (arbenigol). Ymhlith y rheini fe geir un sffêr, sef gwaith yr eglwys leol lle yr ymgynullir i addoli Duw, i bregethu'n gadarnhaol ac yn negyddol, ac i weini'r ordinhadau. Ond saif hwnnw ochr yn ochr â sfferau eraill megis amaethu a llenydda lle y mae yna reolau a dyletswyddau eraill. Rhaid gwahaniaethu rhwng swydd benarglwyddiaethol Duw sy'n gynhwysfawr o safbwynt *pob* swydd ddynol ddaearol, a swydd grefyddol lai cynhwysfawr (addoli, cenhadu, addysgu) sydd gan yr eglwys yn lleol yn wedd arbennig ar y bywyd dynol. Mae gan bob sffêr ei briod hawliau a'i natur anrhydeddus ei hun. Yn sffêr eglwysig Prys, neu fel y dywed Siôn Phylip – 'cylch y pulpud', y mae canu mawl uniongyrchol i Dduw yn hanfodol.

Ond ni ddeallai Prys fod yna sfferau eraill ar gael. Nid oedd fel petai'n gwahaniaethu rhwng yr Eglwys anweledig lle y bydd Cristnogaeth gyda'i gilydd ar waith ym mywyd pob Cristion lle bynnag y bo a beth bynnag a wnelo, a'r eglwys leol a'r Cristion pan fo'n cyflawni swyddogaeth uniongyrchol grefyddol. Ni sylweddolai fod o fewn y sfferau 'seciwlar' hynny (sydd hwythau o dan Benarglwyddiaeth Duw) megis sffêr Cynwal, hawliau a natur hollol wahanol lle nad oedd angen bod mor uniongyrchol. Ni sylwai ar arwyddocâd yr amrywiaeth o fewn yr undod. Roedd Prys yn ymylu, er gwaethaf ei honiadau dyneiddiol a gwyddonol llydan, ar gyfyngu'r awen beth bynnag fo'i chynnwys i swyddogaeth eglwysig yn unig heb gydnabod ei lle hefyd yn y llys a diddordeb gwahanol hwnnw. Cymysgai gylch awdurdod holl-gynhwysfawr y byd ysbrydol, a'r sffêr unigol eglwysig nad oedd, o fewn y dimensiwn mawr, namyn gwedd ar weithgareddau cyfreithlon dynol-ryw.

Goruwch y sfferau gwahaniaethol oll amgylchir y cwbl gan ddiben yr
alwad i fod yn Gristnogol ym mhobman ac i feithrin diwylliant Cristnogol
aeddfed. Canai Cynwal:

> *Duw ordeiniodd, drûd anian,*
> *Bybyr rodd, i bawb i ran.*[25]

Nid gwaith yr eglwys leol yn unig yw datblygu gwareiddiad Cristnogol.
Dyna orchwyl pob sffêr. Ond gwahaniaethir rhwng galwad Mawl union-
gyrchol o'r fath gan y pregethwr a'r alwad i fod yn 'foliannus' wrth amaethu
neu wrth gadw tŷ neu wrth brydyddu.

Nid oedd Cynwal yn gwarafun i Brys y Mawl uniongyrchol yn ei le:

> *Y gŵr llên doeth, gorllanw dysc*
> *Wyd ag aml wawd digymysc . . .*
> *Offeiriad, groewfad grefydd,*
> *Tyner dôn . . .*
> *Hôff genyd, enyd anvn,*
> *Gardd dew had dy gerdd dy hŷn,*
> *Ag ysgafn mewn hafn i'w hav*
> *Oedd ddavnydd fy ngherdd innav.*[26]

> *Os chwant sydd, llywydd y llv,*
> *Yna genyd i ganv,*
> *Gwyddost gyfraith y Gwiwdduw,*
> *Gwreiddia ddysg, gwna gerdd i Ddvw.*[27]

> *Nid archaf fyth, dyrcha fawl,*
> *Yt beidio, wyt wybodawl.*[28]

Roedd hynny'n briodol i Brys yn ei sffêr ei hunan. Ond ni ddangosodd
Prys ei fod yn gymwys i farnu cywyddau 'seciwlar'. Yr oedd Cynwal yn
gwrthwynebu i Brys – o ran swydd – ymryson ac ymddychanu, fel y gwnâi
yn yr achos hwn: 'Gwna gerdd i Dduw', meddai Cynwal: 'gâd . . . ddychan
ymaith'. Profasai beirniadaeth Prys ar faes y tu allan i'r sffêr eglwysig nad
oedd yn deilwng o waith bardd; ac wrth ymryson ac ymadael â'i alwad nid
oedd yn deilwng o'i swydd bregethwr chwaith. Yr hyn a wrthwynebai Cynwal
yn bennaf oedd neilltuolrwydd negyddol Prys, y gwaharddiad i weith-
garedd prydyddol fodoli nad oedd yn uniongyrchol yn gwneud gwaith
eglwysig.

Ni chanwyd ag ni chenir
Ond i Dduw vn wawd oedd wir,[29] meddai Prys.

Cytunai Cynwal y dylai bardd wrth ei swydd yntau ganu'n uniongyrchol i Dduw ar dro, ond yr oedd ei awen yn cwmpasu pob sffêr gan gynnwys canu crefyddol.[30] Yr hyn a wahaniaethai rhwng bardd a phregethwr oedd bod yr olaf wedi'i gyfyngu i grefydda uniongyrchol adeiladol, a bod y cyntaf yn agored adeiladol i'r Crëwr a'r greadigaeth yn ôl ei ffrwythlondeb priodol. Trafferth Prys oedd ei fod am gyfyngu pawb, er nad oedd yn teimlo'r un rhwymedigaeth â Chynwal i beidio â dychanu. [Nid wyf yn anghytuno wrth gwrs fod y ddadl yn cynnwys hefyd y gwrthdrawiad undeb-llafur ynghylch pwy oedd i fod i wneud y swydd a'r swydd yn ôl hyfforddiant a chyflog. Ond dadlau'r wyf, er mwyn bod yn gynhwysol, fod yna ystyriaethau amgen.]

Parhaodd y drafodaeth hon ar ryw ffurf neu'i gilydd hyd y bedwaredd ganrif ar bymtheg o leiaf, pryd y ceisid dan gochl pietistiaeth gyfyngu'r bywyd Cristnogol o'r newydd i rai gweithgareddau'n unig, gan ymwadu â Phenarglwyddiaeth Duw, Gras Cyffredinol, ac amrywiaeth y Gorchymyn Diwylliannol. Y drafferth wrth gyferbynnu awen 'gelwyddog' Myrddin a Thaliesin â'r awen ddwyfol Gristnogol yw peri tybied mai teyrnas yr Un drwg yw popeth y tu allan i furiau'r eglwys a'r bywyd defosiynol. Derbynnid gormod o hollt yn hytrach na derbyn Penarglwyddiaeth Duw ar amrywiaeth o gylchoedd cydberthynol penodol. Dichon mai'r hyn y dymunai Prys ei ddatgan oedd bod athrawiaeth y Beibl yn sylfaen ac yn gallu goleuo'n meddwl mewn modd a fyddai'n iachus i fardd megis i bobun arall. Credai fod yr awen Gymraeg wedi mynd i rigol feddyliol nad oedd yn ffrwythlon, ac y byddai'r ddysg Brotestannaidd newydd yn llesol o'r herwydd. Yn wir, tybiaf mai ei agwedd oedd mai'r man cychwyn i bob dyn (gan gynnwys y bardd) oedd bod yn Gristion, yn eglwyswr triw; ac yna, gweddnewidid pob gweithred yn sgil hynny. Ond syniaf hefyd – er nad wyf yn awgrymu bod Cynwal wedi ystyried holl ymhlygion hyn – fod yr hen fardd yn credu bod Penarglwyddiaeth amlochrog Duw yn treiddio'n greadigol ac yn gynhaliol i'r Arfaeth eang. Dryswyd y ddadl yn yr amwyso rhwng swydd a swyddogaeth. Dryswyd hi hefyd gan ddiffyg amgyffrediad Prys mai un sffêr yn unig oedd yr eglwys leol (a'i haddoli neu foli uniongyrchol ar y naill law, a'i chondemniad ar y llall). Gallodd Cynwal yntau ar y llaw arall, er ei ddiffyg ymrwymiad yn y ddadl o'i gymharu â Phrys ac er nad oedd mor ddeallus, sylweddoli'n burion 'anfwriadus' y cyferbyniad rhwng y canol a'r amrywiadau – mai un awen oedd, a honno'n gallu canu awdl i Dduw neu awdl i uchelwr; a honno o'r nef:

> A'r awenydd, ddydd addef,
> Ddieithr nawdd, a ddoeth o'r nef.[31]

Ond dyma'r awen a gylchai bob swyddogaeth ag un diben uwchradd. Ni chyfyngir gwaith yr awen ddwyfol i fawl uniongyrchol i Dduw yn unig:

> Am hyny, gwyl, fy mhennaeth,
> Nad yw'r frigwerdd gerdd yn gaeth.[32]

Nid mater yw hyn o fodloni ar gydsynied neu beidio, nac o gymeradwyo neu beidio, ddim mwy nag y daliem ein bod yn 'cefnogi' disgyrchiant. Mater o ddarganfod a chydnabod ydyw.

Rhaid derbyn bod Prys yntau'n synhwyro cydberthynas pob sffêr, hyd yn oed os methai â chanfod eu hawliau gwahaniaethol hefyd; y dasg oedd gwahaniaethu rhwng sfferau, a'r un pryd sylweddoli'r gydberthynas. Nodai Prys y gydberthynas fel hyn:

> A phawb sydd, a phob swyddav,
> Drwy['i] gilydd fal gwydd yn gwav . . .
> Swyddav'r byd, ddienbyd ddysc,
> Svddan' gam, sy ddawn gymysc.[33]

Pwysig sylwi, er tegwch, ar yr unfed cywydd ar ddeg lle y mae Prys fel pe bai'n cydnabod fod yna feysydd eraill sy'n weddus i fawl heblaw 'ond i Dduw':[34]

> Mae a'i gŵyr, mi a garwn,
> O bai teg, beth o'r byd hwn.

Yr hyn, er hynny, sy'n bennaf mewn golwg ganddo oni chyfeirir yn uniongyrchol at Dduw yw 'goganv bai.'

Bid siŵr, cymhlethwyd y ddadl ynghylch priod waith yr awen â llawer o faterion eraill. Nid ymryson ynghylch un achos canolog yr oeddid. Does dim amheuaeth nad oedd yna gefndir ymryson ynghylch swydd gyflogedig y tu ôl i hyn oll hefyd, y syniad am urddas y naill waith a'r llall, a'u hawliau priod gwahân, ac yr oedd hyn yn flaenllaw ym meddwl Cynwal fel y dangosodd yr Athro Gruffydd Aled Williams yn gwbl argyhoeddiadol yn ei gampwaith ysgolheigaidd. Er nad canu ar ei fwyd ei hun a wnâi Cynwal, ac er nad oedd dim elw iddo yn yr ymryson 'amherthnasol' hwn, y syndod oedd iddo ymuno gymaint mewn cywyddau gydag amatur cysurus fel Prys. Gellid cydnabod fod Edmwnd Prys yn yr iawn hefyd wrth achwyn am gelwydd y weniaith, am wyrdroi achlysurol ar gartiau achau, ac am annilysrwydd llawer o'r hanesyddiaeth ganoloesol a etifeddwyd. Diau ei fod yn yr iawn drachefn yn ei awydd i impio'r ddysg newydd ar y traddodiad neu o leiaf i ddatblygu'r traddodiad. Ond dadlau'r wyf fod yna safbwynt arall hefyd sy'n gysylltiedig yn bennaf â hawl Cynwal fod ei waith yntau hefyd – mewn modd treiddgar – o darddiad dwyfol; ac i mi, dyma'r ddadl sy'n sylfaenol arwyddocaol wrth olrhain hanes y traddodiad Mawl. Mae hyn yn amgenach nag unrhyw gymwysterau na dyletswyddau galwedigaethol. Mae a wnelo â Phenarglwyddiaeth Duw ac ag anrhydedd ysbrydol ac amcan pob gwedd ar fywyd gan gynnwys y rhai 'seciwlar'. Perthyn Mawl i bob bywyd.

Bu gwreiddyn y ddadl hon erioed yn boendod i Gristnogion. Fe'i ceid ar lun Pietistiaeth yn y cyfnod diweddar. Gwgai Cristnogion difrif ar lenyddiaeth nad oedd yn foesegol, am nad oedd yn uniongyrchol ysbrydol. Methid â gwerthfawrogi llawnder Gras Cyffredinol a'n perthynas â'r greadigaeth. Methid â sylweddoli fod gan ddyn yn y byd hwn ddyletswyddau heblaw addoli Duw yn uniongyrchol. Wedi'r cwbl, gosodwyd dyn ar y ddaear i'w darostwng yn ei hamlochredd a'i ffrwythloni. Ymneilltuo, cilio rhag llawnder yr awen a'r greadigaeth a'r corff a wna'r Pietist. Ac yn hyn o beth ymdebyga i'r delfryd mynachaidd.

Er ei holl rinweddau ymddangosiadol, y mae Pietistiaeth, wrth golli'r athrawiaeth ysgrythurol o sofraniaeth y sfferau a threfn ffrwythloni, yn gallu dod yn rym distrywiol yn ein diwylliant. Fe'i ceir drachefn ymhlith Marcsiaid diweddar pryd y ceir gwerthuso ar sail cytundeb ag athrawiaethau cymdeithasol. Fe'i ceir ymhlith ffeminyddion. Fe'i ceid gynt ymhlith ffurfiolwyr. Yr hyn a wna yw methu ag anrhydeddu'r berthynas â'r modd yr unir y cwbl o fywyd yn y ffynhonnell uwchnaturiol allanolwrthrychol, sydd oruwch pob sffêr.

Wrth ystyried Mawl i wŷr yn yr oesoedd canol fel gwaith tarddiadol, a'i adeiledd yn ymestyn oddi wrth Dduw holl-gynhwysol, gwiw yw cyfeirio at baragraff byr gan Saunders Lewis yn y *Braslun*:[35]

> 'Yn ôl Awstin, Duw ei hun yw'r Bod pennaf a'r Da cyflawn: Ef yw pob sylwedd. Dyna egwyddor sylfaenol y fetaffiseg Awstinaidd. Pob bod arall, creadigaeth Duw ydyw, neu chwedl Einion Offeiriad, "Duw

a folir achos ei fod yn greawdwr hollgyfoethog ac yn dad ysbrydol i bob creadur".'

Medd eto:[36] 'y delfrydol, yr idea bur, fuasai testun ein prydyddion o'r cychwyn cyntaf yn Nhaliesin. O oes Taliesin hyd at oes Einion prif fater barddoniaeth oedd y llywodraeth Gymreig berffaith, y brenin delfrydol neu'r tywysog delfrydol.'

Ond yn sgil y duedd hon: heblaw drysu'r meddwl ynghylch perthynas y Cristion o offeiriad a gwaith traddodiadol canu Mawl, drysid hefyd y swyddogaeth o foli fel sefydliad barddol. Yr oedd yr amatur Prys yn bygwth y proffesiynol Cynwal. Iddo ef, nid oedd yn glir bod cynnal y llwyth drwy foliant yn gorfod bod yn rhan sefydliadol o strwythur aml-sfferog bywyd.

* * *

I Feirdd yr Uchelwyr yr hyn a wneid fel arfer wrth ystyried Mawl fel cynheilydd oedd edrych y tu ôl i'r ddirwedd arw at y delfryd gloyw. Ac etifeddwyd y swyddogaeth honno o ddiwedd yr unfed ganrif ar bymtheg ymlaen gan y Canu Rhydd Cynnar i raddau. Ar lawer cyfrif, o ran ffurf weithiau, o ran testun yn fynych, a hyd yn oed o ran swyddogaeth, parhad oedd y Canu Rhydd Cynnar i waith y cywyddwyr.

Yng nghyfnod y Tuduriaid a chyda'r Canu Rhydd Cynnar, diddorol yw sylwi ar y modd y dechreuodd y brotestaniaeth newydd gymhwyso i'w hamseroedd yr hen syniad o'r brenin neu'r frenhines fel pen a gynrychiolai Dduw ar y ddaear. Sylwer ar a ddywed B. K. Lewalski am y canu cyfredol yn Lloegr:[37] 'Another *topos* important as the praises of Queen Elizabeth presents her as a celestial being, the *donna anglicata* of *stilnuovisti* and Petrarchan convention . . . Using the Petrarchan conceits the poets often praise Queen Elizabeth as 'divine', that is, celestial, heavenly, and inhabitant with God and the Angels.'

Felly, mewn caniad gan Lodwig Llwyd i Sidanen (sef Elizabeth),[38] y drefn frenhinol ddwyfol Seisnig oedd y fframwaith, nid y drefn ddiwylliannol Gymraeg (heblaw'r etifeddiaeth Duduraidd ei hun). Sidanen oedd pen yr Eglwys:

> *trwy gyfarch düw yn benna*
> *sidanen y volianna . . .*
> *mi naff ganiad mesyrol*

ym dûwies fwyn ddayarol
sidanen fendigedic
ay chlod dragwddol a dric
mi volianna trwy gennad
yn greawder an dechread
sidanen oray hynedd
brenhin hines [sic] *y brennhinedd . . .*
sidanen brynnsies dduwiol
sidanen fo hir oesol . . .
sidanen kyfraith nefol
sidanen gyfraith fydol . . .
sidanen dûw roi hainoes
sidanen hwy na channoes . . .
sidanen berchen nefoedd
sidanen y brenhinessoedd
ni by o fath sidanen
nydoes ychlaw r y ddayaren . . .
o ffydd o greddyf [sic] *a gras*
o ddaioni yr dyrnas . . .
moliannwch ddûw ac elssbedd
sidanen trwy fenngylion
ay gweddi y korff ffyddlon
heb y bwer ddûw mae n anoedd
ym adrodd beth a ddychon

Ergyd y llinellau olaf yw bod y testun mor fawr fel na ellid byth ei foli heb gymorth y nefoedd.

Wrth siarad â Donne ynghylch ei gerdd *The First Anniversarie*, sef cerdd o Fawl i ferch anadnabyddus bymtheg oed, dywedodd Ben Jonson ei fod yn ei hystyried yn 'profane and full of Blasphemies': 'he told Mr. Donne, if it had been written of ye Virgin Marie it had been something.' Roedd gan Donne ei ateb: 'that he described the Idea of a Woman, not as she was.'[39]

Mae'r gerdd gyntaf o'r ddwy 'Anniversarie' yn uniaethu'r ferch â'r egwyddor greadigol hanfodol, mai hi oedd ffynhonnell popeth gwerthfawr yn y byd.

'all Magnetique force alone,
To draw, and fasten sundred parts in one' (ll. 221-222)

Hi oedd y 'first originall
Of all faire copies' (ll. 227-8).

Yn yr ail 'Anniversarie', hi oedd 'the forme, that made it [y byd] live'. Hynny yw, troir y ferch ifanc yn symbol, yn gynddelw.[40]

Dyma yn y bôn sut y syniai'r beirdd, o bosib yn anymwybodol, am eu tasg o safbwynt ysbrydol. Yr oeddent yn cynnal trefn, trefn ddelfrydol ac anffaeledig. Nid canu i unigolion a wnaent, ond canu i'r gwerthoedd a'r diben. Mawrygu trefn ddwyfol, tan ymostwng iddi, dyna'u swydd, boed yn drefn draddodiadol Gymraeg ynteu'n drefn newydd Seisnig. Ac yn y drefn honno – Cadwyn Bod a Sofraniaeth y Sfferau – yr oedd i safle dyn arwyddocâd allweddol. Am fod gan ddyn natur ddeuol, ac er bod hynny'n achos cythrwfl, yr oedd ei greadigaeth unigryw yn ganolbwynt sylw. Wedi'r cwbl, onid oedd natur dyn yn pontio'r affwys eithaf ar lefel gosmig, yr hollt rhwng mater ac ysbryd?[41]

Mae Dr Goronwy Wyn Owen[42] yn crynhoi'r athrawiaeth hon yn gampus: 'Trefn drwy'r cosmos o'r brig rhagoraf hyd at y bôn mwyaf distadl oedd nodwedd fawr gynhaliol y Gadwyn Bod, ac yr oedd i bopeth drwy'r greadigaeth gysylltiad hanfodol a dosbarthiadol fanwl â'i gilydd drwy gyfrwng 'pont' neu is-ysgol 'letraws' y pedair elfen. Ffurfiai pob dolen yn y Gadwyn neu bob dosbarth neilltuol, gadwynau cydgysylltiol annibynnol ond trwyadl gyd-ddibynnol hefyd. O fewn pob dosbarth ceid ysgolion neu is-ysgolion yn cynnwys rhagoriaethau yn esgyn o'r radd isaf neu ddistatlaf hyd at yr ardderchocaf ar frig y dosbarth penodol. Y dosbarth isaf yn y Gadwyn oedd y pethau mater ansymudol difywyd – sylweddau . . .'

Nid yw Cadwyn Bod, am fod a wnelo hi â hierarchi yr uchel a'r isel, yn annhebyg iawn i athrawiaeth Sofraniaeth y Sfferau sy'n fwy ymrwymedig i natur wahaniaethol a hawliau priodol pob swyddogaeth. Mae yna barhad felly i mewn i'r cyfnod Protestannaidd. Yn wir, dywed Dr Owen,[43] 'Nid tan ar ôl cyfnod Twm o'r Nant y diflannodd y *Weltanschauung* canoloesol yng Nghymru a disodli'r hen ddull o feddwl am Dduw a dyn a'r cread yn nhermau Cadwyn a microcosmos a macrocosmos.'

Yn ogystal, felly, â chanu am yr unigolion, yr oedd beirdd yn canu am y drefn. A mentraf awgrymu fod hyn mewn modd estynedig yn wir am bawb sy'n defnyddio iaith a llenyddiaeth. Yn ogystal â symud drwy ystyr at seiniau, y mae ymhél â geiriau yn llwyddiannus o gwbl yn cynnal trefn gyflawn a chyferbyniol ystyrlon. Anrhydeddir y syniad o drefnusrwydd.

Yr oedd Mawl ym mryd Beirdd yr Uchelwyr yn fwy na datgan detholiad o'r gwir drwy gynnal y ffactorau cadarnhaol a thrwy gadarnhau darostwng y ffactorau negyddol. Yn sicr, cydnabyddai ragoriaethau a rhinweddau; ond dull ydoedd o ddiolch, ac o barchu teilyngdod yn ôl trefn. Mi gredaf ei fod hefyd – ac yr oedd pwysigrwydd yr athrawiaethau o Gadwyn Bod a Sofraniaeth y Sfferau ar y pryd yn cefnogi'r casgliad hwn – yn ymwybod â pherthynas greadigol drefnus â'r Crëwr. Yr oedd presenoldeb Duw yn Ei Gread, ac adlewyrchiad sagrafennol elfennau'r Cread o'u perthynas â'u Cynhaliwr, yn peri bod y cyswllt rhwng nef a llawr yn un trefnus. Yn ogystal â chanfod trefn anifeiliaid, pysgod a phlanhigion, yr oedd wrth gwrs drefn i ddynion, ac yn eu plith hwy nid yn unig yr uchelwr, eithr y bardd yntau. Yr oedd i'r weithred ei hun o farddoni am wrthrych – yn ogystal â'r gwrthrych ei hun – leoliad trefnus o fewn y cynllun. Dyna pam y mae Adeileddeg Gyfansawdd yn well ac yn llawnach offeryn na'r un yn yr oes sydd ohoni i drafod rhai gweddau ar y testun hwn. Mae'n cynnwys Marcsaeth, Ffeminyddiaeth, Ôl-foderniaeth, Arddulleg. Mae'r paramedrau wrth natur yn gynhwysfawr.

Yn wir, mor ddarostyngedig i drefn, mor gydnaws oedd Cerdd Dafod i ramadeg, fel y rhoddid sylw i Fawl hyd yn oed yn y llyfrau cyfraith.

Sylwer ar ddyletswydd y Bardd fel y'i disgrifir yn y Cyfreithiau:

Llyfr Iorwerth *13: Pan venher canu kerd, e bard kadeyravc a dechreu; en kentaf o Duv, a'r eyl o'r urenhyn byeffo e llys.

Sylwer wedyn ar ddyletswydd y Pencerdd:

Llyfr Iorwerth *40: Ef a dele dechreu kerd, en kentaf o Duv, a'r eyl o'r argluyd byeyffo e llys.[44]

Fel y ceid deddf mewn Mawl, felly y ceid Mawl mewn deddf. Yr oedd hyn megis yn ddosbarthiad ymarferol ar y 'llenddulliau', gan ddiffinio y naill a'r llall, y naill yn ymostyngol i'r llall. A'r tu mewn i'r Mawl ei hun yn y llys ceid amrywiaeth pellach mewn llenddull ac mewn bwriad. Gallai iaith y llys newid; gallai'i chyfraith a'i hil newid; ond yr hyn a barhâi ynddi, a'r hyn a fawrygid ganddi oedd yr egwyddor o drefn ei hun. Gramadeg perffeithrwydd oedd Mawl.

Nodiadau

1. *Meistri a'u Crefft*, Saunders Lewis, Gwasg Prifysgol Cymru, 1981, 128-9.
2. *Ériu* XXIX (1978), 123-41.
3. *Ysgrifau Llenyddol*, T. J. Morgan, Llundain, 1951, 54-5.
4. *Geiriadur Ysgrythyrol*, Thomas Charles, Bala, 1864, 629.
5. *Gwaith Guto'r Glyn*, John Llywelyn Williams ac Ifor Williams, Caerdydd, 1939, LXVI, 17-18.
6. ibid. XCI, 1-8.
7. *Gwaith Lewys Môn*, Eurys I. Rowlands, Caerdydd, 1975, LXXXIX, 31-32.
8. *Gwaith Owain ap Llywelyn ab y Moel*, Eurys Rolant, Caerdydd, 1984, 25 ll.9-10.
9. op. cit.
10. ibid. 42.
11. ibid.
12. *Gwaith Tudur Aled*, I, T. Gwynn Jones, Caerdydd .
13. ibid. XLIX.
14. ibid. XV.
15. ibid. III.
16. ibid. XXVII.
17. ibid. XXI cf. LVIII Llaw Dduw a wnêl, lle'dd awn ni,/Allel euro llaw Lowri!.
18. ibid II cf. L 45-50.
19. ibid. LXV.
20. *Gwaith Guto'r Glyn*, J. Ll. Williams ac Ifor Williams, Caerdydd, 1939l, LXIX.
21. T. Gwynn Jones, loc. cit. I.
22. ibid. LXVI.
23. *Christus und die Zeit*, Oscar Cullman, 1946 (cyf. i'r Saesneg, *Christ and Time*, 1951; 3ydd arg. 1962).
24. *Ymryson Edmwnd Prys a Wiliam Cynwal*, Gruffydd Aled Williams, Caerdydd, 1986.
25. ibid. 8 ll. 65-66.
26. ibid. ll. 1-2, 39-40, 81-84.
27. ibid. 10 ll. 79-82.
28. ibid. 12 ll. 31-2.
29. ibid. 51 ll. 33-4.
30. *Llên Cymru*, IX, 93.
31. op. cit. 12 ll. 43-4.
32. ibid. ll. 49-50.
33. ibid. 50 ll. 37-42.
34. ibid. 11, ll. 21-22.
35. *Braslun o Hanes Llenyddiaeth Gymraeg*, Saunders Lewis, Caerdydd, 1932, 58.
36. ibid. 63.
37. *Donne's Anniversaries and the Poetry of Praise*, B. K. Lewalski, Princeton University Press, 1973 [1979], 25-6. Meddir ar dud. 28, 'Elizabeth was most often associated with traditional emblematic figures of Christ: she is a phoenix, established emblem of Christ's sacrifice – 'that Royall maide, that Pellican, who for her people's

good/. . . Stickt not to spill, alas! her own deare blood.' (Sylwer ar ymddiddan rhwng Gŵr a'r Pelican yn *Canu Rhydd Cynnar*.).
38. *Canu Rhydd Cynnar*, T. H. Parry-Williams, Caerdydd, 1932, 376.
39. 'Conversations with Drummond of Hawthornden', yn *Ben Jonson*, ed. C. H. Herford and Percy and Evelyn Simpson, XI vols. Oxford, 1925-1952, I, 133.
40. *The Enduring Monument: A Study of Praise in Renaissance Literary Theory and Practice*, O. B. Hardison, Jr., Chapel Hill, N.C., 1962.
41. *The Elizabethan World Picture*, E. M. Tillyard, Pelican, 1978.
42. Astudiaeth hanesyddol a beirniadol o weithiau Morgan Llwyd o Wynedd (1619-1659), Goronwy Wyn Owen, PhD, Aberystwyth, 1982, 187; cf. *The Great Chain of Being*, A. O. Lovejoy, 1978.
43. op. cit. 194.
44. *Llyfr Iorwerth*, gol. Aled Rhys Wiliam, Caerdydd, 1960.

Y Diwygiad Protestannaidd a'r Dadeni

Beth oedd ac yw cymhelliad Hanes fel disgyblaeth gymdeithasol? O'r braidd mai ymchwiliad diduedd, gwrthrychol a gwyddonol oedd ef yn y cyfnod cynnar. A phan sylwn ar ragdybiau seciwlar, materol a lluosaidd trwm y cyfnod diweddar gyda holl feddylfryd yr 'Ymoleuo' yn eu cyflyru, o'r braidd y gellid derbyn honiadau naïf rhai haneswyr diweddar ynghylch eu diffyg rhagdybiau hwythau ychwaith. Nid oes fawr o 'wella' yn y cyfeiriad hwnnw ond ar lefel dechnegol. Yr un mor fawr yw'r rhagfarnau. Eto, diau mai math o ddathliad o Wirionedd yw ac oedd Hanes, i fod.

A diau, fel yr 'achau' gynt, mai offeryn oedd Hanes yn y cyfnod cynnar yn nwylo teuluoedd breiniol i'w mawrygu a'u cadarnhau eu hunain o ran statws yn y drefn gymdeithasol. Drwy arddel cysylltiad ag arwyr y gorffennol yr oeddent yn dwyn clod arnynt eu hunain. Nid oedd gan Hanes yn y cyfnod cynnar ddim diddordeb yn ysgolheigion, gwyddonwyr, merched, beirdd na gwerin gyffredin yr oes. Defnyddiai'r llysoedd a'r abatai, fel ei gilydd, y gorffennol er mwyn atgyfnerthu'r presennol, eithr gwnaed hynny drwy'i wneud yn ffaeledig o fewn fframwaith credu, credu moesol gan amlaf. Cynheilydd cadarnhaol a threfnus traddodiad a moes ond nid cynheilydd 'trefn' bur fel y cyfryw oedd Hanes.

Ac eto, fel yr oedd Dychan yn fath o is-gynnyrch i Fawl gan atgyfnerthu moesoldeb Mawl drwy bwyslais negyddol, felly gellid troi'r Hanes a oedd yn gadarnhaol i fod yn Hanes a oedd yn negyddiad ym mryd y beirniad.

Nid Charles Edwards oedd yr hanesydd proffwydol cyntaf nac olaf a gododd i rybuddio'r Brythoniaid neu'r Cymry. Proffwyd fu Gildas yntau. Cyflwynai'r sant hwnnw Hanes gydag angerdd hefyd. Ac yr oedd i'r Hanes hwnnw gymhellion achubol a negyddol. Hanes perthnasol ydoedd a sgrifennwyd ar gyfer ei gyfoeswyr.

Ond mewn llenyddiaeth Gymraeg, Charles Edwards yw'r cyntaf i ganfod patrwm Cristnogol gobeithiol i Hanes Cymru, Hanes a welai hynt y byd o'i greadigaeth hyd at ei ddiwedd, ac a ddadansoddai gyflwr dyn yn ei wendid a'i gryfder yn ogystal ag o fewn fframwaith ymwybodol o werthoedd a gyfeiriai'i Hanes yn hanfodol tuag at Fawl. Hanes y dyfodol ydoedd yn ogystal â'r gorffennol.

Fe geir, wrth gwrs, yn ei gyfrol *Y Ffydd Ddiffuant* swmp o ddeunydd disgrifiol. Dechreua drwy wneud arolwg daearyddol o'r byd. Rhaid oedd cael y persbectif priodol. Wedi cyflwyno pob cyfandir yn fras yn y bennod gyntaf, symuda yn yr ail bennod at ddechreuadau dynoliaeth gydag Adda ac Efa. Ac o hynny ymlaen, rholia'r penodau ymlaen gan olrhain Hanes y Ffydd drwy'r gwledydd a'r canrifoedd nes cyrraedd 1665 yn niwedd pennod 15. Yna, yn yr unfed bennod ar bymtheg mae'n ailddechrau drwy olrhain Hanes y Cymry. Mae hynny hefyd yn parhau drwy'r bedwaredd bennod ar bymtheg nes glanio yn y flwyddyn 1654. Erbyn hynny y mae wedi codi i fath o uchafbwynt, sef cyfieithu'r Ysgrythurau i'r Gymraeg a'u darparu'n helaeth ar gyfer y bobl. Dyma ni wedi cyrraedd tudalen 207; ond ni cyrhaeddir 'terfyn' y gyfrol tan dudalen 421. Beth sydd ar ôl felly? O ran ei feddwl a'i fyfyrdod am Hanes a bywyd, yn y ddau gan tudalen olaf y ceir ei waith mwyaf gwreiddiol. Yn y fan hon y mae'r bywyd.

Beth yw ergyd yr adran helaeth hon? Gadewch imi ddyfynnu ychydig:[1]

'Er pan ddaeth yr scrythyrau yn Gymraeg i'n plith, y mae'r helynt orau ar ein cenedl ni ac y fu ers llawer o genedlaethau. Rhoddes Duw iddi heddwch oddiamgylch. Ni ŵyr y tô presennol oddiwrth y cyfyngdra gofidus ydoedd gynefin i'n henafiaid ni gynt. Y mae'r Saeson oeddent fleiddiaid rheibus, wedi myned i ni yn fugeiliaid ymgeleddgar, ac agos cyn hynawsed wrthym ni, ac ydym ni wrth eu gilidd. Y nhwy sy'n preintio ein llyfrau ni, ac yn dyscu celfyddydau i ni, ac yn marchnatta â'n gwlâd nid wrth y dur a'r haiarn, ond yr aur a'r arian. Yr hon sydd yn awr lawnach o ddynion ac o olud, nag y fu ers talm o'r blaen, a'n celloedd yn llawn o bôb rhyw luniaeth, a'n defaid yn dwyn myrddiwn, a'n hychen yn gryfion i lafurio, heb na rhuthro i mewn, na myned allan, na gwaedd yn ein heolydd. Mae gwybodaeth wedi amlhâu, a'r cythreuliaid yn y coedydd wedi distewi. Mae ein moddion hefyd wedi rhywiogeiddio llawer. Nid oes mor fath yspeilio, a threisio, a mwrdro ag y glywsom ni gan ein henafiaid ei fod yn eu mysc er's talm. Mae Powys yn weddus wrth fel y bu. Mae Lloegr yn agored i ni hefyd, a chyn hyfed ini breswylio ynddi mewn cyfiawnder ac oedd i'n hên rieni ni cyn ei cholli. Ni bu ein cenedl ni yn yr Iwerddon er ioed amlach. A diammeu pe cryfhaeu ufudd-dod i air Duw yn ein mysc ni, ychwanegid at ein trugareddau ni. Canys gwyn fŷd y bobl y mae'r Arglwydd yn Dduw iddynt.'

Mae'n amlwg beth sydd yma: dim llai na Mawl. Daethai Trefn i'n plith. Peth od efallai, fod rhywbeth mor ffeithiol â Hanes yn troi'n Fawl o hyd,

a hynny mor ddiweddar â chyfnod y Dadeni Dysg ac wedyn. Eithr felly
y mae hi i rywun sy'n credu o ddifri fod llaw Duw yn amlwg ar waith.
Wedi'r cwbl, Hanes yw hanfod y Ffydd Gristnogol ei hun.
   Trown ymlaen at y bennod ganlynol: Pennod XX, sef 'Sicr wirionedd y
Ffydd Gristnogol'.

> '*Perffaith helaeth yw gweithredoedd* Duw, *nid oes yn y nefoedd a'r
> ddaiar ddim yn niffig, eithr yn gwbl ddigonol y maent i gynal dŷn gyda
> chariad* Duw.'[2]
> '*Ergyd scrifenâdae 'r grefydd Gristianogol yw gogoneddu* Duw, *a chym-
> wyso dynion i hynny yn dragywydd.*'[3]
> '*Daioni budd-fawr y Grefydd Gristnogol a gyhoedda ei bod o'r nef; y
> mae'n eglur fod* Duw *yn ewyllysio yn dda i ddŷn, am iddo ddarparu yn
> haelionus tuag atto ef; megis awyr i roddi iddo anadl, haul, a lleuad, a
> sêr, i oleuo ac i gynhesu ei drigle ef; y dwfr, a'r ddaiar, a chwbl ac sydd
> ynddynt iw fwydo, iw ddiodi, ai ddilladu, ai lonni ef. A chan ir Creawdwr
> cariadus ddiwallu y rhan waelaf o ddŷn, sef ei gorph, a'i fywyd naturiol,
> nid yw debygol yr esceulusei ef y rhan oreu, sef ei enaid a'i fywyd tra-
> gwyddol: yn enwedig gan fod yr enaid mewn cyflwr grasol ar lûn* Duw:
> *canys anwylaf gan rieni y plant a fyddo debyccaf iddynt yn eu gwêdd
> a'u moddion. Ac nid oes nac enw, na llyfr arall dan y nêf drwy ba
> un y dichon dŷn fod yn gadwedig onid* Crist, *a'i scrythyrau: yr hyn
> sydd amlwg wrth ystyried godidowgrwydd y wir, a ffolineb pob gau grefydd.*'[4]

A'r bennod ar ôl hynny:

> '*Amlwg hefyd yw rhaglunieth a gofal* Duw *yn y drefn osodedig.*'[5]
> '*Molianwn* Dduw *am fod yspysrwydd o'r ffydd ai scrifenâdau yn ein
> iaith ni ein hunain; hynny ydoedd oruchafieth* Israel, *pryd nad oedd mor
> amlwg, a chyn helaethed ac yw yn awr: Canmoleu'r* bobloedd *oll ddoeth-
> ineb eu deddfau hwynt. Bu llyfr* Duw *wedi ei glasbyssu cyn gaethed yn
> yr* iaith Ladin *yn amser ein henefiaid diweddaf, na fedrai, ac na lefasai
> ond rhai edrych arno. Yr ydoedd ir bobl gyffredin fel bwyd dan glo, a llys-
> fam yn cadw'r agoriad. Y prŷd yr adnewyddwyd arfer eglwyswyr llygredig*
> Israel, *y rhai* Y *ddygent ymmaith agoriad y gwybodaeth, nid aent i
> mewn eu hunain, a'r rhai oedd yn myned, a waharddent. Ond er
> pan gyfieithwyd y bibl yn* Gymraeg, *gelli gymmeryd y seigiau melysaf ith
> law, a bwytta a'th ddiwallo, a bendithio dy* Dduw.'[6]
> '*Ceisiwch ddywedyd mewn gwirionedd fel y dyscyblion,* Yr ydym yn

credu ac yn gwybod; *A chyda Petr dystiolaethu,* Mae gwir ràs Duw yw'r hwn yr ydych yn sefyll ynddo, *sef mai gwir athrawieth grâs ach dysca chwi, a gwir waith grâs a duedda eich calonnau chwi i hyderu ar y* Duw byw, *ac i ddisgwil am ei ogoniant ef, i fod yn gyfranogion o honaw. Ac yna mawr fydd eich cyssur, fod cymaint o dystion cywyr i brofi eich yscrifenâdau am etifeddieth dêg.*'[7]

Dyma Fawl, ond nid Mawl i gynnal y drefn draddodiadol. Dyma gyfnod chwalu un math o drefn gyn-brotestannaidd, gyn-drefedigaethol. Ac nid yw Charles Edwards yn anfodlon ar y chwalfa honno. Yn lle trefn yr Eglwys Gatholig sefydledig, yr oedd meddwl Charles Edwards wedi'i gyfeirio at drefn amgen, yn ei fryd ef, sef trefn y cadw: Creu, Cwymp, Iachawdwriaeth. Mawl yw, felly, y tu allan i amser wrth ei gorffori'n amseryddol mewn Hanes.

Er gwaethaf tebygrwydd mewn dealltwriaeth rhyngddynt a chytundeb ymddangosiadol yn eu tystiolaeth 'naturiol', mae yna ddau brif wahaniaeth rhwng hanesydd seciwlar a hanesydd o Gristion. I'r un seciwlar mae yna elfen o siawns mewn digwyddiad (boed yng ngolwg Dilthey, Toynbee, neu Croce): i Gristion y mae pob Hanes yn rhoi ar waith bwrpas tragwyddol Duw yn Iesu Grist (Col. 1, 15 yml.) Ac wedyn, gwahanol yw pen draw pob digwyddiad i lygad yr hanesydd seciwlar i'r hyn a genfydd yr hanesydd o Gristion. I'r Cristion, Duw (o'r tu allan i Hanes) yw'r dechrau a'r diwedd. Mae yna ystyr a dealltwriaeth i'r proses oll. A hynny sy'n caniatáu yn y pen draw ddilysrwydd y method gwyddonol. Crist yw Arglwydd Hanes. I'r hanesydd seciwlar, y tu mewn i'r Hanes a'i ddimensiwn naturiol cyfyngedig ei hun y mae'n rhaid chwilio am ystyr.

Yr hyn a wnâi hanesydd fel Charles Edwards oedd sicrhau bod Cymru, a chyfieithu'r ysgrythurau i'r Gymraeg, yn cael eu gosod o fewn cyddestun golwg gyfannol ar drefn y greadigaeth. Dirmygai ef unrhyw Hanes a wnâi lai.

Eisoes, fe gafwyd yn helaeth gyfeiriadau hanesyddol gan y cywyddwyr gynt wrth iddynt foli. Dathlu'r gorffennol a wnaent. Hynny hefyd o hyd, a dathlu'r Duw byw diamser, yw pwrpas Hanes i Charles Edwards yntau. Bu'r cywyddwyr serch hynny yn mawrygu Hanes y Cymry er mwyn dyrchafu dynion, a hynny heb grybwyll Duw yn fynych iawn. Daeth Charles Edwards i olrhain Hanes er mwyn i Dduw gael ei ogoneddu ac er mwyn darostwng ei gyfoeswyr. Mae'n hanesydd od, felly, yn sgrifennu fel pe bai Duw yn bod.

Yn gryno, y mae'r hanesydd seciwlar yn ceisio ffeithiau Hanes yn wrthrychol allanol ond ei ragdybiau yn oddrychol: mae'r hanesydd o Gristion yn ceisio ffeithiau eto yn wrthrychol, ond ei ragdybiau yntau'n wrthrychol allanol a mewnol.

Atgyfnerthu Mawl mewn Hanes a wnâi cyfieithwyr yr ysgrythurau, hwythau. Heb Hanes doedd dim efengyl. Nid gorchmynion (nac athrawiaethau) oedd calon Cristnogaeth, ond digwyddiadau, gweithredoedd: Creu, Cwymp, Crwydro drwy'r Anialwch, Alltudio, Ymgnawdoliad, Croeshoeliad, Atgyfodiad, Ailddyfodiad. Hanes ydoedd a seiliwyd ar ddatguddiad, ond hefyd ar ragosodiadau fel pob Hanes. Ond yr oedd Duw yn hunan-ddigonol. Roedd Gair Duw yn hunan-ddilysol. Rhaid oedd i'r rhagosodiadau fod yn gyffelyb o ran eu natur. Pwy arall a allai'u dilysu? Caent eu dilysu o fewn y sawl a'u profai am eu bod yn rhagosodiad i bawb a phopeth. Safent y tu allan i Hanes a'r tu mewn i Hanes.

Gwelsom gyda dyfodiad y Ddeddf Uno, a'r hyn a arweiniodd at hynny (pethau megis ymddatodiad y Gyfraith Gymreig a'i disodli gan Ddeddf Seisnig), fod y Mawl i drefn yn cael ei newid. Yn wir, gyda chwalu'r drefn gymdeithasol draddodiadol a thanseilio Cymreictod uniaith ymhlith uchelwyr, chwalwyd 'y gyfundrefn Fawl' ei hun. Buom yn sylwi ychydig ar y newid hwnnw mewn Mawl gwleidyddol. A daeth yn bryd inni ystyried pa newid a ddigwyddai ym myd crefydd.

Mae trefn aristocrataidd y Tywysogion bellach wedi darfod ynghyd â hierarchaeth yr Eglwys Gatholig. Pa drefn y gellid ei chanmol a'i chynnal yn awr? Gwaith Hanes bob amser yw dethol er mwyn dweud y gwir.

Gwyddys, wrth gwrs, fod yr Eglwys Gatholig a fu'n asgwrn cefn i feddwl Cymru ers canrifoedd yn cael ei disodli. Dôi trefn eglwysig newydd yn ei lle, gan mwyaf am resymau hollol annheilwng. Ond beth oedd a wnelai hyn â natur a phwrpas a threfn Mawl? Ym mryd y Piwritaniaid, popeth: yr oedd yna drefn chwyldroadol lawer mwy anweledig ar waith.

Gellid cydnabod yn llawen mai cymhleth oedd y Diwygiad Protestannaidd ym Mhrydain, a hyd yn oed yng Nghymru. Ac ni chwerylwn â'r sawl a ddadleuai na chafodd y Diwygiad ond hwyl wasgarog yn y Gymraeg nes dyfod o'r Methodistiaid. Ond wrth gwrs, drwy'r Protestaniaid cyntaf y gosodwyd y seiliau gwaelodol i'r ail. Cafwyd yr ysgrythurau. Dechreuwyd diwinydda. Buwyd yn addysgu ac yn hyfforddi, gan rai megis Morgan Llwyd er enghraifft. A chan bwyll, nid yn unig fe ddisodlid yr hen ffydd, ond fe ddechreuwyd troi ac adeiladu pobl newydd mewn ffydd newydd.

Beth oedd trefn y ffydd honno? Beth oedd y gwahaniaeth?

Perthynas bersonol, gariadus yr unigolyn crediniol â'i Dduw, yn uniongyrchol, dyna oedd y drefn newydd hon. Ac ynddi, Iesu Grist oedd yr unig gyfryngwr rhwng dyn a Duw.

Gellid damcaniaethu mai'r sylfaen ddiwinyddol o safbwynt ymarferol i'r drefn newydd ar gyfer gwrthrychau daearol y Mawl oedd yr esboniad fod y Cristion unigol drwy ras Duw yn dod yn frenin, yn broffwyd ac yn offeiriad. Nid yn unig fe geid offeiriadaeth yr holl saint (sef yr holl gredinwyr), eithr hefyd brenhiniaeth a phroffwydoliaeth i'r holl saint.

Golygai brenhiniaeth fod y credadun, o dan Dduw yn ddeiliad, yn frenin cynhyrchiol ar hyn o ddaear. Ei darostwng er mwyn ei ffrwythloni oedd gwaith pob dyn yn ddiwahân, boed yn gredadun neu beidio. Dyma estyn y syniad o Fawl. Roedd y drefn yn cynnwys pob peth bellach, pob manylyn, pob gwyddor a chelfyddyd a diddordeb, pob sefydliad a chyfundrefn a mater. Ffurf a Deunydd a Chymhelliad. Perthynai'r cwbl i'w gilydd yn gynyddol drefnus mewn Gras Cyffredin. A dathlu'r ystyr yna ym mhopeth, ei bwrpas a'i werth, oedd yr hyn a gynhaliai'r dyn newydd. Onid dathlu ystyr Cymru a wnâi'i Hanes?

Golygai 'offeiriadaeth yr holl saint' fod pob credadun unigol, oherwydd adnabod a charu Duw, yn cael mynd, ac – os o gwbl – yn gorfod mynd, at Dduw ar ei ben ei hun yng nghwmni Crist. Ar ei ben ei hun, gyda Christ, drwy ras arbennig ac uniongyrchol Duw y dôi i mewn i'r Eglwys. Ac er bod yna gymdeithas o'r fath gan y saint (hynny yw, y credinwyr) eisoes ar gael, heblaw'r berthynas felys honno â'i gilydd, yn uniongyrchol y ceid perthynas â Duw.

Datgan hyn, cyhoeddi'r drefn, yn ei llawnder amlochrog yw Mawl y bardd. Dyna'i swydd broffwydol: ceisio'r gwir a'i ddadlennu. Cyffesu'r profiad yng Nghrist. I Luther a Chalfin ffynhonnell gwirionedd ydyw am y cwbl o fywyd – yn deuluol, yn wyddonol, yn gelfyddydol, yn boliticaidd, yn gymdeithasol, yn ddefosiynol; a gwybodaeth a ddyfnheir ac a oleuir oherwydd bod credadun yn cael ei dderbyn i'r teulu tragwyddol hwn. Gogwyddai hyn y Mawl tuag at ddemocratiaeth.

I'r dyneiddiwr anghrediniol, rhan yn unig, a rhan go esoterig, o ddiwylliant yw crefydd: i'r Cristion Calfinaidd, rhan o grefydd yw diwylliant. Pan fydd y Cristion o artist, felly, yn gwneud ei waith, mae'i foesoldeb – heb 'foesegu' fel arfer – yn treiddio drwy'i gynnyrch. Y mae pawb yn methu â bod yn ddiduedd wrth gwrs; ond fe ŵyr y Cristion Calfinaidd beth yn union yw ei duedd.

Ar wahân efallai i un duedd go danseiliol: sef pietistiaeth a darddai mewn mynachaeth.

Gellid bod yn rhy breifat weithiau. Methiant achlysurol yr unfed ganrif ar bymtheg a'r ail ar bymtheg yng Nghymru oedd bod tuedd Luther weithiau (o leiaf mewn cyferbyniad â gweledigaeth Calfin) i geisio iachawdwriaeth bersonol ac ymgadw rhag y drwg mewn modd preifat, wedi meddiannu llawer ar arweinwyr meddyliol y genedl. Dyma hefyd mewn ffordd wahanol duedd yr Anabaptistiaid hwythau. Aeth yr ysgolheigion lawer ohonynt i gyfeiriad crefydd ddefosiynol. Yn lle ei chymryd fel rhagdybiaeth i bob swydd a swyddogaeth ac yn sylfaen i adeiladu bywyd oll a'i wahanol sfferau arni, ymgyfyngid i addoliad uniongyrchol, i raddau helaeth.

Bid a fo am hynny, y tu ôl i'r cwbl yr oedd cyfarwyddyd y Beibl a chasgliadau Calfin yn gefndir cyfoethog. Mudiad dysgedig oedd y Diwygiad yn gyntaf, megis y Gwrth-ddiwygiad. Gwelid pob rhan o ddysg yn ddarostyngedig i drefn Duw. Ac er mor gyfyngedig oedd swmp y llenyddiaeth, dehonglid pob gwyddor yng ngoleuni'r athrawiaethau Cristnogol, yn neilltuol yng ngoleuni Penarglwyddiaeth Duw. Ac unwaith eto, wrth grybwyll athrawiaeth Penarglwyddiaeth, dylid peidio â gwahanu hyn oddi wrth Gariad Duw nac oddi wrth yr un o'i briodoleddau eraill. Cysur i Gristion yw Penarglwyddiaeth bob amser, testun Mawl a hyfrydwch.

Sylwer sut y gwelir y cwbl o amlochredd dysg yn y goleuni hwn. Fel y dywedodd Charles Edwards:

'*Wedi i'r Arglwydd fel y mynegwyd eusus wneuthur dŷn yn eiddo ei hun, cymer feddiant yn holl gyneddfau'r enaid ac aelodau'r corph.*'[8]

ac eto

'*Nid aiff neb yn Gristion da ond a ymgynefino ag arferion duwiol yn oestadol. Am hynny y gofynnir ganddo* lafurio *fel hwsmon, a dioddef* ymdrech *fel milwr, ac ymegnio, a bod yn dymerus fel rhedegwr. Rhaid ceibio at y mwŷn gwerthfawr o gyssur ysprydol drwy'r rhwystr galettaf: a dal y llaw a'r llygad ar yr aradr yn ofalus, o mynnir fyned i* deyrnas Dduw.'[9]

Yn achos y Catholig Gruffydd Robert, hefyd, dylid sylwi, cawn eto weledigaeth gyfannol amlochrog, nid annhebyg, a hynny yn gryno yn ei gyflwyniad i'w Ramadeg (yr iaith Gymraeg sy'n siarad drosto):

'*Wrth y cydnabod a gefais ag ieithoedd eraill, yn hwyr yr owron mi a allaf pan fynnwyf gael ganddynt bob peth a berthyn at gampau a chyneddfau gwŷr rhinweddol, gyngordioledd gramadeg, flodeuau rhetorigyddiaeth, ystryw dialectigyddiaeth, cywreinrwydd meddygon, pwylledd dinaswyr, gwybodaeth philosophyddion, gorchestion milwyr, duwioldeb theologyddiaeth, i ddysgu, helpu, diddanu a pherffeiddio gwŷr fy ngwlad ymhob peth a fo golud iddynt, hyglod yng ngolwg y byd, a chymeradwy gerbron Duw.*'[10]

Yn y dialog dychmygol rhwng Morys Cyffin a Gruffydd Robert, y cymhelliad i waith tebyg i ramadega ym mryd Morys oedd '*hyfforddi gwŷr eu gwlad mewn rhinwedd, dysg neu beth eraill . . . ewyllys da a haedda glod.*'
Dyma'r fframwaith Calfinaidd a Chatholig fel ei gilydd i ramadeg.

Eto, yn rhagymadrodd Lladin Humphrey Prichard i Ramadeg Siôn Dafydd Rhys (1592), dywedir yng nghyfieithiad meistraidd Ceri Davies (er cydnabod y gall fod yma ymgais gan Prichard i barchuso gwaith Rhys, a oedd yn hysbys fel Catholig):

'*Y rheswm cyntaf am y gwaith, cyn belled ag y gallaf fi ddyfalu, oedd rhyw elfen arbennig o dduwiolfrydedd, ac o grefydd sanctaidd a chywir, ar ran yr awdur, a'i eiddgarwch diflino dros ledaenu ac amddiffyn yr Athrawiaeth. Oblegid pan welodd ef na allai gweinidogion y Gair ddeall ym mhob dim, ac yn ofalus gywir, yr iaith goeth, ysgrifenedig honno, gwir iaith y Cymry, fel y mynegwyd hi yn y fersiwn mwyaf cysegredig a dysgedig hwnnw o'r Ysgrythurau Sanctaidd, ac na allent ei mynegi i'w pobl er eu budd ysbrydol, heb gymorth rhai egwyddorion gramadeg wedi cael eu gosod i lawr yn ofalus i'r pwrpas hwnnw; ac yn arbennig gan fod yr idiom sy'n hanfod yr iaith hon yn galw am yr union beth yma: fe gyhoeddodd yr awdur y Gramadeg hwn yr wyt yn ei weld – i gyflawni'r diben arbennig hwnnw.*'[11]

Hynny yw, gellid y pryd hynny synied am Ramadeg mewn cyd-destun lle'r oedd Penarglwyddiaeth Duw yn cyfrif.

Ond Hanes yn ddiau, o bob maes meddyliol, yw'r enghraifft orau o fyfyrio am bethau ymddangosiadol 'seciwlar' o fewn dimensiwn crefyddol bydeang. I'r Hanesydd Cristnogol y mae modd ymatal rhag ymystwytho i'r dimensiwn seciwlar a ddaeth yn gonfensiwn bellach. A gwell imi esbonio beth rwyf yn ei olygu wrth 'Hanesydd Cristnogol'. Nid oes a wnelo â moeswersi, er y gall y rheini fod yn bresennol. Nid oes a wnelo o raid â digwyddiadau eglwysig. Ar yr wyneb, gall yr Hanesydd Cristnogol ymddangos yn od o debyg i'r Hanesydd Seciwlar. Fel yr Hanesydd Seciwlar, y mae'n dethol yn ôl rhagdybiau. Mae'n meddu fel y Seciwlarwyr ar werthoedd (rhai diwinyddol, dyweder), a'r rheini sy'n penderfynu beth a gynhwysir a beth a hepgorir. Er bod yr Hanesydd Seciwlar, yn naïf iawn, yn pledio didueddrwydd, mae yntau'n patrymu'r hanes hefyd fel pe bai yna ryw ystyr iddo. 'Damwain' yw'r dogma yn y pen draw serch hynny, ac eto myn ef geisio dilyn trefn yn ôl achos ac effaith. Yn y gwaith technegol, felly, y mae Hanesydd Cristnogol yn gallu bod yn bur gyffelyb iddo. Yr unig wahaniaeth yw ei fod ef yn ymwybodol ei fod yn dethol yn ôl gwerthoedd, pwrpas a thrtefn wrthrychol, ac yn gwybod pam. Nid yw ef yn 'drahaus' wrth hawlio hyn, er mai dyna fel arfer y mae'r gŵr seciwlar yn ei dybied. Yn wir, fel arall, y gŵr seciwlar a all synied mai ef ei hun, o'i ben a'i bastwn sofran ei hun, sy'n llunio'r gwerthoedd a'r pwrpas a'r drefn tra bo'r Cristion druan yn eu llyncu'n 'anfeirniadol' o'r tu allan ac yn ufudd i'r hyn a ddwedir neu a roddir iddo.

Mae'r naill a'r llall yn gweld arwyddocâd i'r Hanes ac yn synied ei fod yn berthnasol i'r oes bresennol. Ond fel hyn y dywedai Ifan Llwyd ap Dafydd yn ei gyflwyniad i'w *Cronigl Kymraeg* (c.1600):

> '*i mae yntho lawer o ymrafaelion ystoriau a rhefeddodau i dichon y duwiol ar synhwyrol ystyried gwaith Duw ym hob oes, a chymeryd kynghorau a rhybydd da o ddiwrthynt: yma i kei di weled kychwniad, tyfiad a gostyngiad dy hen deidiau, a chanfod ffyniant a meddiant dy rieni, i kyfodiad ai kwmpiad, ar achos i kwympassant (sef am i pechodau) nid amgen trais, ysbail, gordderchiad, ballchder, twyll, bradwriaeth, lladd, drwg fwriad, pechod Sodom, chwant ag awydd i anrhydedd, ag i lywodraethu ag i dyrnassu. Am y rhai hyn oll i gollyngodd duw estron genedl am yn penau in gorchfygu, ag an gyrwyd ni on gwlad wastad froedig ir kreigiau ar gwlltineb hyn ir im yr awrhon yn pryssywlio. Fellu gynt, yn yr vn modd i gwnaeth Duw a fflant r Israel am i hanwiredd, i rhoddes ef hwynt yn gig hel yw gelynion, nid amgen i genedlaethau yr Assiriaid ar Ffelistiaid. Yma hefyd i kei di weled y tâl i mae duw yn i roddi am bechodau, fel i mae ef yn kuro y diriaid ar anywiol ag yn kymorth ag yn amddiffin y duwiol: a dysgu wrth hynu pa beth y sydd i tithau yw gochelyd, a ffa beth yw ddilid: pa lwybrau yw rhyssu, ag megis yn dy gartref dy hyn, oddiwrth henafiaid gwyr dy wlad, a dilin i ffyrdd hwynt gan gyfeirio dy fuchedd mewn ffordd iawn, ag ymwrthod ar beiau aniwiol, heb ystyrio ddim bellach.*'[12]

Gwell enghraifft o'r Hanesydd Cristnogol yw gwaith Charles Edwards, *Y Ffydd Ddi-ffuant* (3ydd arg. 1677). A'r allwedd i'w ddeall yw'r persbectif neu'r dull o amgyffred a gafodd ef gan lyfr Hanes arall, sef y Beibl. Trwy hwnnw fe ganfu y Goruwchnaturiol a droes yn Naturiol, y Myth a wnaethpwyd yn Hanes ac a drigodd yn ein plith. Roedd yn canfod nad oedd modd deall bywyd ond o fewn cyd-destun tragwyddol.

I Charles Edwards y mae llygredigaeth dyn yn allweddol, ac y mae iddi arwyddocâd trosgynnol. Adferir, ar ôl dylanwad 'rhesymegol' Tomos Acwin, y sylweddoliad fod *rheswm* naturiol dyn, a'i gyfyngiadau balch a gwahanedig o fewn amser a gofod, wedi dioddef o'r Cwymp. Y mae i Air Duw hefyd ddimensiwn ysgolheigaidd. Yn wir, y mae'r cyfeiriadau ysgrythurol yn cyfateb, mewn ffordd, i droednodiadau'r ysgolhaig seciwlar. Gellid beirniadu pob hanesydd, wrth gwrs, ar sail cywirdeb, ac nid oes awgrym gan Charles Edwards ei fod ef yn synied i'r gwrthwyneb, na'i fod yn gwrthwynebu archwiliad beirniadol o ffynonellau. Ond gwiw sylwi, yn ei fryd ef, fod ystyr hanes pob dyn, boed yn Gristion neu beidio, yn anochel unol â chwrs ei berthynas â Duw.

Gan fod yr awdur yn hyddysg iawn yn Hanes dwy wlad, sef Israel a Chymru, nid yw'n annisgwyl ei fod yn gweld patrymau tebyg yn hynt y naill a'r llall:

> '*Wrth a draethwyd y gwelwn gael o'r Britaniaid yr unrhyw rybuddion, ac y gafas yr Israeliaid gynt o flaen eu caethiwed, ac ynghylch yr un môdd y gwrthodasant hwynt, ac ynghylch yr un fâth gystudd a ganlynodd; ac nid heb ei haeddu. Yr achos amlwg o'u destryw ydoedd hollhawl bechadurieth pob grâdd ar ddynion, Sef barnwyr, eglwyswyr, a chyffredin. A'r ymlygriad a fagodd oddiwrth ymbleidiau yr Arriaid a'r Morganiaid.*'[13]
>
> '*Cydnabyddwn ddoethineb, a daioni, a chyfiawnder Duw, yn ei farnedigaethau ar ein henafiaid ni. Canys gadawai gryn ennyd rhwng y dyrnodiau y roddai iddynt, fel y caent amser i ystyried eu ffyrdd, ac i droi oddiwrth eu hanwireddau er y naill gerydd, cyn dyfod y llall. Ac felly y gwnaeth ef ar Israeliaid pan ddygn ddigiodd ef wrthynt, gan adel caethiwo Samaria yn gyntaf, ac ymhen talm o flynyddoedd gwedi, y caethiwyd Jerusalem ar ddwy waith neu dair, a'r cystydd olaf fyddai drymmaf.*'[14]
>
> '*Prifiodd y gwrthryfel hwn fel un Zedeciah, n achos o gaethiwed Babilonaidd. Darfu ir daroganau eu siomi nhw hefyd. Gnawd i bob cenedl dan orthrymder goelio pôb Bruttiwr a'r addawo ryddhâd iddynt.*'[15] ac yn y blaen.

Yn nannedd dehongliadau Ôl-fodernaidd o weledigaeth Hanes, yr hyn a geisiai Charles Edwards bob amser (o fewn patrwm ufudd i'w ragdybiau cydnabyddedig) oedd criteria gwrthrychol.

Ceir ganddo amryw bwyntiau hanesyddol pwysig y gellid o hyd eu dilyn ymhellach, megis y sylw ar gyflwr y meddwl a'r iaith werinol cyn cyfieithu'r Ysgrythurau, cyflwr y gellir ei werthfawrogi o'r newydd bellach tua dechrau'r unfed ganrif ar hugain:

'*y prŷd hynny prin y medrai ymbell un bregethu yn Gymraeg, o herwydd bod y geiriau rheidiol i egluro Sanctaidd ddirgeledigaethau yr Scrythr lân yn gymraeg wedi myned ar aball, megis wedi eu golchi ymaith â dwfr Lethe, neu wedi eu claddu dan lŵch anarfer: mal nas gallau na'r dyscawdwyr agor yn ddigon amlwg yr hyn a ewyllysient, na'r gwrandawyr eu deall, na dirnad pa rai oedd geiriau'r scrythyrau, a pha rai oedd esponiadau o honynt. Yn ddiau pan ymgasclent yn chwannog at bregethau, a bôd yn ddyfal ynddynt, etto yn anhyspys ac yn amheus y byddai y rhan fwyaf yn ymadel, megis wedi cael tryssor mawr nis gallent gloddio atto, neu fod mewn gwledd fawr, heb gael bwytta o honaw. Ond yn awr drwy ddirfawr ddaioni y Goruchaf Dduw, a llafur y Cyfieithydd hwn, y mae genym fwy o bregethwyr, a pharottach, a gwrandawyr hyddyscach.*'[16]

Mae'r sylw hwn yn fuddiol wrth ystyried pa fath o ddatblygiad a oedd ar gerdded wrth baratoi ar gyfer adferiad Mawl, ac er mwyn ailgyfeirio Mawl wedi'r chwalfa a fu.

Fe ellir synied am Hanes ei hun hefyd, felly, fel pe bai'n ffurf ar Fawl i batrymau amser.

A sut hynny?

Dyma'r nodweddion allweddol:

(1) Gobaith sy'n rhoi diben i'r Hanes. Dyma eschatoleg Charles Edwards, yr hyn sy'n sôn am y pethau diwethaf. Ac fel y mae'r pethau cyntaf yn cyflyru peth ar alluoedd dynoliaeth mewn Hanes, felly y mae'r pethau diwethaf yn pennu cyfeiriad i'r Hanes hwnnw. Eisoes yn yr Hen Destament fe geid yr athrawiaeth fod Hanes yn symud tuag at nod o dan lywodraeth Duw, ac fe gadarnheir hyn ymhellach yn y Testament Newydd.

Iesu biau'r fuddugoliaeth o hyd. Bydd y proses hanesyddol yn dirwyn tua therfyn, a'r frwydr barhaus rhwng drygioni a daioni yn terfynu yn ôl ewyllys Duw.

'*Na ddirywiwn eithr fel* Naboth *glynwn yn y* Winllan *efangylaidd y sydd* dreftadaeth ein henafiaid: . . . *Mal y gallo ein gwlâd a fu cyhyd dan wradwydd fyned yn enwog am rinwedd. Tybia rhai mae heppil Cam ydym ni, a pheth o weddillion y Cenhedloedd a ddiangasant o dir Canaan tua'r gorllewyn rhag y dialedd dinistriol a ddaeth arnynt yn amser Joshua. Os yw hynny yn bod (Canys nid yw'r chwedl heb liw) etto byddwn rasol, a bendith Christ a ylch ymmaith felldith Noah. A chaiff y cenhedloedd o'n hamgylch wybod nad ardal drygioni ydym, na'r bobl wrth y rhai y llidiodd yr Arglwydd yn dragywydd. Eithr* y rhai a'n gwelant *a gydnabyddant, ein bod yr* hâd a fendithiodd yr Arglwydd.

Cyd-ystyriwn bawb ei gilidd, ymannog nid i gâs, a thyrnau drwg, eithr i gariad a gweithredoedd da. *O Herwydd* cyfiawnder a dderchafa genhedl; ond cywilydd pobloedd yw pechod.'[17]

Gosodai Hanes mewn fframwaith rhagdybiol a gynhwysai'r dyfodol. Cadarnhawyd ymwybod Charles Edwards â'r diben eithaf i Hanes gan y ffrwydrad o ddiddordeb a gafwyd mewn Milenariaeth ychydig o flynyddoedd ynghynt ymhlith Piwritaniaid megis Morgan Llwyd.

Wrth gwrs, ceid rhagdybiau nid cwbl ddieithr i hyn ymhlith seciwlarwyr.

Seciwlareiddiad o'r olygwedd Gristnogol oedd y gred mewn cynnydd a gawd gan gyfalafwyr Fictoriaidd ar y naill law, a gadarnhawyd ar y llaw arall gan Ddarwiniaeth a oedd yn fath o heresi Gristnogol (fel yr oedd Marcsaeth hithau mewn ffordd wahanol). Sylweddoliad o hyn ar lefel technoleg, amgylchfyd materol, a gwybodaeth ddeallol oedd y tir syml cyffredin. Naïf ddigon oedd rhagdybiaeth bersawrus Darwin: 'Fel y mae dethol naturiol yn gweithio er mwyn a thrwy les pob bod, y mae pob dawn gorfforol a meddyliol yn tueddu tuag at berffeithrwydd.' (*The Origin of Species*, 1859/1897).

(2) Llinellogrwydd yr Hanes. Hynny yw, nid cylcholeg Tudur Aled yw Hanes Cristnogol, nid stoigiaeth na sinigiaeth, nid rhes o ddamweiniau, eithr llinell y mae yna symud ymlaen a diben hyd-ddi (er nad o anghenraid yn ôl telerau Fictoriaidd cynnydd). Ceir dechrau i'r llinell honno a diwedd maes o law. Ac ar ei hyd ceir gorsafoedd, rhai'n cynrychioli llwyddiant, rhai'n cynrychioli methiant, rhai'n gynnydd, rhai'n lleihad.

Dechreua yng nghrud yr ymerodraeth Rufeinig:

'*Wedi dyfod peth caethder bydol ar ein gwlad ni o Rufain, anfonodd Duw iddi foddion rhydd-did ysprydol o Gaersalem, gan ganhiadu yr efengyl yn gynar iddi; sef yn nyddiau'r apostolion, er pelled ydoedd hi oddiwrth Palestina. Dywed Eusebius fyned rhai o'r apostolion ir ynysoedd a elwir Brittanaidd. Ac aeth ffydd ein henafiaid mor enwog drwy'r bŷd, oni byddai athrawon godidoccaf y Cristnogion yn bostio o honi ynheirnasoedd y dwyrain a'r gorllewyn.*'[18]

Yna '*A gwelodd Duw yn dda beri i'r wreichionen efengylaidd yn Prydain losci tua'r nenn, ac ennyn zêl yn y brenin Lleucius.*'[19]

Wedyn '*Wedi marw Lleucius yn ddiblant, daeth Seferus yr ymerodr i heddychu Prydain ydoedd gythryblus: a gwnaeth glawdd ar draws yr Albain i attal y Phichtiaid.*'[20]

'*Casclodd Cwstenyn gymanfa gyffredin Eglwysig yn Gallia, yn y flwyddyn o oedran yr Arglwydd, trychant a phedair ar ddèg, ac un arall yn Nicea wedi hynny, ac yr oedd Escobion Prydain ymhob un o'r ddau.*'[21]

Ac yn y blaen, yn un rhes o ddigwyddiadau dethol a dyddiadau dethol ar daith.

(3) Mae ymyrraeth Duw yn gysur i'r Cristion fod y Penarglwydd mewn modd dirgel yn ymrwymedig yn Hanes dyn. Iesu Grist ei hun yw'r enghraifft fwyaf canolog a thrawiadol o'r fath athrawiaeth.

Wrth ystyried y cysyniad o Hanes Cristnogol, meithrinodd seciwlarwyr rai agweddau pur gyfeiliornus ynghylch pa fath o beth y gallai fod.

Tybid mai drwy'r symudiadau mawr, cyffredinol yn unig y byddai Duw yn ymwneud â dyn, a dyna un o'r camgymeriadau mwyaf cyffredin a wneid ynglŷn â'r ddysgeidiaeth hon; ac fe drafodais y mater hwnnw yn *Llên Cymru a Chrefydd*, tt 346-7. Mae Math. 10, 29 sut bynnag, yn dyst o'r diddordeb manwl sydd gan Dduw yn ffawd adar-y-to ac felly ym mhob dim.

Cyfeiliornad arall, cyfeiliornad y mae Charles Edwards megis Theophilus Evans yntau yn euog ohono, yw symleiddio sylwebaeth ar farn Duw yn erbyn pob ysgelerder. Mae ei drugaredd a'i farn yn plethu drwy'i gilydd, a'i ffyrdd yn ddirgelwch. Camgymeriad yw rhagdybied adweithiau awtomatig na synied fod Ei farn Ef yn unol â barn dyn, a'i ymateb Ef yn dilyn dulliau dyn o ymddwyn. Nid ni sy'n trefnu rhagluniaeth, drwy drugaredd.

A'r un modd gyda bendith. Does dim cydberthyniad cyson amlwg rhwng y fuchedd rinweddol a bendith ddwyfol hir-amser ar y pryd. Dysgodd Awstin, un o'r cynharaf o athrónwyr Hanes Cristnogol, nad yw Duw ddim yn trin dyn yn ôl ei haeddiant ar y ddaear. Ewyllys Duw sy'n sofran.

At ei gilydd, camgymeriad yw i Hanesydd ymhonni ei fod yn gallu olrhain rhagluniaethau neilltuol, gan mai y tu ôl i len y mae Duw yn gweithio nes inni ddod wyneb yn wyneb. Mae atebion yr Iesu ynghylch trychineb Siloam er enghraifft yn ddigon o rybudd rhag i'r un hanesydd ymddwyn fel pe bai'n ysbrydoledig ei farn yn y modd yr oedd proffwydi'r Hen Destament.

Yr ydym oll yn gyfarwydd â beirniadaeth George Eliot ar un gweinidog Cristnogol a gynigiai 'an evangelical edition of history with the convenient facts omitted.' I Gristion call, wrth gwrs, does dim ffeithiau anghyfleus. Ond rhy gyfleus ar y llaw arall yw bod Cristion, a ddylai wybod yn well, yn ceisio ymagweddu at fywyd fel pe na bai Duw yn bod. Dyw gwybod y manylion ddim yn dileu ffaith Penarglwyddiaeth. Er bod gostyngeiddrwydd yn briodol, y mae cyfrifoldeb moesol ac ymwybod â buddugoliaeth Rhagluniaeth yn gyd-angenrheidiol:

'*am fod Prydain* yn gwybod ewyllis ei Harglwydd ac heb ei wneuthur,

darperir iddi lawer o ffonnodiau: *ac am ei bod yn dir cyndyn*, yn dwyn drain a mieri yn lle llyssiau cymwys ir llafurwr nefol, aeth yn anghymeradwy, ac yn agos i felldith a llosciad.'[22]
  '*Cydnabyddwn ddoethineb, a daioni, a chyfiawnder Duw, yn ei farnedigaethau ar ein henafiaid ni.*'[23]
  '*Ar ol cystuddio'r genedl hon yn dra-gofidus â hîr ryfeloedd*, am ei gwrthgiliad, *fel y tybir; a'i llwyr orescin, a'i chadw tanodd â chyfreithiau sarrug, etto er diwedd rhyngodd bôdd i Dduw oi gynefin drugaredd edrych i lawr drachefn arnynt, gan anfon dau frenin o goffadwriaeth tra-enwog, Harri Seithfed, ai fâb Harri yr wythfed,*'[24]
  '*yn awr drwy ddirfawr ddaioni y Goruchaf Dduw, a llafur y Cyfieithydd hwn, y mae genym fwy o bregethwyr, a pharottach, a gwrandawyr hyddyscach.*'[25]
  '*Y mae pethau yn digwydd yn y bŷd fel y rhagfynega'r scrythur am danynt.*'[26]

(4) Mae'r Cristion yn meddwl o fewn fframwaith o werthoedd. Er y gall fynd yn rhy bell wrth 'farnu', ac felly'n disodli swyddogaeth Duw wrth ymwneud â mater terfynol neu absoliwt, disgwylir iddo ddefnyddio'i farn a dirnad gwahaniaethau yn ôl safonau moesol rhoddedig. Dangosodd Acton yn ddigon croyw fel yr oedd ymatal rhag synied am y llwgr a'r drwg, fel pe na baent yn llwgr ac yn ddrwg, yn dipyn o faldod os nad oedd yn wir anghyfrifol.
  '*Cyndyn yw'r anwybodaeth, a'r drygioni sydd yn ein mysc ni etto.*'
  '*Nid ydym ni heddyw ond tipin o weddill y Britaniaid, mogelwn rhag i'n Gwneuthurwr yn ei ddig fwrw ymmaith hynny ir dinistriwr ar ôl y llall.*'
  '*Canys prifia goleuni yr efengyl i bobl anufudd fel mellten beryglus, a ddwg daranau dychrynllyd ar ei hôl.*'
  '*Gweddiwn ar Dduw am roi yspryd ei râs i bôb grâdd ar ddynion yn ein mysc.*'[27]

(5) Mae'r dehongliad o Natur dyn yn gadael ei ôl ar y dehongliad o Hanes dyn. Dyn sy'n debyg i lwch yw'r un dyn sy'n debyg i Dduw hefyd. Ar y naill law, y mae dyn yn meddu ar allu cynhenid creadigol, ac ar y llall y mae'n ysglyfaeth i rymusterau hanesyddol ac yn ei wendid yn syrthio i gyfeiliornad o hyd. Ar un adeg y mae'n ymwared â chaethwasiaeth ac yn hyrwyddo llythrenogrwydd, ac ar adeg arall y mae'n cyflawni ysgelerderau Buchenwald a Nagasaki.
  Darparodd Awstin (354-431) sylfaen i'r athrawiaeth Gristnogol o Hanes pan ddatganodd mai brwydr ydoedd Hanes rhwng *civitas dei* (dinas Duw) a *civitas terrena* (y ddinas ddaearol, a galluoedd y fall).

'*Pob grâdd ar ddynion sydd anwireddus, mawr a bychan. Y cyfoethog* gan uchder ei ffroen ni chais Dduw. Ei ffyrdd sydd flin bob amser. *Gan orthrummu y duwiol yn nyddiau Jago, au tynnu ger bron brawdleoedd, a chablu'r enw rhagorol a elwid arnynt. Y tlawd nid edwyn Dduw, a lledrattaiff oddiar ddŷn. Gwnaiff y gwan yr un drwg yn y dirgel, ac y wnaiff y crŷf yn yr amlwg, fel y mae'r ffwlbard yn ei allu mor rheibus â'r blaidd.*'[28]

'*Mae pechod yn teyrnasu yn y corph marwol, ac yn mynnu ufudd-dod iw gyfraith oddiwrth yr holl aelodau, y rhai y mae'r pechadur yn eu rhoddi i fod yn arfau angyfiawnder, ac yn weision aflendid, ac anwiredd.*'[29]

(6) O dan y gyfundrefn werthoedd a gyflyrai Hanes, fe geid y gyfundrefn ystyr.

'*A'r llawenydd ysprydol a wna iddynt ddiflasu maswedd cnawdol, mal y gwna cynhesrwydd y ffurfafen amser hâf i bobl hepcor cynhesrwydd yr aelwyd a hoffent y gaiaf, ac y periff gwell synwyr i wŷr adel ymmaith chwareuon plant.*'[30]

'*Wedi'r hollter gwreiddyn y galon, ac impio ynddi y* planhigin enwog, *blaguryn paradwys, dwg ffrwyth peraidd a'i diddano ei hun ac eraill.*'[31]

'*Pan droer ffrwd paradwys at yr olwyn fawr, sef yr enaid, hi a droiff holl olwynion bychain y corph a'r sydd ynglŷn wrthi i weithio am fara'r bywyd.*'[32]

(7) Mae'r Cristion yn ymwybodol hefyd o bresenoldeb dioddefaint mewn Hanes, peth y taenir dirgelwch ewyllys Duw drosto. Y groes yn unig sy'n ddigon i wneud dioddefaint yn ddealladwy o fewn rhagluniaeth Duw.

'*Nid all y cystuddiau tôst a ddigwyddo i'r duwiol beri iddynt gassau ffyrdd Duw, eithr gan mwyaf byddant well erddynt. Pa fwyaf y fo'r gelyniaeth a gaffont yn y bŷd, mwyaf a fydd yr anwyldra rhyngthynt hwy â Duw.*'[33]

'*Y mae achosion pwysfawr pam y mae'r Arglwydd fel hyn yn Sancteiddio ei bobl yn y bŷd hwn, sef yw hynny, fal y byddo iddo ef denantiaid ufydd ar y ddaiar. Nid er mwyn ei elynion yn bennaf y creawdd ac y cynnal Duw y bŷd presennol, canys ni chaiff mor diolch ganddynt am ddim a wnelo, ond er mwyn ei bobl a gydnabyddant ei haelioni ef.*'[34]

Gwelir fod yna elfennau o fyfyrdod defosiynol go dreiddgar yn y gwaith hanesyddol hwn, elfennau a gyfyd ar dro i lefel o fynegiant gafaelgar. Esboniais gynnau beth oedd natur y ddwy ran gyntaf yn Y Ffydd Ddiffuant: yn gyntaf, Pennod 1-15, Hanes y Ffydd yn y Byd; yn ail, Pennod 16-21 Hanes y Ffydd yng Nghymru. Ond mae yna drydedd ran ar ôl hynny. Dyma is-deitl cyflawn y gyfrol hon: Hanes y Ffydd Gristnogol a'i Rhinwedd. Ac ymwneud y mae penodau 22-29 â 'Rhinwedd y Ffydd'. Hynny yw, y mae'n datgan nid pam yr oedd Charles Edwards yn adrodd yr

Hanes hwn, eithr pam y digwyddodd yr Hanes o gwbl. Ac y mae'r pam yn datguddio'r diben.
Anrhydeddu Duw a fyn drwy ddwyn y Cymry ato. Dwg y Cymry ato drwy foliannu a gogoneddu Duw.
Mawr iawn yw'r pethau a wnaeth yr Arglwydd Iesu dros ei etholedigion, ac y wnaiff ynddynt. Dioddefodd drostynt a hwy yn elynion iddo[35] . . . *Yma y dylem ryfeddu cariad Duw, ac aniolchgarwch dynion*[36] . . . *Ac fel y mae cyd-ymddiddan cariadus yn ddifyr i gymdeithion, bydd cumundeb rhwng Duw a'r meddwl grasol yn hyfryd ir Cristion, a bydd* felys ei fyfyrdod am ei Dduw.[37]

Hanes, efallai, o bob ffurf yw'r ffurf lenyddol 'seciwlar' a ymsefydlodd yn gadarnaf ac a ddyfnhaodd yn lletaf yn ystod y Dadeni Dysg yng Nghymru. Ni chafodd y Gymraeg erioed yr un 'Ymoleuo' bondigrybwyll ag a ymestynnodd o ganol yr ail ganrif ar bymtheg hyd ganol y ddeunawfed ganrif yn Saesneg. O'r hyn lleiaf yr oedd yr Oleuedigaeth a gafodd Cymru yn meddu ar ragdybiau pur wahanol i eiddo'r dynion a arweiniai'r mudiad yn Lloegr a Ffrainc. Gellid dadlau mai diffyg addysg yn y Gymraeg oedd y rheswm. Ond gellid bod traddodiad rhagdybiol gwahanol yma ar led. Ffydd ddall mewn rheswm, methiant i oresgyn dimensiynau amser a lle, dyna sy'n nodweddu myth yr 'Ymoleuo'. Ac fe'i ceid ymhlith rhai o'r Eingl-Gymry fel Richard Price. Arweiniai ymlaen tua rhyw fath o ymberffeithio dynol a chynnydd Fictoriaidd gwyddonol. Dichon fod y meddwl diwinyddol ymhlith y Cymry deallol yn ddigon profiadol eisoes i ddiogelu'r credinwyr cyffredin rhag hyn tan tua 1860. Gellid dadlau i'r Gymraeg gael math o Ymoleuo Cymreig ym maes Hanes: Richard Davies, Charles Edwards, Simon Thomas, Theophilus Evans, William Williams Llandygái ac ymlaen i Thomas Jones Dinbych. Ond Ymoleuo ydoedd o fewn rhagdybiau goruwchnaturiol: goleuedigaeth yw fy nherm i am hynny. Gellid tybied fod rhai o'r awduron Cymraeg hyn yn ddigon ymwybodol o beth o'r hyn a ddigwyddai yn Lloegr ac yn cael eu cyflyru ganddo. Yn wir (ar ôl cyfnod swyddogol yr Ymoleuo) yr oedd Jac Glan-y-Gors, Thomas Roberts Llwynrhudol a Morgan John Rhys a'u cymheiriaid cymdeithasol yn ymylu ar Ymoleuo Seisnig eu hunain mewn modd poblogaidd. Ond gwahanol oedd canol y gwth hwn yng Nghymru.

Pan ddaeth olion yr Ymoleuo yn ei nerth ar warthaf y Cymry maes o law, nid oedd ganddynt mo'r traddodiad *soffistigedig* i wrthddadlau'n ddeallus, ac ysgubodd y rhagdybiau mwy cyfyngedig dyneiddiol ar draws eu meddyliau. Ni chodwyd yn y Gymraeg am sbel wedyn, ymhlith haneswyr, neb tebyg i Latourette, Herbert Butterfield, Marrou, Florovsky, Dawson, Cochrane, Harbison, a Link, nes cyrraedd R. Tudur Jones.

Hyd yn oed wedyn, y farn arferol ymhlith Cristnogion oedd ei bod yn ofynnol sgrifennu dau fath o Hanes, y naill ar gyfer rhai a fyddai'n medru amgyffred a gwerthfawrogi rhagluniaeth, a'r llall ar gyfer cyhoedd seciwlar y byddai cyfeiriadau at drugaredd ddwyfol er enghraifft nid yn unig yn dramgwydd ond yn gwbl arallfydol.

Nid oedd gan haneswyr 'naturiol' fawr o amgyffred fod gan Hanes ddimensiwn goruwchnaturiol. Llechent yn gysurus ddof o fewn confensiynau cyfyngedig. Pan gyfaddefai Bob Lewis maes o law wrth ei fam: 'Nid oes genyf ysbryd nac awydd i ymddadlau â chwi, mam,' nid siarad yn nawddogol yn unig yr oedd, eithr addef annigonolrwydd. Nid oedd ganddo ysbryd, o leiaf ar dir y byw. Nid oedd ganddo mo'r amgyffrediad cyfansawdd. Ni welai namyn dehongliad 'llythrennol' cyntefig gan ei fam o'r Beibl. Ac ni chanfyddai na'r ystyr na'r deall yn y ffydd. Bob ac nid ei fam oedd yr un naïf (neu ddibrofiad) o fewn ei ragdybiau naturiolaidd. Roedd ei fam wedi hen brofi'r rhagdybiau sylfaenol hynny.

* * *

Cafwyd Dadeni Dysg a Diwygiad Protestannaidd a fu'n hynod o arwyddocaol yn y pen draw. Rhoddodd fri newydd ar Ddysg. Dyfnhaodd wybodaeth o'r ysgrythurau, pwysleisiodd ailenedigaeth, a lledodd feddwl diwinyddol byw ymysg lleiafrif.

Cawsom y cyfieithiad gorchestol o'r Beibl, a'r llu o isgynhyrchion treiddgar a darddodd ohono. Yn wir, nid cwbl anghywir fyddai hawlio bod cyfieithu ei hun yn y cyfnod hwn wedi troi yn gyfrwng Mawl. Yn sgil y Dadeni o'r Diwygiad cafwyd amryw ddatblygiadau yn y mynegiant o Fawl. Oherwydd datblygu'r Wasg, cafwyd Mawl uniongyrchol a thraddodiadol wedi'i gyhoeddi mewn llyfrau. Yn yr eglwysi cafwyd salmau wedi'u cyfieithu a'u mydryddu. Datblygodd y mesurau rhydd i ddisodli i raddau y mesurau caeth, ond i raddau'n cadw'r un swyddogaeth Mawl. Ond gan bwyll meithrinwyd addysg fodern, yn gyntaf gan yr ysgolion gramadeg a Phrifysgolion yn Lloegr lle yr hyfforddid rhai o'r Cymry cymharol gefnog, a chwedyn eraill gan yr ysgolion cylchynol, yr ysgolion Sul a'r ysgolion cynradd, fel y ceid rhag blaen bwyslais newydd mewn pynciau ac mewn golygwedd lenyddol. A'r un pryd yr oedd yr hen gyfundrefn yn dirywio'n gyflym, a'r ieithwedd yn cael ei symleiddio, ac eto gwerthoedd newydd a hunanfeirniadaeth newydd nid yn unig yn tanseilio'r traddodiad eithr hefyd yn ei ledu a'i wneud yn fwy amlochrog.

Eto, nid oedd gennym na Phrifysgol na Phrifddinas fasnachol Gymraeg. Nid oedd nac Argraffwasg frodorol sefydliadol na Theatr. Gwladwyr gwasgaredig yn palu'r tir ac yn bugeilio, amryw dirfeddianwyr absennol wedi gogwyddo tua de-ddwyrain Lloegr, ynghyd â chlamp o gymhleth israddoldeb ynghylch hunaniaeth (un o ddigwyddiadau mwyaf y cyfnod, yn sicr yr un cymdeithasol mwyaf, dyna oedd ar y blaen). Mae'n wir fod gennym Wiliam Salesbury, a thraw ym Milan Gruffydd Robert, yn ogystal â Siôn Dafydd Rhys a John Davies, ac wrth gwrs yr Ymryson enwog rhwng Wiliam Cynwal ac Edmwnd Prys. Caed geiriadurwyr a llyfrau Hanes. Cawsom y frawddeg Giceronaidd. Ond oherwydd y prinder grym yn y cyfeiriad hwn, llwyddodd naws ac arddull ac egwyddorion yr Oesoedd Canol i oroesi mewn rhai ffyrdd yn rhyfeddol o wydn os yn ddirywiedig ar lafar i mewn i'r ddeunawfed ganrif. Dadeni ymddangosiadol dilewyrch oedd, felly, a hadau trefedigaeth.

Ac wedyn, yn achos y Diwygiad Protestannaidd, gwan oedd hwnnw hefyd nes i Gruffydd Jones godi, a'i droi'n Ddiwygiad Methodistaidd. Trefedigaeth arall fu Protestaniaeth i raddau. Y Piwritaniaid oedd calon ddifrif a ffrynt flaengar y Diwygiad Protestannaidd hwnnw yn Lloegr. Yn y fan yna y caed nerth mawr deallol y Mudiad hwnnw yn ogystal â'r cyffro serchiadol a phrofiadol. Yr allanolion bucheddol wrth gwrs a drawai'r sylwebyddion arwynebol ynglŷn â'r Piwritaniaid: yr hunanddisgyblaeth a'r fuchedd union, y diwydrwydd a'r difrifoldeb, gan anwybyddu'r tueddiadau artistig a'r goddefgarwch pwysig. Yn Lloegr cafwyd cenhedlaeth fawr o wŷr cwbl anghyffredin y gwerthfawrogwyd eu calibr a'u natur fwyfwy yn ystod ail hanner yr ugeinfed ganrif: Perkins a Sibbes, Goodwin a Bunyan, Baxter ac Owen a nifer o gewri deallol eraill. Ond yng Nghymru, gwanllyd braidd oedd yr adain hon yn y Diwygiad. Cawsom Oliver Thomas ac yn anad neb Morgan Llwyd, ac yn ddiweddarach Charles Edwards; ac iawn y gwneir yn fawr o'r prinderau hyn. Hwy oedd bywyd ac afiaith rhyddieithwyr yr oes. Ond nid oedd yna lawer iawn o feddwl nac o brofiad dwys ymhlith nifer sylweddol o'n pobl.

Ni fychanai neb wrth gwrs ddylanwad aruthrol y Dadeni Dysg a'r Diwygiad Protestannaidd ar dwf meddyliol, ysbrydol a chymdeithasol Cymru yn y pen draw. Ond ni thâl peidio â chydnabod yr ysictod mawr a ddôi'n amlycach amlycach yn ystod y cyfnod, a'r gwendid cynyddol amlwg yn ein diwylliant ar y pryd o'i gymharu â Lloegr. Ochr yn ochr â Dadeni a Diwygiad cafwyd Deddf Uno symbolaidd (a real). A dôi'r closio unochrog at Loegr yn fwy treiddgar na dim.

Rhaid inni gofio hyn oll wrth sôn am y lle a'r natur sydd i Fawl yn y cyfnod, ac yn arbennig yr hyn *na* ddigwyddodd, yn ogystal â'r gwendid cymharol a gafwyd yn nhwf Coegi.

Parhaodd y Mawl drwy'r canrifoedd er gwaethaf rhai pyliau o gydwybod. Ac âi'n fwyfwy defodol. Caed unigolion beirniadol, bid siŵr, ac awgrymid o bryd i'w gilydd, mewn byd go ffaeledig, nad gwynfyd oedd popeth a glodforid. Ond yr unfed ganrif ar bymtheg oedd y trobwynt. A'r gair dauwynebog 'gwawd' (mawl) oedd yr echel symbolaidd i rai pethau. Cyrhaeddodd y feirniadaeth ei bwcwl.

Yn grefyddol, yr oedd y byd wedi'i droi ben i waered. Yr oedd y Fair Forwyn a addolid gan y Cymry ac a ystyrid yn gyfrwng rhwng Duw a dynion bellach yn gorfod wynebu cyfieithiad o'r Beibl. Dyma'r her hefyd i amryw o'r athrawiaethau yn nhraddodiad yr Eglwys, fel Purdan ac awdurdod y Pab, iachawdwriaeth trwy weithredoedd a gweddïau dros y meirwon. Bygythid hwy oll gan Feibl agored.

Yn wleidyddol, dadurddasolwyd beth ar y syniad o bendefigaeth. Cefnodd rhai o'r uchelwyr ar eu cyfrifoldeb i'w gwlad a'u pobl a'u diwylliant. Nid arweinwyr mohonynt mwyach ond siawnsfentrwyr a thirfeddianwyr hunanol. Troesant oddi wrth eu hiaith a'u llên. Ymhlith y beirdd, Siôn Tudur yw'r un sy'n cymryd y defnydd hwn ac yn troi'r hen Fawl wyneb i waered gan esgor ar wawd yn yr ystyr ddiweddar.

Clywn Fawl mwy democrataidd bellach: 'A mawl i Siac mal i Siôn', meddai. Gresynu'n ddybryd yr oedd o'r herwydd. Ond i Eifion Wyn maes o law, dôi'r fath Fawl yn destun diolch:

> *Nid gwaedlas dra rhodresol – a rydd bwnc*
> *I gerdd bardd mor ddynol;*
> *Ei arwr ddaw o'r werdd ddôl,*
> *O fysg gwerin foesgarol.* (Awdl 'Y Bugail')[38]

Meddai Saunders Lewis yn graff mewn adolygiad: 'Traddodiad moliant oedd y traddodiad llenyddol o'r cychwyn a chafwyd yn athroniaeth Gristnogol yr Oesoedd Canol garn i'r traddodiad hwnnw. Canu ydoedd a ragdybiai drefn ddelfrydol i gymdeithas ddynol ar y ddaear. Canu hefyd a ddibynnai ar gymdeithas Gymreig weddol sefydlog. Yr oedd ethos ac ysbryd y Dadeni Dysg yn wahanol. Nid hierarchiaeth nefol nac eglwysig na chwaith ffiwdal a roddai na drych na delfryd i'r gymdeithas yn Ewrop yn yr unfed ganrif ar bymtheg, ond marsiandïaeth fentrus ac ansefydlog y dosbarth canol newydd dan dywysogion newydd dilestair a dihawl.' [Dichon y clywir anesmwythyd ynghylch Protestaniaeth yn y cyffredinoliad hwn; ond ni chwerylai'r Marcsiaid.] . . . 'O Ruffudd Hiraethog ymlaen drwy oes Siôn Tudur ac Edmwnd Prys a hyd at Ellis Wynne, dychan gymdeithasol yw mater holl ganu caeth pwysicaf y cyfnod a llawer o'r canu rhydd. Dychan yn unig sydd o ddifrif ac yn argyhoeddi . . . Ni all moliant mwyach fod yn ddim ond *pastiche.*'

'Dychanu Seisnigrwydd a Dic-Siôn-Dafyddiaeth yr anturiaethwyr a'r *nouveaux riches* o Gymry a geir yn rhyddiaith y dyneiddwyr . . .'[39]

Ni raid synied bod dychan yn gyfan gwbl groes i Biwritaniaeth. Wedi'r cwbl, ni ddisgwylir dychanu ond yn enw gwirionedd. Ac ni ellir cynnal gwirionedd heb ar ryw olwg glodfori Duw. 'Myfi yw'r Gwirionedd a'r Bywyd,' meddai Crist. Hynny yw, lle bynnag y bo Gwirionedd a Bywyd, yno y mae'r Absoliwt, y person sy'n cynnwys popeth yn Ei ysbryd. Lle y bo cyflawnder Gwirionedd a Bywyd, ni thâl amheuaeth. Hwnnw sy'n rhagflaenu'r cwbl, yn rhactyb i bob meddwl, yn ddelfryd i bob person. Os gwaelod Bod yw, yr un pryd oherwydd cyflawnder personol Duw y mae a wnelo â phob agwedd ar y bersonoliaeth ddynol – a mwy. Perthynas bersonol yw adnabod y Bod sy'n Wirionedd, perthynas oruwchnaturiol yw gwybod Bywyd.

Wrth gwrs, hyd yn oed o fewn cyd-destun penodol yr Eglwys, caed newid arwyddocaol ar yr athrawiaeth gatholig am Fawl. Yn ôl yr arddull Brotestannaidd, cafwyd newid sy'n haeddu'i ystyried yn ofalus:

1. Daeth y bregeth yn ganolog i'r addoli Protestannaidd, hynny yw, pwysleisid cynnwys ystyrlon a manwl i'r addoliad. Pwy oedd Hwn? Beth roedd yn ei wneud? Pam? Beth oedd Ei arwyddocâd mewn Hanes a'r tu allan i Hanes? Pwy ŷm ni? Beth oedd swydd-ogaeth y naill ochr a'r llall mewn iachawdwriaeth? Dôi materion o'r fath fwyfwy i'r blaen.
2. Bu gan Fawl arwyddocâd ymwybodol letach mewn ffordd arall i'r Catholigion. Oherwydd sagrafennaeth, ystyrid mai moli oedd swydd popeth. Wedi'r cwbl roedd yr ysgrythur heb benodoli mai cyfyngedig i'r eglwys leol ac i bethau 'crefyddol' yn unig y perthynai Mawl. Arhosai gormod o fwlch gan Brotestaniaid rhwng y byd 'seciwlar' a'r pynciau eglwysig fel testun diolch. Ac yn sicr, roedd Protestaniaid (ac eithrio ambell un fel Calfin) heb weld yn ddigonol le Mawl y tu allan i sefydliad yr Eglwys: er enghraifft, ni werthfawrogid eto Fawl am ras cyffredinol, a chodid bwlch ymhlith rhywrai rhwng moli ar salm a moli ar emyn. Tueddai pietistiaeth o'r herwydd i drechu'r ysgrythur yn hyn o beth.

3. Yr oedd Pietistiaeth yn tueddu i wrthod popeth 'esthetig' hyd yn oed y tu allan i gylchoedd sefydledig yr eglwys leol. Nid yn unig ni ddylid dawnsio yn yr eglwys: ni ddylid dawnsio na chwarae byth. A'r un modd gyda chelfyddyd weledol. Tueddid i synied mai eilun ydoedd llun neu gerflun, hyd yn oed pan nad addolid hwy. Diflannai creiriau megis y diflannai pererindota i gysegrfannau.
4. Daethpwyd yn fwy gofalus ynghylch ofergoel[40] a thraddodiad, gan siecio pob dim yn ôl awdurdod datguddiedig yr ysgrythurau.
5. Ciliai Seremonïaeth a oedd heb fod o fewn canon y T.N. Lleihâi gorymdeithio, gwisgoedd arbennig, dramâu, pob symudiadau corfforol nas gwarentid. Caed ymryson ynghylch ymddygiad addoliadol. Mynnid bod pob gweithred arwyddocaol mewn addoliad o dan ordeiniad Beiblaidd, er caniatáu manion o dan reolaeth synnwyr cyffredin Cristnogol neu egwyddorion ysgrythurol cyffredinol.
6. Cawsid pwyslais gwahanol gyda Phabyddiaeth wrth danlinellu addoliad 'offeiriadol'. Hynny yw, dyn yn nesáu at Dduw a bwysleisid gan y Catholigion; a'r Diwygiedig yn tanlinellu addoliad 'Proffwydol', hynny yw, Duw yn nesáu at ddyn.[41]

Yn bendifaddau, wedi'r Diwygiad Protestannaidd, y mae ymarweddiad Anglicanaidd yn bwysig yn ei berthynas ag ymostyngiad y galon, ac enghreifftid hynny mewn llenyddiaeth Gymraeg fel y tystiai Edmwnd Prys, Rhys Prichard, Thomas Powell *Cerbyd Iachawdwriaeth* (1657) ac Edward Wynn *Trefn Ymarweddiad y gwir Gristion* (1662). Ac yn ddiamau gyda Phiwritaniaid yr ail ganrif ar bymtheg, dôi dylanwad yr ymagwedd ddiwygiedig hon yn fwyfwy arwyddocaol. Roedd y bobl ddiwygiedig bellach yn gosod i lawr y fframwaith deallol ar gyfer Diwygiad effeithiol y ddeunawfed ganrif ac yn amlwg yn ystyried mai i Dduw yr oedd addoliad yn bod, ac nid yn gyntaf er dyrchafiad na goleuedigaeth i ddyn,[42] fel y gwelid eisoes yng ngwaith Oliver Thomas, Morgan Llwyd a Charles Edwards.

Ar ryw olwg, nid tan y ddeunawfed ganrif yr ymagorodd Mawl y Diwygiad Protestannaidd yn llawn.[43] Y pryd hynny y daeth y Piwritaniaid i'w haeddfedrwydd yng Nghymru. Un o'r ffolinebau cyson yn y feirniadaeth ar y Methodistiaid oedd synied am yr ymgolli emosiynol fel pe bai'n anhunanfeirniadol. Syniad lled anwybodus oedd hyn fel y tystiai Pantycelyn. O dan yr ymateb profiadol yr oedd yna ystyriaethau deallol digon soffistigedig. Nid yn unig fe geid meddwl athrawiaethol, ond fe fynnid sicrhau hefyd fod yna fyfyrdod ynghylch natur y cynnwrf a pherthynas yr ewyllys.

Daeth yr emyn yn ddisgyblaeth. Datblygwyd Mawl bellach yn anad dim drwy gyfrwng y mesurau rhydd. Ac yn sydyn, y mesurau rhydd oedd nid yn unig y cyfrwng poblogaidd mwyaf ffrwydrol, eithr hefyd y dull a ddefnyddid i'r farddoniaeth fwyaf a welodd Cymru ers canrifoedd er mawr siom i anghredinwyr yr ugeinfed ganrif. Y brif ffurf lenyddol yn y ddeunawfed ganrif a thros dri chwarter y ganrif wedyn fyddai'r Emyn. Trodd y mesurau rhydd a gafodd y fath adfywiad a bri yng nghyfnod y Dadeni Dysg i fod yn feddiannol gyda noddwyr newydd y cyfnod democrataidd. Dyma ganu'r bobl.

Gwendid y symudiad mawr hwn, os rhywbeth, oedd bod y sylw anochel a roddwyd i Iachawdwriaeth fel ffaith ac fel athrawiaeth wedi pesgi i raddau ar draul y sylw i'r Greadigaeth a hyd yn oed i Sancteiddhad yn ei lawnder. Arhosai Pietistiaeth yn fygythiad o hyd. Tueddid i ymatal rhag llawn ddehongli'r Gorchymyn Diwylliannol ac ehangder y dyletswyddau a oedd gan ddyn ar y ddaear drwy Ras Cyffredin. Hynny yw, esgeulusid cydnabod Penarglwyddiaeth Duw ar bob rhan o fywyd, yn ogystal â swyddogaeth y Cristion fel brenin (er mwyn mawrygu'i swyddi fel offeiriad a phroffwyd). Ac i raddau o leiaf, cyfyngid Mawl i amgylchfyd trôedigaeth.

Hawdd deall hyn, wedi darganfod hanfodolrwydd a chyfoeth Cyfiawnhad ac ailenedigaeth, gan mai dyma'r cyfwng canolog angenrheidiol yn y bywyd newydd. Dyma'r sianel i'r cwbl: yr enwaedu o'r galon a anwybyddwyd ynghynt oherwydd 'peirianwaith' bedydd. Hawdd ei ddeall; ond cam gwag fyddai derbyn yr esgeulustod arbennig hwn fel 'polisi'.

Mae gan Fawl yn yr ymdriniaeth hon ddau fath o ddimensiwn i roi cyfrif amdanynt yn Rhodd-famol felly. Dau ydynt sydd yn y bôn yn unedig. Sef Mawl Naturiol a Mawl Goruwchnaturiol. Y maent yn unedig am mai Mawl yw prif waith bywyd i gyd, y bywyd bach dros dro yn ogystal â'r bywyd tragwyddol, y naturiol a'r anweledig. Y maent yn unedig am fod i bob dim ddimensiwn goruwchnaturiol. Diolch a rhyfeddod yw perwyl y Mawl hwn oll, a hynny o ran yr holl feddwl a synhwyrau, nid yn unig y synhwyrau sy'n gysylltiedig â synwyrusrwydd, ond synnwyr ysbrydol hefyd. Diolch o'r galon am ryfeddod ac ymateb cariadus i gyfanrwydd bywyd a wna'r Mawl.

Yn y pen draw Mawl ydyw am bopeth, boed yn weledig neu'n anweledig.

Er mai gwir yw bod y rhai, na allant ymateb i'r anweledig, yn gorfod ymgyfyngu i'r gweledig, wrth reswm, eto y mae iddynt a chanddynt lawer ar ôl o hyd wrth gwrs. Er na all pobl y gweledig-yn-unig ddisgwyl amgyffred yn ymwybodol gymhelliad ac ansawdd eithaf Mawl, eto, o fewn dimensiwn y gweledig ei hun, gall eu Mawl i'r cread fod yn fwy dawnus na'r credinwyr eu hunain. Ac er bod y dimensiwn uwchnaturiol yn gynhenid ddieithr i batrwm eu meddwl, ac er bod eu hysbryd yn farw, eto, gellir gwerthfawrogi eu Mawl cyfyngedig i raddau gan bawb.

Moli mewn meddwl, gair a gweithred yw'r Mawl hwn yr ŷm yn sôn amdano. Mawl amlochrog yw, o ran cymhelliad, doniau a gwrthrychau.

Diau fod gan gredinwyr hwythau fwy (o beth tragywydd) i foli amdano. Ond gallant hwy yn eu cyflwr presennol gael eu cyfyngu'n dost. Lle y mae'r anghredadun yn cyfyngu Mawl i'r gweledig, y mae'r pietist yn gallu cyfyngu Mawl i'r anweledig; ac y mae'r naill a'r llall yn gwbl groes i holl wth y grefydd Gristnogol sydd, yn wahanol i lawer o grefyddau ysbrydol, yn pwysleisio'r ymgnawdoliad, atgyfodiad y corff, y greadigaeth faterol, y cwymp realaidd a'i ganlyniadau, a'r holl berson yn gorff ac enaid. Mae'r anghredadun a'r pietist felly yn gallu crebachu bywyd fel ei gilydd. Myn y pietist ar y naill law fychanu'r greadigaeth oherwydd mawrygu'r waredigaeth: myn yr anghredadun ar y llall anwybyddu'r waredigaeth ddifrif, ac nid yw'r greadigaeth ond yn allanol ac yn dymhorol ei harwyddocâd.

Yn y bôn, y mae deall ystyr Mawl ar ei fwyaf catholig a threiddgar yn mynd i ymglymu wrth ymwybod â'r modd y mae'r dwyfol yn bresenoldeb arwyddocaol yn y ddaear. Mae ymwybod â phresenoldeb y dwyfol hwn mewn hanes yn gysylltiedig â sawl gwedd athrawiaethol ar y ffydd Gristnogol. *Y Sagrafennol* er enghraifft, neu fel y dywed Euros Bowen, 'Yn y gweledig y mae'r anweledig yn weladwy', lle y mae'r greadigaeth yn cyfryngu ymwybod o Dduw. Er nad yw'n achub, y mae'n dangos Duw. Mae'n ymbresenoli yn wrthrychol. Felly yr ystyriwn hefyd ymrwymiad Duw mewn hanes.

Gellid enwi tair gwedd ar hyn:

1. *Y Creu.* Mae Duw yn dal i effeithio ar bethau creedig drwy gydol hanes. Ef sy'n newid eu siâp hwy mewn amser a lle felly. Dyna'i Ragluniaeth. Mewn Hanes y mae Duw'n dal i osod Ei ddaioni gerbron, am na ddifethwyd yn y Cwymp bob ôl o ddaioni Duw sy'n gynhenid yn y Greadigaeth. Mewn Mawl i'r Creu, y mae'r molwr fel pe bai'n tynnu allan o'r ddaear y glendid a osododd Duw ynddi, er mwyn ei amlygu.

2. *Gras o ddydd i ddydd.* (Cyffredinol, ac Achubol hefyd) Mae'r Cyffredinol yn glawio ar y da a'r drwg. Rhydd ei rasusau'n feun-

yddiol i wneud y pethau syml. Heblaw estyn gras ataliol i ddyn
er diogelwch i'r ddaear a dynoliaeth, rhydd ddoniau naturiol
newydd o bob math. Eithr drwy'i Ysbryd Glân a gwaith Achubol
Crist y mae'n ymyrryd i newid bywydau hefyd, a hynny yn
effeithio ar Hanes o hyd.
3. *Yr Ymgnawdoliad.* Hynny yw, y mae Duw wedi ymddangos o fewn
amser a lle: gellir rhoi dyddiad a lleoliad iddo. Mae ei waith
yn cymryd arno'i hun wedd faterol. Y digwyddiad hanesyddol
amlwg mwyaf o'r fath oedd rhychwant yr 'Ymgnawdoliad-Croes-
hoeliad', gyda'r rhagarweiniad yn cyflwyno'r ail. Dyma'r achos
a'r effaith ar gyfer hanes marw marwolaeth ei hun o fewn amser.

Rhyw fath o gysgod tuag yn ôl yw Mawl o'r holl symudiadau hanes-
yddol hyn. Yn groes i Jean Genet dyweder, a fynnai geisio troi Hanes yn
fyth, cydnabod a chanfod myth wedi dod yn Hanes a wna Cristnogaeth.

Mae Mawl yn dechrau mewn Hanes drwy dderbyn rhodd. Ond yna
dychwelir y rhodd, ymestynnir tuag at y rhoddwr er methu â'i fawrygu
(yn yr ystyr o'i wneud yn fwy mawr, neu yn ddigon mawr), ac yn y proses
hwn o foli y mae fel petai'r moli yn ymbresenoli yn yr un sy'n cael ei foli,
mae'n ymgnawdoli yn yr anweledig, mae'n cael ei ail-greu ynddo. Rhodd
yw hefyd i'r Un nad oes angen dim arno. Mae Mawl mewn Hanes fel pe
bai'n cyfrannu yn naioni Duw. Mae Duw felly yn y Mawl – 'fel y byddech
gyfranogion o'r ddwyfol anian' (2 Pedr 1:4). Mewn Mawl y mae dyn yn
drosgynnol iddo'i hun. Mewn Mawl y mae Duw yn dyrchafu dyn tuag
ato'i hun. Mawl yw'r ddolen ymarferol rhwng yr harddwch a ganfyddir
a'r harddwch a dderbynnir. Y Gair sy'n disgyn, Hwnnw ei hun sy'n dyrch-
afu'r geiriau. Nid yn unig Duw gyda ni, ond ni gyda Duw. Cydia Duw yn y
molwr, teifl freichiau amdano, a'i godi i'w fynwes.

Wrth ddarllen Mawl o'r gorffennol heddiw, felly, gellir rhannu llawer
o'r mwynhad o hyd oherwydd y llewyrch hwnnw sydd arno. Mae fel petai
llawnder y pen draw ynddo eisoes yn rhan o Hanes.

* * *

Eto, pe gellid goddef cyffes bersonol, pan ddechreuais am y tro cyntaf
erioed ddarllen a myfyrio uwchben llenyddiaeth Gymraeg 1536-1736,
rhaid imi gyfaddef imi ymollwng i ddylyfu gên. Yr oedd y cwymp seico-
legol wrth gwrs, er tristed oedd, yn wironeddol gyfareddol ac yn werth ei
astudio. Dyma ddigwyddiad cwbl ganolog yn hanes ein gwlad. Wrth geisio

dilyn y cymhleth israddoldeb gogleisiol hwnnw ynghylch hunaniaeth ac iaith fel y datblygodd yn sydyn yn y cyfnod hwn ac fel y blodeuodd yn ei ffrwythlondeb helaeth a'i amlweddaeth nerthol erbyn y bedwaredd ganrif ar bymtheg, fe'i cefais yn hollol hudol. I mi yr oedd Morgan Llwyd yntau hefyd yn ddiddorol odiaeth, a llawer o'r llenyddiaeth grefyddol yn herio'r meddwl, er na fedrwn ar y pryd drwy niwl fy rhagdybiau rhyddfrydol amgyffred fawr o'r ergyd ystyrlon y tu ôl i Gyfiawnhad drwy Ffydd a'r athrawiaethau eraill. Yr oedd camp y cyfieithiad o'r Beibl yn eithriadol, wrth gwrs. Yn y cyfnod hwnnw fe sefydlwyd rhyddiaith fodern Gymraeg, a'r tri rhyddieithwr Morgan Llwyd, Charles Edwards ac Ellis Wynne oedd y tri rhyddieithwr mwyaf trawiadol o safbwynt rhyddiaith wreiddiol yn yr oes honno. Ond ni pherthynent i lwyfan rhyngwladol fel y perthynai beirdd 600-1530 a rhyddieithwyr yr Oesoedd Canol. Heblaw hynny, cefais Hanes yr ysgolheictod yn academaidd fywiog hefyd. Ond o ran safon lenyddol y gwaith creadigol a gynhyrchid, yr oedd at ei gilydd yn warthus, yn drydedd radd a heb fod o arwyddocâd rhyngwladol. Ofer, ofer oedd yr holl bledio ar ei ran gan selogiaid anfeirniadol o ysgolheigaidd; ofer a pheryglus. Nid oedd odid ddim mewn na barddoniaeth na rhyddiaith a haeddai ei gyflwyno i neb ond i'r sawl a ymddiddorai'n ysol yn y traddodiad fel y cyfryw, neu mewn ysgolheictod di-estheteg, neu mewn Hanes. Yr oedd bywyd yn rhy fyr. Yn ôl ei hawliau'i hun ymddangosai fod creu yn y Gymraeg wedi bwrw ei ffrwt. Torrwyd y safon ynghyd â morâl y Cymry. Oherwydd ffrwydrad blodeuog y cymhleth israddoldeb, aeth ansawdd yr awen yn israddol. A phwysleisiai hyn oll ryfeddod hollol anghyffredin y cyfieithiad Cymraeg o'r Beibl.

Felly y bu cyn imi gymryd o ddifri ddyrnaid o ganeuon diarffordd cymharol gwta, anhysbys yn fynych, hollol od a disylw o safbwynt y traddodiad. Dyma gynnyrch tanddaearol y werin gyfrinachol a âi ymlaen am gyfnod i fod yn syndod o normal a heb eu cyflyru y tu hwnt i greadigrwydd dychymyg iach. Ond cawn ddychwelyd at yr odrwydd hwnnw yn y man.

Yr oeddwn hefyd wedi methu â sylwi ar ddyddiadau Wiliam Llŷn. Tueddwn i gyfrif 1536 fel dyddiad cyfleus ac ystyrlon i nodi diwedd y Ganrif Fawr ac i led synied nad oedd ond dirywiad i'r cywydd wedi fframwaith meddwl cyffredinol y dyddiad hwnnw. Ond os sylwn ar Wiliam Llŷn, rhaid cydnabod bod dygnwch y traddodiad a'i ffrwythlondeb ystyfnig rhyfeddol yn peri ailfeddwl. Yn fy marn i, cyn cyrraedd cyfres o gywyddau eithriadol gelfydd a meddylgar gan Alan Llwyd, Wiliam Llŷn (i'm bryd i) biau'r cywyddau *unigol* gwychaf yn y Gymraeg. Er nad oes ganddo fywiogrwydd crefft Dafydd ap Gwilym na dim tebyg i'w bortread athrylithgar o gymer-

iad cyfoethog ac amlochrog, na'r helaethrwydd o weledigaeth o fywyd
na'r beiddgarwch trosiadol na'r anturiaeth ddychymyg ac ieithwedd, eto
mentraf awgrymu na cheir gan neb tan ail hanner yr ugeinfed ganrif yr
un cywydd unigol, cyflawn a datblygedig drwyddo i'w gymharu â chywydd
marwnad Gruffudd Hiraethog gan Wiliam Llŷn, na chwaith â'i farwnad i
Syr Owain ap Gwilym. Yng ngwaith Wiliam Llŷn, ac i raddau llai o lawer
Siôn Tudur, Siôn Phylip, a Huw Llwyd y mae diwedd yr unfed ganrif ar
bymtheg yn dal i ymegnïo'n rhyfeddol yn ffurf y cywydd.

Ac eto, nid dyna brif orchest prydyddiaeth y cyfnod. Mewn twysged o
ganeuon rhydd y cafwyd sylfaen fodern i'r delyneg ddiweddar.

Caneuon oeddent a oedd, er eu symled, weithiau ychydig bach yn
ddierth ac anghyffredin annisgwyl o ran rhediad ystyr gonfensiynol. Y
rhain yn ddiarwybod iddynt eu hunain ac yn sicr i'r cyhoedd academaidd
oedd arloeswyr gwaith creadigol y cyfnod diweddar. Gellid yn wir eu
hystyried ochr yn ochr â chaneuon o'u math mewn unrhyw wlad arall, a
hynny heb gywilydd. Heblaw sylfaenu rhyddiaith fodern, felly, dyma'r
cyfnod y sylfaenwyd ar raddfa fechan brydyddiaeth rydd y traddodiad
newydd; a'r caneuon hyn yn anad dim sy'n gyfrifol.

Beth oedd wedi digwydd? Pam a sut yr oeddent mor wahanol?

Ochr yn ochr â'r lledu a gafwyd i Fawl drwy Hanes Charles Edwards,
dyma fath arall o Fawl byw, un cymharol od, ysgafn betalaidd, awgrymus,
lled anuniongyrchol, annefodol. Yn lle'r Mawl cyhoeddus, dyma Fawl
preifat, eithafol o breifat nes mynd yn gyfrinachol ac yn anhysbys weith-
iau. Nid y mydrau yn unig a oedd wedi'u rhyddhau, eithr y meddwl hefyd
a'r teimlad. Dyma wreiddioldeb mynegiannol cyfrin.

Nid ymddangosai fod fawr o'r hen gelfyddyd draddodiadol wedi
goroesi yn y caneuon rhydd hyn, oni ddaeth drwy'r traddodiad llafar
gwerinol. O safbwynt y gamp lenyddol, mewn dirgelwch 'annhechnen-
nig' y datblygid y Mawl newydd hwn. Mawl seciwlar cul ond cyfareddol
oedd, ac eto, prif gampau'r Canu Rhydd Cynnar hwn yn awr a fyddai am
gyfnod yn cyfiawnhau bodolaeth yr iaith.

Rhaid inni edrych o dan y garreg.

Ceir caneuon rhydd mwyaf arwyddocaol y cyfnod yn gryno rhwng
tudalennau 206 a 223 ym *Mlodeugerdd Rhydychen* Thomas Parry. Mae sawl
un ohonynt ychydig yn ecsentrig, yn wahanol i'r briffordd a'r modd
dinonsens yr ŷm yn gyfarwydd ag ef yn y canrifoedd cyn hynny. Ac eto,
dyma'r cyfnod pryd y gwelwyd canu rhydd teimladol ysgafn yn sylfaenu
traddodiad rhyfedd o safonol. Diau fod yna ganu rhydd answyddogol
eisoes i'w gael cyn hyn, ac o bosib yn ansafonol fel arfer, hyd yn oed mor

bell yn ôl â'r Cynfeirdd. Fe'i ceid ymhlith gwragedd, fe'i ceid ymhlith y werin annhechnennig. Dyna'r cyfnod hefyd ym mryd Saunders Lewis pryd y daeth dychan yn fwy o norm ac yn fwy derbyniol. Tueddodd coegi am y dosbarth canol i dyfu. Ac fe all coegi fod yn ddyfais iachusol a bywydol sy'n cadw'r gynneddf feirniadol ar waith. Ond fe all hefyd fod yn ddogma ac yn ffordd o fyw pryd y mae'n dod yn gyfyngder hunanddinistriol ac yn tanseilio bodolaeth iechyd. Yn yr ugeinfed ganrif aeth yn ddefod uwchradd i gydymffurfwyr ysbrydol anghrediniol fwrw eu plu llwydaidd. Ond wrth inni fwrw golwg ar draws *Blodeugerdd Rhydychen*, yr hyn sy'n drawiadol yw, ar ôl y canrifoedd o ganu caeth, yn sydyn pan ymddengys cerddi rhydd gafaelgar,[44] y diwyd a dihafal Anhysbys sydd wrthi nerth ei awen. Ac yna, o'r diwedd, gyda rhif 109, a'i Garol Serch – yr anhysbys ond anghyffredin Lywelyn ap Hwlcyn (o gewri'r byd).

Mynegai'r Canu Rhydd Cynnar seciwlar dipyn o ysgafnder epiciwraidd cyfnod y Diwygiad a'r Dadeni. Tybid weithiau o hyn ymlaen tan ddiwedd y ddeunawfed ganrif mai dyma'r isfyd ar y pryd. Ond y gwir yn ôl pob tebyg yw ei fod yn dipyn nes at y norm. Mae'r ffaith mai Protestaniaid selog oedd y llenorion mwyaf meddylgar a'r bobl a oedd yn fwyaf ysbrydol effro yn ystod cyfnod y Diwygiad a'r Dadeni, yn gallu rhoi camargraff. Cyrff a oedd yn crafu byw ac yn potio'n llawen, yn dawnsio ac yn canu'n hwyliog arwynebol, dyna a ffurfiai fwyafrif y boblogaeth o hyd. Hyd yn oed wedyn, yng nghyfnod bywiocaf a mwyaf afieithus y Diwygiad Methodistaidd, y mae lle i gredu mai cydbwysedd materol a hedonistiaeth dawel oedd natur buchedd cryn nifer o'r bobl. Ceid cyfran ddigon sylweddol o gyrff bob amser.

Erbyn cyrraedd y cyfwng hwn yn hanes llenyddiaeth Gymraeg, ni raid dweud am y gyfrol yr wyf yn ceisio'i sgrifennu nawr nad hanes llenyddiaeth arferol mohoni. Pe ceisiai olrhain yr Hanes yn daclus, ni byddai pennod am y Diwygiad Protestannaidd a'r Dadeni Dysg yn mynnu rhoi'r pwyslais a wnaf i yn awr ar Lywelyn ap Hwlcyn ac ar fath o gerdd lancaidd ddigon ganddo. Yn wir, nid yn unig y byddai'r fath weithred bron yn amhriodol, ond byddai'n dweud anwiredd. Nid oedd Llywelyn ap Hwlcyn yn nodweddiadol o'r brifffordd. Ond fel y ceisiais sôn am Fawl Dafydd ap Gwilym er mwyn arddangos rhai ffyrdd y mae Mawl yn ymledu, felly yn awr y dychwelaf at yr un ffenomen o Fawl ymledol. Amlochredd Mawl, fframwaith Mawl sy'n hollgynhwysol, dyma un o brif is-themâu y tipyn ymdriniaeth yma wedi'r cyfan. Mae'r elfen o Fawl, felly, ar ryw olwg mor amryddawn a llywodraethol nes ei bod yn ysgubo popeth o'i blaen. O fewn y greadigaeth mae'n hollgynhwysfawr. Does dim dianc rhagddi yn wir.

Nid Mawl penodol amlwg i Dduw yw'n testun, felly, ond Mawl fel ffenomen.

Ond wrth ymgymhwyso i'w wahanol alwadau, y mae Mawl o'r fath yn datblygu o hyd o ran hwyl a naws, ffurf a chyfeiriad.

Gwyddai'r Apostol Paul y gallai Mawl ymylu ar wallgofrwydd. Yng ngorfoledd y darganfod, a hwythau wedi'u goleuo gan yr Ysbryd Glân, yr oedd angen i Gristnogion mewn cyfnod bywydol bob amser ymddisgyblu. Felly hefyd yn eu tro yn hanes llenyddiaeth, gwyddai rhai o'r rhamantwyr hwythau fod rhaid dod o hyd i ryw fath o drefn ar eu hangerddau gwyllt ac mai dyna oedd peth o swydd prydyddiaeth. Cerddent ar y min rasel rhwng y caeth a'r rhydd.

Ac nid ffenomen a gyfyngid i'r cyfnod rhamantaidd yn unig oedd hyn. Yng nghyfnod cynharaf barddoniaeth ceid dwy ddelwedd ar y bardd – y gwneuthurwr, y crefftwr cain, y 'makar', y ffurfiolwr celfydd ar y naill law, a'r gweledydd, y shaman, y proffwyd ysbrydoledig neu'r llefarydd gorffwyll ar y llall. Mewn gwirionedd, fe adeiladwyd yn y traddodiad barddol y tyndra sylfaenol hwn rhwng dau begwn Mawl. Ac fe geid, lle bynnag y ceid prydyddiaeth fywiol a gwefreiddiol, y rheidrwydd i roi trefn o'r fath ar y ddelwedd. Rhan o swydd llenyddiaeth, yn wir, oedd darganfod neu arosod y drefn hon mewn bywyd yn ei gyflawnder goludog. A hawdd y gellid cyfeiliorni tua'r naill begwn neu'r llall.

Closiwn, felly, at un o'r cerddi anhysbys ac od hyn yn y garfan hon i sylwi pa fath o wallgofrwydd sydd i'w gael gan hon.

*   *   *

Problem fechan i ddechrau, gan adael y problemau mawr tan toc. Nid yw testun y gân fach hon yr wyf am ei thrafod, fel y'i ceir ym *Mlodeugerdd Rhydychen*, yn hollol foddhaol. Gallai'r byrbwyll dybied fod Thomas Parry wedi tynnu'i destun o *Flodeugerdd Gymraeg* W. J. Gruffydd, a bod Gruffydd yntau – tybed yn wir? – wrth ei chopïo, a'i hatalnodi ac addasu'i horgraff fel y'i cafodd hi yn *Canu Rhydd Cynnar*, T. H. Parry-Williams, 27 (y testun safonol) wedi esgeuluso troi i dudalen 28 gan hepgor felly y diwedd. Wel, pe buasech yn tybied y fath beth, gwiw fyddai ailfeddwl gan mai *Canu Rhydd Cynnar* a gyhoeddwyd yn ail.

Neu wrth ailbendroni, tybed a hoffem ymholi a yw'n bosib fod y diwedd hynod a gwreiddiol sydd i'r gerdd, cyn ei bowdlereiddio, wedi dwysbigo cydwybod dyner Gruffydd a'i yrru i ymbincio'n sensoraidd? Petrusaf, er tegwch, er nad o barch at ryddfrydiaeth Gruffydd, rhag yr esboniad posibl ac anghysurus hwn dros fowdlereiddiad gan na Gruffydd (o bawb, alias Mr Davies) na Parry (a chofiwn ei fowdlereiddiad yntau o Ddafydd), gweithred a olygai 'dorri' darn rhythmig egnïol a hanfodol i amgyffred undod y gerdd. Gogwyddo yr wyf yn hytrach at y casgliad nad oeddent yn gallu cymodi'u hagwedd barnasaidd o ramantaidd â'r fath blaendra caled o sych a geir yn y fan hon. Tybed a gyfrifent hynny yn llai nag esthetig gyfwerth â'r hiraeth addurniadol a'i rhagflaenai.

Bid a fo am hynny, y diwedd hwnnw ydyw'r uchafbwynt coeg. A'r diwedd hwnnw sy'n esbonio peth ar arwyddocâd yr holl gerdd sy'n arwain hyd ato, cerdd sydd – er gwaethaf ei symlder ymddangosiadol – yn weddol anodd i'w hamgyffred yn gyflawn beth bynnag, hyd yn oed pan gofia golygydd gynnwys y diwedd go iawn hwn.

Codwn y garreg, felly.

Gwrando'n ddwys ar Saunders Lewis yn ei darllen hi, na nid yn ei darllen ond yn llafarganu'r gerdd, dyna a'm cyfareddodd i ynglŷn â hi am y tro cyntaf gynt. Roeddwn i wedi ei darllen o'r blaen ar fy mhen fy hun bid siŵr (heb ei chlo) ym Mlodeugerdd Gruffydd ond heb gael fy mesmereiddio o bell ffordd. Ond ym 1951, ar ôl imi ddychwelyd i Gaerdydd o Ddulyn er mwyn astudio ar gyfer fy nhystysgrif athro, fe gefais fod Saunders Lewis eisoes wedi ymsefydlu yn yr Adran Gymraeg. Es ato yn fân ond yn fuan i ofyn ei ganiatâd i fynychu'i ddarlithiau; a 'thorrais' wedyn – dyna'r gair technegol – 'torrais' ddegau o ddarlithiau mewn Addysg er mwyn gwrando ar ei ddewiniaeth ddeallusol. Dychmygwch y funud yma y dur di-staen yna o lais yn torri drwy awyr drom y dosbarth:

> Deuliw blodau,   meinion aeliau
> Mwyn ydyw ei champau   wrth gydchwarae,
> *Ow, ow, tlysau, ow ow tlysau!*
>
> Tlysau oedd raid   i'm dyn gannaid,
> Pentre nis caid   wrth droi'r defaid,
> *Ow, ow, f'enaid, ow, ow, f'enaid!*
>
> F'enaid yw'r ferch   ar gwr llannerch
> Sy'n llenwi o serch   ac yn annerch,
> *Ow ow, annerch, ow ow annerch!*

Annerch wenddydd   gan ei phrydydd,
Galon gywir   ar dôn newydd,
Ow ow, trennydd, ow ow, trennydd!

Trennydd yr af   ac yr wyf yn glaf,
Ac onis caf   marw fyddaf,
Ow ow, canaf, ow ow, canaf.

Canaf ddychan   i'm bun eirian,
Mwyn ydyw'i chwynfan   wrth ymddiddan.
Ow ow, poeni, ow ow, poeni!

Poeni beunydd   am deg ei grudd,
mae'n gruddlasu   wrth ei charu,
Ow ow, caru, ow ow, caru!

Caru meinwen   wyneb lawen
A wnaeth i mi   a welwch chwi,
A thylili, tylili, tylili Fabli!

Ni bu i Fabli   un gŵr ond tri
A thri a thri   a thad Anni
A thri a chant a thad y plant.

A'r gŵr yn y brwyn   a'r gŵr yn y llwyn
A'r gŵr yn y rhos   a'r gŵr echnos
A'r gŵr gynnau yn y llwyn llysiau.

Tylili a thylili, tylili Fabli![45]

    Fe'm parlyswyd i. Nid yn gymaint gan yr afradlonedd dros ben llestri, ond gan yr hwyl newydd yn yr huodledd.
    Un gair o blaid dull Gruffydd o olygu: wrth edrych ar ffurf y ddau bennill llawn olaf yna (ll. 25-30), rhaid cyfaddef eu bod yn anniddig o wahanol i'r gweddill. Hawdd y gellid deall pam yr hepgorwyd hwy. Yr wyf i, ar y llaw arall, wrth eu hadfer, yn barod i dderbyn y testun fel y mae ac i ystyried mai Atodiad yw'r diweddglo tebyg i'r hyn a drafodais yn *Seiliau*

Beirniadaeth.⁴⁶ Dylwn sôn fod yna fersiwn arall o'r gerdd yn *Llawysgrif Richard Morris o Gerddi*, ac yn wir, ceir un arall eto fyth, uwchben enw'r hen gyfaill tylwyth-tegaidd Rhys Goch ab Riccert o Dir Iarll, y ddau yn fersiynau digon gwahanol a diddorol dros ben.

Ond gadewch imi beidio â thin-droi rhagor gyda'r testun, a symudaf rhagof at yr ail broblem, sy'n fwy dyrys efallai. Sef awduraeth y gerdd. Anhysbys (yr hen gyfaill chwyslyd) a'i lluniodd hi, fel y cofiwch, ar gyfer *Blodeugerdd* Gruffydd a *Blodeugerdd Rhydychen*; ond pwy a'i lluniodd hi ar gyfer *Canu Rhydd Cynnar*? Y mae Syr Thomas Parry-Williams yn nodweddiadol garcus wrth beidio ag ateb y fath gwestiwn haerllug ar ei ben. Ond chwiliwch *Hen Ganiadau Serch*,⁴⁷ (sef ffynhonnell Gruffydd dybiaf i), ac fe welwch awgrym go gryf mai Llelo, sef Llywelyn ap Hwlcyn o Fôn (efallai alias Llywelyn ap Hywel ab Ieuan ap Gronwy, alias Llywelyn Llwyd), a'i cant, bardd o hanner olaf yr unfed ganrif ar bymtheg.

Gellid dadlau yn wir mai ef oedd awdur y 15 cerdd yn y gyfrol *Hen Ganiadau Serch* yn ogystal â *Charol Merch*.⁴⁸ Sylwer ar awduraeth addefedig y pymtheg cerdd. Arddelir y pymthegfed gan Lywelyn ap Hwlcyn yn ôl ei enw yn y llawysgrif, ac felly y'i cydnabyddir gan Thomas Parry ym Mlodeugerdd Rhydychen gyda'r saith 'Carol Serch'. Enwa'r *Hen Ganiadau* y bardd ei hun, Llywelyn ab Hwl yn VII, Llelo yn XIII a Llelo Llwyd yn XIV. Sonnir am 'nos Dydecho' yn XII, ac yr oedd eglwysan gynt o'r enw Capel Tydecho ym mhlwyf Llandegfan, Môn.⁴⁹ Yn y llawysgrif⁵⁰ yn y Llyfrgell Brydeinig, medd y golygydd, 'y mae caneuon Rhif 3-10 oll wedi eu hysgrifennu yn yr un llaw â Rhif 7, y gân a gyfansoddodd Llywelyn ab Hwl.' Am gân III, meddir eto am y ffaith fod Rhisiart Morris hefyd wedi'i chofnodi: 'Os Llywelyn oedd awdwr 'Claf wy o serch, annerch Anni,' byddai yn naturiol disgwyl fod y gân ar lafar gwlad yn ei sir enedigol o fewn rhyw gan mlynedd a hanner ar ôl ei farwolaeth.' Ceir cyrchgymeriad ac agosrwydd arddull mawr yng ngherddi III, VI (sef Ow, ow, tlysau), a XV. O ran tafodiaith, ni wn ai hyn ar y pryd a ddisgwylid ym Môn. Gellid erfyn y buasai bardd diwylliedig fel hwn yn gallu gogwyddo tuag at ffurfiau mwy cyffredinol, ond sylwer fod yna gysondeb ieithwedd rhwng y cerddi y gellir bod yn weddol hyderus mai Llywelyn oedd piau hwy a'r gweddill, a chysondeb hefyd â beirdd rhydd eraill o Fôn.

Priodolir 'Carol Serch' i 'Lln ab Hwlcyn o Fôn' mewn un o'r pedair llawysgrif; a hynny a dderbyniwyd gan Thomas Parry. Mae'r gynffon ar ddiwedd y gerdd (ynghyd â'r rhestr sydd yn y gynffon honno) yn ein hatgoffa am gynffon 'Ow! Ow! Tlysau'. Wedyn, mae'r math o egni ac ochrgamu a geir mewn pennill fel y canlyn hefyd yn atgoffa am Lywelyn:

Cil ei golwg fel dau haul ('dan haul' sy gan CRhC)
O gysgod dwyael feinion;
Un sy i'm dwyn a'r llall i'm gwadd
A'r ddau sy'n lladd fy nghalon.

Mae'r grefft yn fanach ac yn fwy uniongyrchol yng ngherdd Richard Hughes (a gyfrifir yn awdur hon gan Nesta Lloyd). Ond dengys Richard Hughes yntau yng nghasgliad campus Dr. Lloyd *Ffwtman Hoff* 1999 ei fod yn fardd tra deallus a ffraeth. A gwiw sylwi yn y *Beirniad* III, 234-5 fod Syr Ifor Williams yn cytuno â dyfarniad Dr. Lloyd.

Mae yma 'gyrchu' (yn gadwyn) rhwng diwedd pob pennill a chychwyn yr un nesaf. Ac os wyf yn gywir wrth ystyried bod goferu ystyr hefyd rhwng pennill un a dau; a 'chlwydau f'ais' yr ail bennill yn cyfeirio at y 'llong rhwng ton a chraig/O gariad gwraig 'rwy'n curio': mae'r math yna o feiddgarwch yn debycach i Lywelyn nag i waith cymharol syml Richard Hughes.

Pedair yn unig o gerddi'r bardd rhyfedd hwn a gynhwyswyd ym *Mlodeugerdd Rhydychen*. Ond pwy bynnag oedd, yr oedd yn gryn fardd.

Bid a fo am hynny, a fyddech yn credu, o bethau'r byd, fod yna awgrym am ddau fardd gwahanol yn dwyn yr enw cyflawn a phwysfawr Llywelyn ap Hywel ab Ieuan ap Gronwy? Na fyddech, wrth reswm. Tybed, a fyddai rhywrai ers talwm yn cael rhyw ddiléit sadistig wrth wneud rhyw driciau bach fel hyn er mwyn pryfocio mân ysgolheigion yr ugeinfed ganrif?

Darllenwn am un o'r ddau Lywelyn yn *Traddodiad Llenyddol Morgannwg*,[51] bardd caeth o Forgannwg a ganai yn null Siôn Cent tua 1500-1540; ac yna, cyfarfyddwn â'r Llywelyn arall ar dudalennau *Canu Rhydd Cynnar*, a chanfyddwn ei fod yntau'n canu tua 1540-1570. Wrth fod y naill yn tewi ym Morgannwg, codwyd ei gathl fel petai ym mhellterau adleisiol Môn. Os gellwch gredu hynny, fe ellwch gredu unrhyw beth . . . Fy awgrym i yw mai Llywelyn ap Hwlcyn oedd ein bardd ni a bardd Môn, a Llywelyn ap Hywel ab Ieuan ap Gronwy o Forgannwg yn un yr ychwanegwyd ei enw at y llawysgrif gan law ddiweddarach (nid Iolo).

Y diweddaraf ydyw'n bardd ni, sut bynnag; ac fe ymdrinnir ag ef gan Syr Ifor Williams yn y *Beirniad*,[52] lle y dangosir y tebygrwydd a'r berthynas rhyngddo a Tomos Prys, a lle yr awgrymir ei fod – heblaw yn hoffi dynwared Tomos Prys – yn ceisio efelychu Dafydd ap Gwilym drwy ailbobi'r cywydd ar y mesur cwndid.

Yn awr, os Llywelyn ap Hwlcyn yw awdur y tair cerdd nodedig hynny –

'Boreddydd' ('Gwrandewch ganmol brig y don'), 'Carol Serch' ('Myfi yw'r merthyr tostur lef') ac 'Ow Ow Tlysau' ('Deuliw blodau meinion aeliau') a argraffwyd gan Gruffydd yn y *Flodeugerdd* (er y gellid awgrymu hefyd awduraeth Dic Hughes i Garol Serch),[53] ac os Llywelyn hefyd yw awdur y tair 'Cwsg Hir' ('A myfi mewn man noswyl Ifan'), 'Colli'r Eos' ('Dowch i wrando arna i'n cwyno') a 'Carol Merch' ('Ef a'n siomwyd ac nid gwaeth') a olygwyd ym *Mlodeugerdd Rhydychen*, heb sôn am yr un o'i gerddi hyfryd eraill a geir gan Gymdeithas Llên Cymru – tybiaethau sy'n ddigon cyfrifol – yna, y mae'n amlwg fod a wnelom â bardd go sylweddol. Y mwyaf o feirdd y canu rhydd cynnar ddwedwn i. Gŵr a gaiff sefyll yn gyfysgwydd bron â Wiliam Llŷn yn un o brydyddion gwychaf ei oes.

Nid ydym eto wedi cyrraedd gwaelod y dirgelwch ynghylch awduraeth 'Ow ow tlysau,' serch hynny. Hawdd y gellid tybied fod enw cudd y gŵr o Fôn wedi'i ystumio mewn llawysgrif gan gopïwr a wyddai am enw'r gŵr o Forgannwg. Dichon yn wir mai Llelo neu Lywelyn ap Hwlcyn ydoedd enw'r Monwysyn hwnnw; eithr gwiw cofio hefyd awgrym G. J.Williams:[54] 'Efallai, wedi'r cyfan, nad enw ar fardd arbennig ydyw 'Llelo,' eithr cymeriad a roid ochr yn ochr ag Eiddig – sef yr 'ynfytyn serchog'.' Bid a fo am hynny, yr wyf yn credu mai Llywelyn ap Hwlcyn o Fôn oedd awdur diledryw y cerddi a briodolwyd iddo uchod, a hynny ar sail unoliaeth yr arddull a'i sioncrwydd gweledigaeth ac oherwydd y priodoli achlysurol a gafwyd i'r cerddi hynny mewn gwahanol fannau, er bod peth anhawster yn aros o hyd o ran testun amrywebol.

Ymdrois yn weddol faith fel yna gyda mater go dechnegol yr awduraeth, am fy mod yn synio na fyddai'n gwbl anhyfryd pe gellid cyflwyno ryw ddiwrnod (nid heddiw) i ddarllenwyr Cymru, hyd yn oed yn betrus ac yn ansicr, enw prydydd trawiadol y gellid dechrau chwilio am undod yn ei waith ac y gellid annog ymchwil bellach arno. Os mai Llywelyn ap Hwlcyn yw awdur dilys y chwe cherdd serch hollol gyfareddol a nodais uchod, a hynny yw fy nhyb i, dyna enw a ddylai fod ar flaen meddwl pob carwr barddoniaeth Gymraeg. Fe'i sgrifennaf eto felly: Llywelyn ap Hwlcyn.

Gadewch inni yn awr syllu ychydig yn agosach ar 'Ow ow, tlysau'. Mae'n amlwg mai serch siomedig a hiraeth am ferch lai na theilwng a gymhellodd y bardd i'w chanu. Dyma union thema 'Carol Serch' neu 'Garol Cariad' ('Myfi yw'r merthyr tostur lef'), 'Colli'r Eos' ('Dowch i wrando arna' i'n cwyno') a 'Charol Merch' ('Ef a'm siomwyd, ac nid gwaeth'). Ond mynegir y siom a'r serch yna mewn modd cyfrin, tra phersonol, bron yn swrealaidd yn ei freuddwydrwydd digymell, a chyda miwsig afreolaidd afreal. Diau fod a wnelo'r rhythmau semantegol, y ceisiais ymdrin â hwy yn *Seiliau Beirniadaeth*,[55] rywbeth â'r effeithiau bwganus hyn.

Cerdd i ddathlu godinebwraig yw hon. Ac fel y gofynasom wrth drafod y Cynfeirdd sut y meiddid ystyried natur Mawl i greulondeb ffiaidd y rhyfelwr gwaedlyd yng nghyd-destun Mawl i Dduw a'i greadigaeth, yn awr cyfyd cwestiwn cyffelyb beth yw'r berthynas rhwng cerdd fach fel hon ynghylch godinebwraig anarchaidd (gyfarwydd o anghyfrifol, anaeddfed yn emosiynol), a rhinweddau Mawl. Ac y mae'n rhaid i'r ateb gyffwrdd â gwaelod pob Mawl. Mae'n wir bod y bardd yn tanlinellu'i dristwch at arwyneboldeb bywyd ei gariad a'i fod felly'n mawrygu delfryd arall yn anuniongyrchol. Cynnal ffyddlondeb a wna. Ond ni ellir llai na synied yr un pryd fod yr ysfa i ganu ac i ddefnyddio 'dulliau clod' yn tarddu o ryw ymgyfeirio Mawl dyfnach sy'n gynhenid i fodolaeth ei hun, sy'n wedd fel petai ar wneuthuriad bywyd. Mae tristwch a phoen y bardd yn anrhyddeddu'r gobaith a'r hiraeth diwair. Ac er ei waethaf hefyd y mae'n mynegi rhialtwch ei arddeliad anobeithiol ei hun.

Ond wrth inni fyfyrio'n araf fel hyn, gan symud gan bwyll drwy'r gerdd, fe ddown at ein trydedd broblem, sef y gwaith o amgyffred yn weddol fanwl bob cymal ac ergyd sydd ynddi. Mae'r bardd yn gweithio arni drwy awgrymiadaeth deimladol mewn modd anfanwl.

Egyr y gerdd yn y pennill cyntaf drwy enwi'n gymharol ystrydebol briodoleddau'r ferch, a chofio'n smala am eu perthynas gynt. Yna, cly'r pennill drwy gyfeirio at un o'i dau 'wendid' hi, neu o'r ddau dramgwydd. Sef ei hawch am emau, am drysorau. Nid digon chwaith fydd caru: fe'i heriai hi ef hyd waddodion ei bocedi i'w bodloni hi'n faterol.

Drwy aros yn fugail, felly, hynny yw wrth droi'r defaid, ni ellid byth ennill digon o gyfoeth i gadw hon. Cyfieithiad Anthony Conran yw 'No village could buy them, shepherding sheep,' sy'n annhebyg, efallai. Dyry Dr. John Davies yn ei Eiriadur: 'Villa, propolis, suburbia', ar gyfer 'pentref'. Fe gofir esboniad Ifor Williams o'r gair 'pentref': 'Trigai Cymro bonheddig yn ei dref neu ei dŷ ei hun. Yn un pen i'r ystad trigai ei fileiniaid, dynion oedd yn gaeth i'r tir ac i'w harglwydd. Gwerthid y tir, a hwythau a'u teuluoedd, i'w ganlyn. Y pen i'r dref lle trigent hwy gyda'i gilydd oedd *Pentref* gynt.' Mae arnaf ofn bod Llywelyn yn wynebu methdaliad, er gwaethaf ei waith caled gyda'r defaid. Ni byddai ef yn gallu fforddio byw mewn cysur ar ôl ymhél â hoeden o fath hon.

'Croesawu' ydyw ystyr 'annerch' yn y trydydd pennill. Ond credaf mai presennol dramatig sydd i'r ferf yn y pennill hwn. Presennol mewn atgof ydyw.

Parheir yr un atgof yn y pennill canlynol, a dichon mai cyfeirio a wna'r ymadrodd 'ar dôn newydd', fel yr awgryma Saunders Lewis,[56] at 'gwpledau deuair fyrion wedi eu huno'n benillion gyda byrdwn sy'n gyrch gymeriad, a'r byrdwn yn datblygu'n eironig a choeg hyd at y terfyn. Yn wir, yn yr unfed ganrif ar bymtheg y daw'r cywydd deuair fyrion i'w ogoniant yn fesur telyn. Nid cerdd werinol mo hon o gwbl, eithr cynnyrch diwylliant cerddorol a gwybodaeth am gonfensiwn ac ysbryd y *villanelle* Eidalaidd.'

Ceir tipyn o goegi ac o amwysedd yn y gerdd, wrth gwrs. A heblaw'r portread afradlon dros ben llestri o'r ferch, y mae'r bardd yn ei weld ei hun yn wrthrych hwyl wedi'i ddal mewn sefyllfa Rabelaisaidd.

Beth am y gair 'wenddydd' yn yr un pennill? Dyry Gruffydd/Parry brif lythyren iddo, a dywed Saunders Lewis yntau 'Gwenddydd yw enw'r ferch. Y mae Gwenddydd yn hen enw ar chwaer Myrddin.' Carwn innau ar y llaw arall awgrymu mai Mabli yw enw'r ferch yn y gerdd hon ac mai trosiadol yn unig yw 'wenddydd' neu 'Wenddydd' yn y fan yma. *Aurora* yw'r unig gyfieithiad a rydd Thomas Richards i Wenddydd yn ei Eiriadur. A dyna oedd y defnydd yn yr unfed ganrif ar bymtheg. Yn wir, dywed Saunders Lewis mai enw a ddefnyddid ar y pryd yn fynych ar ferched mewn madrigalau Eidalaidd a chyfieithiadau Saesneg oedd Aurora.

Symuda'r pumed pennill ymlaen ymhellach yn amseryddol, sef 'trennydd' y cydchwarae, ac yn orfodol – 'af'.

Defnyddia'r chweched pennill y gair 'dychan' mewn modd amwys efallai. Cerdd wawdlyd, gogan, dyna'r ystyr gyntaf a ddaw i'r meddwl; a hynny sy'n amlwg erbyn diwedd y gerdd, er mai cwyno tyner a gafwyd hyd at y pwynt hwn. Ond gwiw cofio y gall yr un gair olygu 'Mawl' hyd yn oed mor ddiweddar â chanrif y bardd ei hun.

'Mwyn ydyw ei chwynfan wrth ymddiddan.' Hynny yw, conen fach ddymunol yw hi.

Diwygiodd Gruffydd linell 20 i 'A gruddlasu' (sef gruddiau'r carwr, nid y ferch), ac fe'i dilynwyd ef gan Thomas Parry; a hynny sy'n cynnal synnwyr cyffredin. Ond gellid tybied nad cyfeirio yr oeddid at y siaradwr eithr at y ferch ei hun neu ynteu at y poeni yn hytrach, a hynny yn y trydydd person; a mentrais gadw y gwreiddiol hwnnw felly. Yn wir, mewn fersiwn arall[57] dyma a geir yn lle llin. 19-20:

'Poeni beunydd a glasu mae 'ngrudd,
Mae hi yn gruddlasu wrth dy garu.'

Llinellau 22-4 yw pennill clo Gruffydd/Parry. Ond yr wyf am adfer yr Atodiad celfyddydol wedyn. Yn yr Atodiad carlamus hwn ceir elfen ffarsaidd bron. A Gargantuaidd. Dychan yn sicr, gan symud o'r motiff 'caru tri' i'r motiff 'caru gŵr'. Dyma'r hyn y byddwn ni yn y jargon cyfoes yn ei alw'n garnifal. Mae'r prydydd yn plastro'i godineb hi a'i hanffyddlondeb afradlon a'i chrwydradau mabolgampus o flaen ein llygaid syn, a hynny nes iddo ef o'r diwedd droi yn goeg ac yn chwerw i'w lilïo hi, i'w hangerddoli hi, i'w chytganu'n hwyliog dlws ac yn ysgafn gynganeddus. Ac yn ddicllon tost bob sill. Cerdd hollol arbennig fel y'i llafarganodd Saunders Lewis hi mewn ystafell fechan dywyll yng Ngholeg Caerdydd gynt. Ac os yw'r un awdur ag a luniodd hon wedi gweithio'r cerddi eraill yna a grybwyllais gynnau, sy'n ddigon tebyg, yna mae Llywelyn ap Hwlcyn yntau yn fardd hollol unigryw . . . Eto, wedi addef hynny i gyd yn fodlon ddigon – Ow! Ow! Lywelyn.

*   *   *

Dyna oes y Piwritaniaid, credwch neu beidio.

Yr un pryd ag yr oedd y Mawl i Dduw yn dyfnhau ymhlith yr ysgolheigion a'r bobl gyffredin yma ac acw, yr oedd y Mawl cyffredin 'seciwlar' (ond Mawl fel ffenomen fywydol hefyd) yn ymledu o ran ansawdd yn eu plith. Ac yng nghyfnod y Canu Rhydd Cynnar fe ddigwyddodd rhywbeth pwysicach hyd yn oed na Llywelyn ap Hwlcyn. Fe ymddangosodd y fenyw. Bid siŵr, mae'n rhaid ei bod wrthi o hyd ni allai lai – yn danddaearol ac yn answyddogol ddigofnod. Yn wir, wrth fwrw golwg drwy *Flodeugerdd Rhydychen*, daw hi i'r fei yn gynnar ddigon gyda Phais Dinogad, o bosib y gân gyntaf gan fenyw mewn unrhyw un o ieithoedd modern Ewrob. Eithr ar ei hôl hi, o'r braidd fod yna neb tan ddiwedd yr unfed ganrif ar bymtheg yn Netholiad Thomas Parry. Gall eraill grafu rhai o waelod y sach, wrth gwrs, ac fe'i gwneir. Ond . . . ond . . .

Gwneud ei londri y mae hon pan ymddengys yn awr. Gwyddom am ei phren, er nas profasom drwy drugaredd. 'Crys y Mab' yw'r orsaf nesaf ar ein taith. (Ni chafwyd, sylwer, ddim yn y Flodeugerdd gan Werful Mechain, gwaetha'r modd, gan nad arolwg hanesyddol a oedd mewn golwg eithr detholiad ar sail gwerth. Ni ddilynai Thomas Parry mo'r athrawiaeth boblogaidd ddiweddar honno – 'peidiwch ag edrych ar yr ansawdd: edrychwch ar y safbwynt' – sef y fagl boblogaidd y syrth chwenychwyr cyfoesedd a Marcsiaid a phietistiaid iddi fel ei gilydd, ac a gondemniwyd gan awduron rhifyn y *Traethodydd* ffeminyddol wrth ymwrthod â'r perygl i'r ffeminydd unllygeidiog 'gondemnio llenyddiaeth wrywaidd a chanmol yn ddiwahân bopeth sy'n dod o ysgrifbin merch'). Cân fach serch yw 'Crys y Mab' y gallai rhai weld israddoldeb seicolegol ynddi, ond y byddai'n well gennyf i ganolbwyntio ar ei huwchraddoldeb 'ysbryd', yr amharodrwydd heriol i gael ei llethu gan fateroliaeth (o bosib eto yn bwyslais benywaidd i'w efrydu gyda pharch). Ac yn wir, ymhlith rhai beirniaid ffeminyddol, megis Virginia Woolf, ceir pwyslais go gyson ar y fenyw fel cludydd ideolegol yn nannedd y gwryw bydol druan.

Sut bynnag, dichon y dylem edrych ar y gân 'Crys y Mab' yn agosach. Dyma hi:

> *Fel yr oeddwn yn golchi*
> *Dan ben pont Aberteifi,*
> *A golchffon aur yn fy llaw,*
> *A chrys fy nghariad danaw,*
>
> *Fo ddoeth ata' ŵr ar farch*
> *Ysgwydd lydan, buan, balch,*
> *Ac a ofynnodd im a werthwn*
> *Grys y mab mwya' a garwn.*
>
> *Ac a ddoedais i na werthwn*
> *Er canpunt nac er canpwn*
> *Nac er lloned y ddwy fron*
> *O fyllt a defed gwynion,*
> *Nac er lloned dau goetge*   [*gweitge* sy gan
> *O ychen dan eu hieue,*   T.H.P.W., sef
> *Nac er lloned Llanddewi*   ffurf dafodieithol
> *O lysiau wedi sengi.*   'coed' + 'cae']
> *Faldyna'r modd y cadwn*
> *Grys y mab mwya' a garwn.*[58]

Mae arwyddion traddodiad answyddogol yn amlwg ddigon fan yma eto – mesur traethodl a'r odli afreolaidd (yn ôl aceniad), digynghanedd (er bod peth symudiad tuag at y cywydd yn llinellau 6 a 10), odl enerig 'farch, balch', ac wrth gwrs yr ieithwedd a'r rhythmau llafar, gyda chyffyrddiad yn 'gweitge' o'r 'wes, wes'. (Ai'r cyntaf mewn 'llenyddiaeth'?)

Act symbolaidd sy'n ganolbwnc i'r gerdd, rhyw fath o seremoni 'gwneud iawn', ffenomen nid anghyffredin ymhlith y canu gwerin, megis yn yr hen bennill:

O f'anwylyd, cyfod frwynen,
Ac ymafael yn ei deupen;
Yn ei hanner tor hi'n union
Fel y torraist ti fy nghalon.[59]

Dyma ddiriaethu'r sefyllfa emosiynol. Er bod tuedd gan ddarllenwyr i gyferbynnu diriaethol/haniaethol yn ôl gwerthoedd benywaidd/gwrywaidd, nid wyf yn tybied fod hyn yn fwy nag arwedd ar anian y traddodiad answyddogol. Y duedd ddilys sydd ynddo yw i wrthrychu'n wastadol.

Ond yr un mor bwysig yw'r duedd a adlewyrchir yn y gân hon i ymffitio o fewn fframwaith cymdeithasol a defodaeth sefydledig. Nid oes modd amgyffred yn iawn lawer o'r Hen Benillion heb ryw wybodaeth am y cefndir neu'r amgylchfyd defodol yr oeddynt yn rhan ohono. Mynegiant o fywyd gwerin hynafol iawn oedd y cwbl o'r canu hwn. Yn wir, gellid ystyried y pennill unigol a ddyfynnwyd yn awr fel enghraifft o ddeddf Tebygrwydd neu Ddeddf Cysylltiad a ddisgrifir gan J. G. Frazer[60] lle y dynwaredir gweithred sydd fel petai'n cynnwys rhin y peth.

Yn achos 'Crys y Mab' gwelais gan Fynes-Clinton yn y Bwletin un tro nodyn a all fod yn helpfawr i ddeall un agwedd ar y weithred a ddisgrifir yn y gerdd fechan hon. Wrth drafod y ddihareb 'Sawl sy am gydfydio, doed i gydffustio,' meddai ef, 'a woman in want of a husband would take a pair of trousers or a coat to a spring at night, sprinkle it with water, lay a flail by the side of it, and strike the garment with another flail or a piece of wood, saying the above words, when the desired husband was supposed to appear.'

Yn awr, mae'n debyg, y byddai beirniad ffeminyddol go iawn, sy'n gwybod ei Freud, yn adnabod yr 'olchffon aur' ar unwaith fel symbol ffalig, ac yn wir yn rhywiol felly y gwelid 'gŵr ar farch' hefyd, a hyd yn oed 'er lloned y ddwy fron o fyllt a defed gwynion', a'r 'ddau goetge' yn sicr (coetge wrth gwrs yw lle wedi ei gau i mewn â gwrych neu berth). Wrth reswm, yn y dyddiau gynt yr oedd gweithredoedd symbolaidd a geiriau llwythog yn ffenomenau llawer mwy awgrymus nag yn ein dyddiau plastig a diniwed ni. Mae cyfrol hyfryd Catrin Stevens, *Arferion Caru*,[61] yn pwngan o sylwadau a all fod yn gymorth i ddeall cywair ac ergyd y gerdd hon. Sylwer ar a ddywed hi ynghylch yr awydd i 'lenwi' dilledyn. 'Yng Ngheredigion cerddai'r carwr ifanc o gwmpas y cartref naw gwaith gan gario maneg yn ei law a gofyn, 'Dyma faneg, ble mae llaw?' ac yn ddisymwth ymddangosai ei gariad a rhoi ei law yn y faneg. Dro arall cariai'r carwr esgid gan adrodd, 'Dyma esgid, ble mae'r droed?' wrth gerdded naw gwaith o amgylch y domen dail.'

Dylwn nodi hefyd fod y ddelwedd o 'Olchwraig wrth y rhyd' (er na chredaf mai dyna sy yma) yn dwyn atgofion o gyd-destun arallfydol. Ac er na cheir dim o gynodiadau sinistr y cymeriad hwnnw yn y fan yma, credaf fod i'r olchwraig arbennig hon – gyda'i ffon aur – ryw fath o naws arallfydol. Yr hyn yr wy'n ceisio'i ddweud yw bod '*Crys y Mab*' yn rhan o ffordd o fyw lle'r oedd y berthynas rhwng y rhywiau yn rhywbeth i'w hamgyffred o fewn patrwm o fynegiant cymdeithasol symbolaidd. Da cofio fod yna arferion gwlad go gyffredin ynglŷn â golchi'r dilledyn nesaf at y croen, gweithred a effeithiai ar lwyddiant y caru.[62] Cofiaf ddarllen hefyd yn *Aberystwyth Studies* IV am chwedl ar sail motiff 'yr olchwraig wrth y rhyd', lle y mae'r dywysoges, Merch brenin Annwfn, wrth y rhyd, Rhyd y Gyfarthfa, wedi'i thynghedu i olchi yno nes iddi gael mab gan Gristion. Pwrpas yr amlder yma o gyfeiriadau yw dangos yn benodol mor gymhlethog drwy feddwl y gymdeithas oedd ambell weithred ymddangosiadol seml. Dichon yn wir fod y benywod yn fwy effro na'r gwrywod wrth gadw'r fath weithredoedd. Roedd traddodiadau felly iddynt hwy yn fwy organaidd, yn fwy o ffocws i deimladau personol. Y gwir yw, bellach, *heb* ymwybod â'r fframwaith yna o arferion a choelion nad oes modd iawn werthfawrogi o gwbl rai o'r Hen Benillion a oedd mor gysylltiedig â hwy. Enghreifftiau annealladwy cyffelyb fyddai'r cyfeiriadau at ddeilen onnen (353) ac at gawell (463-4; 167) neu at gollen (574), penillion y byddai'n fuddiol eto gyfeirio at gyfrol Catrin Stevens ynglŷn â hwy.[63] Y pryd hynny roedd y canu gwerin yn feichiog o ddefodaeth y gymdeithas.

Mae yna ambell gerdd arall o'r cyfnod hwn nas cynhwyswyd ym *Mlodeugerdd Rhydychen*, megis gwaith Elen Gwdmon 1609, 'Cwynfan merch ifanc am ei chariad',[64] sy'n awgrymu i mi fod cyfnod ymddangosiad amlwg y dosbarth bwrdais hefyd yn gyfnod arwyddocaol yn hanes merched hwythau. Cadarnheir y fath awgrym gan 'Araith Ddychan i'r Gwragedd' ac ateb Wiliam Cynwal iddi, gan y 'Garol i Ferch Fursen', gan 'Ddychan i Ferch', ac yn arbennig gan y 'Garol Ymryson am y Clos'. Ond i mi, y gwaith pwysicaf gan ferched cyn Ann Griffiths, gwaith y dechreuwyd ei gofnodi o ddifri yn yr unfed ganrif ar bymtheg, yw'r Hen Benillion. Ymhlith y rhain ceir llenyddiaeth o'r radd flaenaf, nad oes mo'i rhagorach o'i fath mewn unrhyw gyfnod.

Dyma Fawl yn ei groywder, sy'n meddu yn fynych ar uniongyrchedd ffres o galonnog yn ogystal ag ar awgrymusedd anuniongyrchol a choegi achlysurol craff.

Wrth gwrs, ni wyddom enw odid un o awduresau nac awduron medrus y penillion pwysig hyn. Hynny yw, bron yn ddieithriad ni chydnabyddir awduraeth yr un ferch na mab ymhlith y rhain, er ein bod ni'n gwybod enwau rhai. Ac eto, dywed y dystiolaeth fewnol yn weddol groyw wrthym mai merched a oedd wedi llunio llawer iawn o'r penillion rhyfeddol hyn (efallai cynifer â'u hanner). Ni ddisgwyliem dystiolaeth fewnol bob tro nac yn y rhan fwyaf, bid siŵr; ond erys hen ddigon o awgrymiadau ar ôl mewn nifer helaeth iawn nad gwrywod, yn ôl pob tebyg yn wahanol i'r dyddiau gwrywgydiol ffasiynol diweddar, a bynciai fel hyn:

> *Nid oes rhyngof ac ef heno*
> *Onid pridd ac arch ac amdo;*
> *Mi fûm lawer gwaith ymhellach,*
> *Ond nid erioed â chalon drymach.*
>
> *Haen o bridd a cherrig hefyd*
> *Sydd rhyngof i a chorff f'anwylyd,*
> *A phedair astell wedi eu hoelio, –*
> *Pe bawn i well, mi dorrwn honno.*[65]

Mae'r elfennau ansentimental neu wrthsentimental yn amlwg ddigon yn y gân fach gyfareddol hon. Mae'r lleihad a geir ar unwaith yn y gystrawen 'nid . . . onid . . .' yn cydredeg â'r ymatal ffwrdd-â-hi sydd mor awgrymus yn y llinell olaf oll. Nid ar ei theimladau y mae'r ferch yn canoli'n sylw ni'n uniongyrchol, ond ar wrthrychau diriaethol, ar bethau caled ac oer; ac y mae hyn eto'n tueddu i ladd unrhyw feddalwch ymollyngus. Sylwer ar y duedd nid anghyffredin i 'restru' yn yr ail a'r bumed linell. Ac y mae'r ymddygiad ffeithiol hwn yn cael ei gadarnhau ymhellach gan y rhif yn y seithfed linell, rhif amherthnasol ac ymddangosiadol ddiangen, ac eto mor effeithiol, yn cael ei ddilyn gan ferf greulon a chaeedig. Agosrwydd corfforol yw'r testun, a thry'r holl sefyllfa o gwmpas paradocs trist yr agosrwydd pell a grynhoir mewn llinell olaf sy'n mynegi gweithred seithug ac ofer, ac ar ryw olwg hollol hurt, gweithred sy'n tanlinellu'r rhwystredigaeth enbyd sydd wedi cynhyrfu awen y ferch.

Er bod y rhan fwyaf o benillion ac o gerddi yn ddi-ryw o ran eu tystiolaeth fewnol – megis y gân haeddiannol enwog 'Dwedwch fawrion o wybodaeth'[66] – ni synnwn damaid mai merched biau llawer lle nad oes fawr o dystiolaeth. Cymerwch y gân fawr ac ysigol honno: onid merch o blith y bonedd fyddai'n debyg o ganu fel hyn? –

> *Derfydd aur, a derfydd arian,*
> *Derfydd melfed, derfydd sidan,*

> *Derfydd pob dilledyn helaeth;*
> *Eto er hyn ni dderfydd hiraeth.*

Does dim prawf wrth gwrs; ond sylwer ar gân hynod gyffelyb sy'n ymddangos bron yn bartneres iddi (124):

> *Mae arnaf hiraeth mawr am rywun,*
> *Er na soniais air wrth undyn.*
> *Mae arno yntau, hardd ei foddau,*
> *Hiraeth mawr amdanaf innau.*
>
> *Mae yn Llundain ddynion celfydd,*
> *Mae yn Llundain bob llawenydd*
> *Mae yn Llundain ffisigwriaeth*
> *Rhag pob dolur ond rhag hiraeth.*
>
> *Hiraeth, hiraeth, cilia, cilia,*
> *Paid â phwyso'n rhy drwm arna'.*
> *Trof fy wyneb at y pared,*
> *Ac os tyr y galon, torred.*
>
> *Mi wnaf long o dderw cariad,*
> *A'i mast hi o bren y profiad;*
> *A rhof hiraeth arni i nofio*
> *O don i don i'r wlad a fynno.*[67]

Yn y dyddiau caeth a chul yna, fe fyddai'r drydedd linell, ar unwaith, does bosib, yn awgrymu'n eithaf cadarn mai merch fonheddig sy'n canu. A phe darllenem yn ein blaen at y pennill sy'n dilyn y gerdd honno yng nghasgliad T. H. Parry-Williams,[68] ni chredaf y gellid hyd yn oed yn ein dyddiau ni amau'r ffaith honno:

> *Y mae hiraeth wedi 'nghael*
> *Rhwng fy nwyfron a'm dwy ael;*
> *Ar fy mron y mae yn pwyso,*
> *Fel pe bawn yn famaeth iddo.*

Dyfalu yw peth fel hyn weithiau, rhaid cyfaddef; ond llai ansicr yw pennill megis –

Llun y delyn, llun y tannau,
Llun cyweirgorn aur yn droeau:
Dan ei fysedd, O na fuasai
Llun fy nghalon union innau![69]

Ac o'r rheina ohonom a all dybied o hyd fod mwy o gynghanedd yn y penillion hynny sy'n amlwg awduredig gan wrywod nag a geir yn y rheini sy'n amlwg gan fenywod, sylwer ar y ddwy linell olaf uchod. Hyfryd o sionc a ffraeth o grafog hefyd yw:

Mi fûm yn caru 'nghariad
Am ddeuddeng mis ac un,
Gan feddwl yn fy nghalon
Fy mod i'n eithaf un;
Yn lodes heini lawen
Yn tyfu 'ngardd y byd, –
Nid oeddwn yn y diwedd
Ond brechdan i aros pryd.[70]

Sylwer eto, yn y pennill hwn, ar yr hunan-feirniadaeth sy'n milwrio'n erbyn sentimentaliaeth yn y bedwaredd a'r wythfed linell, ar y rhifo ffeithiol a diriaethol yna yn yr ail linell, ac ar y duedd i ddelweddu'n wrthrychol yn y chweched, a chyda thro ar yr ystrydeb yn yr wythfed. Dyna ragor o wrthsentimentaliaeth yr Hen Benillion. Nid oes amheuaeth nad oedd merched o leiaf mor fedrus bob dim wrth lunio penillion fel y rhain ag yr oedd y bechgyn. Gan fod caniatâd gan y defodau cymdeithasol iddynt gymryd rhan yn y gweithgareddau hyn, nid oedd atalfa ar wychder eu doniau. Yn wir, ceir lled awgrym yn llawysgrif Hafod 24 mai dyna'u *forte* cydnabyddedig hwy: '*Ir ystalwm pan oeddem i yn gwilio ynghapel Mair o Bylltyn, ir oedd gwyr wrth gerdd yn kanu kywydde ac odle, a merched yn kanu karole a dyrie*'. Tybed a ellid mentro hyd yn oed ymhellach ar sail dyfyniad felly ac awgrymu mai merched yn bennaf bioedd y traddodiad answyddogol a thanddaearol; a phan ddaeth dynion i byncio hen benillion mai mabwysiadu traddodiad benywaidd a wnaent. Dichon ar hyn o bryd fod haeru felly'n rhy garlamus. Ond o'r hyn lleiaf, wrth droi tudalennau'r *Hen Benillion* yn weddol rwydd ac ansystematig er mwyn bwrw amcan faint o'r rhain a oedd yn weddol sicr gan ferched, dyma'r rhai rhifedig a lamodd i'r sylw: 32, 34-36, 109, 118, 129, 133, 134, 150, 154, 155, 157, 243, 245, 326-334, 410, 411, 420-422, 427, 430, 433, 435, 437, 442, 443, 447, 458, 459, 472, 475, 476, 479-481, 485-489, 504,

518, 520, 549, 550, 552, 556, 559, 562, 563, 571, 584, 587, 590, 591, 606, 629, 630, 704, 705, a mwy.

Erbyn yr unfed ganrif ar bymtheg mae'n siŵr mai gweithgaredd 'diryw', os caf ddefnyddio'r fath air anysbrydoledig, oedd y cyfansoddi cymdeithasol hwn. Ni ragflaenai'r naill ryw y llall o ran statws. Sylwer sut y mae Thomas Pennant ym 1781 yn disgrifio'r proses: 'Numbers of persons, of both sexes, assemble, and sit around the harp, singing alternate *pennylls*, or stanzas of antient or modern poetry. The young people usually begin the night with dancing, and when they are tired, sit down, and assume this species of relaxation. Oftentimes . . . they will sing extempore verses. A person conversent (sic) in this art will produce a *pennyll* opposite to the last which was sung: the subjects produce a great deal of mirth, for they are sometimes jocular, at others satyrical, and many amorous'.[71]

Wrth ddarllen y penillion hynny sy'n amlwg fenywaidd, a'u cymheiriaid gwrywaidd yn ogystal â'r rhai di-ryw, fe sylwyd anhawsed oedd hi, oni bai fod yna dystiolaeth fewnol weddol gadarn, i wahaniaethu rhwng *arddull* y naill ryw a'r llall. Cywair 'torfol' ydoedd i'r rhain, gwrthunigolyddol; hynny yw, mewn cyd-destun prydyddol – penillion 'gwrth-gyfalafol' o ran hawlfraint, megis *traddodiad* ei hun. Mae merched yn y penillion hyn mor sobr o normal weithiau nes ei bod yn anodd dirnad yn gymwys a oedd ganddynt unrhyw ddiddordeb o fath yn y byd mewn hawliau ac anghyfiawnder ac anghydraddoldeb a phynciau bwrdais felly. Yn hyn o beth, roeddent yn debyg i'w gwŷr, yn gyfyngedig ddiawdurdod eu byd. Cydlafurient yn ôl eu tasgau trymion – cyd-lafurio oedd eu byd – nes bod y gŵr yn marw, a'r weddw maes o law ar ei ôl, oni ddarfu iddi drengi eisoes wrth esgor.

Dyma faes, yn sicr, lle y chwelir y delweddau ystrydebol arferol lle y mae'r gwryw i fod yn nerthol, yn eang ei brofiad a'i gydymdeimlad, yn eglur ac yn ddeallus, ac yn meddu ar ddealltwriaeth o'r fenyw yn ogystal ag o'r gwryw, a lle y mae'r fenyw ar y llaw arall yn arbenigo mewn meddalwch sentiment, yn dra sylwgar, yn goeth, yn gosod cywair moesol uchel, ond yn ddiffygiol dros ben mewn gwreiddioldeb, ac yn gyfyngedig o ran ei hadnabyddiaeth o'r ddeuryw i'w rhyw hi ei hun. Mae yna wirionedd hanesyddol bid siŵr yn effeithiau'r cyfyngiadau cymdeithasol a esgorodd ar ddelweddau felly. Dichon fod problemau'r fenyw yn y gorffennol wedi bod yn enbyd o gyfyngedig i ddyletswyddau'r cartref, i faich esgor ar blant, ac i ddiffyg preifatrwydd. O'm rhan i, tybiwn nad dyna'r bygythiad gwaethaf iddi ym myd llenyddiaeth, eithr y ffaith anffodus, oherwydd y disgwyliadau teuluol a chymdeithasol, na châi y math o ddewis a gâi ei gŵr. A hyd yn oed yn yr ugeinfed ganrif bu llenoresau'r iaith Saesneg at ei gilydd yn ddi-blant – Gertrude Stein, Virginia Woolf, Katherine Mansfield, Katherine Anne Porter, Flannery O'Connor, Iris Murdoch – megis llenores Gymraeg orau'r ganrif. Gwiw yw gweld rhai llenoresau Cymraeg yn ddiweddar yn llwyddo i *ddewis* yn hyn o beth bellach, ac y mae hynny'n fuddugoliaeth go fawr iddynt (yn ogystal, gobeithio, ag i'w gwŷr).

Ond sôn yr oeddwn am ddi-rywiaeth yr Hen Benillion, neu'n hytrach eu 'democratiaeth' os caf ddefnyddio gwell term. Dyma ddadl huawdl arall o blaid yr agwedd honno yn y meddwl ffeminyddol na fyn orbwysleisio gwahaniaethau rhwng y deuryw, ac yn erbyn yr honiadau chwyslyd a selog yna y deuir yn orgyfarwydd â hwy wrth ddarllen rhai ffeminyddion o'r ysgol wahaniaethol: 'Women cannot comprehend male books, men cannot tolerate female books'. (Mary Ellman, *Thinking about Women*). I mi, dyna un o osodiadau mwyaf clasurol a chanonaidd beirniadaeth ffeminyddol. Ni wn beth a ddwedai Ms. Ellman am yr Hen Benillion: brysiaf i ychwanegu nad yw'r fath safbwynt, y mae ei gymhelliad yn disgleirio'n weddol amlwg, yn nodweddiadol onid ymhlith lleiafrif o bobl niwrotig o'r naill ryw a'r llall bellach.

Yn wir, wrth sylwi ar y tri chyfnod olynol y sonia Elaine Showalter amdanynt yn natblygiad *psyche* merched o lenorion (1) Dynwaredol-wrywaidd (2) Ffeminyddol (3) Benywaidd, ni allaf lai na thybied mai yn y trydydd y mae'r rhan fwyaf bellach, onid pawb o'r llenoresau y byddaf i'n cyfarfod â hwy, er bod yna fawr angen o hyd i ddal ati i ymladd am flynyddoedd lawer eto ar y ffrynt *wleidyddol* ffeminyddol. Yn wir, fe ddwedwn i fod mwy o dir ar ôl i'w ennill yn wleidyddol ac yn gymdeithasol nag a enillwyd hyd yma, er gwaethaf y frenhines sydd gennym ni lond yr orsedd a'r clamp o brifweinidog a fu ar ryw fath o orsedd o hyd adeg ysgrifennu'r sylwadau hyn yn gyntaf.

A chyda llaw, gan fy mod yn dibynnu ar fy nghof, nid wyf yn siŵr a sylwodd Elaine Showalter ar y tri chyfnod cyfredol ar yr ochr arall i'r wal ddiadlam y byddai'n rhaid eu cyfrif yn gyfartal ddigon â'i thri hi (a defnyddio'r jargon arferol unwaith eto), sef (1) *Macho* (2) Patriarchaidd (3) Gwrywaidd. Bid a fo am symlder dosbarthiad datblygol digon hwylus felly, yn achos yr Hen Benillion byddwn i'n hwyrfrydig dros ben i ganfod y naill na'r llall o'r ddau gyfnod cyntaf ar waith, onid mewn ambell berl megis:

Mae'n rhaid cael i fagu bachgen
Dŷ a thân a mameth lawen.

> *Pwll 'n y drws a slwt o fameth*
> *A wna'r tro i fagu geneth.*[72]

Ond dwedwch yn onest, fy nghyd-ffeminyddion, pa un – ai *macho* ynteu ffeminyddol yw hyn? A glywaf ambell wrth-ffeminydd annifyr yn tynnu'n coes ni?

Ymhlith yr holl benillion unigol a'r holl ganeuon a gasglwyd ynghyd gan T. H. Parry-Williams yn ei gyfrol *Hen Benillion*, mae yna un gerdd y cyfeiriais ati gynnau sy'n fwy datblygedig ac yn ddwysach gyflawn na'r lleill. Rhwng rhif 123 a rhif 129 ceir cyfres o ganeuon neu o benillion am 'Hiraeth', a'r gân gyntaf yn y gyfres honno yw, ar ryw ffurf neu'i gilydd, yr enwocaf. Fe'i crybwyllais eisoes heb ei dyfynnu ar ei hyd. Dychwelwn ati yn ei chrynswth gan ei phwysiced. Nid oes digon o dystiolaeth o fewn y testun fel y mae i sicrhau ai gwryw yntau menyw sy'n pyncio. Ond ymddengys i mi mai gwraig fonheddig o Forgannwg, un sy'n gyfarwydd â gwisgo'n gain ac yn meddu ar beth tiriogaeth, yw'r math o berson a ganai fel hyn:

> *Gwedwch, fawrion o wybodaeth,*
> *O ba beth y gwnaethpwyd hiraeth;*
> *A pha ddefnydd a roed ynddo*
> *Na ddarfyddai wrth ei wisgo.*
>
> *Derfydd aur, a derfydd arian,*
> *Derfydd melfed, derfydd sidan,*
> *Derfydd pob dilledyn helaeth;*
> *Eto er hyn ni dderfydd hiraeth.*
>
> *Hiraeth, hiraeth, cerdd oddi yma,*
> *Paid â phwyso gormod arna';*
> *Y mae wedi cymryd tyddyn*
> *Yn fy mrest ers gwell na blwyddyn.*
>
> *Hiraeth mawr, a hiraeth creulon,*
> *Hiraeth sydd yn torri 'nghalon;*
> *Pan fwyf dryma' 'r nos yn cysgu,*
> *Fe ddaw hiraeth ac a'm deffry.*
>
> *Fe gwn yr haul, fe gwn y lleuad,*
> *Fe gwn y môr yn donnau irad,*

Fe gwn y gwynt yn uchel ddigon;
Ni chwn yr hiraeth byth o'm calon.

Ni ellir bod yn gwbl sicr bellach beth oedd y fersiwn cyflawn-gywir. Gweddillion traddodiad llafar ydyw. Mae 'fe gwn' (cwnnu < cyhwnnu < cychwynnu) yn amlwg dafodieithol ym Morgannwg. A gallai rhai o'r penillion ar ei hôl rhwng 124 a 129 yn nhestun Parry-Williams fod yn grwydr ac wedi bod o fewn y gân uchod yn wreiddiol: gallai rhai sydd bellach o fewn hon, sef rhif 123, fod wedi dod iddi o fannau eraill. Bid a fo am hynny, yn nhestun Parry-Williams neu yn nhestun Gruffydd mae'n amlwg ei bod yn gân nodedig.

Cân am golled ydyw. Absenoldeb yw'r ysgogiad. A chafwyd ynddi byncio ynghylch prif thema barddoniaeth yn ôl Gruffydd, sef Hiraeth. Y mae hefyd, wrth gwrs, yn Fawl. Ond Mawl yw a ddadlennir drwy negyddiaeth. Y mae'r person – os person yw – a glodforir yn bell mewn amser, mewn lle, neu mewn profiad. Nid oes dim disgrifiad pendant o'r person hwnnw. Fe all, yn wir, fod yn wryw neu'n fenyw. O fewn fersiwn Parry-Williams ni raid mai wejen neu sboner ydyw hyd yn oed, gall fod yn blentyn, gall fod yn fam neu'n dad, gall yn rhyfedd iawn fod yn lle, yn gartref, neu'n fro. Dathlu, os dyna'r gair, dathlu'r teimlad y mae'r bardd.

Eithr wrth wynebu'i hiraeth ei hun y mae'r bardd (neu'r beirdd, oherwydd gall mai cywaith yw yn y pen draw) yn mynnu difrifoldeb. Nid coegi fel dogma yw sylfaen y gân, eithr cadarnhad o ddiffuantrwydd gwaelodol. Os negyddiad yw cynhyrfiad y profiad hwnnw, nid yw'r bardd yn fodlon ar negyddu. Ni all gyd-fynd ag ef. Ymladd, ymladd y mae am einioes y cyflwr cadarnhaol. Mae Mawl yn beth rhyfedd yn yr achos hwn. Gellir amlygu'i rinweddau hyd yn oed pan fydd y gwrthrych ar goll. Y mae fel pe bai'n rhan o wneuthuriad bod, a phan glwyfir ef, y mae bodolaeth ei hun yn crio ac yn ysu am wneud iawn. Nid yw bodolaeth yn ei hiawn bwyll nes unioni neu gydbwyso'r sefyllfa.

Mae Mawl yn hynny o beth yn debyg i'r Ddeddf. Ac mewn un lle rhyfedd, y maent yn cyfarfod ac yn dyfod yn un, sef yn y ddeddf neu'r gorchymyn cyson 'Molwch yr Arglwydd'. Y maent ill dau yn datgan delfryd ac yn dadlennu inni rinweddau meddwl Duw neu fynegiant daioni. Mae Mawl yn gofyn ymostyngiad felly, ac yn hynny o beth y mae'n fath o addoliad. Nid yw'n dod heb ras, naill ai gras cyffredin neu ras arbennig. Ac fe'i rhoddir o'r tu allan. Lle y mae'r Ddeddf foesol yn gogwyddo tua'r dyfodol ac yn mabwysiadu tymp dyfodol y ferf (gŵyr pawb bellach nad presennol yw gorchmynion megis 'edrychwch', 'peidiwch', fel y tybiai'r

hen ramadegwyr; eithr dyfodol) neu orffennol yw sydd wedi troi'n gynhysgaeth bresennol.
Rywfodd y mae'n fuddugoliaeth fach hefyd ar y llygredd. Cyfundrefn ydyw sy'n patrymu'r meddwl yn ôl yr hyn a allai fod.
Arfogaeth yw yn ogystal wrth geisio wynebu'r adfeiliad meddwl ym mhersonoliaeth dynoliaeth. Pan fo traddodiad Mawl yn ddigon cryf gall drechu neu gario gwyriadau ffasiynol sy'n llethu cymeriadau gwanllyd. A gall ddiogelu rhywun rhag y balchder sy'n celwydda am yr hunan, a rhag y gwaseidd-dra sy'n tarddu mewn annigonolrwydd.
Tebyg, felly, yw Mawl i Gariad. Mae'n dethol, yn canolbwyntio, ac yn ymhyfrydu. Gall hyd yn oed wirioni wrth hyfryd arbenigo ar y rhinweddau a chan anwybyddu'r beiau i gyd. Gwedd ar hiraeth neu o ymchwil yw yn y byd hwn am yr hyn y gwyddys ei fod yn hanfodol. Hynny yw, perthyn i fedr dynol i drefnu'r meddwl yn ddethol yn ôl y delfryd sy'n gynhenid o fewn yr hyn a ganfyddir. Gweledigaeth yw o'r gwirionedd.
Oherwydd yr argraff gyffredinol o gyffredinedd ac o feddwl y cyfieithydd a roddir gan safon greadigol y brydyddiaeth (a llawer o'r rhyddiaith) yn y cyfnod 1536-1736, tueddir i adael y cyfnod yn nwylo ysgolheigion hanesyddol. A gwnaethant hwythau eu gwaith gydag arddeliad. Rhaid i'r beirniad llenyddol, sut bynnag, arddangos gwerth; a bu'n rhy encilgar yn ei sylw i'r cyfnod hwn hyd yn hyn. Oherwydd yr ymwybod â bywyd, bydd y beirniad hydeiml yn tueddu i ganolbwyntio ar ddwy ffenomen yng nghanu rhydd yr ail ganrif ar bymtheg: sef dyrnaid o ganeuon gan Lywelyn ab yr Hwlcyn a Dic Hughes ar y naill law a'r Hen Benillion ar y llall. Mewn rhyddiaith y mae gennym y tri, Morgan Llwyd, Charles Edwards ac Ellis Wynne. Ond ni ddylid anghofio (o bethau'r byd) y cyfieithu gorchestol. Gall y cyfieithydd sy'n cael arddeliad a hyd yn oed ysbrydoliaeth o fewn ei allu celfydd, greu campwaith fel yn ddiau y gwnaeth William Morgan. Eto, er mor amlwg yn ystod y Dadeni oedd cyfansoddiadau cain a ddangosai greadigrwydd y dosbarth dysgedig, ym maes 'gwreiddioldeb' rhaid troi at benillion ymddangosiadol werinol i ddod o hyd i Fawl croyw y galon seml. Dyna sy'n lleisio unigrywiaeth. Yn y fan honno y profir presenoldeb anghonfensiynol yr oedd ei fawr angen ar y pryd (gan gynnwys llais y ferch). Roedd hi fel pe bai barddoniaeth yn dechrau yn gyfan gwbl o'r newydd mewn ffresni gwyryfol, ac yn datblygu'n fynegiannol tuag at iaith blaen ddiaddurn ac ysgafn lân.

Nodiadau

1. *Y Ffydd Ddi-ffuant*, Charles Edwards (gol. G. J. Williams), Caerdydd, 1936, 209-210.
2. ibid. 216.
3. ibid. 217.
4. ibid. 228-9.
5. ibid. 244.
6. ibid. 251-2.
7. ibid. 259.
8. ibid. 318.
9. ibid. 372-3.
10. *Hen Gyflwyniadau*, gol. Henry Lewis, Caerdydd, 1948, 4.
11. *Rhagymadroddion a Chyflwyniadau Lladin 1551-1632*, Ceri Davies, Caerdydd, 1980, 79.
12. *Rhagymadroddion*, gol. Garfield H. Hughes, Caerdydd, 1951, 104.
13. gw. Charles Edwards op. cit. 185.
14. ibid. 189-190.
15. ibid. 195.
16. ibid. 202-203.
17. ibid. 214.
18. ibid. 152.
19. ibid. 153.
20. ibid. 154.
21. ibid.
22. ibid. 159.
23. ibid. 189.
24. ibid. 199-200.
25. ibid. 203.
26. ibid. 223.
27. ibid. 211.
28. ibid. 262-3.
29. ibid. 266.
30. ibid. 326.
31. ibid. 330.
32. ibid. 331.
33. ibid. 340.
34. ibid. 346.
35. ibid. 295.
36. ibid. 296.
37. ibid. 320.
38. gw. sylwadau Robert Rhys yn *Patrwm Amryliw I*, gol. Robert Rhys, Cyhoeddiadau Barddas, 1997, 3.
39. *Llên Cymru*, IX (1966), 115.

40. *Ymryson Edmwnd Prys a Wiliam Cynwal*, Gruffydd Aled Williams, Caerdydd, 1986, cx/iv.
41. Kenneth Brownell, 'Worship and the Marian Exiles in Frankfurt', yn *Spiritual Worship*, Westminster Conference, 1985, 13: 'Someone has said, and I think rightly, that Anglican worship is primarily priestly, that is man approaching God, whereas Reformed worship is primarily prophetic, that is God approaching man. This is the worship that most becomes the evangelical and reformed church because it humbles the believer before the majesty of God in his word and like John the Baptist points away from itself and says "Behold the Lamb of God". Then the believer with a confidence born of grace can rise up and respond with prayer and praise.'
42. Christopher Bennett, 'Worship among the Puritans – the Regulative Principle', yn *Spiritual Worship*, Westminster Conference, 1985, 17-32.
43. R. Geraint Gruffydd, 'Diwygiad 1762 a William Williams o Bantycelyn', *Cylchgrawn Cymdeithas Hanes Eglwys Methodistiaid Calfinaidd Cymru*, liv, 68-75; lv, 4-13.
44. *The Oxford Book of Welsh Verse*, Thomas Parry, Oxford, 1962, rhif 100-108.
45. *Canu Rhydd Cynnar*, T. H. Parry-Williams, Caerdydd, 1932, 27-28.
46. SB 313-4.
47. *Hen Ganiadau Serch*, Caerdydd, 1902, 17.
48. T. H. Parry-Williams, op. cit. 54-56.
49. *The Lives of the British Saints*, S. Baring-Gould and J. Fisher (London, 1913) IV, 285. Ond gweler hefyd *Traditions of the Welsh Saints*, Elissa R. Henken (Caergrawnt, 1987) lle y cysylltir y sant â Meirionnydd yn bennaf. Dyfynnir t. 215: 'Y nosau gilwg,/Golli trem y gwylliaid drwg' pryd y cipiwyd chwaer Tydecho. Wedyn nodir y pennill telyn, 'Os hir y nos i Dydecho/mae nos ny hwy no honno/os hir y nos i Vowddwy/Duw a wnelo heno yn hwy.' Medd Dr Henken t. 216, 'Presumably, there was some legend in which Tydecho extended the night, but for what purpose can only be guessed. It could have been in order to complete before dawn a journey to Mowddwy, or any other action, or it may have been to force submission on any unruly king through unending darkness.' Yr wyf yn ddiolchgar i'r Athro R. G. Gruffydd am dynnu fy sylw at y cyfeiriad hwn. Cyfeiria *The Welsh Saints, A Study in Patterned Lives*, Elissa R. Henken (Cambridge, 1991) 211, at 'Tydecho had a long night, Aberystwyth, NLW Mostyn MS 131, 695'.
50. Addit. Ms 14,974.
51. *Traddodiad Llenyddol Morgannwg*, G. J. Williams, Caerdydd, 1948, 29-30, 118-119; gw. hefyd *Efrydiau Catholig*, V, 35, 40; a'r *Beirniad*, VIII (1920), 212-3.
52. *Y Beirniad*, III (1913), 230-244.
53. Trafodir awduraeth bosibl Dic Hughes yn *Ffwtman Hoff*, Nesta Lloyd (Barddas, 1999), 78-80.
54. op. cit. 119.
55. SB 26.
56. *Llên Cymru*, IX, 118.
57. *Llawysgrif Richard Morris o Gerddi*, T. H. Parry-Williams, Caerdydd, 1931, 184-5.
58. *Canu Rhydd Cynnar*, T. H. Parry-Williams, Caerdydd, 1932, 85.
59. *Hen Benillion*, T. H. Parry-Williams, Y Clwb Llyfrau Cymreig, 1940, rhif 404.

60. *The Golden Bough*, J. G. Frazer, abridged edition (London, 1957), I, 14-16.
61. *Arferion Caru*, Catrin Stevens, Gomer, 1977, 16-17.
62. ibid. 19. Tybed a ellid cysylltu'r gerdd â 'Cherdd y Crys Gwaedlyd' a ddisgrifir yn *Baledi'r Ddeunawfed Ganrif*, Tom Parry, Caerdydd, 1986, 98-99.
63. Catrin Stevens, loc. cit. 12-13, 77, 74.
64. *Canu Rhydd Cynnar*, 75-77.
65. *Hen Benillion*, rhif 117.
66. ibid. rhif 123.
67. ibid. rhif 124.
68. ibid. rhif 125.
69. ibid. rhif 244.
70. ibid. rhif 419.
71. ibid. t. 207.
72. ibid. rhif 539.

Pantycelyn[1]

CLERWR Y NEF

Gellid synied bod Pantycelyn yn cadw'r un bwriad glew o ddefnyddio Mawl i gynnal trefn, ysbrydol neu ddelfrydol, ag a geid gan Feirdd yr Uchelwyr. Ond nid cadw trefn eithr Trefn y Cadw ei hun oedd y drefn y dymunai ef ei dyrchafu.

Drysu'r drefn honno oedd swyddogaeth waelodol pechod yn ei fryd ef. Trefn berffaith fu Eden gynt; a pherthynas rhwng Duw a dyn oedd calon y drefn honno. Trefn cariad ydoedd. Ceid cynghanedd, nid oherwydd bod Duw yn aruchel a dyn yn ddarostyngedig, er mor hyfryd oedd hynny, ond oherwydd bod y drefn o berthynas yn hanfodi bodolaeth. Cwymp oddi wrth y drefn lân ac anwylbur honno oedd y Cwymp, y bwlch rhwng dyn a Duw. O fewn y patrwm cyffredinol hwnnw, lleol oedd pob drwg unigol.

Dyma, fel petai, yr 'her' i Dduw a'i gariad. Gwahanwyd y ddau bellach, dyn a Duw. Ond caed trefn ddigonol o aduno'r rheini drwy faddau beiau mewn Iawn. Defnyddid cariad, felly, i adfer cariad.

Unioni trefn, mewn gwirionedd, oedd hanfod cyfiawnder a thrugaredd fel ei gilydd. Disgrifio peth o'r drefn lân a rhyfedd honno a wnâi'r Gyfraith. A thrwy ragluniaeth y byddid yn gweithio i gyflawni'r cwbl hwnnw: dyna arfaeth fawr Cariad.

Prifardd y llys yn hyn o faes yng Nghymru oedd Williams Pantycelyn. Meddai Gwenallt amdano, gan ganfod Williams o fewn fframwaith yr hen feirdd crwydrol:[2]

> *Aet ar dy gwrs drwy'r wlad, glerwr y Nef,*
> *Ac yn dy waled radd yr Ysbryd Glân,*
> *Ti oeddit bencerdd Ei Eisteddfod Ef*
> *Ac athro gwarant yr holl glerwyr mân.*

Mawl yn llys Duw oedd Mawl Williams. 'Cenit yn eu tafodiaith, gân y ffydd,' meddai Gwenallt amdano, gan adleisio *Ffarwel Weledig*:[3]

> *Yn nhafodiaith nefoedd oleu*
> *Caf fi draethu yn mhlith y llu,*

*Gyda blas na ellir ddeall,
Hen ddirgelion nefoedd fry.*

Bardd crwydr drwy Gymru ydoedd, a dyma'i Fawl ef ym mhob man yn gwasanaethu'r llysoedd bach Methodistaidd gwasgaredig, ac yn hyrwyddo'u trefn dra uchelwrol ymhlith y brodyr. Roedd Ffransis o Assisi, yntau, a garai Dduw fel Priod uwch a thecach na'r un, yn hoffi disgrifio'i ddilynwyr yntau fel Trwbadwriaid Duw – *Les Jongleurs de Dieu*. Ateb llawen i oes chwâl mewn cyfnod cynt fu ei 'frodyr' ef.

Bardd llysoedd y credinwyr, felly, oedd Pantycelyn fel ei frodyr yn y ffydd, yntau. Ond ym mhob un o'r llysoedd hynny, un Arglwydd oedd. Yr oedd Pantycelyn yn adnabod Hwnnw fel yr oedd y 'deiliaid' eraill yn y llysoedd Methodistaidd yn adnabod eu Noddwr. Ac yr oeddent yn Ei garu, yn ymhyfrydu ynddo. Canent Fawl o'r galon nid er mwyn cynnal unrhyw 'gyfundrefn' amhersonol, nid er mwyn ufuddhau i'r gorchymyn i foli'r Arglwydd, ond oherwydd bod yr Arglwydd mor lân a hardd, mor gariadus a chyfiawn, mor drugarog a haelfrydig, mor wir a byw; ac ni ellid ymatal.

Felly, yng nghanol y drefn hon yr oedd yna Berson. Trefn drugarog oedd meddwl y Person hwnnw. Gyda'i Gyfiawnder fe geid Cariad, a chyda'i Gariad Farn hefyd. Ond undod perffaith oedd Duw drwyddo draw, a'i holl ffyrdd yn gynganeddus. Nid drysu'i drefn yr oedd Ei drugaredd, eithr ei chyflawni, a'i chyflawni yn Ei berson.

Y Diwygiad Methodistaidd a ddangosai i'r gwerinwr cyffredin o Gymro Cristnogol ei swyddogaethau triphlyg fel proffwyd, offeiriad a brenin. Fe ddyrchafwyd y werin gan y wybodaeth ryfedd honno. Nid tan y ddeunawfed ganrif a'r bedwaredd ganrif ar bymtheg y cawn mewn gwirionedd y Diwygiad Protestannaidd yn ei rym (ymhlith y werin) ynghyd â'r Dadeni Dysg (ymhlith ein hysgolheigion gwerinol). Math o Oleuedigaeth ei hunan oedd y Diwygiad Methodistaidd bellach, ond yn ysbrydol drwy'r meddyliol. Nid dyn yn y canol ydoedd yr Oleuedigaeth Fethodistaidd hon, eithr Duw yn y canol. Y Diwygiad Methodistaidd yn unig a gynigiai'r grym personol angenrheidiol drwy'r gymdeithas a allai amgylchu a chynhyrfu a goleuo'r wlad drefedigaethol hon benbwygilydd. Dyma oedd rhuddin y diwylliant Cymraeg modern bellach. Dyma gyrraedd y Cymry o'r diwedd gyda llu o lyfrau ymryddhaol, ynghyd â'r moddion i'w darllen. Dyma yn y bôn yr addysg i'w harwain o'u marweidd-dra i uchelwriaeth Bywyd.

Ymwneud â chyfanrwydd yr oedd y rhyddhad hwn. Yn rhy fynych, mewn mudiadau dyn-ganolog tueddid i gael hollt rhwng Natur a Gras, a

diwygiad cymdeithasol yn *cyd*redeg yn hytrach nag yn *mewn*redeg. O ran
'rhyddid' meddwl (bondigrybwyll) a rhagdybiau'r Ymoleuo confensiynol,
y pwyslais ar reswm, a'r 'radicaliaeth' ddyn-ganolog oedd yr hyn a gawsom
gan Jac Glan-y-gors a Thomas Roberts Llwynrhudol, Morgan John Rhys a
Tomos Glyn Cothi. Radicaliaid dosbarth-canol oeddent yn y 'dull Seisnig'
fel petai, yn ddigon tebyg i'n 'radicaliaid' cyfoes. Eilradd oedd eu meddwl,
ac eilradd eu mynegiant. Ond roedd eu pwysigrwydd hanesyddol yn
bendant. Caent arwain maes o law at Samuel Roberts a'i debyg. Eto i gyd,
nid gyda hwy, eithr gydag eraill fel Williams Pantycelyn, Thomas Charles
a Thomas Jones Dinbych a llu o ddeallusion Calfinaidd y caed gwir nerth
meddyliol a phrofiadol y canrifoedd hyn i'r werin. Nid *ym*oleuo eithr
goleuedigaeth wrthrychol a gaed ganddynt hwy.

Dwy ffrwd a gawsid yn yr Eglwys Anglicanaidd ei hun yn yr unfed
ganrif ar bymtheg a'r ail ar bymtheg, sef Catholigiaeth sagrafennol a
Phiwritaniaeth. Nid tan yr Ymoleuo yn y ddeunawfed ganrif y daeth y
drydedd ffrwd. A dyma ffrwd fwy arwynebol, ffrwd sydd mor adnabyddus
heddiw ac yn ffactor gwir arwyddocaol yn chwalfa'r enwadau, sef Rhydd-
frydiaeth ddiwinyddol. Pobl nad oeddent yn credu dim oll o ddifri neu a
oedd yn credu 'popeth', dyna'r Rhyddfrydwyr. Pobl a wyddai fod yn rhaid
iddynt fod yn 'llac.'

Cafodd yr adain gatholig adfywiad gyda Mudiad Rhydychen yn niwedd
y bedwaredd ganrif ar bymtheg, adfywiad a barhaodd o ran dylanwad tan
bumdegau'r ugeinfed ganrif, onid wedyn. Adfywiad deallol ydoedd hefyd.
Ond fel arfer erbyn diwedd yr ugeinfed ganrif, daeth sylwebyddion o'r tu
allan i hoffi edrych ar yr Efengylwyr ar y llaw arall yn glap-hapus ac yn
ddeallol ysgafn. Anwybodaeth oedd hyn oherwydd ceid dwy ffrwd eglur
mewn efengylyddiaeth, onid tair: y ffrwd Biwritanaidd a'r ffrwd Garismat-
aidd a ddyfeisiwyd gan yr Americanwr Charles G. Finney ac na ddaeth i
Gymru yn ei grym tan 1859. Roedd y naill yn priodoli galwad effeithiol i
ras a gallu dwyfol, gan dderbyn athrawiaethau gras yr ysgrythur, a'r llall
yn rhoi llawer mwy o bwyslais ar oddrychedd ac ar dechnegau ac ymateb
dynol corfforol ac ar ddiwygiad fel dull priodol reolaidd. Yng Nghymru
yn y ddeunawfed ganrif a hanner cyntaf y bedwaredd ganrif ar bymtheg,
sef oes aur y Diwygiad Methodistaidd, efengylyddiaeth Biwritanaidd feddyl-
gar ei serchiadau oedd mewn grym yn olyniaeth Baxter, Brooks, Charnock,
Flavel, Goodwin, Manton, Owen, Perkins, Sibbes, ac wrth gwrs Calfin a
Bunyan. Erbyn diwedd yr ugeinfed ganrif, y blaid Biwritanaidd hon oedd
yr un a gynhaliai siopau llyfrau Cristnogol a thai cyhoeddi crefyddol
ledled Prydain ac fe'i cysylltid yn y wlad hon â Mudiad Efengylaidd Cymru.

Ac ar yr ochr arall, y blaid Garismataidd a oedd yn cynnal ralïau a rhaglenni teledu mwy lliwgar na'i gilydd ac yn llefaru mewn tafodau. Ceir trydedd ffrwd a oedd yn fwy gwasgaredig, sef Efengylyddiaeth radicalaidd a gysylltir â Tearfund, ac i raddau â'r Cynghrair Efengylaidd, ymhlith symudiadau eraill. Ni raid nodi bod y tair ffrwd yn fynych iawn yn undod yn ei gilydd.

Wrth chwilio am wreiddiau diweddar sylweddol, ni raid i'r credadun difrif cyfoes deimlo'n ddieithr wrth nesu at Bantycelyn. Gwaith yr adain efengylaidd yn y ddeunawfed ganrif yw'r hyn y gall y deall Cristnogol effro yn nechrau'r unfed ganrif ar hugain ei barchu o hyd a dal i fyfyrio ynddo. Hi oedd ar ganol llenyddiaeth y cyfnod, a'i radicaliaeth amgenach o safbwynt cymdeithasol yn ymddangos yn llai uniongyrchol na hogiau'r Ymoleuo dyngarol a gwleidyddol.

Yn y mudiad meddyliol a phrofiadol mawr hwn, mewn gwirionedd, y tueddwn i ddyrchafu Pantycelyn fel y cynrychiolydd mwyaf toreithiog a galluog o safbwynt Mawl ysbrydoledig. I Saunders Lewis, ei oddrychedd oedd y math o beth a wnâi Williams braidd yn wahanol i'r molwyr cymdeithasol a chlasurol a geid ymhlith yr uchelwyr. Yr oedd ei weledigaeth ysbrydol ef, yn ôl Saunders Lewis, yn groes i briffordd geidwadol y traddodiad Cymraeg. Yn hanner cyntaf yr ugeinfed ganrif, cyd-ddyn oedd canolbwynt disgyrchiant y Mawl mwyaf amlwg yn y Gymraeg ers tro byd bellach. Cymdeithas o gymdeithasau oedd cenedl i Saunders Lewis; ond i Bantycelyn cymdeithas o bechaduriaid anghenus ydoedd. A Duw oedd canolbwynt disgyrchiant ei Fawl ef.

Sylwer fel yr oedd prif feirniad yr ugeinfed ganrif yn teimlo gorfodaeth i'w ddiffinio fel llenor ymddangosiadol anghanolog a goddrychol unig yn ôl ei berthynas â'r briffordd Fawl:[4] 'yr oedd ei ffilosoffi ef, ei dyb am natur ac amcanion barddoniaeth, yn groes i holl ddamcaniaethau'r Estheteg Gymreig . . . ei eni a'i fagu a'i addysgu mewn gwlad a gollasai ei threfn gymdeithasol a'i thraddodiadau, gwlad wedi ei maglu mewn unigedd a thlodi ysbrydol . . . Yr oedd un peth nas darganfu Williams erioed, sef y syniad Cymreig am gymdeithas ac am natur gymdeithasol barddoniaeth . . . Y mae'n iawn dangos mai barddoniaeth y Seiat, y Gyffesgell, ac nid barddoniaeth moliant a'r gwasanaeth cyhoeddus yw holl ganu Pantycelyn.' Yn awr, anodd bellach yw cytuno ag odid ddim o ddisgrifiadau Saunders Lewis fan yna. Yn un peth, gwrthrychol yn bennaf oll (nid goddrychol) i Bantycelyn oedd y dystiolaeth a'r gwirioneddau am holl bersonau'r Drindod. Gwrthrychol yn gyntaf oedd person a hanes Crist. Sylwer wedyn ar y cam yn nadl Saunders Lewis o breifatrwydd unig y gyffesgell i ferw tan-sang y Seiat. Dengys marwnadau Williams, ei waith gweinyddol helaeth, a'r cwbl a wyddom am ei gymdeithasu cyfeillgar eang (ac yntau'n bencampwr y seiat) mai prin iawn oedd ei unigedd crefyddol o safbwynt ei gyd-ddynion. Nid oedd yr un bardd erioed yn hanes y wlad wedi trefnu cynifer o *gymdeithasau* ag ef. Mae'n wir mai Duw (ym mryd Pantycelyn) a sefydlai ac a weithredai *aelodaeth Eglwysig,* nid unrhyw offeiriad na sefydliad; ac mai anweledig (yn gyntaf) a gweledig (yn ail) oedd yr Eglwys. Ond y mae awgrymu nad moliant personol *a* chymdeithasol oedd canu Pantycelyn yn enghraifft o orgariad Saunders Lewis at ddireidi paradocs a pheri syndod. Byddwn yn cytuno, bid siŵr, nad rhywbeth i'w ganu gan yr anffyddiwr neu'r 'gwrandawr' anghrediniol oedd y Mawl hwn. Ond ni ellir dianc rhag yr amcanion na'r sylwedd moliannus sydd ynddo ar gyfer y gymdeithas o bobl, y miloedd ohonynt, a oedd yn adnabod y Gwaredwr. Yr hyn sy'n ogleisiol – o safbwynt yr unigolyn a'r gymdeithas – yw bod y Mawl hwn yng ngwaith Pantycelyn yn ddeuol: yn Fawl i Dduw wrth gwrs ar ran cynulleidfaoedd mewn emynau, eithr yn Fawl i ddyn hefyd yn ei farwnadau. Marwnadau a gyrhaeddodd eu huchafbwynt ym marwnad afaelgar Daffi Llwyd, plentyn deng mlwydd oed Mrs Margaret Lloyd. Yr oedd i'r Cristion le diriaethol yn yr eglwys anweledig dragwyddol luosog yn ogystal ag yng nghynhesrwydd y gymuned leol.

Ffaith amlwg, y bydd rhywrai am wneud môr a mynydd gwleidyddol yn hytrach na llenyddol ohoni am ryw reswm, yw mai pendefigaidd yn bennaf oedd y rhan fwyaf o'r hyn a erys inni o farddoniaeth Fawl Gymraeg a gadwyd hyd at y Diwygiad Protestannaidd. Wedyn, troes, gan bwyll, a siarad yn fras, yn ddosbarth-canol hyd at y Morysiaid a Goronwy Owen yn y ddeunawfed ganrif. Ac yna, gyda chwyldro'r Methodistiaid, ond nid gyda hwy yn unig, ond yn gyfredol gyda'r Anterliwtwyr hefyd a chydag awduron peth o'r canu rhydd seciwlar, daeth am y tro o leiaf yn nesnes at y Werin a'r dosbarth gweithiol a'r crefftwyr, yn ogystal ag at bobl a feddai ar ryw gymaint o annibyniaeth economaidd yn y dosbarth canol isaf. Diwylliant gwerinol uchelwrol oedd ar lawer ystyr.

Ond nid gweithred i fod yn nawddogol ymwybodol yn ei chylch byth oedd y troi hwn at y werin ac at y dosbarth canol isaf, o leiaf ym mryd y Methodistiaid. Nid neges fwriadol yr efengyl Fethodistaidd oedd delfrydu unrhyw ddosbarth cymdeithasol fel y cyfryw wrth gwrs, er ei bod ar ochr y tlodion. Ac eto, fe ddigwyddodd symudiad. Llithrodd y dull o ganu Mawl o fyd y pendefig i fyd y gwerinwr a'r dosbarth canol isaf bron yn ddiarwybod gydag atrefnu graddol ar y gymdeithas. Roedd peth o hyn eisoes ar waith. Ochr yn ochr â'r democrateiddio Protestannaidd adnabyddus ac offeiriadaeth pob credadun, gwiw fyddai cofio datblygiad cyfredol o fewn y gymdeithas 'seciwlar' a darddai eisoes o bosib yn y dull cyfreithiol Cymreig o rannu etifeddiaeth.

Eto'n sylfaenol bwysicach na'r atrefniad cymdeithasol graddol, ystyriai'r grefydd efengylaidd bellach mai brenhinoedd oedd pawb o'r werin a ailanwyd yng Nghrist. Hefyd, oherwydd y ddysg newydd a ddôi i'w rhan drwy waith Gruffydd Jones a Thomas Charles, yr oedd y werin honno yn ddysgedig. Ar yr wyneb bid siŵr mae yna wahaniaeth dosbarth rhwng gwrthrychau marwnadu Guto'r Glyn a rhai Pantycelyn. Dyweder ar y naill law Llywelyn ab y Moel, Rhys Abad Ystrad Fflur, Edward ap Dafydd o'r Waun a Robert Trefor yn achos Guto – uchelwyr oll; ac ar y llall Mrs Eliza Price, Mrs Catherine Jones, Mrs Mary Morice a Dafydd John yn achos Pantycelyn – brenhinoedd hwythau bob un yn ei ffordd wahanol ei hun. Nid oes gennym yr un achos i ystyried bod Pantycelyn yn atrefnu ei werthoedd yn ymwybodol o 'sosialaidd' na chwaith yn gostwng y proses o Fawl yn chwyldroadol fwriadus economaidd wrth gynnwys y rhain. Sylwebyddion ceidwadol diweddar fel Saunders Lewis a chwiliai am etifeddiaeth gorfforol neu gymdeithasol gyfun i'r werin a'r uchelwriaeth. Ac mewn modd nid anghyffelyb y byddai sylwebyddion radicalaidd boliticaidd fel y Marcsiaid yn chwilio am ddyrchafiad economaidd materol i'r tlodion. Ond ym mryd y Methodistaid hwythau yr oedd y Cristnogion hyn (taw faint eu pae), y foment y caent eu haileni, eisoes yn llinach real y Brenin Mawr ei hun drwy'r ysbryd, yn blant ac yn etifeddion i Dduw. Llawenhaent yn eu tras newydd.

Democrateiddiwyd Mawl o'r herwydd. Doedd gwerinwyr a'r dosbarth canol isaf ddim wedi arfer â bod yn wrthrych uniongyrchol i gywyddau Mawl onid mewn eithriadau sy'n profi'r rheol fel 'Cywydd y Llafurwr.' Yn yr hen amser, hyd yn oed os oedd yna ganu gwerin, ni folid y dyn cyffredin yn uniongyrchol drwy hwnnw – na Siôn na Siac heb sôn am Siân onid mewn canu serch anhysbys. Sut bynnag, gyda'r weledigaeth am offeiriadaeth a brenhiniaeth yr holl saint, meithrinwyd golygiad newydd am urddas dyn. Nid damwain oedd hi fod democratiaeth wleidyddol wedi cydredeg â'r pwyslais ar offeiriadaeth pob credadun. Cydredai hefyd yn arbennig â'r twf yn yr ymwybod o werth profiad y bersonoliaeth gyflawn, gan gynnwys y serchiadau, peth a ddylanwadodd hefyd ar y Mudiad Rhamantaidd. Ond canlyniad oedd hyn i weledigaeth bur newydd am ddyn a darddai yn y weledigaeth am berthynas ddwyfol. Bellach nid yn unig democrateiddio yn anymwybodol a wnaethpwyd, nid yn unig trosglwyddo ffordd o foli un math o berson i foli yn yr un ffordd fath arall o berson. Cafwyd datblygiad eglur ddeallol mewn syniadaeth. Molwyd dynion am resymau newydd. Molwyd plant i Dduw, oherwydd iddo Ef wneud rhywbeth uniongyrchol ddigyfrwng iddynt a throstynt.

Sianeli oedd yr uchelwyr newydd felly i awdurdod ac i haelfrydedd Duw. Roedd Duw yng nghalon Methodist am iddo yn ei arfaeth ymwybodol weddnewidiol ddod i'r galon honno. Y tu ôl i'r golwg yr oedd yna ffydd arwyddocaol bersonol i sôn amdani. Cafwyd datguddiad am botensial pobl arbennig. Ac fel yr oedd y brenhinoedd gynt yn gynrychiolwyr daearol i lywodraeth Duw, felly yr oedd y credinwyr profiadol newydd hyn yn gynrychiolwyr i nerth Ei Ysbryd Ef.

Dywedai Methodist o bosib am Fawl i Dduw mai ymateb oedd hyn i ddatguddiad. Mwy ydoedd na dealltwriaeth newydd o'i briodoleddau rhyfeddol, a mwy na chytundeb ag athrawiaethau amdano. Cafwyd profi'i gariad ef. Cafwyd cyfarfod personol. Yr oedd yn annwyl – yn perthyn. Ac mewn modd cyffelyb yr oedd adnabod ei gynrychiolwyr a chydweithio â chyd-folianwyr daearol yn rhan o ymfalchïo yn y teulu brenhinol hynafolnewydd hwn.

Rwyf yn rhyw led feddwl fod y democrateiddio arisel hwn yn y gymdeithas hefyd wedi dylanwadu ar arddull y gân. Adlewyrchai'r mesur a'r ieithwedd a'r gystrawen lafar seml y ffaith fod a wnelom bellach â gweithwyr cymharol gyffredin (o safbwynt eu haddysg swyddogol). Ym mryd rhywrai sefydliadol efallai, gallesid dadlau i'r brydyddiaeth gyhoeddedig, oherwydd y twf mewn addysg answyddogol, fynd yn fwy 'comon' braidd. Ond yr oedd yn ddyfnach na hynny.

Wrth drafod mewn pennod gynharach y berthynas rhwng canu 'seciwlar' a chanu crefyddol y Gogynfeirdd, gan gyfeirio at ddamcaniaeth yr Athro Caerwyn Williams ynghylch cydberthynas y ddau yn y cyfnod cynnar hwnnw, sylwyd ar rai nodweddion a oedd yn unol gyffredin i'r naill a'r llall. Bellach, wrth edrych ar farwnadau Williams Pantycelyn am y 'gwerinwyr' hynny a glodforai ef yn y cyd-destun Methodistaidd, yr wyf yn awyddus i sylwi fel y molid hwythau hefyd mewn dull a'n hatgoffai'n bur gryf am yr arwyr aristocrataidd gynt.

Wrth gwrs, ceid gwahaniaethau hefyd. Eto, heblaw gosod ei 'werinwyr' neu ei gyfeillion 'dosbarth-canol' ar gefndir a'u gwnâi'n arwrol fel y tywysogion gynt, yr oedd Pantycelyn yn medru symud yn bur rwydd o'r cywair 'seciwlar' i'r cywair 'crefyddol' heb orymwybod â bwlch. Yn y marwnadau fel y cyhoeddwyd hwy yng ngolygiad N. Cynhafal Jones,[5] sylwer mai ar fesurau'r canu rhydd 'baledol' y canwyd I, II, VI, VII a XI, ac yr oedd hyn yn unol â'i fethodoleg wrth fabwysiadu mydrau i foli Duw. Wedi'r cyfan, emynau oedd y clod i ddynion hefyd: diolch i Dduw yr oeddid. Felly, yn fesurol yn ogystal ag yn syniadol, yr oedd y crefyddol yn meddiannu bywyd i gyd mewn modd mwy llafar nag ynghynt.

Hen ffenomen yn y traddodiad Cymraeg oedd y gyfathrach hon rhwng yr uchel a'r isel, rhwng y canu swyddogol a'r canu answyddogol. Ond un peth hollol anfwriadol arall, nas disgwylid efallai, sy'n cysylltu Pantycelyn â'i ragflaenwyr uchelwrol, yw'r ddelwedd ddeuol adnabyddus yn y llys gynt o'r arweinydd yn ddewr mewn brwydr ac yn hael yn y wledd. Dichon y synnai'r anghyfarwydd fod yna duedd gan y marwnadwr Methodistaidd wrth foliannu'i 'arwyr' ffasiwn-newydd i'w gweld mewn termau digon tebyg i'r uchelwyr a'r tywysogion gynt, o ran topoi a themâu, gyda'r naill, sef y dewrder, yn duedd wrywaidd efallai a'r llall, sef yr haelioni, yn duedd fenywaidd.

Cyfrifid y naill grŵp hanesyddol a'r llall fel ei gilydd, sef arwyr Guto'r Glyn ac arwyr Pantycelyn, yn ymladdwyr ac yn orchfygwyr. Bu'r naill grŵp a'r llall yn brwydro'n erbyn gelyn ysgeler, ac y mae pawb ar eu helw oherwydd eu buddugoliaeth. Meddai Pantycelyn am gamp rhai o'r arweinwyr crefyddol yng Ngheredigion a amddiffynnai'u pobl:

> *Nid aeth arf, na ffon, na chleddau,*
> *Na dim afreolus nwydau,*
> *Dros y mur grisial clir*
> *I sanctaidd dir Seion.*[6]

Canai am Lewis Lewis:

> *Ti adewaist rym y rhyfel*
> *I rai ynddo oedd o'r blaen;*
> *Pa sawl blwyddyn rhaid i minnau*
> *Sefyll y picellau tân?*[7]

Felly hefyd William Richard:

> *Llawer ymdrech galed ddurfin*
> *Ga'dd e ymhlith y duwiol werin;*
> *Weithiau cnawd a chwant yn rhuo,*
> *Byd, bryd arall, yn concwero;*
> *Ac wrth daro rhai'n ar amcan,*

Fe gai saeth am saeth ei hunan;
Ond i'r làn, daeth y gwan, gwirion tan gredu,
O'r anialwch mawr i fyny,
Heb ei ladd, heb ei orchfygu.[8]

Dyna'r campau rhyfelgar. Ond ni raid chwilio'n ddygn ymhlith y saint i ddod o hyd i'r haelfrydedd croesawgar hefyd. Heblaw canmol llwyddiant yr arwyr newydd mewn rhyfel, y mae'r bardd yn eu gosod hwy, fel y gwnaethai'r hen feirdd, mewn cyd-destun o wledda, yn neilltuol wrth sôn am wragedd, boed mewn croeso personol ar yr aelwyd neu mewn cynulliadau niferus odiaeth:

Pan b'ai'n myned o'r Deheudir
Fynteioedd tua'r Bala draw,
Fe lettŷai Marg'et werin
Heb na phrinder fyth na braw;
Bwrdd yn llawn o groeso helaeth,
'N nod i'r gwaelaf, isaf ddyn;
Gwnaeth y nefoedd wreiddiau'i chalon
Friw wrth bobl Dduw ynglŷn.

Bwyda'r n'wynog, disychedu,
A dilladu'r noeth a'r gwan,
Ydoedd pleser pena' Marg'et,
Dyna ei doniau, dyna ei rhan.[9]

Cyffelyb oedd campau tywysogesaidd Jane Jones hithau yn y Bala:

Chwe' chant leiaf oedd hi'n fwyda,
Bob rhyw Gymdeithasfa fawr,
Gwŷr a gwragedd, meibion, merched,
Llanw'r llofft, a llanw'r llawr.[10]

Fe'n hatgoffeir yn burion o fawl Dafydd Nanmor.
    Hynny yw, roedd y gofynion yn uchel, megis porthi byddin. Nid amhriodol oedd cymhwyso'r trosiad hwn hefyd o'r corfforol i'r ysbrydol. Felly, gydag Ann Price:

Pwy o'th gwmni nad yw'n cofio
Y wledd ge'st unwaith yn Llangeitho.[11]

Pan ymwnawn â'r ddwy sefyllfa hyn, y frwydr a'r wledd, ymwneud a wnawn nid yn unig â themâu beirdd yr uchelwyr eithr hefyd â dwy sefyllfa ysgrythurol gynddelwaidd. Wedi'r holl frwydro i gyd, wrth gwrs, y mae'r bardd (fel Dafydd Nanmor gynt) yn disgwyl am y cyfnod pryd y bydd yr holl arwyr Cristnogol yn cyd-ddathlu fry:

> *Am fod yn eu gwledd fendiged.*[12]
> *Yno'n gwledda gyda seintiau,*
> *Oesoedd maith heb rifo'r oriau.*[13]

Fe'n hatgofféir felly am y drydedd salm ar hugain er enghraifft. Ac y mae'r 'rhoi' haelionus yn weithred ysgrythurol hollol. Dywed Pantycelyn am Lewellyn Dafydd:

> *Mae e'n llawen* spendio *ei arian,*
> *Colli ei enw, colli ei fri,*
> *Colli ei amser, colli ei iechyd,*
> *Er mwyn angeu Calfari.*[14]

Dyma ddwy sefyllfa gynddelwaidd a chanddynt arwyddocâd i'r isymwybod cyffredin, nid annhebyg, debygaf i, i gynddelwau Jung. Y gŵr yn rhyfela: y wraig yn darparu maeth. Patrymau thematig dwfn ydynt yn y *psyche* dynol. Ac fel y gwledda, yr oedd delwedd y frwydr hithau eisoes yn ysgrythurol, ac arfogaeth y nef hefyd yw'r ysgrythur ei hun:

> *Dyma'r pryd daeth Harries fywiog,*
> *Yn arfogaeth fawr y nef.*[15]

Darlunnir y brwydro taer yr ymgymerodd Rowland ag ef:

> *Pump o siroedd penaf Cymru*
> *Glywodd y taranau mawr,*
> *A chwympasant gan y dychryn*
> *Megys celaneddau 'lawr;*
> *Clwyfau gaed, a chlwyfau dyfnion,*
> *Ac fe fethwyd cael iachâd,*
> *Nes cael eli o Galfaria,*
> *Dwyfol ddw'r a dwyfol waed.*[16]

Wedyn, fe gofiwn y cyngor i fab Rowland, sef Nathaniel: 'Sefwch fel colofnau cedyrn.'[17]

Yr oedd Williams yn fwriadol yn ei farwnadau yn ceisio dyrchafu duwiolion cymharol anhysbys i fod ymhlith mawrion y ffydd. Felly, wrth goffáu Mrs Grace Price, dywedai:

> *Mi wna 'ngoreu ar fod ei henw*
> *'N swnio'n beraidd iawn i maes,*
> *Lawn mor belled ag mae Cymro*
> *'N berchen dwyfol nefol ras;*
> *Fe gaiff Môn, a Fflint ac Arfon,*
> *Penfro, wybod mai gwir yw,*
> *I Forganwg glodfawr esgor*
> *Ar gredadyn uwcha' ei ryw.*[18]

Mae gan T. J. Morgan yn ei ysgrif graff 'Cymhellion Llenyddol'[19] drafodaeth nodedig ar y tebygrwydd rhwng Pantycelyn a'r penceirddiaid gynt yn eu dull o fawrygu arwyr. Awgryma fod marwnadau'r emynydd wedi'u gwreiddio ym mhregethau angladdol y Piwritaniaid. Meddai ymhellach: 'Dyma oedd 'bucheddau'r saint' piwritanaidd, yn cofnodi hanes arwyr y ffydd; a'r hanesion hyn am eu tröedigaeth a'u concwest ar bechod yn y frwydr ysbrydol yn troi'n ysbrydiaeth i eraill.'

Safai'r saint Methodistaidd distatlaf ymhlith arwyr y ffydd. Yr oedd cadwedigaeth gydradd a gwisgo Crist yn y galon yn peri bod Grace Price yn arddel achau ysbrydol –

> *Gyda Cenic, Watts, a Harvey,*
> *Whitfield, Luther fawr ei fri,*
> *Jerom, Cranmer, Huss, a Philpot,*
> *A merthyron – nefol lu.*[20]

Tarddai hyn o'r ffaith fod Cristnogion i gyd yn frenhinoedd ac yn freninesau yng Nghrist gyda'i gilydd:

> *Mi dybyga' gwela' i ragor,*
> *Plant o'i lwynau wrth ei ochr,*
> *Anna ac Hester yn teyrnasu*
> *Yn freninesau gyda'r Iesu.*[21]

MAWL A PHWRPAS

Yn y ddeuoliaeth a nodais ymhlith brenhinoedd Crist, nid atgyfodi deuoliaeth hael a dewr y Cynfeirdd a Beirdd yr Uchelwyr yn uniongyrchol yr oeddid, wrth gwrs. Dyma ddwy ddelwedd Feiblaidd a chynddelwaidd am Dduw. Yr oedd, ac y mae'r Duw a ganmolai'r emynwyr efengylaidd Yntau yn Rhyfelwr ac yn Westeiwr haelionus ei hun.

Ond wrth reswm, rhwng yr Oesoedd Canol a Williams Pantycelyn mae yna naid go aruthrol mewn Mawl, hyd yn oed mewn Mawl i Dduw. Wrth geisio olrhain hanes y traddodiad Mawl yng Nghymru, gan ddechrau gyda Thaliesin, bûm yn ceisio'n bennaf ymholi beth oedd arwyddocâd a hanfod Mawl fel y cyfryw o fewn y traddodiad hwnnw. Ac y mae'n bryd inni bellach fod yn fwy penodol ynghylch ei arwyddocâd i Williams hefyd.

Un wedd ar y gwahaniaeth rhwng Mawl marwnadau'r oesoedd canol a Mawl Williams, fel y sylwodd yr Athro Dafydd Johnston, oedd bod Williams o dro i dro, yn enwedig yn ei farwnad i Howell Harris, yn nodi diffygion y gwrthrych. Gan fod pawb yn bechaduriaid, ac os oeddent yn Fethodistiaid Calfinaidd, yn ymwybod yn ddwfn felly â hynny, nid oedd Mawl yn peidio â bod yn Fawl wrth gydnabod y diffyg.[22] Dyma ddatblygiad pur nodedig mewn Mawl. Dôi'n fwy realistig.

Gyda Phantycelyn a'r profiad meddyliol Methodistaidd y dôi hefyd natur ehangder Mawl beth yn eglurach. Fe'n gorfodir ganddo yn fwy pendant i ystyried y berthynas rhwng Mawl a phwrpas bywyd i gyd. Dyma'r unig gyd-destun priodol gredaf i i drafod natur foliannus ei emynyddiaeth, ac nid drwy feddwl amdani fel un agwedd fechan ar wasanaeth eglwysig. Hynny yw, yn ôl hanfod Mawl yn gyffredinol, er pob gwahaniaeth arddull, er yr ymwybod â phechod, perthyn y clodfori a geir gan Bantycelyn yn agos iawn i Fawl Taliesin. Dyrchefid rhinwedd y canol: cynhelid lles y bobl. Ni raid dweud mai model hollol grefyddol yw'r hyn a geir gan Bantycelyn, o'i gyferbynnu â'r math o Fawl a gysylltwn â'r traddodiad 'seciwlar' Cymraeg. Ond anodd casglu nad crefyddol, mewn rhyw liw neu'i gilydd, fyddai unrhyw safbwynt a roddai i Fawl le canolog mewn bywyd megis mewn llenyddiaeth, neu ynteu – os cawn ychwanegu'n ddrygionus – a wadai i Fawl y cyfryw safle.

Modd oedd Mawl o ddatrys problem eang dros ben i Bantycelyn. Rwy'n meddwl iddo brofi rhyddhad go fawr pan ddarganfu natur Mawl. Rhyddhad meddyliol ydoedd yn gyntaf a amlygid mewn cerdd hir fel 'Golwg ar Deyrnas Crist' a rhyddhad emosiynol wedyn a amlygid yn ei emynau. Bid siŵr, gorsymleiddio fyddai didoli meddwl ac emosiwn yn rhy benodol fel yna gan fod ei emynau ar y naill law, y mae'n amlwg, yn dadlennu rhyddhad i'w feddwl, a 'Golwg ar Deyrnas Crist' ar y llall hefyd yn cynnwys digon o dystiolaeth am ei ryddhad emosiynol. Y broblem iddo oedd: beth oedd pwrpas ei fywyd? Canfu Pantycelyn fod a wnelo Mawl â bywyd oll. Nid mater o ganu emynau ar achlysuron cyfyngedig adfywiol yn unig oedd hyn.

Fe'n cynorthwyir i ddeall mor gynhwysfawr oedd safbwynt Pantycelyn mewn modd sylfaenol iawn gan osodiad enwog a ddyfynnwyd eisoes yn y gyfrol hon, sef *Holwyddoreg Byraf Eisteddfod Westminster*:[23]

'Prif ddyben dyn yw gogoneddu Duw, a'i fwynhau yn dragywydd.' Ffordd Williams o ddweud hyn oedd:

O gwna fi'n ffyddlon tra f'wy' byw,
A'm lefel at dy glod.[24]

Cymeradwyai Pantycelyn gatecism Westminster. Ac am y diben a nodwyd iddo yn y fan yna, yr oedd hwnnw'n priodoli i ddyn bwrpas cosmig. Pwrpas ydoedd mewn cytgord â'r holl greadigaeth yn ogystal â bod yn unigolyddol arwyddocaol iddo ef ei hun. A chrynhoid y pwrpas hwnnw yn y term allblyg 'Mawl'. Fy ngobaith i, wrth i'r astudiaeth hon ddirwyn rhagddi, yw y dadlennir dyfnder yr ateb hwnnw i Ôl-Foderniaeth, ac y canfyddir wrth ei ochr mor arwynebol fu'r gogwydd ffasiynol at nihiliaeth a relatifiaeth.

Gan mor gynhwysfawr yw'r ateb hwn, mae'n briodol inni'n hatgoffa ein hunain am ei arwyddocâd wrth ystyried gwaith yr Eglwys hithau yn gyffredinol. Bodoli y mae'r Eglwys yn bennaf swydd i foli. Tuedd go gyson ymhlith eglwysi efengylaidd eu baich yw synied mai canolbwynt gwaith yr eglwys yw achub dynion, a thuedd yr un mor gyson gan rai diwygiadol ysgrythurol eu naws yw cyfrif mai pregethu esboniadol yw'r peth pwysicaf y gall eglwys ei wneud. Er bod modd amgyffred y ddadl honno mewn cyfnod pryd y gwelir llacio ar y meddwl cadarn-Feiblaidd, eto ni ellir llai na thybied fod yna osgo go anffodus yn y pwyslais. Pwyslais ydyw a rydd i ddyn le rhy benderfyniadol yng ngwaith eglwys. Tuedd Arminaidd braidd, sy'n gwrthgyferbynnu â'r ateb mwy uniongred yn Holwyddoreg Westminster a gyfrifa yn ddigymrodedd mai Duw sydd yn y canol. Efô yw'r gwrthrych. Gwir angenrheidiol, wrth gwrs, yw cyflwyno ffordd achubiaeth i ddynion. I achub dyn y daeth Crist i'r byd yn ymgnawdoliad ac i farw; ond i achub dyn, fel y dywed Ioan 17, er mwyn gogoneddu Duw, y Penarglwydd, y Crëwr Sanctaidd, Awdwr pob gras. Israddol neu agweddol yw achubiaeth dyn o fewn gwaith canolog yr Eglwys, sef moli, mawrygu ac addoli Duw. Nid yw gwerth yr Eglwys yn gorffen gydag aileni dyn. Dechrau y mae. Mawl yw'r gwaith llawn. Dyna ystyr daioni. A dyna bwysigrwydd y testun sy gennym dan sylw.

Yn wir, ceisio dadlau a wnawn i fod y cwestiwn Cristnogol o Fawl, y cwestiwn o *bwrpas bywyd* i gyd, ac ateb Pantycelyn i hyn oll yn faterion sylfaenol i'w hystyried o hyd heddiw nid yn unig gan ryw sect neu gylch cyfyngedig, ond fel safbwynt i'w drafod gan ddarllenwyr seciwlar neu grefyddol yn gyffredinol. Yn fy marn i mae difrifoldeb rhagdybiau Pantycelyn yn rhoi inni olwg ar lenyddiaeth sy'n lletach o lawer ei arwyddocâd na chylch Cristnogion yn unig, ac na chylch yr eglwys leol. Y mae a wnelo â natur hanfodol bywyd a llenyddiaeth fel ei gilydd beth bynnag yw ein crefydd. Dyma fframwaith (damcaniaethol os mynnir) bywyd llawn. Carwn innau awgrymu hyd yn oed ar dir hollol seciwlar fod yna orfodaeth seml ar bawb i ymdeimlo â phwrpas o ryw fath hyd yn oed pan nad ydyn nhw'n ymwybodol beth yw'r pwrpas hwnnw. Hynny yw, er na wyddom pam, ac er mai diarwybod ydyw, pan ddihunwn bob bore y mae isymwybod o bwrpas wedi'i adeiladu i mewn i wead ein gweithred. Bob amser gyda phob gweithred y mae pwrpas yn ddiddianc ac yn fythol bresennol. Rhaid derbyn fod yna ddiben i bob meddwl, neu bydd yn weddol ddi-ffrwt arnom. Rhan o wead pob bodolaeth yw. A gallwn fynd ymhellach efallai, ac awgrymu mai rhaid yw i'r pwrpas hwnnw, hyd yn oed i'r dyn seciwlar, fod yn waelodol gadarnhaol, boed yn amddiffynnol neu'n ymosodol.

Un o swyddogaethau Mawl felly yw cydnabod a diffinio a dathlu pwrpas o'r fath. Mae gwrthod pwrpas yn golygu gwrthod bod mewn cynghanedd â'r bydysawd i gyd. Ac felly y byddai gwrthod trefn a gwerthoedd hefyd, materion eraill y mae eu dathlu yn golygu Mawl.

Rhan o'n bywyd yw bodolaeth anochel diben, er na wyddom o angenraid beth ydyw. Yn yr un modd ag y gwedir y realiti yna, yn ddigon ffasiynol y dyddiau hyn, gwedir gwerthoedd hefyd. Goddrychol ydynt, fel na wyddys pa un sydd orau ai Bob Dylan ynteu Beethoven: chwaeth yw'r cwbl; pwy sydd i ddweud yn amgen? Nid yw gwerthoedd mewn gwirionedd yn bod. Plwraliaeth a relatifiaeth yw popeth. Gall 'Ymddiddan rhwng Robert ac Ifan ynghylch ymadael â'u gwlad a myned i'r America' gan Ywain Meirion fod yn gystal llenyddiaeth â 'Mair Fadlen' gan Saunders Lewis. Nid yw na deallusrwydd na dychymyg na gweledigaeth fyfyriol na gallu ieithyddol yn cyfrif dim. Eto i gyd, mewn byd real lle y mae'n rhaid dewis bob eiliad, y mae'r rhagdybiaeth dra chwiwus hon, nad yw gwerth ddim yn golygu dim byd, yn bur anymarferol, ac ni ellir dianc rhag bodolaeth dewis yn ôl gwerthoedd. Gwerth wedi'r cwbl sy'n pennu beth yr ŷm yn ei wneud yn nesaf, a'r ffaith ein bod yn gwneud unrhyw beth. Wrth foli, dathlu a wnawn y ffaith ddiymwad o ddewis. Ffug (yn y bôn) yw relatifiaeth. Dihangfa yw rhag aeddfedrwydd.

Rhagdybia pawb yn yr un modd, faint bynnag yr anghredont, fod yna, yn adeileddol o fewn y bydysawd, ryw fath o drefn. Ni ellir meddwl na siarad heb drefn. Faint bynnag y bydd llanc yn gwrthryfela'n rhamantaidd yn ei herbyn, mae'n rhaid iddo ragdybied ei bodolaeth. Dod o hyd i drefn sy'n caniatáu Mynegiant aeddfed, dyna'n isymwybodol ei nod. Datgan a wna Mawl fod trefn ddeinamig a bywiol yn rhywbeth i'w garu.

Hynny yw, mae yna amryw ragdybiau a gymerir yn orfodol ymlaen llaw, ac sy'n gyffredin i'r byd seciwlar, y daeth yn ffasiynol i'w gwadu bellach. Eto er gwaethaf yr ymgais i ddileu pob pwrpas a threfn, gwerth, safon ac ystyr i fywyd, mae yna ystyfnigrwydd cynhenid anymwybodol sy'n mynnu ymddwyn yn ymarferol fel petai'r fath bethau bob amser ar gael. Yn anorfod. Yn y bôn dyna ragdybiau normal anochel braidd. A dyna'r ffeithiau a wynebir gan Fawl. Yr hyn a wna Mawl yw hyrwyddo'r agweddau anochel hyn mewn cyd-destun diriaethol. Cysylltu'r anweledig â'r gweledig. Mae yn cydlynu'u cydnabyddiaeth. Dyna'i gyfeiriad. Darganfod y cysylltiad rhwng y rhain a rhyw wrthrych neu berson, dyna a wna Mawl penodol. Eu profi a'u cynnal a'u dathlu yw profi cynghanedd â hanfod y bydysawd. Mawl ym mryd Pantycelyn yw dathlu'r materion hyn yn ymwybodol drwy'u cysylltu â Gwrthrych. A dyna yw ei thema yn arbennig mewn cerdd fel 'Golwg ar Deyrnas Crist.'

> *A chennyt mae amrywiol ddibenion yn yr un,*
> *Yn rhedeg, yn cydweithio, yn cwrddyd yn gytûn . . .*
> *Wel dyma y rhagluniaeth sy'n cerdded yn y bla'n,*
> *Yn trefnu fy achosion hyd at y lleia' mân.*[25]

Efallai nad Pantycelyn oedd tad rhamantiaeth Ewropeaidd, beth bynnag a ddywedo Saunders Lewis. Ond dichon mai ef, ac nid Rousseau, oedd tad rhamantiaeth i ni'r Cymry. A hyn sy'n cyfrif pam yr ymagweddodd Waldo ac Euros dyweder at Goegi a Negyddiaeth fel y gwnaethant ymhellach ymlaen, a pham yr arhosodd Mawl mor ganolog unplyg yn llenyddiaeth Gymraeg i mewn i'r trydydd Mileniwm (ffaith go unigryw). Roedd rhamantiaeth Pantycelyn ynghlwm wrth ddimensiwn adeiladol a oedd yn uwch nag egotistiaeth.

MAWL YN NEGYDDOL

Bob amser wrth ddiffinio, neu wrth osod ffiniau ar ystyr, y mae'n briodol dweud beth nas ceir mewn gair yn ogystal â beth a geir. Tybed a allwn estyn felly y diffiniad hwn o Fawl ychydig ymhellach drwy drafod yn feirniadol rai tybiaethau poblogaidd digon elfennol ynglŷn ag ef?
 Dichon fod ystyried yn enghreifftiol y rheini ym Mawl Pantycelyn yn gymorth penodol i ddadansoddi ystyr Mawl yn fwy cyffredinol.
 Yn negyddol yn gyntaf. Y mae'n bur amlwg nad gweniaith mohono iddo: ni ellir seboni Duw. Nis molir ef er mwyn adeiladu'i hyder nac i fodloni'i chwantau hunan-ganolog. I gyfeiriad dwyfol, ac yn ddiffiniol, rhaid mai daionus ynddo'i hun yw gogoneddu Duw, llesol i ddyn wrth gwrs, ond cywir oherwydd fod y greadigaeth oll wedi'i gwneud yn unol â natur lân Mawl. Rhan o'r hanfod ydyw. Mynegiant ac adlewyrchiad yw o'r ffaith fod y greadigaeth yn adeiladol, yn gadarnhaol, yn ffrwythlon. 'Hyrwyddo'r' wedd ffrwythlon honno, symud i'r un cyfeiriad, yw'r hyn a wna Mawl, cyd-fynd â natur Duw drwy fynegi hynny. Nid llenyddiaeth â neges ydyw: dyn-gyfeiriadol yw peth felly. Peth eilradd o'r herwydd, nid o ran ansawdd ond o ran swyddogaeth, yw emyn sy'n cynnwys 'neges'. Ond llenyddiaeth ydyw wedi'i chyfeirio a'i llenwi gan ffynhonnell bywyd, sy'n cyd-fynd hefyd â natur eithaf dyn ac mewn cytgord â'r Cread; a dweud a wna mai da yw. Fel y gwnaethpwyd y ffroenau i anadlu ac arogli, y dannedd i fwyta, felly y gwnaethpwyd y person dynol cyfan i foliannu.
 Ond tybed a ddylid ychwanegu negydd arall drwy hawlio, yng ngoleuni'r math o bwyslais yr wyf i'n ceisio'i ddatblygu nawr, mai dim ond Cristnogion a allai foli'n fanwl effro? 'Molwch yr Arglwydd.' Pwy a ddisgwyliai i anghredadun wneud y fath beth yn ddidwyll unplyg? Ac eto, diau mai dyna a gymerai Pantycelyn yn brif ddiben 'dyn' yn gyffredinol, hynny yw i'r saint *a'r* byd fel ei gilydd. Prif ddiben pawb a phopeth yn ddiwahân yw clod. Nid yw'n gyfyngedig. Fe wneir y moli hwn felly gan y byd, sef gan bobl a chan bethau drwy ras cyffredin, a hynny yn anymwybodol efallai mewn dwy ffordd, sef yn gyntaf drwy ffrwytho neu geisio cadw a hyrwyddo'r ddeddf naturiol a moesol, ac yn ail drwy gyfaddef mai da yw'r greadigaeth hon. Ond fe'i gwneir hefyd, wrth gwrs, gan y 'saint' yn ogystal am mai gwrthrychau gras achubol ydynt, ond yn fwy ymwybodol drwy air a gweithred, yn naturiol ac yn oruwchnaturiol, drwy'r gair yn y meddwl yn ogystal â thrwy'r gair llafar.
 Yn y cynulliad addolgar cawn Fawl *llafar* mewn sawl ffurf bid siŵr: emyn, pregeth, gweddi, darllen ac astudio'r Gair. Ac eto, i'r saint yn unig,

i'r bobl a wybu'r negydd mawr, y bydd rheswm dros y Mawl yn eu gafael. Iddynt hwy y bydd emyn Duw-ganolog yn wir ystyrlon. Anodd gennyf feddwl y gall neb ond Cristion ailanedig ganmol y Duw Cristnogol, y Drindod, o'r galon, gydag ystyr ac yn ymwybodol. Pwy a all wir glodfori Gwaed y Groes ond y pechadur a'i blasodd? Gyda gweddi hithau hefyd, ni all ond y sawl sy wedi'i orchfygu ac sy'n mynd at Dduw drwy'r Arglwydd Iesu Grist weddïo'n bersonol unplyg. Dyna'r Mawl mawr. Ac eto Mawl ar ran pawb yw dweud ie wrth wychder y Greadigaeth hon – Mawl bach y gellir ei gyflawni gan anghredadun megis gan y Cristion. A'i ddiben yw cyflawni natur bodolaeth. I bawb y mae cefnogi diben, gwerthoedd a threfn foesol Duw yn ganolog fywydol.

GWYBOD, TEIMLO, GWEITHREDU

Sylwn yn arbennig yn awr ar leoliad Mawl. Ble yn y cyneddfau dynol y mae'n cael cartref? Y mae Mawl yn dra chynhwysfawr yn ei gyfryngau allanol. Ac yn fewnol y mae'n dod o hyd i darddiad yn yr holl bersonoliaeth. Arwynebol fuasai tybied mai rhywbeth sy'n gaeedig o fewn y serchiadau'n unig ydyw, ac mai teimladau da yn unig sy'n ei adeiladu. Yng ngwaith Pantycelyn, byddai cyfyngu Mawl i'r wedd deimladol ar brofiad yn gwbl annigonol. Iddo ef gweithgaredd yw Mawl sy'n tarddu yn y deall, yn cynhesu yn y serchiadau, ac yn tynnu i gwlwm drwy ewyllysio gweithredu. Y galon yw'r term Beiblaidd technegol am y craidd cyfan hwnnw.

Yn ei lythyr enwog at Thomas Charles Ionawr 1, 1791, flwyddyn ei farwolaeth, nododd Pantycelyn yn anfwriadus dair gwedd ar Fawl wrth iddo sôn iddo ddod i weld crefydd wir yn dair rhan, sef (i) gwir *oleuni* yn nhrefn Iachawdwriaeth; (ii) *cyfeillach* neilltuol â Duw; (iii) bywyd ac *ymarweddiad* a fyddo yn datguddio i'r byd annuwiol fod gwahaniaeth mawr rhyngom ni a hwy. Dyma dair agwedd ar y profiad o Dduw, ac felly y tair gwedd a gaiff sylw yn anochel mewn Mawl.[26] Gwybod, teimlo, a phenderfynu gwneud.

Mae Mawl o'r fath yn cael cychwynfan mewn gwybodaeth. Datgan gwybodaeth ysbrydol y mae. Fel yr awgrymwyd eisoes, y mae'n amlwg nad oes dim angen Mawl ar Dduw ei hun. Mae Ef yn 'gwybod' hynny eisoes. Ar fodolaeth y cread y mae'r angen. Pa wybodaeth a gynhwysir felly mewn emyn y mae eisiau'i rhoi i Dduw? Nid eisiau yn y gwrthrych ei hun sy'n hawlio Mawl, ond dyna ran o'r ysgogiad. Angen yr awdur bychan i fod yn rhan gynganeddus o fodolaeth i gyd ac i gyfrannu yn natur hanfodol y greadigaeth, i fod gyda Duw, i adleisio'r gwir amdano: dyna'r lle y mae Mawl yn yr angen. Felly, pan ddadleuwn fod yna dair gwedd ar Fawl, y mae'r tair hyn yn cydredeg â gweddau ar natur bodolaeth. Bydd cymaint o wybodaeth ac o deimlad ag a gynhwysir mewn emyn yn cael eu cynnwys ynddo fel estyniad i ysbryd Duw ar waith.

Arafwn ychydig. Dechreuwn gyda'n gwybodaeth am Dduw ei hun: sef cynnwys syniadol y Mawl iddo. Hynny yw canu â'r deall.

Fe'i molir wrth gwrs oherwydd bod natur ei Berson yn hawlio hynny. Fel hyn y'i mynegir yn *Gramadegau'r Penceirddiaid*[27] yn yr adran 'Pa ffurf y moler pob peth': 'Duw a dyly y uoli o dwywolder, a chedernyt, a hollgyfoethogrwyd, a holl-doethineb, a holl-daeoni, a holl-drugared, a gwiryoned,' ayb. 'A dyly' sylwer: dyna'r gair allweddol am y tro – y mae'n ddyledus, y mae ei hanfod yn gofyn am hynny, ac y mae yna rwymedigaeth i wneud hynny: dyna'i haeddiant. Y mae gwybod y pethau hyn yn mynnu mynegiant anochel. O'r herwydd, rhaid 'dweud' wrth rywun amdano. Yr ŷm mewn cyd-destun lle y gwneir pethau oherwydd cydnabod rhagdybiaeth o *reidrwydd* nad yw'n gyfarwydd ymwybodol yn y byd rhamantaidd sydd ohoni. Mae mynegi'r pethau hyn yn fodd hefyd i'w sylweddoli a'u hamlygu. Drwy'u diffinio yr ydys yn eu tynnu i'r golwg ac yn eu hestyn.

Ar sail y wybodaeth hon, neu'n rhan ohoni fe droir y gwybod hwnnw yn deimlad. Teimlo gwybodaeth yr ydys wedyn: dyma egni'r *profiad* Cristnogol. Ni allwn fod yn effro oer am odidowgrwydd a hyfrydwch a chariad Duw mwy nag y gallwn ynghylch tynged dyn marwol. Mae gwybod am drugaredd Duw yn destun gorfoledd i'r ysbryd. Try'r wybodaeth o'r pen felly yn wybodaeth gynnes i'r galon.

Ar ôl gwybod a theimlo, y peth priodol nesaf bob amser yw – gweithredu. A'r weithred seml gyntaf yn yr achos arbennig hwn yw'r dweud ei hun. Dweud ydyw sy'n fath o adlais. Fe folir Duw oherwydd bod ei Waith yn hawlio ymateb byw o ran natur. Ond nid dweud yn unig. Gellir moli Duw drwy *wneud* pob math o bethau. Hynny yw, y mae gwaith Duw yn ei wedd greadigol fel pe bai'n peri estyniad ynom. Adlais ydym, fel y mae ei waith iachawdwriaethol wedyn yn ateb angen dyn drwy hollddigonolrwydd Crist. Caiff gwaith Duw felly garreg ateb yng ngwaith dyn.

Y tri hyn. A hynny gerbron y Person, y Greadigaeth, y Waredigaeth, dyna'r tri rheswm pam y'i molir, a dechreuir hynny oll fel y gwelsom gyda'r gwybod.

Mae'r gwaith o lenydda Mawl felly yn y pen draw yn cyfleu'r gwybod a'r teimlo ysgogol sy'n estyniad fel petai o realiti Duw.

Llenyddiaeth a'r traddodiad llenyddol yn yr achos hwn yw'r gwaith ymarferol, penodol foliannus sy'n codi o du dyn. Ewyllysir y gwaith hwnnw ar sail gwybod a theimlo. Ond nid dyma'r unig waith posibl o du dyn sy'n fynegiant o Fawl wrth gwrs. Hynny yw, cymeraf fod dyn yn moli Duw nid yn unig ar feddwl ac ar air, ond yng ngweithredoedd ei fywyd i gyd yn gyflawn ymarferol: drwy borthi'r tlodion, iacháu'r claf, ffrwythloni'r tir, cymryd yr ordinhadau, ac yn y blaen. Yn fyr, drwy ufuddhau. Mawl yw'r cwbl. Un yn unig o'r gweithredoedd yna yw llenydda.

Gorfoleddu'n ddeallol negyddol a wna Pantycelyn yn ogystal ag yn gadarnhaol. Y negyddol yn gyntaf: sef dathlu'r gollyngdod rhag gormes rhagdybiau cyfyngedig ei oes, rhag rhesymoliaeth ac empeiriaeth gyfyngedig yn neilltuol, a rhag y teganau enwog. Fel y câi llanc heddiw ymryddhau rhag materoliaeth, nihilistiaeth, dadadeiladu ac abswrdiaeth yn fuddugoliaeth ddeallol iach, felly mi dybiaf i Bantycelyn brofi rhyddhad deallol ac emosiynol mawr drwy ymwared â rhagdybiau cyffelyb ei gyfnod yntau: Ariaeth, Sandemaniaeth, ayb. Ond yn ail, y cadarnhaol: sef y prawf diffiniol a gawsai ef o fywyd newydd a thragwyddol yn lle caethiwed ddiddeall y rhagdybiau yna.

Credaf fod ei gerdd hir 'Golwg ar Deyrnas Crist' yn ymwneud i raddau â'r pwnc cyntaf hwn – y rhyddhad deallol, fel y mae'r emynau ar y llaw arall yn gogwyddo fwyfwy tuag at yr ail bwnc – y rhyddhad teimladol. Eto, nid priodol yw gorbwysleisio'r emynau. Rhoddodd orau ei ymennydd a'i galon i fynegi hyn yn y 'Golwg'. Dyma'r lle y profwn ehangder Moliant Pantycelyn, yr ehangder y mae'i fawr angen ar efengyleiddwyr yr unfed ganrif ar hugain a hall fod mewn perygl o ymgyfyngu i iachawdwriaeth. Yn ôl tystiolaeth Thomas Charles am y 'Golwg':[28] 'Astudiodd gymaint wrth gyfansoddi y gwaith hwn, yn benaf, fel yr effeithiodd yn niweidiol ar ei iechyd tra y bu byw.' Ac eto, gellid casglu iddo hefyd, tra bu byw, dynnu lles hynod o'r gwendid bendigaid hwnnw.

RHESYMOLWR AC EMPEIRYDD NEWYDD

Fe glywn yn fynych fod yna ddwy wedd ar dröedigaeth. Mewn edifeirwch mae yna droi oddi wrth rywbeth tuag at rywbeth arall. Rhaid mai'r negyddol sy'n rhagflaenu, oherwydd gorffen yr ydys yn gyson gadarnhaol.

Yn gyntaf felly, sylwn ar y negyddol, gan fod hwnnw'n pennu i raddau y math o fframwaith meddyliol y daeth ei brofiad a'i Fawl Cristnogol yn ateb iddo. Cafodd Williams ei eni a'i fagu yn Oes Rheswm. Deuai'i gyfnod chwap ar ôl Descartes, Spinoza a Leibniz. Yr oedd yn gyfoeswr fwy neu lai gydag Immanuel Kant. Cyfrannai yn naws yr Oes. Mynd yn feddyg oedd ei fwriad gwreiddiol, ac fel Parry-Williams ymhellach ymlaen, arhosodd y diddordeb mewn gwyddoniaeth boblogaidd ynddo drwy gydol ei fywyd. Dangosodd Alwyn Prosser[29] fel yr oedd Pantycelyn wedi defnyddio dau lyfr William Derham, yr *Astro-Theology* a'r *Physico-Theology*, wrth sgrifennu *Golwg ar Deyrnas Crist*. Mae gennyf le i gasglu ei fod wedi dod â meddwl dadansoddol iawn i archwilio'i brofiad ei hun ac i archwilio'r gwirioneddau a gorfforwyd yn y Beibl ac mewn diwinyddiaeth Feiblaidd. O leiaf, nid amhriodol ystyried pa fath o gefndir deallol a goleddid gan Bantycelyn, a meddwl pa fath o ragdybiau y byddai'n debyg o ymwrthod â hwy. Gadewch inni am ychydig geisio dychmygu rhai pethau a allai fod yn mynd drwy fyfyrdod llanc ifanc o'i fath yn yr amgylchfyd hwnnw ar drothwy'i dröedigaeth; ac ystyriwn rai darnau o'i waith sy'n lled gadarnhau y dybiaeth hon wedyn.

Roedd Rhesymoli yn yr awyr, ac fel egwyddor wedi'i arwain i ragdybied dimensiwn o egwyddorion, o ddeddfau, ac o drefn anweledig. Wrth gwrs, y mae Rheswm sy'n sylweddoli'i gyfyngiadau rhagdybiol mewn gofod ac amser, yn ddawn werthfawr. O fewn y cyfyngiadau hynny y mae'n ddefnyddiol ac yn ddatguddiol. Bob amser mewn gwyddoniaeth dechreuir drwy sylwi ar ffeithiau allanol, gweledig; ond yr hyn a geisir yw'r deddfau anweledig esboniol.

Gellid crynhoi'r cwbl o'r newid a ddigwyddodd yn null dadansoddol Pantycelyn o feddwl drwy awgrymu'i fod wedi cael golwg newydd ar yr Anweledig hwnnw. Tybiaf ei fod, oherwydd ei dueddfryd wyddonol wrth ystyried deddfau, yn gyfarwydd â'r cysyniad o ddimensiwn anwel. Roedd y ffaith fod yna egwyddorion, pethau na ellid eu cyffwrdd, y tu ôl i bopeth, yn wybodaeth amlwg i'w feddwl dadansoddol. Y tu ôl i bopeth gweledig yr oedd yna batrymau cyffredinol.

Meddai ef yn y 'Golwg':

Fel rhyw ben-saer cyfarwydd, wrth wneud adeilad gwych,
A bortreada'r cyfan yn hollol yn ei ddrych,
Trwy batrwn bychan perffaith o'r holl adeilad mawr,
Dry'r cwbwl yn ei ddeall cyn dodi maen i lawr.[30]

Un o'i brif dermau ar gyfer y cynllun anweledig o ddeddfau yr oedd yn rhaid ei ragdybied oedd 'sylfaen'.[31]

Ond wrth iddo, fel Cristion, ddod yn fyw i ddimensiwn anweledig a oedd, fel y darganfu yn awr, yn ysbrydol, gweddnewidiwyd ei sylweddoliad o natur y dimensiwn hwnnw, dimensiwn na sylweddolasai'i natur oruwch-naturiol ganolog ynghynt.

I ddechrau gwir gymundeb, gyfeillach rhyngtho ei hun
A chreadur pur, rhesymol sy â'i enw'n awr yn ddyn.[32]

Roedd hyn mae'n amlwg yn fwy na rhagdybied y gallai dimensiwn ysbrydol anweledig fod yn bosibl. Golygai yn hytrach ei brofi'n Berson a oedd yn Gynlluniwr ac ymwybod â chytgord â'r Crëwr ac â'i Waith lluniaidd.

'D oes lwc nac anlwc, ffortun, anffortun tan y nen, –
Onid rhagluniaeth rasol sydd arnynt oll yn ben.
'D oes dim o siawns neu ansiawns yn digwydd is y rhod,
Ond trefen faith rhagluniaeth yw'r cwbwl sydd yn bod.[33]

Yn awr, roedd y deddfu anweledig o'r math hwn eisoes yn rhagdybiaeth gan wyddonwyr. Ond roedd gan wyddonwyr ar y pryd lawer iawn o ragdybiau hyderus eraill ynghyd ag ambell anhawster bach.

Ni ellir llai nag amau nad oedd Pantycelyn yn sgil ei ddarllen wedi sylwi, yn gyntaf, ar yr amhosibilrwydd llwyr o du gwyddonwyr i wrthbrofi bodolaeth Duw. Gwirion er eu holl honiadau hyderus oedd profi *nad* oedd yna Dduw ar gael. Ac eto, byddai'r math hwn o anghredinwyr, y deuai ar eu traws yn ei lencyndod darllengar, yn ddigon parod i arddel beunydd yn hyderus braf ac yn ddiarwybod res o ragdybiau cadarn na ellid eu profi, ac a oedd yn anweledig ddigon. Dyma ragdybiau megis fel y gwelsom fod yna drefn yn ddisgwyliedig y tu ôl i bopeth, fod yna achos i bob effaith, fod y meddwl yn gorfod gweithio o'r arbennig i'r cyffredinol ac yn ôl o'r cyffredinol i'r arbennig. Ac eto am eu bod yn seciwlarwyr 'hunanlywodraethol', gobeithient ddod o hyd i wirionedd a oedd yn annibynnol ar Dduw, nad oedd yna ddim creu, nad oedd yna ddim pechaduriaid, na fydd yna ddim barn na bywyd ar ôl marwolaeth: rhagdybiau digon diesboniad a di-brawf braf. Yn awr, yn lle rhagdybiau o'r math hwn a dderbynnid fwy neu lai yn ddiymholiad gan seciwlarwyr, daeth Pantycelyn i ddealltwriaeth ailanedig gwbl newydd ynghylch y deddfau yna y sylwasai arnynt y tu ôl i bopeth yn ddimensiwn anweledig anfaterol. Arweinid ef beth o'r ffordd at yr anweledig gan reswm ei hun, mae'n debyg. Ond arweinid ef ymhellach yn ddifalch gan fywyd newydd a datguddiad hanesyddol. Drwy fywhad yr ysbryd.

Daliai Rhesymoliaeth o'i amgylch, felly, mewn bri o hyd. Ym myd y meddwl cyfoes hefyd ar y pryd – wedi'r rhesymolwyr – cafwyd oes yr Empeirwyr mawr: Locke, Berkeley a Hume. Credent hwy mai profiad, sef profiad y synhwyrau yn neilltuol, oedd y modd i gydnabod gwirionedd pob gwrthrych. Gyda'i gefndir anghydffurfiol, ni châi Pantycelyn anhawster i amgyffred gwerth y corfforol-faterol. Ond nid oedd wedi bod yn rhy anodd chwaith iddo, ac yntau'n wyddonol ei dueddfryd, i sylweddoli'r dimensiwn *anfaterol anweledig* a geid mewn deddfau rhesymol: y byd a oedd fel pe bai *heb* gael ei reoli gan y synhwyrau. Ond roedd yna gam newydd a berthynai ar ryw olwg yn awr i'w ymateb i'r Empeirwyr. Buasai'n gwybod, o'i gefndir Piwritanaidd, fod yna rywrai a hawliai fod a wnelo'r dimensiwn anweledig hwn â Duw personol y dylid Ei *brofi.*

> *Ac yna adeiladodd y cyfan oll i gyd,*
> *Yn union 'n ôl y drefen yr oeddent yn ei fryd . . .*
> *Ac oll a wnawd gan fysedd yr adeiladydd mawr*
> *O fewn i derfyn natur mewn awyr, nef, a llawr*
> *Sydd yn anfeidrol drefnus, yn wych, yn hardd i gyd,*
> *Yn abal sugno ein calon at yr un wnaeth y byd.*[34]

Ar ôl sylweddoli'r materion ymenyddol, ar ôl pendroni ynghylch materion ymddangosiadol ffeithiol os cudd, y darganfyddiad chwyldroadol iddo fyddai datguddiad calon am Berson cyflawn. Dyma Fod y gallai'r ysbryd brofi'i bresenoldeb, hynny yw cysylltu'r rhagdybiau cudd fel petai â Gwrthrych, a hwnnw'n gyfatebol ddigonol i bob gwedd ar ei bersonoliaeth. Hynny yw, dadlau'r wyf i Bantycelyn feithrin ymateb beirniadol yn wyneb y ddau fudiad athronyddol ffasiynol a oedd o'i ddeutu, fel llanc ifanc dadansoddol ei fryd a Phiwritanaidd ei gefndir: Rhesymoliaeth ac Empeiriaeth. Yr oed wedi graddol baratoi rhyw fath o fframwaith y daeth ei brofiad Cristnogol yn ateb iddo ymhellach ymlaen, a hynny heb fod ymhell oddi wrth bwyslais balch ei oes ar resymu ac ar brofiad. Ond yn sylfaenol wahanol. Heblaw gweddnewid rhagdybiaeth y rhesymolwr ynghylch deddf anweledig, yr oedd hefyd yn gweddnewid rhagdybiaeth yr empeirydd ynghylch synhwyro. Yr oedd yn barod bellach i'r Cyfarfyddiad. I ddeffroad y gynneddf gudd.

Un ffordd o ddisgrifio'i dröedigaeth fyddai dweud iddo gael yn ei ysbryd ddatguddiad cyfannol o Drefn, prawf ysbrydol ystyrlon o'r Anweledig – ar y naill law fel y rhesymolwyr yn ymwneud â'r anweledig, ac ar y llall fel yr empeirwyr yn ymwneud â phrofiad:

Anweledig, 'rwy'n dy garu,
Rhyfedd ydyw nerth dy ras . . .
'Chlywodd clust, ni welodd llygad,
Ac ni ddaeth i galon dyn,
I ddychymyg nag i ddeall
Natur dy hanfod Di dy hun.[35]

Hyn a roddodd sylwedd i'w Fawl. Mawl a geir gan Williams ac ynddo gynnwys ac ystyr 'galed', brofedig i'r gynneddf ysbrydol – ac mewn modd arwynebol drwy ras cyffredinol i'r deall cydymdeimladus naturiol.

NATUR EI BRAWF

Beth yn union oedd y prawf honedig hwn o'r Anweledig?
Prawf hanesyddol ydoedd yn gyntaf. Yr oedd yr Anweledig wedi dod yn weledig. Ond yr oedd a wnelo â chyfanrwydd personoliaeth Williams ei hun hefyd. Gellid profi'r Anweledig y tu ôl i'r Gweledig. A threfn y Cadw oedd hyn: mewn Person.
Yn ôl y ddysgeidiaeth Gristnogol uniongred y mae yna gynneddf gynhenid ar gael eisoes gan bawb ohonom sy'n caniatáu inni brofi'r Anweledig mewn modd croyw. Fel y mae yna gyneddfau gennym sy'n profi materion corfforol, felly mae yna gynneddf ar gael sy'n profi materion ysbrydol. Sef yr enaid. Does dim un person heb enaid. Adeg ein geni bid siŵr y mae'r agwedd hon ar ein personoliaeth yn naturiol farw. Mae llais Duw yn fud inni. Ni allwn siarad ag Ef yn effeithiol. Nid oes perthynas. Nid ydym yn effro fyw i fodolaeth yr enaid hwn, sef y sianel i ymwneud yn gariadus â Duw. Efallai fod ein pen yn gallu dweud ei fod ar gael, ond nid yw'n fywydol real nac effeithiol i'r holl bersonoliaeth.
Gall yr ysbryd hwn sut bynnag ddeffro a dod yn fyw, gan wrthbrofi anghrediniaeth. Gall yr ysbryd ddod yn fyw wrth i Dduw siarad â'r galon drwy'i Air anffaeledig, neu drwy genadwri unplyg un o'i weision, drwy'r gydwybod, neu drwy'r Greadigaeth, ac yn y blaen. Dyma'r chwyldro mawr i Bantycelyn. Wedi i'r hedyn ddisgyn i'w feddwl – profi. Mae'r enaid yn ymagor ynddo allan o'i fedd. Llefaru a wna Duw, ac mae ei air yn cyrraedd clust y galon gaeth. Y sioc yna a bair i Williams droi a chanu; ac mae un o'i lyfrau cynharaf yn dwyn y teitl awgrymus *Ffarwel Weledig, Groesaw Anweledig Bethau*. O'r casgliad emynau hwnnw y daeth y pennill mawr a ddyfynnais gynnau ynghylch dod yn fyw i'r 'Anweledig'. Emyn

cymharol gynnar. Ailsgrifennodd yr emyn hwnnw mewn mydr gwahanol ar gyfer *Gloria in Excelsis*: roedd y pwnc yn bwysig iddo –

> *Anweledig 'rwy'n dy garu,*
> *Ac ni fedda'i yn y byd*
> *Wrthddrych alla'i bwyso arno,*
> *Wrthddrych dâl rho'i iddo 'mryd; . . .*
> *'Chlywodd clust, ni welodd llygad,*
> *Ac ni ddaeth i galon dyn,*
> *Erioed feddwl, na dychymyg,*
> *Y fath ydwyt Ti dy Hun;*
> *Rhagor decach &c,*
> *Wyt nag welodd nef na llawr.*[36]

Dau emyn hynod debyg yw'r pâr godidog hwn o ran mynegiant, ond mae'r cyntaf o'r ddau yn fwy ymenyddol na'r ail: o leiaf, y mae'r ail yn fwy o fynegiant o'r serchiadau.

Roedd dealltwriaeth ynghylch y drefn anweledig yn awr yn goleuo ei adnabyddiaeth lawnach ohono'i hun wrth iddo ymgysylltu fwyfwy â'r Hanfod mawr. Gwelai drwy'i holl bersonoliaeth bellach ei ddiddordebau ymenyddol beunyddiol mewn modd newydd, a dyna thema agoriadol 'Golwg ar Deyrnas Crist' (1756). Roedd ei brofiad ysbrydol ei hun bellach i'w weld yn rhan o drefn ledled y bydysawd:

> *Ordeiniwyd crëu daear i sefyll ar ei sail,*
> *Ac arni bob creadur fwy na rhifedi'r dail;*
> *A lloer a haul gwmpasog i losgi yn eu lle,*
> *Sêr pwysig a phlanedau i gerdded yn y ne'.*
>
> *Ordeiniwyd yr holl drefen y[n] natur eang sydd,*
> *Haf, gaeaf, gwres ac oerni, tymhorau, nos a dydd:*
> *Byd cyflawn o fendithion, rhai mawrion bob yr un,*
> *Fel palas hardd dieisiau i wir roesawu dyn.*[37]

Rhan o ordinhad neu drefn oedd y ddaear. Rhan o'r un ordinhad oedd Pantycelyn ei hun. Mae dyn a'i fawl yn perthyn i'r un cynllun enfawr o'r greadigaeth, yn ysbrydol, yn gorfforol, yn foesol; a'r greadigaeth fel pe bai'n croesawu dyn i'w gartref trefnus.

Bid siŵr, roedd y math o brawf yr oedd Pantycelyn yn ymwneud ag ef yn awr yn bur wahanol i'r 'Profion' adnabyddus y bu diwinyddion ar hyd yr oesoedd yn ponsio efo nhw.

Hynny yw, nid oedd a wnelo Williams â'r 'prawf' adnabyddus a chlasurol o fodolaeth Duw drwy sylwi ar Drefn y Bydysawd, dadl a oedd wedi apelio at Kant a Hume. Duw ei hun, ym mryd Pantycelyn, a brofid yn uniongyrchol yn gyntaf gan yr ysbryd dynol. Wedyn yr eid ymlaen i sylwi ar wir Drefn y Bydysawd. Nid yn wrthwyneb i hynny. A'r un modd gyda'r hyn a elwir yn Ddadl Gosmolegol, sef yr ymwybod cyson â'r rhagdybiaeth fod y tu ôl i bob Effaith Achos y gellir ei ddilyn yn ôl ac yn ôl nes cyrraedd y cyntaf. Yn hytrach na cheisio profi fel yna fod yna Achos Cyntaf y gellid o'r diwedd fynd yn ôl ato, fe ddechreuid yn hytrach yn ôl gyda'r Achos wedi'i adnabod eisoes yn sail brofiadol, a dilynai pob Effaith wedyn. Oherwydd fod Duw yn bod y mae Pantycelyn yn bod. Rhyw fath o brofion cyfyngedig i amser a lle yn unig oedd y math o siarad a geisiai brofi'r Achos Cyntaf fel hyn oherwydd rhyw effeithiau syml a materol y gellid sylwi arnynt, a gwyddai Pantycelyn fod a wnelai'r gweledig cyfyngedig ag Anweledig cwbl anghyfyngedig y tu hwnt i bob Achos ac Effaith. Drachefn, yn Rhan Gyntaf 'Golwg ar Deyrnas Crist' canai am y greadigaeth –

> *Yn dechrau cyn bod amser, cyn rhifo dyddiau erio'd,*
> *Cyn haul na sêr, na lleuad i gerdded yn eu rhod;*
> *Cyn cael o'r mynydd sylfaen, a thannu'r nen i ma's,*
> *Y gwnawd y sgêm anfeidrol – dyfeisiwyd plan o ras.*[38]

Yr wyf yn oedi gyda Rhan Gyntaf y gerdd faith hon am fy mod yn tybied mai dyma'r rhagdybiau gwyddonol diymholiad yr oedd Pantycelyn eisoes wedi bod yn pendroni yn eu cylch cyn cyfarfod â Christ, materion y casglodd ef bellach eu bod wedi'u gweddnewid yn ei ddeallltwriaeth wrth iddo ddarganfod y cysylltiad rhwng y Gweledig a'r Anweledig. Rhoddwyd eglurhad i'w ragdybiau dyfnaf felly. Tybiaf fod 'Golwg ar Deyrnas Crist' mor hunangofiannol (yn feddyliol) â 'Theomemphus' ac â'i holl gerddi eraill. Cydnabyddai eisoes nad oedd pobl yn gwneud dim heb bwrpas. Dyna'r rhagdybiaeth naturiol ddiymholiad. Ond ymwybyddai yn awr pam a beth oedd y pwrpas canolog y tu ôl i'r Greadigaeth oll:

> *Fel gallai dorri allan oleuni yn ei rym,*
> *A chariad maith, maddeuol, na all ei atal ddim;*
> *A thostur a thrugaredd, sydd lawer mwy ei hyd,*
> *Nag 'gellir eu cydmaru â dim sydd yn y byd.*

Ac fel y caid gweld doethineb diderfyn eto'n stôr
Yn llif tros wyneb daear, a'i led yn fwy na'r môr:
Ac fel caid gweld ffyddlondeb difesur sydd o faint,
Yn para trwy bob cyflwr bob amser at y saint.[39]

Yr hyn yr wyf yn ceisio'i ddangos yw bod y rhagdybiau a fuasai gan Bantycelyn cyn ei dröedigaeth, a'r math o seiliau a gymerid yn ganiataol yn y byd seciwlar neu wyddonol ond na ellid eu profi'n rhesymol, yn awr yn cael *raison d'être* drwy ddatguddiad. Yn lle dechrau yn y diwedd a gweithio'n ôl, cafodd ddechrau bellach yn y dechrau a gweithio ymlaen. Cafwyd hynny hefyd drwy agwedd newydd-ddarganfod ar ei bersonoliaeth, sef yr ysbryd. Roedd ef wedi cael ei ryddhau rhag ei ragdybiau materol gan brawf ysbrydol. Mawl oedd 'Golwg ar Deyrnas Crist' felly a oedd yn dathlu cytgord y Cristion unigol â llawnder y Greadigaeth anweledig a gweledig. Bu'n rhaid i'r dyn seciwlar ynghynt fodloni ar 'Golwg' arall.

Felly y mae'r helfa anochel am werthoedd moesol ac esthetig yn cael ei hesbonio'n awdurdodol yn awr, eto yn Rhan Gyntaf y gerdd:

Pob da fu, sy, neu ddyfod wedi ordeinio sy,
Oll ynddo, o ddaear isod, i bellter nefoedd fry.[40]

Yr oedd hyn yn fwy cynhwysol. Yr oedd gwyddoniaeth a'r dull gwyddonol o feddwl eisoes ganddo yn gynhenid, sef symud oddi wrth sylwadaeth unigol at yr egwyddor gyffredinol. Ond er y dylai gwyddoniaeth wynebu'r cwestiwn pam (yn bennaf), ei thuedd o hyd fu gogwyddo tuag at y sut. Nid oedd gwyddoniaeth yn gallu ymresymu'n foddhaol am ei bodolaeth ei hun oherwydd ei bod yn methu â sefyll y tu allan iddi ei hun. Arhosai o reidrwydd o fewn amser a lle: i'r Cristion yr oedd yr Anweledig annibynnol hunanddilysol yn ystyrlon oherwydd iddo symud o wastad profiad tragwyddol i wastad rheswm:

O'i fewn yn meddu gwyddor o feddwl puraidd Duw;
Had yr holl gyfraith foesol oedd yn ei galon wiw,
Ac ewyllys i'w ei gwneuthur, cans natur iddo ef
Myfyrio a chyflawni dymuniad Brenin nef.[41]

Hwn yw'r pam. Yn yr Anweledig y ceid yr egwyddor neu'r egwyddorion esboniol oll i'r ffeithiau a oedd i'w hesbonio, y cyflyrwr i'r cyflyredig, yr Undod i'r amrywiaeth, y Clymwr a barai berthynas o fewn y chwalfa i gyd.

Y bryniau, a'r môr anesmwyth, y nef ac uffern drist,
A swm yr holl greadigaeth o'r bron yw Iesu Grist.[42]

Ymgnawdoliad (o fath) oedd y ddaear yn wreiddiol, ei hun, yn gymaint ag yr oedd yn fynegiant o feddwl y Crëwr. Fel yr oedd Duw wedi anadlu i'r pridd, felly yn Ei ras cyffredin yr oedd y pridd yn gallu anadlu Ysbryd Duw. Yr oedd y Crëwr yn bresennol yn Ei waith.

Beth, felly, oedd y gerdd hir hon i Bantycelyn? Gellid ymholi felly – ai ceisio dehongli'i weledigaeth newydd yn ddeallol yn unig yr oedd Williams yn 'Golwg ar Deyrnas Crist'. Ynteu dymuno ymresymu yr oedd bellach ynghylch ei feddiant ar ymdeimlad ynghylch cytgord personol â'r greadigaeth? Ynteu ai 'dadlau' ac 'esbonio' yn awr fyddai nod ei ddealltwriaeth wedi'i dröedigaeth?

Dim un. Y mae'n eglur yn y fan yma yn 'Golwg ar Deyrnas Crist' ac yn ei emynau benbwygilydd nad mewn dadl y mae ei ddiddordeb ond mewn Mawl. Arwain a wna pob meddwl, pob myfyrdod deallol, yn anochel at ddatgan Mawl. Mawl yw'r Effaith fwyaf treiddgar i'r Achos mawr. Mawl a seilir ar sythwelediad a datguddiad. Enillwyd y ddadl eisoes felly yn ei brofiad ei hun gan Berson o'r tu allan. Rhyfeddod iddo a diolch am drugaredd yw llunio Mawl, a hynny'n rhan gynhenid o drefn y darganfod a'r gwerthfawrogi beunyddiol.

A gellir ystyried fod y Mawl hwnnw yn ymrannu'n dri math yn gyffredinol yng ngwaith Pantycelyn, ond tri sy'n un:

1. Mawl i Berson Duw ei hun, ei natur dragwyddol, hollbresennol, hollalluog, gyfiawn ac yn y blaen, yn arbennig Duw fel y'i canfyddid yn yr Ail Berson;
2. Mawl i'w Greadigaeth, a hanes Ei waith mewn rhagluniaeth gan gynnwys y Ddeddf (dyma gyda llaw brif faes ac unig faes y molwr seciwlar);
3. Mawl i'r Waredigaeth a gynigir i bechadur ac oherwydd y fraint o adnabyddiaeth bersonol sy'n dilyn.

Yn wahanol i Fawl seciwlar cyfarwydd, Mawl yw hwn i gyd sy'n tarddu yn yr Anweledig a'r goruwchnaturiol ymwybodol. Dibynna'n uniongyrchol ar y cyfarfyddiad rhwng *dau anweledig* diriaethol, yr enaid a'r Duwdod. Nid yn unig y mae Pantycelyn yn darganfod bodolaeth a hawliau'r Anweledig hollalluog hwn, y mae ef hefyd yn darganfod bodolaeth *ei enaid anweledig ei hun.* Mae'r enaid mor syfrdanol iddo â dim. Mewn o leiaf 26 o'i emynau, dechreua drwy gyfarch neu drwy sôn am y peth rhyfedd hwn: 'O f'enaid cân i'th Briod glân',[43] 'Fy enaid bach, tra yn y byd',[44] 'Fy enaid, mae am ganu mawl',[45] 'Fy enaid mewn gwir ofid mae',[46] 'Fy enaid athrist, Arglwydd, sy',[47] 'Fy enaid, gwel i Galfari',[48] 'Fy enaid gwel dy Brynwr mawr',[49] ac yn y blaen.[50] Yr enaid oedd y gynneddf anhysbys a ddaethai'n fyw ynddo i ganfod yr Anweledig.

Gwedd ar y person dynol wrth gwrs yw'r enaid byw hwn. Deffrowyd yn Pantycelyn yr ymwybod fod yna ran neu wedd ar berson dyn sydd eisoes yn gyflawn oruwchnaturiol neu'n anweledig. Ac ymhellach na hynny, yr oedd perthynas yn bosibl rhwng hyn a Duw – yn wir cyn gynted ag y dôi'n fyw yr oedd perthynas i'r enaid yn anochel. Ymdebygai'r ailenedigaeth i'r greadigaeth gyntaf.

> *Deffrowch, fy holl serchiadau, a sefwch yn eich lle*
> *I garu a rhyfeddu Tywysog mawr y ne',*
> *Awdwr iechydwriaeth bwrcasodd bythol hedd,*
> *Yn carco'n lân amdanaf o'r groth i waelod bedd.*[51]

Prif weithred neu weithred ganolog bodolaeth yr enaid yn awr oedd moli. Yr wyf hyd yn hyn, at ei gilydd, drwy geisio olrhain y camre tuag at Fawl, hefyd wedi awgrymu rhai o'r agweddau ar Fawl, neu'r rhagdybiau ynghylch yr Anweledig. Camre oeddynt a arweiniai yn y pen draw at Fawl i Berson Duw a mawl i'r Greadigaeth. Ond ddaw'r rheini ddim yn aeddfed heb y trydydd math o Fawl, sef Mawl i'r Gwaredwr. Ac yn wahanol i Fawl i'r Greadigaeth neu i Berson Duw y mae a wnelo hynny â chysylltiadau negyddol mawl Cristnogol yn ogystal â'r rhai cadarnhaol.

Rhaid edifarhau. Rhaid adnabod y gelyn. Mae yna ddau ddarganfod, fel y gwelsom. Darganfyddir, yn nannedd y gwrthodiad, yr Anweledig yn berson gwrthrychol cariadus. Ac wedyn (yn baradocsaidd) darganfyddir y gynneddf fewnol sy'n gallu cyflawni'r fath ddarganfyddiad. Rhan o'r proses o ddadlennu enaid, a gwedd glymedig ar ailenedigaeth, yw sylweddoliad o'r elyniaeth naturiol a sylfaenol a fu ac sydd mewn dyn naturiol tuag at Dduw. Saif y person dynol ar wahân i Dduw yn grwn. Y term technegol am hyn yw pechod. Peth goruwchnaturiol yw hefyd; gwrthryfel. Nid gwneud drygioni, yn syml, yw hyn; ond statws hefyd. Statws ysbrydol yw bod yn bechadur, a'r fan gychwynnol yw bod yn ysbrydol farw i Dduw. Mater o berthynas negyddol yw hyn yn ei hanfod. Ni ellir cyflenwi na chyflawni'r berthynas honno rhwng dyn a Duw yn iawn tra bo'r ysbryd yn farw.

Ysgogiad o fewn Mawl, felly, y Mawl a ddylai ymddangos ar yr olwg gyntaf

mor hanfodol gadarnhaol, yw'r ymwybod negyddol o ryddhad allan o
farwolaeth pechod yr enaid. Yn fynych y sylweddoliad cyntaf o unrhyw
fath o berthynas oruwchnaturiol yw'r weledigaeth o fod wedi bod yn
gychwynnol heb berthynas. Ynghynt yn ei yrfa tybiasai Pantycelyn cyn-
dröedigaeth, os oedd yna unrhyw ystyr i'r gair 'pechod', mai yn erbyn
cyd-ddyn yr oedd pechu yn digwydd yn sylfaenol. Dim o'r fath beth
mwyach. Gair technegol ydoedd a ddisgrifiai gyflwr ac wedyn weithred yn
erbyn Duw, yn erbyn person a hawliau Duw: Salm 51, 'Yn dy erbyn di,
dydi dy hunan, y pechais, ac y gwneuthum y drwg hwn yn dy olwg, fel y'th
gyfiawnheir pan leferych, ac y byddit bur pan farnech.' Ni all Pantycelyn
byth adael llonydd i'r darganfyddiad rhyfedd o natur bod yn bechadur,
nid pechu achlysurol, ond bod ar wahân i Dduw ac yn Ei erbyn erioed.
Darganfod pechod, iddo ef, oedd darganfod yr enaid. Cyffesa yn ddigon
rhigymaidd yn gynnar:

> *Pechadur wyf, f'Arglwydd a'i gŵyr,*
> *Pechadur a garwyd yn rhad;*
> *Pechadur a gliriwyd yn llwyr,*
> *Yn rhyfedd trwy rinwedd y gwaed.*[52]

Yn ei gasgliadau cynnar *Aleluia* y digwydd y pum emyn sy'n dechrau
â'r geiriau 'Pechadur wyf.' Mae'n ddarganfyddiad sylfaenol. Allan o'r
ymwybod od a syfrdan hwn serch hynny y ffrwydra Mawl mwy rhyfedd po
bellaf yr â bywyd Pantycelyn yn ei flaen. Mawl sy ganddo a gyflyrwyd gan
ryddhad rhag gormes a theyrnas yr elyniaeth ddychrynllyd hon yn erbyn
Duw. Er bod Person Duw ac yn arbennig Ail Berson y Drindod yn cael
sylw gan y bardd, yn bennaf oll fe'i gwêl Ef ar waith yn weithredwr hanes-
yddol drwy lens pechadur. Canolbwynt aileni iddo yw bywhau'r ysbryd
gan Grist Cariadus allan o gyflog pechod a theyrnasiad pechod. Diau i
Bantycelyn ymwybod â'i wendid parhaol drwy gydol ei oes; ond adeg
Aleluia y caed syndod ffres y darganfyddiad syfrdan.[53] Dibynnai'i dröedig-
aeth a'i gyfiawnhad ar argyhoeddiad. Eto, wrth gwrs, nid digon oedd
hynny. Rhaid oedd wrth edifeirwch wedyn – troi yn feddyliol, yn emosiynol,
ac yn ewyllysiol: yn llwyr. Ceir yr elfen hon o droi a nodwyd yn amlwg yn
nheitl ei gyfresi o emynau: 'Ffarwel Weledig, Groesaw Anweledig Bethau',
bellach yn yr emynau unigol niferus sy'n dechrau â'r gair 'Ffarwel'[54] –
deg i gyd. Problem Duw, os gellir rhoi'r peth fel yna, oedd bod Ei Berson
yn gyfiawn a heb ganddo 'allu' i wrthddweud ei natur, iddo seilio'i greadig-
aeth yn wreiddiol ar gyfiawnder perffaith a'i hamcanu o reidrwydd at

hynny. Duw cyson â'i gymeriad yw. Mater o unioni hanfodol oedd talu dyled. Eto, er pechu o ddyn, arhosai'r cariad dwyfol ato. Dyna oedd trugaredd. Eithr trugaredd ydoedd ynghyd â chyfiawnder. Byrlymai o gariad. Talwyd dyled erchyll ac eithafol drwy ddioddefaint erchyll ac eithafol y Dirprwy. Drwy hwn, sef y Crëwr, y cafwyd ail-greadigaeth – iachawdwriaeth. Ond yr oedd yn fwy na thaliad union gan mai Cariad tragwyddol ydoedd yn gorlifo drosodd, a heb ei fesur gan angen dyn yn unig.

Chwi welsoch anfeidroldeb ei air a'i ryfedd rym,
Pan gwelsoch natur eang yn tarddu 'maes o ddim.

Mil mwy oedd eich rhyfeddod yn Gethsemane'n awr,
Weld chwys a gwaed yn ddafnau yn cwympo ar y llawr.[55]

PERTHYNAS Y TLAWD A'R TLAWD

O'r tri math o Fawl a nodwyd gennym – i Berson Duw, i'w Greadigaeth, ac i'r Waredigaeth ryfedd a ddyfeisiodd yng Nghrist – y trydydd a enillodd fryd Pantycelyn yn bennaf. Roedd yna Fawl eisoes i berson Duw ac i'w Greadigaeth cyn y Cwymp. Yn wir, mae 'Golwg ar Deyrnas Crist'[56] yn ystyried bod y Mawl cyntaf a gaed cyn y creu, yn ymgyflwyno byth wedyn i'r Person ac i'w Greadigaeth. Ni ellid llai. Ond i ddyn modern, y dyn cychwynnol amddifad ac anwybodus, y dyn dibrofiad, mae yna ryfeddod hynod bersonol newydd, ddirfodol bersonol hefyd, sy'n gallu digwydd mor chwyldroadol mewn Hanes nes gweddnewid bywyd y tu hwnt i fywyd. Dyma'r trydydd math o Fawl.

Cyn popeth arall, y mae a wnelo'r newid hwn â pherthynas y tlawd a'r Tlawd. Moli newid perthynas yw cryn dipyn o'i Fawl i Bantycelyn. Mewn perthynas y clymir pob gwirionedd arall iddo bellach. Darganfyddiad cyffrous iddo oedd bod y rhagdybiau cynhenid, y buom yn sôn amdanynt o'r blaen – ynghylch trefn y greadigaeth ynghyd â'r rhesymu wedyn a phob egwyddor haniaethol, wedi'u diriaethu o'r diwedd mewn perthynas. Perthynas oedd â Chrëwr wedi ymostwng.

Meddiant yw'r berthynas hon i Gristion: dyma ddechrau rhai o'i emynau – Fy addfwynaf dad,[57] Fy Iesu,[58] Fy Nuw,[59] Fy mywyd wyt,[60] Fy noddfa gadarn,[61] F'anwylyd.[62] Perthynas drwy Gariad ydyw: Rwy'n dy garu.[63] Ond perthynas yn anad dim. Meddiannu a charu Arglwydd gostyngedig sy'n hollalluog y mae. Meddiannu gwrthrychol yw hyn, nid meddiannu goddrychol yn unig.

Bellach, a'i ysbryd wedi'i fywhau gall sôn am yr Anweledig fel gwrthrych;[64] Gwel[65] medd ef, a gweld;[66] Cod d'olwg, f'enaid,[67] dacw,[68] Draw,[69] Wel, dacw,[70] Wel dyma.[71] Mae'r Anweledig yn llefaru: dwed.[72] Diriaethol yw'r ymateb hefyd: Dyma fi, Arglwydd,[73] Dyma'r eiddil,[74] Dyma'r tlawd,[75] Dyma'r truan,[76] Dyma bechadur.[77]

> *Yn wrthrych llawn ac awdwr o'n maith ddaioni byth,*
> *I edrych ar ei ogoniant ryw oesoedd rif y gwlith.*[78]

Yn lle apelio at un wedd yn unig ar fywyd a phersonoliaeth dyn – y rheswm neu'r meddwl – y mae a wnelo'r Anweledig hwn â chyflawnder adnabod. Perthynas dau berson sydd yma a wnaethpwyd yn bosibl oherwydd bywhau o ysbryd a fu ynghynt yn farwnedig. Wyneba'r naill berson y Llall. Y byw yn cyfarch y byw wyneb yn wyneb: dyma ragor o ddechreuadau'i emynau – Henffych Iesu,[79] O addfwyn Iesu,[80] O Iesu,[81] O Arglwydd.[82]

> *Iesu, difyrwch fy enaid drud*
> *Yw edrych ar dy wedd;*
> *Ac mae llyth'renau dy enw pur*
> *Yn fywyd ac yn hedd.*[83]

Mae llawer o'i emynau yn dechrau â'r rhagenw cyfarchol Ti, Tydi; a'r modd cyfarchol O Fugail,[84] O Mugail.[85]

Person oedd yn trefnu:

> *Cans gwelaf cyn y bore pan obry yn y groth,*
> *Yn fy nechreuad cyntaf law fy Iachawdwr do'th*
> *Yn peri imi dyfu i fyny fel o ddim,*
> *Ac yna yn fy nghynnal, a mi heb berchen grym.*[86]

Mae'r Person Dwyfol ar gael yn y cwbl: yn wir, dyna destun y bumed ran o Bennod VI yn 'Golwg ar Deyrnas Crist.'

Mae'r wedd wrthrychol hon ar grefydd yn sylfaenol unigryw mewn Cristnogaeth. Ymgnawdoli yn y baw y mae Duw, mewn hanes, drwy atgyfodi yn Ei gorff, llefaru mewn Gair ysgrifenedig, galw Cristnogion i weithredu'n allanol yn unol â chyfarwyddyd penodol, rhoi bywyd materol i'r ddaear ac i ddyn, ac atgyfodi dynion yn derfynol gorfforol. Wrth gwrs fod y mewnol yn bwysig hefyd. Ond nid y teimladau na'r gweledigaethau personol yw tarddiad cyfarwyddyd ystyrlon. 'Enthiwsiastiaeth' yw peth felly, gwendid cyfarwydd Howell Harris: gadael gormod o raff i ddychymyg ac i'r goddrych. Nid ymateb noeth y teimladau i Air gwrthrychol Duw yw Cristnogaeth, nac ymateb y deall ychwaith; ond y deall ynghyd â'r serchiadau a'r ewyllys a phob dim arall yn ymgyflwyno i weithred hanesyddol a'i hymhlygiadau'n uwch-hanesyddol.

Sylweddoli'r weithred honno oedd yr hyn a ddigwyddodd i Bantycelyn wrth wrando ar Harris:

> *Dyma'r boreu, fyth mi gofiaf,*
> *Clywais innau lais y Nef...*

Hynny yw, daeth y mud yn llafar.

> *Do'd i'r goleu â dirgelion*
> *I rai duwiol oedd yn nghudd.*[87]

Mewn geiriau eraill, yr Anweledig a ddaeth yn ddiriaethol Weledig i'w ysbryd: cafodd brawf dibynnol gweladwy o'r Anweledig.

CWMNI I'R UNIG

Awgrymais gynnau fod Mawl wedi codi yn ei galon wrth ymwared â chaethiwed feddyliol ei oes. Buasai hyn yn ymddangos iddo yn ysgogiad negyddol fel petai: cael gwared â gormes ffasiynol y gymdeithas lethol o'i amgylch. Gellid dychmygu cymar iddo heddiw yn ein cyfnod ni yn llawenhau wrth ymwared â gwacter yr oes hedonistaidd sydd ohoni. Gwrthod y gwrthod ym mhwysau ffasiynol y gymdeithas. Dyma'r gwrthod sy'n gorfod digwydd bellach i bob ysbryd wrth ddeffro. Negyddu'r negyddol angenrheidiol. Ond yr oedd yr efengyl yn destun Mawl cadarnhaol hefyd wrth gwrs i Bantycelyn. Ac er mwyn amlygu hynny, gallai ef geisio delweddu'r peth mewn myrdd o ffyrdd. Fe garwn innau roi pwyslais penodol ar yr *unig* yn cael *cwmni*. Mae a wnelo unigrwydd neu gwmnïaeth y Cristion â chambwyslais esboniadol yn astudiaeth wych Saunders Lewis. Ac wrth 'gwmnïaeth' i'r Cristion rwy'n golygu yn arbennig sylweddoli natur bersonol yr Anweledig gydag ef:

> *Fy undeb i â'i Berson mwyn*
> *Sydd i mi'n dwyn dyddanwch,*
> *Ni ddaeth i galon dyn erioed*
> *I feddwl fod fath heddwch...*

> *Wel, merched Salem, dyma nôd*
> *Fy Mhriod hynod hawddgar;*
> *Mewn nef a daear tra ynoch chwyth*
> *Ni ffeindiwch byth o'i gymhar.*[88]

Honnai Saunders Lewis, fel y cofiwch, mai unigrwydd a nodweddai fryd y pererin Methodistaidd. Ond meddai Pantycelyn,

> *Iesu yw'm Ffrynd, a'm Priod pur,*
> *Ac iddo rho'is fy nghred;*
> *Neb ond ei Hunan ddwg fy maich,*
> *Ei Hunan dâl fy n'led.*
>
> *Fe wrendy 'nghri pan elwy'n wan,*
> *Ei gariad sydd yn fawr;*
> *Ac fyth nis gedy'n hir fi gael*
> *Fy nghuro ar y llawr.*
>
> *Ni fethodd gweddi daer erioed*
> *A chyrhaedd hyd y nef;*
> *Ac mewn cyfyngder f'enaid rhed*
> *Yn union ato Ef.*
>
> *Ac nid oes gyfaill mewn un man*
> *Cyffelyb iddo yn bod;*
> *Pe baen' i chwilio'r ddaear faith,*
> *A holl derfynau'r rhod.*[89]

Milwrio'n erbyn y syniad am y Cristion fel pererin unig yn unig a wna'r ddelwedd gyson 'Priod': 'Iesu, 'Mrenin mawr a'm Priod.' Felly hefyd y ddelwedd o Fugail. Gwiw gan y Cristion yw gwybod mai 'Yr Arglwydd yw fy mugail . . . Ie, pe rhodiwn ar hyd glyn cysgod angau, nid ofnaf niwed: canys yr wyt ti gyda mi.' 'O Fugail doeth yr Israel had', medd Williams; 'O Fugail Israel, dwg fi 'mlaen.' Sonia am gymdeithas Crist: 'Iesu, dyro dy gymdeithas.'

Oherwydd rhai awgrymiadau a gawsom gan Saunders Lewis[90] mae yna duedd gan amryw i sôn am olwg amddifad unigolyddol y Cristion ym mryd Pantycelyn. Dyfynna Saunders Lewis:

> *Mewn anialwch 'rwyf yn trigo,*
> *Alltud unig wrthyf fy hun.*[91]

A phe na chaed ond y darlun hwnnw gan Williams, buasai beirniadaeth Saunders Lewis yn llygad ei le. Ond o archwilio, fe welwn nad yw'r llinellau hyn yn nodweddiadol o gwbl. Mynych y clywn ni'r sôn gan Ramantwyr anwybodus am y Cristion yn dod drwy fwlch yr argyhoeddiad ar ei ben ei hun, yr enaid unigol crynedig felly heb ddibynnu ar rieni nac ar yr Eglwys yn gyffredinol. Wedyn drachefn, yn bererin, a'i gyfrifoldeb unigol am ei weithredoedd ei hun, y mae'n crwydro'r ddaear nes marw, ar ei ben ei hun, a daw gerbron y Fainc i ateb dros ei bechodau ar ei ben ei hun. Mor aml y clywn hyd yn oed ambell Gristion yn sôn am unigrwydd marwolaeth.

Ond ai dyna yw Cristnogaeth Brotestannaidd glasurol?

Dim o'r fath beth.

Pan ddaw rhywun yn Gristion, y mae eisoes yng Nghrist – ar unwaith. Mae Ysbryd Crist gydag ef. Crist byw sy'n dod gydag ef drwy fwlch yr argyhoeddiad, Crist yw ei gwmni ar hyd y daith, Emmanuel. Crist sydd gydag ef yn nyfroedd angau, a Christ sydd gydag ef yn Nydd y Farn, yn iawn drosto.

Nid cwmni Cristnogion eraill sy'n flaenorol bwysig, felly, er bod hyn ar gael; ond cwmni bythol a beunyddiol Crist. Ceir Cristnogion eraill wrth gwrs yn gwmni ar y daith ddaearol, dethlir cwmpeini amryw ohonynt gan Williams, trefnai seiadau iddynt ac ysgrifennai ar gyfer llaweroedd ohonynt, gyngor a marwnad. Ond nid ŷnt mor agos â Christ, ni allant fod.

Felly, mae symleiddio unigrwydd honedig Cristion Pantycelyn a Bunyan yn ddehongliad pur annerbyniol.

O chwilio'n fanylach, dyma'r darlun cyflawn fel y'i ceir gan Bantycelyn:

> *Yn nyfnder profedigaeth ddu,*
> *Dos dy Hunan o fy mlaen;*
> *Ond i mi gael bod gyda Thi*
> *Nid ofnaf ddw'r a thân . . .*

> *'Rwy'n wan, 'rwy'n llesg, ni alla'i ddim*
> *Un fynyd heb fy Nuw.*[92]
> *Pererin wyf, fy Nuw, . . .*
> *On' buasai i Ti ei ddal i'r lan*
> *Fy enaid gwan fuasai 'lawr.*[93]

> *Tyr'd, Ysbryd sanctaidd, ledia'r ffordd,*
> *Bydd imi'n niwl a thân;*
> *Ni cherdda'i'n gywir haner cam*
> *Nes elost o fy mlaen . . .*

Am hyny arwain gam a cham
*Fi i'r Baradwys draw.*⁹⁴

Mae'n gwestiwn gen i felly, hyd yn oed wrth ystyried perthynas y Cristion unigol a chwmnïaeth yr Eglwys, a yw'r darlun gwrthbrotestannaidd gan Saunders Lewis yn fanwl gywir:

Mi fyddaf fry (O ryfedd fraint!)
Yn boddi'm swn yn mhlith y saint,
Mewn peraidd hyfryd dôn;
Cymdeithion hy' mewn nefol hwyl,
Heb 'mado byth, ond cadw gwyl
*I'r tirion anwyl Oen.*⁹⁵

Myfyrio am fyn'd sydd felus iawn . . .
A neidio i mewn i blith y llu,
*Lle mae'r Messiah gwir.*⁹⁶

Cynhyrfwyd meddwl Pantycelyn a'i serchiadau fel ei gilydd. Ewyllysiodd ddathlu perthynas, ond perthynas na wyddai ddim ynghynt ei bod ar gael na sut y gallai fod. Perthynas ag anweledig a ddaethai'n weledig, ac â gwrthrych a ddaethai'n oddrych. Dathlu Cariad ar ran yr Eglwys oll a wnâi, ac fe'i gwnâi gyda chryn awdurdod: lliaws yw'r 'fi'.

Anweledig, 'r wy'n dy garu,
*Rhyfedd ydyw nerth dy ras . . .*⁹⁷

Dyma brif gwmni Pantycelyn, y bardd tra chymdeithasol hwn, gŵr a'i gymdeithas isod ac uchod, bardd a amgylchid gan dyrfaoedd. Ni allai lai na ffrwydro mewn moliant.

A'r moliant hwnnw, y moliant mawr cyffredinol, oedd yn yr un cynhenid, yr un adeileddol a brofodd y Salmydd, ac a grybwyllir gan Grist.⁹⁸ O bob cerdd yn yr iaith, 'Golwg ar Deyrnas Crist' gan Williams Pantycelyn sy'n seinio allan y gorfoledd hwn fwyaf:

Anfeidrol ras rhyfeddol! pe tawai amdano ddyn,
*Fe'i swniai'r fud greadigaeth, yn ddiau, bob yr un.*⁹⁹

Mae'n dychwelyd at y thema hon dro ar ôl tro gyda rhyw orohïan

afieithus. Fe glof hyn o gyfrol gydag un o'r darnau mwyaf perthnasol.
Clywch ei fawr ryfeddod lydan:

> *Chwi bryfed, ef clodforwch, sy'n isel ar y llawr,*
> *I lwch y ddaear atoch daeth y Meseia mawr;*
> *Ymlusgiaid, O! dyrchefwch soniarus gân o'r trwch,*
> *Bu Iesu dri diwrnod yn gorwedd yn y llwch.*
>
> *Chwi adar ar yr adain sy'n chwarae uwch ein pen,*
> *Rhowch eich telynau yn barod o glod i Frenin nen;*
> *Holl goedydd yr anialwch, O! curwch ddwylo 'nghyd,*
> *Rhyfeddod iddo farw, ac E'n greawdwr byd.*
>
> *Anadled yr aweloedd, a murmured pob nant*
> *Ryw sŵn soniarus, hyfryd fel bysedd byw ar dant,*
> *I'r hwn ei hun sydd ffynnon o ddŵr y bywyd pur,*
> *Ac yn anadlu o'i Ysbryd gysuron gloyw, clir.*
>
> *Fellt, fflamiwch ei anrhydedd; daranau, seiniwch chwi*
> *Ei glod tra fyddo'r moroedd yn rhuo i maes ei fri;*
> *Chwi ddefaid mân a'r geifir, cwplewch yr anthem hyn,*
> *Fel oen tan law y cneifiwr bu ar Galfaria fryn.*
>
> *Ti, ffynnon y goleuni, ymgryma 'lawr dy ben*
> *I haul mil mwy ei lewyrch, disgleiriach yn y nen;*
> *Dwed yn dy dro diderfyn am glod a mawl fath un*
> *Sy â'i belydyr cysurus yn g'leuo enaid dyn . . .*
>
> *Ond dyn yn enwedigol! ie, dyn, dyrchafed lef*
> *Mewn Haleliwias dyblyg o'r ddaear gron i'r nef;*
> *Cans dros y dyn 'mestynnodd ef ar y croesbren mawr,*
> *A thros y dyn gorweddodd yng ngwaelod bedd i lawr.*[100]

O'r gorau denoriaid, gadewch inni eilio'r pennill olaf hwnnw unwaith eto.

Nodiadau

1. Darlith a draddodwyd i Gylch Diwinyddol Aberystwyth.
2. *Ysgubau'r Awen*, Gwenallt (Llandysul, 1951), 87.
3. *Gweithiau Williams Pant-y-celyn*, gol. N. Cynhafal Jones, II, 1891, 271.
4. *Williams Pantycelyn*, Saunders Lewis, Llundain, 1927, 17 yml.
5. 'Marwnadau William Williams, Pantycelyn', R. Geraint Gruffydd, *Llên Cymru*, 17, 254-271.
6. N. Cynhafal Jones, loc. cit. I, 1887, 434. Ceir trafodaeth ar ddelwedd y rhyfela yn emynau Williams gan R. Tudur Jones yn 'Rhyfel a Gorfoledd yng Ngwaith William Williams, Pantycelyn', *Gwanwyn Duw*, gol. J. E. Wynne Davies, Gwasg Pantycelyn, 1982; a hefyd 'Motiffau Emynau Pantycelyn', Kathryn Jenkins, yn *Meddwl a Dychymyg Williams Pantycelyn*, gol. Derec Llwyd Morgan, Gomer, 1991, 112-114.
7. N. Cynhafal Jones, op. cit. I, 450.
8. ibid. 481.
9. ibid. 518-9. Rhaid bod llawenydd mawr yn y gwleddoedd hyn i'r pererinion. Ni ellir ond clywed adlais ohonynt yn y disgrifiad o'r Nefoedd: 'Gwlad o wledda'r pererinion/Ar lawenydd i barhau' (ibid. 306) cf. 'Cadwodd wledd o ddawns a chanu' (ibid. 323), 'O hyfryd wleddoedd Canaan wiw/. . . Cyneliwch fi â photelau gwin' (ibid. 336), 'Manna nefol sy arnaf eisiau' (ibid. 264) a.y.b.
10. ibid. 558.
11. ibid. 461.
12. ibid. 435.
13. ibid. 483.
14. ibid. 541.
15. ibid. 583.
16. ibid.
17. ibid. 588.
18. ibid. 528.
19. *Ysgrifau Llenyddol*, T. J. Morgan, Llundain, 1951, 67.
20. N. Cynhafal Jones, loc.cit. 526.
21. ibid. 438.
22. gw. erthygl R. Geraint Gruffydd, op. cit. 258.
23. *Holwyddoreg Byraf Eisteddfod Westminster*, wedi'i gyfieithu i'r Gymraeg gan William C. Roberts, Philadelphia, d.d.
24. N. Cynhafal Jones, loc. cit. II, 1891, 334.
25. *Gweithiau William Williams Pantycelyn*, I, gol. Gomer M. Roberts, Caerdydd, 1964, 119-120.
26. *Y Pêr Ganiedydd [Pantycelyn]*, I, Gomer M. Roberts, Llandysul, 1949, 170-171.
27. GP 15.
28. *Trysorfa* II, 447-8. Am drafodaeth ar *Golwg ar Deyrnas Crist*, gw. 'William Williams, Pantycelyn – ei gerddi hir', D. Gwenallt Jones, *Gwŷr Llên y 18fed Ganrif a'u cefndir*, gol. Dyfnallt Morgan, 1966, 92-101; *Y Diwygiad Mawr*, Derec Llwyd Morgan, Gomer, 1981, 206-224; 'Pantycelyn a Gwyddoniaeth', Derec Llwyd Morgan, *Gwanwyn Duw*,

gol. J. E. Wynne Davies, Caernarfon, 1982, 164-183; 'Cerddi Hir Pantycelyn – Cerddi Diwinyddiaeth Hanes', Medwin Hughes, *Llên Cymru*, 17, 239-253.
29. Astudiaeth feirniadol o rai o weithiau rhyddiaith William Williams o Bantycelyn, Alwyn Prosser, MA Cymru, Caerdydd, 1954.
30. Gomer M. Roberts, loc. cit. 35, cf. 29, 32.
31. ibid. 4.
32. ibid.
33. ibid. 115.
34. ibid. 35, 61.
35. N. Cynhafal Jones loc. cit. II, 270.
36. ibid. 345.
37. Gomer M. Roberts, loc. cit. I, 8; cf. 35, 99.
38. ibid. 13 cf. 14, 25, 73, 98.
39. ibid. 9; cf. 62, 85.
40. ibid. 8.
41. ibid. 87.
42. ibid. 29; cf. 49, 171-2.
43. N. Cynhafal Jones, loc. cit. II, 7.
44. ibid. 14.
45. ibid. 45.
46. ibid. 70.
47. ibid. 88.
48. ibid. 103.
49. ibid. 105.
50. cf. ibid. 118, 121, 201, 202, 221, 223, 238, 247, 254, 266, 289, 312, 314, 353, 362, 371.
51. Gomer M. Roberts, loc. cit. 106.
52. N. Cynhafal Jones, loc. cit. II, 81.
53. Ei bechadurusrwydd, ibid. II 46, 69, 81, 90; cf. Fy meiau: 244, 323, 325.
54. ibid. 47, 73, 75, 111, 177, 226, 279, 348, 373.
55. Gomer M. Roberts, loc. cit. 90; Golwg ar Deyrnas Crist.
56. e.e. ibid. 146-7.
57. N. Cynhafal Jones, II, 323.
58. ibid. 163, 282, 290, 377.
59. ibid. 113, 140.
60. ibid. 175.
61. ibid. 279.
62. ibid. 335.
63. ibid. 157, 194, 196, 271.
64. ibid. 334, 345.
65. ibid. 35, 104, 113, 362.
66. ibid. 108, 250.
67. ibid. 145.
68. ibid. 177, 214, 234, 236, 256, 260, 277, 290, 305.
69. ibid. 40, 229, 304.

70. ibid. 170, 350.
71. ibid. 45, 71, 99, 163, 184, 378: ar yr ymadrodd hwn gw. 'The interjection *"wel"* in Welsh', Emrys Evans, *Études Celtiques*, 9 (1960-61), 141-54.
72. ibid. 45, 67, 120, 385.
73. ibid. 107.
74. ibid. 355.
75. ibid. 261, 325.
76. ibid. 322.
77. ibid. 284.
78. Gomer M. Roberts, loc. cit. 189.
79. N. Cynhafal Jones, loc. cit. 386.
80. ibid. 314, 363.
81. ibid. 11, 12, 30, 33, 37, 42, 49, 87, 145, 159, 347, 363.
82. ibid. 28, 36, 59, 62, 65, 67, 89, 141, 313, 350, 358, 387, 388.
83. ibid. 334.
84. ibid. 29, 72.
85. ibid. 49.
86. Gomer M. Roberts, loc. cit. 106.
87. N. Cynhafal Jones, I, 492-493.
88. ibid. II, 64.
89. ibid. 341.
90. *Williams Pantycelyn*, Saunders Lewis, Llundain, 1927, 25.
91. N. Cynhafal Jones, loc. cit. II, 253.
92. ibid. 171.
93. ibid. 59.
94. ibid. 347-8.
95. ibid. 27.
96. ibid. 155.
97. ibid. 270.
98. Luc 19, 40.
99. Gomer M. Roberts, I, 12.
100. ibid. 89-90. Ni wnaeth Williams y camgymeriad o esgeuluso athrawiaeth y Greadigaeth a Gras Cyffredin wrth gofleidio athrawiaeth Iachawdwriaeth a Gras Arbennig. Gwerthfawr yw'r modd y clymir y naill drwy'r llall yn y gerdd hon. Yn yr Ail bennod, Rhan y Bumed, ibid. 74-75 er enghraifft gan ddechrau 'Fynyddau, cofiwch iddo . . .' y mae'r bardd yn dathlu'r presenoldeb dwyfol hwn yn y Greadigaeth wrth ystyried y berthynas rhwng y Greadigaeth a'r Croeshoeliad.

Mynegai

Aberystwyth Studies, 202
Actau, 59, 83
Acwin, Tomas, 101, 151-152, 173
'Addfwynau Taliesin', 74-75, 79
Afan Ferddig, 88
Angharad wraig Ieuan Llwyd, 120
Aleluia, 242
Allchin, A.M., 11, 35
Althusius, Johannes, 100
Aneirin, 73, 88, 89, 98, 110
'Araith Ddychan i'r Gwragedd', 202
Arferion Caru, 201
Aristoteles, 39
Armes Prydain, 110
Arnold, Matthew, 96
'Arran', 77
Astro-Theology, 233
'Athrodi ei Was', 115
Averroes, 152
'Awdl i Dduw', 82
Awstin, 78, 151, 177
Barddas, 68
Barth, Karl, 72
Baxter, 181, 216
Beckett, 53
Beibl, 30, 182, 184, 233
Beirdd yr Uchelwyr, 26, 52, 138-163, 214
Beirniadaeth Gyfansawdd, 13
Berkeley, 235
Blodeugerdd Rhydychen, 189-190
Blodeuwedd, 54
Blwchfardd, 88
Bonaventur, 151
Bosco, y Chwaer, 87
Bowen, D.J., 125
Bowen, Euros, 63, 186, 228
Braslun o Hanes Llenyddiaeth Gymraeg, 157-158

'Breichiau Morfudd', 126
Breuddwyd Rhonabwy, 110
Bromwich, Rachel, 88
Brooks, 216
Buchedd Garmon, 78
Bunyan, John, 181, 216
Burns, Robert, 17
Butterfield, Herbert, 179
Cadfan, 76
Cadwyn Bod, 160-161
Cage, John, 53, 59
Caledfryn, 41
Calfin, 72, 169, 216
Canu Crefyddol y Gogynfeirdd, 94
Canu Heledd, 125
Canu Rhydd Cynnar, 157-158, 189-199
Canu Taliesin, 97-98
'Carol i Ferch Fursen', 202
'Carol Ymryson am y Clos', 202
'Carreg Ateb,' 123
Celtic Christianity in Early Medieval Wales, 79
Cerbyd Iachawdwriaeth, 184
Charles-Edwards, T.M., 141
Charles, Thomas, 142, 219, 230, 232
Charnock, 216
Chaucer, 150
Chomsky, Noam, 36
Christus und die Zeit, 150
Cian, 88
Clancy, Thomas Owen, 77
Cochrane, 179
Conran, Anthony, 197
Cowell, E.B., 123
Creuddynfab, 42
Cronigl Kymraeg, 172
'Crys y Mab', 199-202
Cullmann, Oscar, 150

'Cwynfan Merch Ifanc am ei Chariad', 202
Cyfreithiau, 161
Cyfriniaeth Gymraeg, 45, 68
Cyffin, Morris, 151, 171
'Cyngogion Elaeth', 81
'Cyngor y Biogen', 119, 125
Cynddelw, 42
Cynddelw Brydydd Mawr, 76, 82, 86
Cynfeirdd, 26, 52, 67-105, 106, 110
'Cyntefin Ceinaf Amser', 74, 82
Cynwal, Wiliam, 22-23, 41, 100, 153-158, 181, 202
'Cysul Addaon', 81
'Cywydd y Llafurwr', 219
'Chwarae Cnau i'm Llaw', 112
'Chwedl Taliesin', 90
Dadeni Dysg, 164-213
Dafydd ab Edmwnd, 138-141, 144
Dafydd ap Gwilym, 27, 36, 76, 106-137, 138, 141, 188
Dafydd Benfras, 86-87
Dafydd Ddu (o Hiraddug), 22
Dafydd Ddu Eryri, 41
Dafydd, Llewellyn, 223
Dafydd Llwyd ap Gwilym, 114-120
Dafydd Nanmor, 67, 144, 223
Daniel, Iestyn, 119
Darwin, 175
Davies, Ceri, 171
Davies, Gareth Alban, 110
Davies, J.Glyn, 41
Davies, John, 181, 197
Davies, Oliver, 76, 79, 80, 82-83, 87
Davies, Richard, 179
Davies, T.Glynne, 110, 125
Dawson, 179
Derham, William, 233
Descartes, 233
Dewi Sant, 78, 87
'Diffaith Aelwyd Rheged', 125
Dindshenchas, 76
Diwygiad Methodistaidd, 215-252
Diwygiad Protestannaidd, 164-213
'Doe', 116
Donne, 159

Dooyeweerd, Herman, 100
Dronke, Peter, 125
'Dychan i Ferch', 202
'Edifeirwch ar Wely Angau', 80, 81
'Edmyg Dinbych', 75
Edward ap Dafydd, 219
Edwards, Charles, 164-180, 181, 184, 188, 210
Edwards, Lewis, 42
'Eglwysau Basa,' 125
'Englynion Dadolwch i'r Arglwydd Rhys', 86
Eifion Wyn, 182
'Ei Gysgod', 121, 123-125, 126
Einion Offeiriad, 13, 21
Eliot, George, 176
Ellman, Mary, 207
Emrys (Ambrosius), 84
Emrys ap Iwan, 110
Eseia, 10
Evans, Theophilus, 176, 179
Finney, Charles G., 216
Flavel, 216
Florovsky, 179
Frazer, J.G., 201
Freud, 201
Fynes-Clinton, 201
Ffarwel Weledig, 214, 236, 242
Ffransis o Assisi, 215
Garmon, 78
Genesis, 49
Genet, Jean, 187
Gildas, 84
Giolla Brighde Mac Con Midhe, 35
Gloria in Excelsis, 237
Goodwin, 181, 216
'Gogonedog Arglwydd', 73
'Gogynghanedd y Gogynfeirdd', 38
Gogynfeirdd, 51, 52, 67-105, 106, 109, 110, 220
'Golwg ar Deyrnas Crist', 226-249
Goodwin, 181, 216
'Gramadegau'r Penceirddiaid', 18-20, 21, 41, 99, 100, 231
'Gramadeg Dafydd Ddu', 19, 22
'Gramadeg Einion Offeiriad', 19, 21

Griffiths, Ann, 121, 202
Gruffudd ab Adda, 128
Gruffudd ab yr Ynad Coch, 36, 51, 67
Gruffudd Hiraethog, 183, 189
Gruffudd Llwyd, 35
Gruffydd, R.Geraint, 23, 42, 112, 118, 120, 129, 135, 137
Gruffydd, W.J., 42, 96, 198-199
Guillaume, Gustave, 36, 48
Guto'r Glyn, 67, 89, 142, 144, 147, 219
'Gwadu iddo fod yn fynach', 122
Gwalchmai ap Meilyr, 82
Gwdmon, Elen, 202
Gwenallt, 42, 214
Gwerful Mechain, 199
Gwrtheyrn (Vortigern), 84
50 o Gywyddau Dafydd ap Gwilym, 112
Harbison, 179
Harris, Howell, 223, 225, 245
Haycock, Marged, 73, 74, 78, 87
Hegel, 99
Hen Benillion, 110, 201-210
Hen Ganiadau Serch, 194
Heracleitos, 150
'Hirlas Owain', 110, 135
Historia Brittonum, 84
Holwyddoreg Byraf Eisteddfod Westminster, 226
'Hudoliaeth Merch', 116
Hughes, Richard, 195-196, 210
Hume, 235, 238
Huws, Daniel, 115
'Hwsmonaeth Cariad', 128
Hywel ab Owain Gwynedd, 76
'I Ddymuno Boddi'r Gŵr Eiddig', 118
Ieuan Fardd, 42, 125
Ieuan Llwyd, 120
Ifan Llwyd ap Dafydd, 172
Ifor Hael, 141
Ioan, 59, 83
Iolo Goch, 133, 134, 141
Iolo Morganwg, 41, 42, 110
Jac Glan-y-Gors, 179, 216
Job, 55
John, Dafydd, 219
Johnston, Dafydd, 133, 225

Jones, Dafydd Glyn, 42
Jones, Dewi Stephen, 42
Jones, Gruffydd, 181, 219
Jones, Jane, 222
Jones, John Gwilym, 110
Jones, N. Cynhafal, 220
Jones, R.Tudur, 179
Jones, Thomas, 179, 216
Jonson, Ben, 159
Jung, 223
Kafka, 123
Kant, 233, 238
Kevan, Ernest E., 70
Kierkegaard, 53, 99, 123
Kuyper, Abraham, 100
Latourette, 179
Lawrence, D.H., 30
Leavis, F.R., 30
Leibniz, 233
Lewalski, B.K., 158
Lewis, Bob, 180
Lewis, Lewis, 221
Lewis, Saunders, 20, 35, 42, 54, 63, 69, 78, 88-89, 99, 107, 110, 121, 140, 147, 182, 192, 198-199, 217, 218, 227, 228, 245-248
Lewys Glyn Cothi, 147
Lewys Môn, 143
Link, 179
Locke, 235
Loth, Joseph, 41
Luther, 169
Llawysgrif Richard Morris o Gerddi, 194
Llên Cymru, 69
Llên Cymru a Chrefydd, 40, 42, 45, 68, 176
Llenyddiaeth Gymraeg 1902-1936, 45
Llenyddiaeth Gymraeg 1936-1972, 45
Lloyd, D.Myrddin, 90
Lloyd, Margaret, 218
Lloyd, Nesta, 195
Llwyd, Alan, 34, 42, 63, 188
Llwyd, Daffi, 218
Llwyd, Huw, 189
Llwyd, Lodwig, 158
Llwyd, Morgan, 175, 181, 184, 188, 210

'Llychwino pryd y ferch', 108, 134
Llyfr Du Caerfyrddin, 81, 87
Llyfr Iorwerth,161
Llyfr y Pregethwr, 100
Llywelyn ab y Moel, 219
Llywelyn ap Gruffydd, 36, 67
Llywelyn ap Hwlcyn, 190-199, 210
Llywelyn Fardd, 76
Madog ap Gwallter, 51
Madog Benfras, 128
Maelgwn Gwynedd, 42, 84
'Mair Fadlen', 121
Mansfield, Katherine, 207
Manton, 216
Marcus Aurelius, 150
Marrou, 179
'Marwnad Gruffudd Hiraethog', 121
'Marwnad i Lywelyn Goch ap Meurig Hen', 134
'Marwnad Llywelyn ap Gruffudd', 121
'Marwysgafn' Cynddelw, 82
'Marwysgafn' Meilyr Brydydd, 82
Mathew, 59
'Mawl i Dduw ac i Lywelyn ab Iorwerth', 86
'Mawl i Dduw a Dafydd ab Owain', 86
'Mawl i'r Haf', 128
McKenna, Catherine, 95
Meifod, 76
Meigant, 88
Meilyr ap Gwalchmai, 81
Meilyr Brydydd, 82
Meistri a'u Crefft, 140
Meistri'r Canrifoedd, 69
'Merched Llanbadarn', 115, 128
'Merch yn Ymbincio', 117
Midleton, Wiliam, 41
'Mis Mai', 128
Morfran, 88
Morfudd Llwyd, 112-120
'Morfudd yn Hen', 116, 117, 121, 128, 134
Morgan, Densil, 68-72
Morgan, T.J., 37, 42, 142-144, 224
Morgan, William, 210
Morice, Mary, 219

Morris-Jones, J., 41, 110
Morris, Lewis, 41, 110
Mudiad Efengylaidd Cymru, 216
Murdoch, Iris, 207
Mynyddog Mwynfawr, 89
'Nennius', 84, 88
Nietzsche, Friedrich, 26, 150
O'Connor, Flannery, 207
'Offeren y Llwyn', 111
Ortega y Gasset, 120
Owain ap Gwilym, 189
Owain ap Llywelyn ab y Moel, 143
Owain Cyfeiliog, 135
Owain Glyndwr, 141
Owen, Daniel, 110
Owen, Goronwy, 41
Owen, Goronwy Wyn, 160
Owen, John, 181, 216
Ow Ow Tlysau, 191-199
'Pa beth sydd orau er lles yr enaid', 80
'Pais Dinogad', 199
Pantycelyn, 121, 214-152
Parry, R.Williams, 110
Parry, Thomas, 41, 42, 123, 189, 191, 198-199
Parry-Williams, T.H., 110, 191, 194, 204, 208-209, 233
'Pedair Munud a Thri Eiliad ar Ddeg', 59
Pennant, Thomas, 206
Perkins, 181, 216
Perri, Henri, 41
Phylip Brydydd, 42
Physico-Theology, 233
Plato, 21, 100, 150
Porter, Katherine Anne, 207
Powell, Thomas, 184
Praise Above All, 35
Price, Ann, 222
Price, Eliza, 219
Price, Grace, 224
Price, Richard, 179
Prichard, Humphrey, 171
Prichard, Rhys, 184
Prosser, Alwyn, 233
Prys, Edmwnd, 22-23, 110, 153-158,

181, 183, 184
Prys, Thomas, 41, 110, 195
'Ren Nef', 81
Resurrection's Children, 11
Richards, Thomas, 198
Richard, William, 221
Robert ap Gwilym Ddu, 135
Robert, Gruffydd, 41, 110, 170-171, 181
Roberts, Kate, 110
Roberts, Samuel, 216
Roberts, Thomas, Llwynrhudol, 179, 216
Rousseau, 228
Rowland, Daniel, 223
Rowland, Nathaniel, 224
Rowlands, John, 42, 108
'Rhag Hyderu ar y Byd', 118
'Rhyfedd, rhyfedd', 121
Rhys Abad Ystrad Fflur, 219
Rhys, Morgan John, 179, 216
Rhys, Robert, 42
Rhys Siôn Dafydd, 41
Rhys Wyn ap Llywelyn, 140
Salesbury, Wiliam, 41, 181
Salmau, 10
Saussure, 39
Schröder, 90
Seiliau Beirniadaeth, 30, 38, 40, 45, 110, 119, 193-194
'Serch fel Ysgyfarnog,' 123
Showalter, Elaine, 207
Sibbes, 181, 216
Siôn ap Hywel ab Owen, 41
Siôn Cent, 61, 88
Siôn Dafydd Rhys, 100, 171, 181
Siôn Phylip, 189
Siôn Rhydderch, 41
Siôn Tudur, 88, 110, 182-183, 189
Sofraniaeth y Sfferau, 160-161
Spinoza, 233
Stein, Gertrude, 207
Stevens, Catrin, 201
Summa Theologica, 151
Tadhg Dall O'Huiginn, 95
Tafod y Llenor, 38-40, 45

Tair Rhamant Arthuraidd, 41, 45
'Taith i Garu', 125, 128-135
Talhaearn, 88
Taliesin, 20, 73, 88, 89, 97-98, 140, 142, 155, 225
'Talu Dyled', 116, 122
Tearfund, 217
The First Anniversarie, 159-160
The Grace of Law, 70
'The Knightes Tale', 150
The Origin of Species, 175
The Triumph Tree, 77
Thomas, Gwyn, 110
Thomas, Oliver, 181, 184
Thomas, Simon, 179
Tilsley, Gwilym R., 125
Titus, 84
Tomos Glyn Cothi, 216
Toynbee, 150
Traddodiad Llenyddol Morgannwg, 195
'Trafferth mewn Tafarn', 121-122
Trefn Ymarweddiad y gwir Gristion, 184
Trefor, Robert, 219
'Tri Phorthor Eiddig', 108, 121, 122
Tudur Aled, 67, 138-139, 144-152, 175
Tudur Penllyn, 143
Twm o'r Nant, 160
Tysilio, 76
Tywyn, 76
Urien, 89, 97
Wellek, René, 57
Wiliam Llŷn, 121, 147, 189, 196
Williams, Alun Llywelyn-, 110
Williams, G.J., 196
Williams, Gruffydd Aled, 22
Williams, Ifor, 195, 197
Williams, J.E.Caerwyn, 42, 90, 94-96, 220
Williams, Waldo, 56, 63, 228
Williams, William, Llandygai, 179
Williams, William, gw. Pantycelyn
Woolf, Virginia, 200
Wynn, Edward, 184
Wynne, Ellis, 110, 183, 188
'Y Bardd a'r Brawd Llwyd', 122
Y Beirniad, 195

'Y Breuddwyd', 121
'Y Carw', 126
'Y Ceiliog Bronfraith', 126
'Y Cwt Gwyddau', 116, 119, 122
'Y Cyffylog', 119, 126
'Y Deildy', 128
'Y Don ar Afon Dyfi', 122
'Y Drych', 123, 125, 128
'Y Fiaren', 122
Y Flodeugerdd Gymraeg, 191-194
'Y Ffenestr', 122
Y Ffydd Ddiffuant, 165-180
'Y Gwynt', 117, 126-127, 128
'Y Llwyn Celyn', 128
'Y Mwdwl Gwair', 123, 128

'Y Niwl', 128
'Y Pwll Mawn', 122
'Yr Adfail,' 123, 125, 128
'Yr Ehedydd', 119, 126
'Yr Wylan', 126
'Y Rhugl Groen', 108
Ysbryd y Cwlwm, 45
'Y Serch Lledrad', 108
Ysgrifau Beirniadol, 38
Ysgrifau Llenyddol, 143-144
Y Tair Rhamant, 13
Y Traethodydd, 199
Y Wladwriaeth, 21, 100
Zarathustra, 150